Terlutter
Lebensstilorientiertes Kulturmarketing

GABLER EDITION WISSENSCHAFT
Forschungsgruppe
Konsum und Verhalten

Herausgegeben von
Professor Dr. Gerold Behrens,
Universität GHS Wuppertal,
Professor Dr. Franz-Rudolf Esch,
Justus-Liebig-Universität Gießen,
Professorin Dr. Andrea Gröppel-Klein,
Europa-Universität Viadrina, Frankfurt/Oder,
Professor Dr. Lutz Hildebrandt,
Humboldt-Universität zu Berlin,
Professor Dr. Klaus-Peter Kaas,
Universität Frankfurt/Main,
Professor Dr. Bruno Neibecker,
Universität Karlsruhe (TH),
Professor Dr. Volker Trommsdorff,
Technische Universität Berlin,
Professor Dr. Peter Weinberg,
Universität des Saarlandes, Saarbrücken

Die Forschungsgruppe „Konsum und Verhalten", die von Professor Dr. Werner Kroeber-Riel begründet wurde, veröffentlicht ausgewählte Ergebnisse ihrer Arbeiten seit 1997 in dieser Reihe. Im Mittelpunkt steht das Entscheidungsverhalten von Abnehmern materieller und immaterieller Güter bzw. Dienstleistungen.

Ziel dieser Schriftenreihe ist es, Entwicklungen in Theorie und Praxis aufzuzeigen und im internationalen Wettbewerb zur Diskussion zu stellen. Das Marketing wird damit zu einer Schnittstelle interdisziplinärer Forschung.

Ralf Terlutter

Lebensstilorientiertes Kulturmarketing

Besucherorientierung bei
Ausstellungen und Museen

Mit einem Geleitwort
von Prof. Dr. Peter Weinberg

Deutscher Universitäts-Verlag

Die Deutsche Bibliothek - CIP-Einheitsaufnahme

Terlutter, Ralf:
Lebensstilorientiertes Kulturmarketing : Besucherorientierung bei Ausstellungen und
Museen / Ralf Terlutter. Mit einem Geleitw. von Peter Weinberg.
- Wiesbaden : Dt. Univ.-Verl. ; Wiesbaden : Gabler, 2000
 (Gabler Edition Wissenschaft : Forschungsgruppe Konsum und Verhalten)
Zugl.: Saarbrücken, Univ., Diss., 1999
ISBN 3-8244-7054-3

Alle Rechte vorbehalten

© Betriebswirtschaftlicher Verlag Dr. Th. Gabler GmbH, Wiesbaden, und
 Deutscher Universitäts-Verlag GmbH, Wiesbaden, 2000
Lektorat: Ute Wrasmann / Annegret Eckert

Der Gabler Verlag und der Deutsche Universitäts-Verlag sind Unternehmen der
Fachverlagsgruppe BertelsmannSpringer.

Das Werk einschließlich aller seiner Teile ist urheberrechtlich geschützt. Jede
Verwertung außerhalb der engen Grenzen des Urheberrechtsgesetzes ist
ohne Zustimmung des Verlages unzulässig und strafbar. Das gilt insbesondere für Vervielfältigungen, Übersetzungen, Mikroverfilmungen und die
Einspeicherung und Verarbeitung in elektronischen Systemen.

http://www.gabler.de
http://www.duv.de

Höchste inhaltliche und technische Qualität unserer Produkte ist unser Ziel. Bei der Produktion und
Verbreitung unserer Werke wollen wir die Umwelt schonen. Dieses Buch ist deshalb auf säure-
freiem und chlorfrei gebleichtem Papier gedruckt. Die Einschweißfolie besteht aus Polyäthylen
und damit aus organischen Grundstoffen, die weder bei der Herstellung noch bei der Verbren-
nung Schadstoffe freisetzen.

Die Wiedergabe von Gebrauchsnamen, Handelsnamen, Warenbezeichnungen usw. in diesem
Werk berechtigt auch ohne besondere Kennzeichnung nicht zu der Annahme, dass solche Na-
men im Sinne der Warenzeichen- und Markenschutz-Gesetzgebung als frei zu betrachten wären
und daher von jedermann benutzt werden dürften.

Druck und Buchbinder: Rosch-Buch, Scheßlitz
Printed in Germany

ISBN 3-8244-7054-3

Geleitwort

Diese Dissertation zum Kulturmarketing erscheint in der Reihe der Forschungsgruppe Konsum und Verhalten. Aufgenommen werden Arbeiten der Herausgeber, Habilitationsschriften sowie herausragende Dissertationen.

Die vorliegende Dissertation leistet einen innovativen Beitrag zur Verbesserung der Kundenorientierung von Kulturinstitutionen. Die Situation vieler Kulturinstitutionen ist alarmierend: Die Knappheit der finanziellen Ressourcen, der wachsende Konkurrenzdruck auf den Freizeitmärkten, das hohe Anspruchsniveau der Kunden an Freizeitaktivitäten und die mangelnde Besucherorientierung vieler Kultureinrichtungen drängen die Kulturinstitutionen ins Abseits.

Besucherorientierung wird der entscheidende Erfolgsfaktor für das zukünftige Überleben vieler Kulturinstitutionen sein. Diese Arbeit liefert Strategien und operative Maßnahmen, wie eine Kulturinstitution erfolgreich am Markt agieren kann. Ihr kommt somit eine hohe gesellschaftspolitische Bedeutung zu.

Univ.-Prof. Dr. Peter Weinberg
Institut für Konsum- und Verhaltensforschung
an der Universität des Saarlandes

Vorwort

Die Auffassung, daß mit Kultur und Marketing zwei Welten aufeinanderprallen, ist unter Kulturverantwortlichen weit verbreitet. Diese ablehnende Haltung gegenüber dem Marketing und einer marktorientierten Denkweise spiegelt sich in vielen Kulturangeboten deutlich wider: Kulturangebote, die möglicherweise kulturell hochwertig sind, werden nicht besuchergerecht dargeboten. Die Orientierung am Besucher fehlt. Das hat zur Folge, daß der Großteil der deutschen Bevölkerung kein Interesse am Besuch von Kulturinstitutionen äußert.
Diese Arbeit verbindet Marketing und Kultur. Sie trägt dazu bei, besucherorientierte Kulturinstitutionen zu schaffen.

Ein so umfassendes Projekt wie eine Doktorarbeit entsteht nicht ohne die Unterstützung anderer Personen.

Besonderer Dank gilt meinem akademischen Lehrer und Doktorvater, Herrn Prof. Dr. Peter Weinberg, für seine fachliche und persönliche Unterstützung bei der Entstehung der Arbeit. Er hat meinen akademischen Werdegang entscheidend geprägt.
Herrn Prof. Dr. Joachim Zentes möchte ich für die Übernahme der Zweitkorrektur danken.

Danken möchte ich auch meinen Kolleginnen und Kollegen aus meiner Zeit am Lehrstuhl für Absatz-, Konsum- und Verhaltensforschung in Paderborn sowie meinen Saarbrücker Kolleginnen und Kollegen vom Institut für Konsum- und Verhaltensforschung, insbesondere Herrn Dr. Oliver Hupp und Frau Dr. Susanna Meyer.

Meiner Freundin, Frau Dipl.-Kffr. Sandra Diehl, möchte ich ganz besonders danken. Sie hat mich sowohl fachlich als auch persönlich stark unterstützt und das Manuskript kritisch gelesen. Durch ihre Diskussionsbereitschaft und konstruktive Kritik hat sie viele wertvolle Anregungen geliefert.

Ein besonderer Dank gilt meiner Familie für die vielfältige Förderung meines akademischen Werdeganges, meiner Mutter auch für das gründliche Korrekturlesen des Manuskriptes.

Ralf Terlutter

Inhaltsübersicht

1. Einleitung 1

2. Grundlagen des Kulturmarketing 11

3. Besucherforschung in Kulturinstitutionen 39

4. Angebotsgestaltung von Kulturinstitutionen 79

5. Empirische Untersuchung zur Besucherforschung und
   Angebotsgestaltung 91

6. Die Vermittlung kultureller Bildung in Ausstellungen und Museen ... 143

7. Umweltpsychologische Gestaltung von Kulturinstitutionen -
   dargestellt für Ausstellungen und Museen 169

8. Empirische Untersuchung zum Verhalten in Ausstellungen und
   Museen, zu den Wirkungen umweltpsychologischer Maßnahmen
   und zur Bildungsvermittlung 213

9. Handlungsempfehlungen für Kulturinstitutionen 265

Inhaltsverzeichnis

Verzeichnis der Abbildungen XVII
Verzeichnis der Tabellen XIX
Verzeichnis der Abkürzungen XXIII
Verzeichnis der Hypothesenbezeichnungen XXV

1. Einleitung 1
   1.1. Problemstellung 1
   1.2. Zielsetzung, Forschungsleistungen und Vorgehen der Arbeit 3

2. Grundlagen des Kulturmarketing 11
   2.1. Begriff und Wesen des Kulturmarketing 11
      2.1.1. Begriffsklärung Kultur 11
      2.1.2. Begriffsklärung Kulturmarketing 12
      2.1.3. Die Festlegung der zu untersuchenden Austauschbeziehung 13
      2.1.4. Zur Problematik der Implementierung des Marketing-Gedankens in Kulturinstitutionen 14
      2.1.5. Drei Stufen des Kulturmarketing 15
      2.1.6. Klassifizierung verschiedener Kulturinstitutionen 17
      2.1.7. Ausstellungen und Museen als Kulturinstitutionen 18
   2.2. Rahmenbedingungen für Kulturinstitutionen 21
      2.2.1. Überblick über den Markt für Kulturinstitutionen 21
         2.2.1.1. Die Entwicklung des Freizeit- und des Kulturbereichs 21
         2.2.1.2. Die Entwicklung des Marktes für Ausstellungen und Museen ... 23
      2.2.2. Wertewandel 28
         2.2.2.1. Begriffsklärung: Werte 28
         2.2.2.2. Auswirkungen des Wertewandels auf den Kulturbereich 32
            2.2.2.2.1. Auswirkungen des Wertewandels auf den Freizeitbereich 33
            2.2.2.2.2. Auswirkungen des Wertewandels auf den Bildungsbereich ... 34
            2.2.2.2.3. Die Verknüpfung von Freizeit und Bildung 35
      2.2.3. Zusammenfassung der Rahmenbedingungen für Kulturinstitutionen 37

3. Besucherforschung in Kulturinstitutionen 39

3.1. Möglichkeiten der Besucherforschung in Kulturinstitutionen 39

3.2. Der kulturspezifische Lebensstil als Grundlage der Besucherforschung . 40
    3.2.1. Begriffsklärung: Kulturspezifischer Lebensstil 41
    3.2.2. Theoretische Fundierung des kulturspezifischen Lebensstils durch das kulturspezifische Selbstkonzept 44
        3.2.2.1. Begriffsklärung und Relevanz des kulturspezifischen Selbstkonzeptes für den kulturspezifischen Lebensstil 44
        3.2.2.2. Systematisierungsansätze der Selbstbilder im Selbstkonzept 47
            3.2.2.2.1. Komponenten der Selbstbilder 47
            3.2.2.2.2. Ausprägungen des Selbstkonzeptes 50
            3.2.2.2.3. Zusammenfassender Überblick über die Systematisierung der Selbstbilder im Selbstkonzept 52
    3.2.3. Der kulturspezifische Lebensstil als Bestätigung des kulturspezifischen Selbstkonzeptes 53
        3.2.3.1. Bestätigung in Abhängigkeit vom Ausmaß an Realität 54
        3.2.3.2. Bestätigung in Abhängigkeit vom Ausmaß an Öffentlichkeit 61
        3.2.3.3. Das Selbstdarstellungsverhalten im Kulturbereich 62
    3.2.4. Dimensionen des kulturspezifischen Lebensstils 66
    3.2.5. Messung des kulturspezifischen Lebensstils 70
    3.2.6. Kritik am Lebensstilansatz 73

3.3. Besuchersegmentierung in Kulturinstitutionen 75
    3.3.1. Grundlegendes zur Besuchersegmentierung in Kulturinstitutionen 75
    3.3.2. Individuelle Unterschiede im kulturspezifischen Lebensstil 76

3.4. Zusammenfassung der Erkenntnisse zur Besucherforschung 78

4. Angebotsgestaltung von Kulturinstitutionen 79

4.1. Die Verbindung von kulturspezifischem Lebensstil und Angebotsgestaltung 79

4.2. Exkurs: Die Wahrnehmung verschiedener Kulturangebote in der Bevölkerung 79

4.3. Dienstleistungen als Produkte der Kulturanbieter 82
    4.3.1. Die Drei-Phasen-Definition der Dienstleistung 82
    4.3.2. Konstitutive Merkmale der Dienstleistung 83
    4.3.3. Teilbereiche der Dienstleistungsqualität von Kulturinstitutionen 84

4.4. Erwartungen der Besucher an Kulturangebote 88

4.5. Zusammenfassung der Erkenntnisse zur Angebotsgestaltung 89

5. Empirische Untersuchung zur Besucherforschung und Angebotsgestaltung 91

5.1. Ziele und Erhebungsdesign 91

5.2. Merkmale der Stichprobe und Vorbemerkungen zur Datenaufbereitung 92

5.3. Operationalisierung der Variablen 94

5.3.1. Operationalisierung der Variablen zum Zusammenhang kulturspezifisches Selbstkonzept - kulturspezifischer Lebensstil 94
5.3.1.1. Selbstbild von Ausstellungs- und Museumsbesuchen 94
5.3.1.2. Weltbild von Ausstellungs- und Museumsbesuchen 95
5.3.1.3. Besuchshäufigkeit 95
5.3.1.4. Differenz von Selbstbild und Weltbild von Ausstellungs- und Museumsbesuchen 96
5.3.1.5. Häufigkeit der Besuche von Kulturveranstaltungen in der Jugend 97
5.3.2. Operationalisierung des kulturspezifischen Lebensstils 97
5.3.3. Operationalisierung der Erwartungen an Ausstellungs- und Museumsbesuche .. 102

5.4. Güte der Daten 107

5.4.1. Praktikabilität 107
5.4.2. Reliabilität 107
5.4.3. Validität 109
5.4.4. Validierung der gefundenen Dimensionen des kulturspezifischen Lebensstils 111

5.5. Prüfung der Zusammenhänge kulturspezifisches Selbstkonzept - kulturspezifischer Lebensstil 112

5.6. Segmentierung der Besucher 124

5.6.1. Die Ermittlung der Besuchergruppen 124
5.6.2. Die Interpretation der gefundenen Besuchersegmente 125
5.6.3. Das Kulturinteresse der Gruppen 128
5.6.4. Validierung der Besuchergruppen 131

5.7. Analyse besuchersegmentspezifischer Unterschiede in den Erwartungen an einen Ausstellungs- und Museumsbesuch 138

5.8. Kritische Würdigung und Zusammenfassung der Ergebnisse zur Besucherforschung und Angebotsgestaltung 140

6. Die Vermittlung kultureller Bildung in Ausstellungen und Museen ... 143

6.1. Grundlagen der Vermittlung kultureller Bildung ... 143
6.1.1. Begriffsklärung: Bildung und Lernen ... 143
6.1.2. Kulturelle Bildung als Aufgabe von Kulturinstitutionen ... 143
6.1.3. Der Ablauf der Bildungsvermittlung beim Besuch von Ausstellungen und Museen ... 145
6.1.4. Die Erfassung kultureller Bildung ... 146

6.2. Faktoren der Lernleistung ... 147
6.2.1. Die persönlichen Voraussetzungen ... 148
6.2.2. Die situativen Bedingungen ... 148
6.2.3. Das Lernmaterial ... 152

6.3. Lerntheoretische Grundlagen der Bildungsvermittlung in Ausstellungen und Museen ... 155
6.3.1. Lernmechanismen durch Außensteuerung ... 156
6.3.2. Lernmechanismen durch Innensteuerung ... 158
6.3.3. Voraussetzungen für optimales Lernen ... 162

6.4. Ausgewählte Instrumente der Bildungsvermittlung in Ausstellungen und Museen ... 163
6.4.1. Kommunikationsmedien in Ausstellungen und Museen ... 163
6.4.2. Die Verknüpfung von darstellender und bildender Kunst ... 165
6.4.3. Aktivitätszonen in Ausstellungen und Museen ... 166

6.5. Zusammenfassung der Erkenntnisse zur Vermittlung kultureller Bildung in Ausstellungen und Museen ... 167

7. Umweltpsychologische Gestaltung von Kulturinstitutionen - dargestellt für Ausstellungen und Museen ... 169

7.1. Grundlegendes zur Umweltpsychologie ... 169

7.2. Beiträge der Aktivierungstheorien für die Umweltpsychologie ... 172
7.2.1. Begriffsklärung Aktivierung ... 172
7.2.2. Psychobiologische Grundlagen und Auslösung der Aktivierung ... 173
7.2.3. Zusammenfassung der Erkenntnisse der Aktivierungstheorien für die Gestaltung von Ausstellungen und Museen ... 174

7.3. Erkenntnisse des kognitiven Ansatzes der Umweltpsychologie für die Museumsgestaltung ... 174

7.4. Erkenntnisse des erweiterten und geänderten emotionspsychologischen Ansatzes der Umweltpsychologie für die Museumsgestaltung 176
   7.4.1. Annäherung oder Meidung als Verhaltensabsichten in Museumsumwelten 178
   7.4.2. Der Einfluß der emotionalen und kognitiven Reaktion auf die Verhaltensabsichten 182
   7.4.3. Der Einfluß der Umwelt auf die emotionalen und kognitiven Reaktionen und auf die Verhaltensabsichten 188
      7.4.3.1. Parameter zur Gestaltung der Museumsumwelt 189
         7.4.3.1.1. Außengestaltung des Museums 190
         7.4.3.1.2. Innengestaltung des Museums 191
         7.4.3.1.3. Präsentationsgestaltung 195
      7.4.3.2. Beschreibung zweier unterschiedlicher Museumskonzepte 197
      7.4.3.3. Wirkungen der beiden Museumskonzepte 204
   7.4.4. Der Einfluß des Lebensstils auf die emotionalen und kognitiven Reaktionen und auf die Verhaltensabsichten 205
   7.4.5. Besuchersegmentspezifische Beurteilungen der Museumskonzepte 208

7.5. Zusammenfassung der Erkenntnisse der Umweltpsychologie 210

8. Empirische Untersuchung zum Verhalten in Ausstellungen und Museen, zu den Wirkungen umweltpsychologischer Maßnahmen und zur Bildungsvermittlung 213

8.1. Ziele und Erhebungsdesign 213
8.2. Merkmale der Stichprobe 215
8.3. Die Segmentierung der Besucher 215
   8.3.1. Die Replizierung der Segmente potentieller Besucher 215
   8.3.2. Validierung der Besuchergruppen 220
8.4. Operationalisierung der Variablen 224
   8.4.1. Exkurs: Validierung der Bildvorlagen mit den Museumskonzepten 224
   8.4.2. Operationalisierung der emotionalen und der kognitiven Reaktion 228
   8.4.3. Operationalisierung der Verhaltensabsichten 229
   8.4.4. Operationalisierung ausgewählter Angebote von Ausstellungen und Museen 233
8.5. Prüfung des geänderten und erweiterten umweltpsychologischen Modells für Ausstellungen und Museen 239
   8.5.1. Kausalanalytische Prüfung des Modells zum Verhalten in Ausstellungen und Museen 239
   8.5.2. Prüfung der beiden Museumskonzepte A bzw. B auf Unterschiede in den Variablen des Modells zum Verhalten in Ausstellungen und Museen 246
   8.5.3. Besuchersegmentspezifische Beurteilungen der Museumskonzepte 248

8.6. Beurteilung ausgewählter Angebote von Ausstellungen und Museen 256

8.7. Güte der Daten 259
    8.7.1. Praktikabilität 259
    8.7.2. Reliabilität 259
    8.7.3. Validität 260

8.8. Zusammenfassung und kritische Würdigung der Ergebnisse zum Verhalten in Ausstellungen und Museen, zu den Wirkungen der umweltpsychologischen Maßnahmen und zur Bildungsvermittlung 262

9. Handlungsempfehlungen für Kulturinstitutionen 265

9.1. Strategische Ausrichtung 265

9.2. Operative Umsetzung 267
    9.2.1. Nicht-besuchersegmentspezifische Handlungsempfehlungen 268
    9.2.2. Besuchersegmentspezifische Handlungsempfehlungen 275

Literaturverzeichnis 283

Anhang 313

Verzeichnis der Abbildungen

Abbildung 1:	Interessengruppen eines Museums	13
Abbildung 2:	Drei Stufen des Kulturmarketing	16
Abbildung 3:	Übersicht über Kulturinstitutionen	17
Abbildung 4:	Museumsarten in Deutschland	20
Abbildung 5:	Bereiche des Freizeitmarktes	22
Abbildung 6:	Entwicklung der Freizeitstunden	22
Abbildung 7:	Verteilung der Museen nach Museumsarten in 1997	23
Abbildung 8:	Verteilung der Museumsbesuche in 1997 nach Museumsart	24
Abbildung 9:	Durchschnittliche Anzahl der Museumsbesuche in 1997 nach Museumsart	25
Abbildung 10:	Anteil aller Museen nach Größenklassen, verglichen mit dem Anteil aller Besuche von Museen 1997	25
Abbildung 11:	Entwicklung der Besuche von Ausstellungen und Museen, ab 1990 einschl. der neuen Bundesländer	26
Abbildung 12:	Durchschnittliche Anzahl von Besuchen je Museum in Deutschland, ab 1990 einschl. der neuen Bundesländer	27
Abbildung 13:	Entwicklung ausgewählter elterlicher Erziehungsziele in Deutschland von 1951 bis 1995	30
Abbildung 14:	Anteile der Abgänger mit Hochschulreife und Diplom an allen Schulabgängern	34
Abbildung 15:	Teilnahmequote an Maßnahmen der Weiterbildung in Deutschland	34
Abbildung 16:	Säulen der Bildung	36
Abbildung 17:	Überblick über eine mögliche Struktur des kulturspezifischen Selbstkonzeptes im generellen Selbstkonzept	44
Abbildung 18:	Einflußfaktoren auf die Bildung des erwünschten Lebensstils	45
Abbildung 19:	Übersicht über Systematisierungsansätze der Selbstbilder im Selbstkonzept	52
Abbildung 20:	Bestätigung des Selbstkonzeptes durch Übereinstimmung von Selbstbild und Weltbild	61
Abbildung 21:	Mittelbare und unmittelbare Bestätigung des Selbstkonzeptes	61
Abbildung 22:	Wahrnehmung verschiedener Freizeitaktivitäten in bezug auf ihre Bildungswirkungen	80
Abbildung 23:	Wahrnehmung verschiedener Freizeitaktivitäten in bezug auf ihre Geselligkeit und Kommunikationswirkungen	81
Abbildung 24:	Wahrnehmung verschiedener Freizeitaktivitäten in bezug auf ihre Prestigewirkungen	81
Abbildung 25:	Teilbereiche von Leistungsangeboten	84

Abbildung 26: Besuchshäufigkeiten von Ausstellungen und Museen 96

Abbildung 27: Besuchshäufigkeiten Kulturveranstaltungen in der Jugend 97

Abbildung 28: Mittelwerte der Erwartungen an die Dimensionen eines Ausstellungs- u. Museumsbesuches 104

Abbildung 29: Mittelwerte des Kulturinteresses der Besuchergruppen 129

Abbildung 30: Bilder zur Selbsteinschätzung des Lebensstils 136

Abbildung 31: Segmentunterschiede in den Dimensionen der Erwartungen an einen Ausstellungs- und Museumsbesuch. 139

Abbildung 32: Teilmodell zum Verhalten in Ausstellungen und Museen 152

Abbildung 33: Klassisches umweltpsychologisches Verhaltensmodell nach Mehrabian/Russell 177

Abbildung 34: Modell zum Verhalten in Ausstellungen und Museen 187

Abbildung 35: Einfluß der Umwelt auf die Variablen des Modells zum Verhalten in Ausstellungen und Museen 189

Abbildung 36: Visuelle Vorlage für das Museumskonzept A (Teil 1) 199

Abbildung 37: Visuelle Vorlage für das Museumskonzept A (Teil 2) 200

Abbildung 38: Visuelle Vorlage für das Museumskonzept B (Teil 1) 202

Abbildung 39: Visuelle Vorlage für das Museumskonzept B (Teil 2) 203

Abbildung 40: Erweitertes und geändertes umweltpsychologisches Modell für Ausstellungen und Museen 208

Abbildung 41: Bildvorlage Inszenierung 233

Abbildung 42: Bildvorlage Multimedia-Terminal 234

Abbildung 43: Bildvorlage Aktivitätszone (Kunst) 235

Abbildung 44: Bildvorlage Aktivitätszone (Technik) 236

Abbildung 45: Bildvorlage Museumsshop 237

Abbildung 46: Bildvorlage Museumscafé 237

Abbildung 47: Pfaddiagramm zur kausalanalytischen Prüfung des Modells zum Verhalten in Ausstellungen und Museen 241

Abbildung 48: Mittelwerte der Zusatzangebote von Ausstellungen und Museen 256

Abbildung 49: Elbow Kriterium zur Bestimmung der optimalen Clusterzahl in der Vorstudie 322

Verzeichnis der Tabellen

Tabelle 1:	Grundlegende Dimensionen der Selbstbilder im kulturspezifischen Selbstkonzept	51
Tabelle 2:	Handlungen in Abhängigkeit von der Abstimmung von kulturspezifischen Selbstbildern und kulturspezifischen Weltbildern	56
Tabelle 3:	Verknüpfung zwischen den inhaltlichen Dimensionen des kulturspezifischen Lebensstils und dem Ausmaß an Öffentlichkeit	70
Tabelle 4:	Faktorenanalyse des Weltbildes von Ausstellungs- und Museumsbesuchen	95
Tabelle 5:	Faktorenanalyse des Freizeitstils 1995	98
Tabelle 6:	Faktorenanalyse des Kulturstils 1995	100
Tabelle 7:	Faktorenanalyse der Erwartungen an einen Ausstellungs- und Museumsbesuch	103
Tabelle 8:	Interne Konsistenz der verwendeten Skalen (Cronbach´s α) 1995	108
Tabelle 9:	Außenkriteriumsvalidierung von Selbstbild und Weltbild	110
Tabelle 10:	Faktorenanalyse zweiter Ordnung zur Validierung der Dimensionen des kulturspezifischen Lebensstils	111
Tabelle 11:	Varianzanalyse zum Selbstbild von Ausstellungs- und Museumsbesuchen von Besuchern und Nicht-Besuchern	113
Tabelle 12:	Varianzanalyse zum Selbstbild von Ausstellungs- und Museumsbesuchen in Abhängigkeit von den Besuchen in der Jugend	114
Tabelle 13:	Anzahl der Befragten je Konstellation	115
Tabelle 14:	Kreuztabellierung der Konstellationen und der Besuchshäufigkeiten	116
Tabelle 15:	Prüfgrößen der Kreuztabellierung der Konstellationen und der Besuchshäufigkeiten	116
Tabelle 16:	Kreuztabellierung der Konstellationen I und II und der Besuchshäufigkeiten	118
Tabelle 17:	Prüfgrößen der Kreuztabellierung der Konstellationen I und II und der Besuchshäufigkeiten	118
Tabelle 18:	Reduzierte Anzahl der Befragten je Konstellation	119
Tabelle 19:	Ergebnis der Kreuztabellierung der Konstellationen I und II und der Besuchshäufigkeiten mit einer reduzierten Anzahl von Befragten	120
Tabelle 20:	Prüfgrößen der Kreuztabellierung der Konstellationen I und II und der Besuchshäufigkeiten mit einer reduzierten Anzahl von Befragten	120
Tabelle 21:	Kreuztabellierung der Konstellationen III und IV und der Besuchshäufigkeiten	121
Tabelle 22:	Prüfgrößen der Kreuztabellierung der Konstellationen III und IV und der Besuchshäufigkeiten	121

Tabelle 23:	Kreuztabellierung der Selbstbild/Weltbild-Differenz und der Besuchshäufigkeiten	122
Tabelle 24:	Prüfgrößen der Kreuztabellierung der Selbstbild/Weltbild-Differenz und der Besuchshäufigkeiten	123
Tabelle 25:	Clusteranalyse zur Besuchersegmentierung 1995	125
Tabelle 26:	Faktorenanalyse des Kulturinteresses	128
Tabelle 27:	Varianzanalyse zum Kulturinteresse der Besuchergruppen	129
Tabelle 28:	F-Werte der Clusteranalyse 1995	131
Tabelle 29:	Diskriminanzanalyse zur Prüfung der Clusterlösung 1995	132
Tabelle 30:	Varianzanalyse zum Kulturverhalten zur inhaltlichen Validierung der Besuchergruppen 1995	134
Tabelle 31:	Varianzanalyse zur Selbsteinschätzung anhand visueller Vorlagen zur inhaltlichen Validierung der Besuchergruppen 1995	137
Tabelle 32:	Varianzanalyse zu den Erwartungen an einen Ausstellungs- und Museumsbesuch in Abhängigkeit von den Besuchersegmenten	138
Tabelle 33:	Klassifikation der Lernforschung	156
Tabelle 34:	Geplante Verweildauer nach Museumsarten	180
Tabelle 35:	Parameter der Außengestaltung von Ausstellungen und Museen	190
Tabelle 36:	Parameter der Innengestaltung von Ausstellungen und Museen	191
Tabelle 37:	Parameter der Präsentationsgestaltung von Ausstellungen und Museen	195
Tabelle 38:	Überblick über die Gestaltungsmerkmale der beiden Museumskonzepte	201
Tabelle 39:	Faktorenanalyse des Freizeitstils 1996	216
Tabelle 40:	Faktorenanalyse des Kulturstils 1996	217
Tabelle 41:	Clusteranalyse zur Besuchersegmentierung 1996	218
Tabelle 42:	F-Werte der Clusteranalyse 1996	220
Tabelle 43:	Diskriminanzanalyse zur Prüfung der Clusterlösung 1996	221
Tabelle 44:	Varianzanalyse zum Kulturverhalten zur inhaltlichen Validierung der Besuchergruppen 1996	222
Tabelle 45:	Varianzanalyse zur Selbsteinschätzung anhand visueller Vorlagen zur inhaltlichen Validierung der Besuchergruppen 1996	223
Tabelle 46:	Farbassoziationen zum verbalen Stimulus „Museum"	225
Tabelle 47:	Faktorenanalyse der Modernität	226
Tabelle 48:	Varianzanalyse zur Modernität der Museumskonzepte	226
Tabelle 49:	Faktorenanalyse der Vividness	227
Tabelle 50:	Varianzanalyse zur Vividness der Museumskonzepte	228
Tabelle 51:	Faktorenanalyse der emotionalen Reaktion	229
Tabelle 52:	Faktorenanalyse der allgemeinen Annäherungsabsicht	230

Verzeichnis der Tabellen XXI

Tabelle 53: Faktorenanalyse der Lernattraktivität 231

Tabelle 54: Faktorenanalyse der Informationsnachfrage 231

Tabelle 55: Faktorenanalyse der Gestaltungsmaßnahmen 238

Tabelle 56: Lokale Anpassungsmaße des Kausalmodells 242

Tabelle 57: Globale Anpassungsmaße des Kausalmodells 244

Tabelle 58: Ergebnisse der Parameterschätzungen für die spezifizierten Pfadkoeffizienten zwischen den latenten Variablen..........................244

Tabelle 59: Varianzanalyse der emotionalen Reaktion und des Bildungsanspruchs in den Museumskonzepten 247

Tabelle 60: Varianzanalyse der allgemeinen Annäherungsabsichten, der Lernattraktivität und der Informationsnachfrage in den Museumskonzepten 248

Tabelle 61: Mehrfaktorielle Varianzanalyse der Lust & Erregung in Abhängigkeit der Museumskonzepte und der Besuchergruppen 250

Tabelle 62: Mehrfaktorielle Varianzanalyse der Dominanz in Abhängigkeit der Museumskonzepte und der Besuchergruppen 251

Tabelle 63: Mehrfaktorielle Varianzanalyse des Bildungsanspruchs in Abhängigkeit der Museumskonzepte und der Besuchergruppen 252

Tabelle 64: Mehrfaktorielle Varianzanalyse der allgemeinen Annäherungsabsicht in Abhängigkeit der Museumskonzepte und der Besuchergruppen..............253

Tabelle 65: Mehrfaktorielle Varianzanalyse der Lernattraktivität in Abhängigkeit der Museumskonzepte und der Besuchergruppen 254

Tabelle 66: Mehrfaktorielle Varianzanalyse der Informationsnachfrage in Abhängigkeit der Museumskonzepte und der Besuchergruppen 254

Tabelle 67: Varianzanalyse zur Beurteilung von Multimedia-Terminals in Abhängigkeit von der Besuchergruppe 257

Tabelle 68: Varianzanalyse zur Beurteilung von Inszenierungen in Abhängigkeit von der Besuchergruppe 258

Tabelle 69: Varianzanalyse zur Beurteilung von Aktivitätszonen in Abhängigkeit von der Besuchergruppe 258

Tabelle 70: Interne Konsistenz der verwendeten Skalen (Cronbach´s α) 1996 260

Tabelle 71: Kreuztabellierung der Präferenz für die Museumskonzepte und der Besuchergruppen 261

Tabelle 72: Prüfgrößen der Kreuztabellierung der Präferenz für die Museumskonzepte und der Besuchergruppen 261

Tabelle 73: Mittelwerte der Variablen und Faktoren des Freizeitstils 1995.....................316

Tabelle 74: Mittelwerte der Variablen und Faktoren des Kulturstils 1995 317

Tabelle 75: Mittelwerte der Variablen und Faktoren des Freizeitstils 1996.....................318

Tabelle 76: Mittelwerte der Variablen und Faktoren des Kulturstils 1996 319

Tabelle 77: Dimensionen der Beurteilung der Bilder in der Vorstudie 322

Tabelle 78:	F-Werte der Cluster-Lösung der Vorstudie zur Auswahl der Bilder in der Vorstudie	323
Tabelle 79:	Ergebnisse der Diskriminanzanalyse zur Prüfung der Cluster-Lösung der Vorstudie	324
Tabelle 80:	Auswahl der Bilder der Vorstudie	325
Tabelle 81:	Reliabilitäten der Faktoren des Freizeitstils 1995	327
Tabelle 82:	Reliabilitäten der Faktoren des Kulturstils 1995	327
Tabelle 83:	Reliabilitäten der Faktoren der Erwartungen an einen Ausstellungs- und Museumsbesuch	327
Tabelle 84:	Reliabilitäten der Faktoren des Freizeitstils 1996	328
Tabelle 85:	Reliabilitäten der Faktoren des Kulturstils 1996	328

Verzeichnis der Abkürzungen

Abb.	Abbildung(en)
Aufl.	Auflage
Bd.	Band
BPO	Bildungs- und Prestigeorientierte
bzgl.	bezüglich
bzw.	beziehungsweise
d.h.	das heißt
df	Freiheitsgrade
EO	Erlebnisorientierte
et al.	und andere
f.	folgende (Seite)
Fcn	Function
ff.	fortfolgende (Seiten)
GfK	Gesellschaft für Konsum-, Markt- und Absatzforschung
Grp	Gruppe(n)
H.	Heft(e)
Hrsg.	Herausgeber
Jg.	Jahrgang
Kap.	Kapitel
KGst	Kommunale Gemeinschaftsstelle für Verwaltungsvereinfachung
KM	Kulturmuffel
Korr.	Korrelationskoeffizient
kum.	kumuliert(er)
M.	Main
ML	Maximum Likelihood
Naturwissensch.	Naturwissenschaftlich
Nr.	Nummer
ns	nicht signifikant
o.J.	ohne Jahrgang
o.S.	ohne Seitenangabe(n)
o.V.	ohne Verfasserangabe(n)
S.	Seite(n)
Sig.	Signifikanz
SINUS	Sozialwissenschaftliches Institut Nowak & Partner
Sp.	Spalte(n)
Tab.	Tabelle
u.a.	und andere
u.ä.	und ähnliche
vgl.	vergleiche
Vol.	Volume
z.B.	zum Beispiel
z.T.	zum Teil
z.Z.	zur Zeit
ZfbF	Zeitschrift für betriebswirtschaftliche Forschung
ZFP	Zeitschrift für Forschung und Praxis
&	und

Verzeichnis der Hypothesenbezeichnungen

$H_{1.1} - H_{6.1}$ Hypothesen zum Zusammenhang von kulturspezifischem Selbstkonzept und kulturspezifischem Lebensstil

$H_{1.2} - H_{8.2}$ Hypothesen zum Verhalten in Ausstellungen und Museen

$H_{S-1} - H_{S-3}$ Hypothesen zur segmentspezifischen Eignung ausgewählter Bildungsangebote

$H_{K-1} - H_{K-3}$ Hypothesen zur Wirkung der Museumskonzepte

$H_{S-K-1} - H_{S-K-3}$ Hypothesen zur segmentspezifischen Wirkung der Museumskonzepte

1. Einleitung

1.1. Problemstellung

Trotz einer Zunahme der Freizeit, eines Bildungsbooms und allgemein postulierter positiver Zukunftsprognosen für den Kulturbereich (z.B. Naisbitt/Aburdene, 1990, S.75ff.; Klausewitz, 1992, S.75; Opaschowski, 1997, S.155) sehen sich viele Kulturinstitutionen in einer eher *schlechten wirtschaftlichen* und *politischen* Lage. Die Gründe für die derzeitigen Probleme von Kulturinstitutionen sind vielfältiger Art.

Eine bedeutende Ursache der Probleme ist die *mangelnde Besucherorientierung* der meisten Kulturangebote (Günter, 1997a, S.11). Zu häufig werden Kulturangebote aus dem Blick der Fachwissenschaftler gestaltet, die das Kulturobjekt zu stark in den Vordergrund rücken und weniger den Menschen, der am Objekt etwas lernen und Kunst genießen möchte (Richartz, 1995, S.330). Durch die mangelnde Besucherorientierung kommt es zu einem geringen und teilweise sogar noch abnehmenden Zuspruch von Kulturinstitutionen in der Bevölkerung[1] (Giessler,1996, o.S.).

Erschwerend kommt hinzu, daß sich durch die gegenwärtige *Finanzknappheit* der öffentlichen Haushalte auch *Kürzungen im Kulturbudget* ergeben[2] (Michaelis, 1995, S.51; Weisner, 1993, S.137; Dittrich, 1996, S.47). Zum Teil kommt es sogar zu Schließungen von Kulturinstitutionen. Die finanzielle Abhängigkeit des Bereiches Kunst und Kultur vom Staat betrug Mitte der 90er Jahre etwa 63% und lag damit nur im Gesundheitswesen und Sozialbereich (82%) und im Bereich Bildung und Forschung (70%) höher (Badelt, 1997, S.423). Die finanziellen Einsparungen der öffentlichen Haushalte stellen für die kurzfristigen wirtschaftlichen Möglichkeiten der Kunst und Kultur eine massive Bedrohung dar, obwohl die Abnahme staatlicher Aktivitäten langfristig gesellschaftspolitisch aufgrund zunehmender Eigenverantwortlichkeit und Flexibilität durchaus positiv gesehen wird (Badelt, 1997, S.424).

---

[1] Eine aktuelle amerikanische Studie - durchgeführt vom National Endowment for the Arts - zeigt, daß auch amerikanischen Kulturanbietern die Unterstützung aus der Bevölkerung abhanden kommt. Die Gründe dafür werden vor allem bei den Kulturinstitutionen und deren Verantwortlichen selbst gesehen: „Too often, the report says, arts institutions are elitist, ..., class based and isolated from the 'communities they claim to serve, but don't" (Miller, 1997, S.A1 & B7).
Die Studie geht sogar so weit zu behaupten, daß die Kultur nur dann überlebensfähig sein wird, wenn es zu einer Kultur-Bewegung ähnlich der Umwelt-Bewegung kommt. Dazu ist es jedoch notwendig, daß sich die Kulturanbieter einem viel breiteren Publikum öffnen, als das bisher der Fall ist (Miller, 1997, S.B7). Zu einer weniger pessimistischen Sichtweise, die auf der gleichen Studie beruht, vgl. Iden (1997, S.8).
[2] Um sich gegen die Streichung ihres Kulturbudgets zur Wehr zu setzen, gingen die Mitglieder eines Orchesters in den neuen Bundesländern sogar in einen Hungerstreik (Umbach, 1997, S.210ff.).

Eng mit dem Problem der finanziellen Einsparungen verknüpft sind die Probleme der Finanzierungsform und der überwiegend öffentlichen *Trägerschaft*[3] von Kultureinrichtungen, bei der es häufig zu unökonomischen Verhaltensweisen kommt[4] (Hartung/Wegner, 1996, S.48). Als eine vielversprechende Lösung zur Verbesserung der Situation von Kulturinstitutionen werden Privatisierungsmaßnahmen gesehen[5] (Völmicke, 1996, S.42; Stauss, 1987, S.13). Mit dem Wechsel der Rechtsform von öffentlich-rechtlichen zu privatrechtlichen Formen geht in der Regel eine Beseitigung verwaltungsinterner bürokratischer Regelungen einher, was für die Kulturinstitutionen eine Erhöhung der Innovationsmöglichkeiten bedeutet[6] (Niopek, 1986, S.139).

Aufgrund des hohen Finanzbedarfes gelten Kulturinstitutionen oft als *ineffizient* (Pröhl, 1995, S.1). Das als unprofessionell und ineffizient geltende Agieren vieler Kulturinstitutionen bei gleichzeitig kritischer werdender Bevölkerung, was die Verwendung von Steuergeldern angeht, erschwert die Zuwendung von Subventionen durch die öffentliche Hand (Müller-Hagedorn, 1993, S.25f.).

Ein weiterer Grund für die Probleme von Kulturinstitutionen liegt in der Vielfalt an *Konkurrenzangeboten* aus verschiedenen Bereichen der Freizeit, die sich alle um das beschränkte Zeit- und Geldbudget der Konsumenten bemühen. Dazu zählt auch die Konkurrenz neuer Medien. Hinzu kommt ein sich verschärfender Wettbewerb auch auf der Beschaffungsseite, wenn es um den Erhalt knapper Ressourcen wie Subventionen, Spendengelder, Kostenübernahmen u.ä. geht (Matul/Scharitzer, 1997, S.386).

---

[3] Etwa 60% der deutschen Museen sind in öffentlicher Trägerschaft (staatliche Träger, Gebietskörperschaften oder andere Formen des öffentlichen Rechts, wie z.B. öffentlich-rechtliche Stiftungen), 34% sind in privater Trägerschaft und 6% stellen Mischformen dar (Institut für Museumskunde, 1996, S.38). Zur Problematik der Trägerschaft vgl. ausführlich Hartung/Wegner (1996) oder Arnim (1995).

[4] Den Kulturinstitutionen liegen Gewinninteressen fern, da Gewinne an die öffentliche Hand abgeführt werden müssen und es in der darauffolgenden Periode zu Budgetkürzungen kommen kann (Pommerehne/Frey, 1993, S.12f.). Werden hingegen Verluste erwirtschaftet, kommt es zu einem Ausgleich des Defizits durch die öffentliche Hand, und die Kulturinstitution signalisiert einen erhöhten Finanzbedarf für die kommende Periode. Statt dessen rückt nach Meinung von Pommerehne/Frey (1993, S.12) häufig das Prestige der eigenen Institution bei den Entscheidungsträgern in den Vordergrund. Die Auswahl der Kulturobjekte erfolgt dann in erster Linie nach Gesichtspunkten des *Prestigegewinnes für die Entscheidungsträger*.

[5] Bei einer Privatisierung wird die öffentliche Hand Privatrechtssubjekt. Sie bleibt jedoch „Inhaber" der Institution und nimmt ihre Aufgaben wahr (Arnim, 1995, S.17).

[6] Eine privat-rechtliche Institution gilt als flexibler und wirtschaftlicher, da sie von der Kameralistik und den mit ihr verbundenen umständlichen Entscheidungsprozessen befreit ist. Sie kann auch besser Spenden und Zuwendungen Dritter einwerben und kann durch ihre flexiblere Struktur die Ausgestaltung ihrer Ziele effektiver verwirklichen (Hartung/Wegner, 1996, S.48). Öffentliche Unternehmungen hingegen werden häufig „identifiziert mit Staat und Bürokratie, Unfreundlichkeit und Willkür, Inflexibilität und Monopol, Ineffizienz und Defizit" (Stauss, 1987, S.13).

Eng verbunden mit der Zunahme des Wettbewerbes auf dem Freizeitmarkt ist das *steigende Anspruchsniveau*[7] der Konsumenten an Freizeitaktivitäten (Opaschowski, 1994, S.33). Es umfaßt bei der Freizeitaktivität Kulturbesuch alles das, was den eigentlichen Konsum der Kulturobjekte begleitet, also beispielsweise die Anforderungen an die Präsentation der Kulturobjekte, den Eintrittskartenverkauf oder das dazugehörende Gastronomieangebot.

Zusammenfassend lassen sich die Probleme der Kulturinstitutionen folgendermaßen begründen:

- Mangelnde Besucherorientierung,
- Kürzungen im Kulturbudget durch die Finanzknappheit der öffentlichen Haushalte,
- Abnahme der Zustimmung in breiten Teilen der Bevölkerung,
- wachsender Konkurrenzdruck auf dem Freizeit- und auf dem Beschaffungsmarkt,
- hohes Anspruchsniveau der Kunden,
- Nachteile, die sich aus der Trägerschaft ergeben.

1.2. Zielsetzung, Forschungsleistungen und Vorgehen der Arbeit

Wie der einführende Überblick über die Gründe für die schlechte wirtschaftliche und politische Lage von Kulturinstitutionen gezeigt hat, ist eines der Hauptprobleme in der mangelnden Besucherorientierung von Kulturangeboten zu sehen. Deshalb hat diese Arbeit insbesondere zum Ziel, diesem Defizit der mangelnden Besucherorientierung zu begegnen, so daß es den Kulturinstitutionen möglich wird, ihre Angebote derart zu gestalten, daß sie den Bedürfnissen der Besucher besser entgegenkommen.

Die vorliegende Arbeit wendet Marketing-Erkenntnisse in einem Bereich an, in dem sowohl die Verbreitung als auch die Akzeptanz einer marktorientierten Denkweise - wie ausführlich in Kap. 2.1.4. dargestellt wird - noch weitgehend unterentwickelt sind.

Nach den einleitenden Worten und Begriffsklärungen wird zunächst ein Überblick über die Rahmenbedingungen für Kulturinstitutionen gegeben. Dazu wird die Entwicklung des Marktes für Kulturinstitutionen - und hier insbesondere für Ausstellungen und Museen - näher betrachtet. Anschließend wird der Wertewandel in der Gesellschaft, der eine

---

[7] Unter dem Anspruchsniveau der Konsumenten sollen die subjektiv wahrgenommenen Anforderungen an die Freizeitaktivitäten verstanden werden (in Anlehnung an Weinberg, 1981, S.51). Davon sollte das Anspruchsniveau der potentiellen Besucher an die Kulturobjekte unterschieden werden.

Rahmenbedingung für die Angebotsgestaltung von Kulturinstitutionen darstellt, analysiert. Besonderes Augenmerk wird dabei auf den Einfluß der Wertetendenzen auf das Freizeit- und auf das Bildungsverhalten der Besucher gerichtet. Es wird herausgearbeitet, daß sich Kulturinstitutionen als Angebot der Freizeitbildung begreifen müssen, das neben typischen Bildungsmotiven auch typische Freizeitmotive der Besucher berücksichtigt, um sich im Konkurrenzumfeld des Freizeitmarktes durchsetzen zu können.

Um dem Problem der mangelnden Besucherorientierung begegnen zu können, erfolgt in Kap. 3. zunächst die *Erforschung der Besucher von Kulturinstitutionen*. Erst wenn Präferenzen und Bedürfnisse der Besucher bekannt sind, wird es möglich, das Kulturangebot wirklich besuchergerecht zu gestalten.

Zentrale Variable der Besucherforschung in dieser Arbeit ist der kulturspezifische Lebensstil, der durch die Selbstkonzept-Forschung auf ein theoretisches Fundament gestellt wird. Es wird gezeigt, daß das Selbstkonzept geeignet ist, kulturelles Verhalten zu erklären. Durch die Verwendung der Selbstkonzept-Forschung leistet die Arbeit einen Beitrag zur theoretischen Fundierung von Lebensstil-Analysen und begegnet somit einem der Hauptkritikpunkte an der Lebensstil-Forschung, der mangelnden theoretischen Basis.

Der kulturspezifische Lebensstil wird auf wesentliche, operable Größen reduziert. Erst die Reduzierung des kulturspezifischen Lebensstils auf seine zentralen Größen ermöglicht zielgerichtete Maßnahmen zur Verbesserung der Besucherorientierung.

Eine dieser zentralen Größen stellt das Streben nach Prestige und sozialer Anerkennung durch den Besuch von Kulturinstitutionen dar, ein einflußreiches Motiv, das in der bisherigen Forschung zum kulturellen Verhalten unverständlicherweise beinahe völlig unberücksichtigt geblieben ist. Die vorliegende Arbeit versucht, dieses Defizit der Besucherforschung abzubauen.

Bei der Besucherforschung liegt eine Stärke der Arbeit in der Untersuchung *potentieller* Besucher. Potentiell werden Besucher genannt, die nicht während eines Besuches einer Kulturinstitution befragt werden. Beschränkt man eine Analyse auf Besucher, die ohnehin schon Nutzer der Kulturinstitution sind, erhält man unvollständige Informationen, da die Personen unberücksichtigt bleiben, die erst bei einem für ihre Bedürfnisse adäquaten Angebot einen Besuch realisieren würden. Durch die Untersuchung von potentiellen Besuchern können somit auch Hinweise zur Gestaltung von Kulturangeboten abgeleitet werden, die die kulturellen Institutionen für neue Besucherschichten attraktiv machen. In den bisherigen

Studien wurden fast ausschließlich Besucher innerhalb von Kulturinstitutionen untersucht. Insofern trägt die vorliegende Arbeit durch die Analyse potentieller Besucher zur Schließung dieser Forschungslücke bei. Basierend auf den gewonnenen Erkenntnissen aus der Lebensstil-Analyse wird eine Segmentierung der Besucher anhand ihres kulturspezifischen Lebensstils vorgenommen. Damit werden die relevanten Besuchersegmente im Kulturbereich ermittelt, deren Charakteristika Handlungsempfehlungen für die Gestaltung unterschiedlicher Kulturinstitutionen erlauben.

In Kap. 4. wird aufbauend auf den gewonnenen Erkenntnissen aus dem Lebensstil der potentiellen Besucher die *Angebotsgestaltung von Kulturinstitutionen* - in dieser Arbeit dargestellt am Beispiel von Ausstellungen und Museen - ausführlich diskutiert. Dabei wird auf die Erkenntnisse der Dienstleistungsforschung zurückgegriffen. Die Erwartungen der Kunden an einen Ausstellungs- und Museumsbesuch werden ermittelt. Der Schwerpunkt liegt auf der Ermittlung der normativen Erwartungen (d.h. der Idealvorstellungen) der Besucher, die für das Marketing besonders bedeutsam sind, so daß darauf aufbauend Hinweise für die Angebotsgestaltung abgeleitet werden können. Dabei stellt die Arbeit die Dimensionen, die den Erwartungen an einen Ausstellungs- und Museumsbesuch zugrunde liegen, ausführlich dar. Neben der Abschätzung der Bedeutung der einzelnen Dimensionen wird geprüft, inwieweit die ermittelten Besuchersegmente sich hinsichtlich ihrer Erwartungen an einen Ausstellungs- und Museumsbesuch unterscheiden, so daß sich besuchergruppengerechte Gestaltungshinweise ableiten lassen.

In Kap. 5. werden die Ergebnisse einer empirischen Studie zur Besucherforschung und Angebotsgestaltung dargestellt und diskutiert. Die Studie diente der Überprüfung der in den Kap. 3. und 4. theoretisch vermuteten Zusammenhänge von Selbstkonzept und Lebensstil, der Besuchersegmentierung sowie der Prüfung der Zusammenhänge zwischen den Besuchersegmenten und den Erwartungen an einen Ausstellungs- und Museumsbesuch. Es zeigte sich, daß die theoretisch vermuteten Beziehungen weitgehend bestätigt werden konnten. Des weiteren wurde ermittelt, daß sich auf der Basis ihres Lebensstils drei Gruppen potentieller Besucher von Kulturinstitutionen unterscheiden lassen. Die Validität der Besuchergruppen wurde sehr ausführlich - u.a. mittels einer eigens konstruierten Bilderskala - geprüft und nachgewiesen.

In Kap. 6. wird analysiert, wie durch die Angebotsgestaltung eine verbesserte *Vermittlung kultureller Bildung* bei den Besuchern erreicht werden kann. Dabei wird auf die verschiedenen Faktoren, die die Lernleistung der Besucher beeinflussen, eingegangen und aufgezeigt, wie die Faktoren gestaltet werden können, damit eine optimale Vermittlung kultureller Bildung erreicht wird. Es werden zwei aktuell in der Museumsforschung und Museumspraxis diskutierte und konkurrierende Ansätze der Präsentation der Kulturobjekte aufgegriffen, der fachwissenschaftliche und der vermittlungstheoretische Ansatz. Beide werden auf der Basis der Lernpsychologie auf ihre Eignung zur Vermittlung kultureller Bildung analysiert. Die in dieser Arbeit vorgenommene lernpsychologische Betrachtung kultureller Bildung ist eine Sichtweise, die bislang in der Literatur gegenüber der soziologischen Auffassung der Bildungsvermittlung vernachlässigt wurde, die aber die theoretisch fundierte Empfehlung an Kulturinstitutionen ermöglicht, welchem der beiden Ansätze bei der Bildungsvermittlung gefolgt werden sollte.

Anschließend werden ausgewählte Maßnahmen der Bildungsvermittlung hinsichtlich ihrer Akzeptanz und besuchergruppenspezifischen Eignung analysiert.

In Kap. 7. liefert die Arbeit eine Übertragung der Erkenntnisse der kognitiven und der emotionalen *Umweltpsychologie* auf den Kulturbereich. Im Rahmen der im Vordergrund stehenden emotionalen Umweltpsychologie orientieren sich die Ausführungen am umweltpsychologischen Verhaltensmodell von Mehrabian/Russell, das in der vorliegenden Arbeit erweitert und geändert wird:

− Es wird gezeigt, daß es vorteilhaft ist, in das Modell die kognitive Variable des Bildungsanspruchs zu integrieren, wenn es auf Ausstellungen und Museen angewendet wird.

− Die üblicherweise im Modell erfaßten allgemeinen Verhaltensreaktionen (Verweildauer oder -bereitschaft, Kaufbereitschaft u.ä.) werden um die für den Kulturbereich besonders bedeutsamen bildungsspezifischen Größen der Lernattraktivität und der Informationsnachfrage erweitert. Dabei werden die Erkenntnisse der Vermittlung kultureller Bildung aus dem zuvor behandelten Kap. 6. in die umweltpsychologische Betrachtung integriert.

− Darüber hinaus wird erläutert, daß der Lebensstil anstelle der Persönlichkeit als Einflußvariable im Modell berücksichtigt werden sollte. Diese Änderung des Modells liegt in der Tatsache begründet, daß eine lebensstilorientierte Umweltgestaltung, wie sie häufig in der Forschung zur Umweltpsychologie gefordert wird, dann am besten zu realisieren ist, wenn die Variable des Lebensstils auch im umweltpsychologischen Modell Verwendung findet. Durch die Änderung des Modells liefert die Arbeit Erkenntnisse für die umweltpsychologische Forschung, die über die in der Arbeit untersuchte Gestaltung von Kulturinstitutionen hinaus auch für andere Umwelten relevant sind.

Anschließend werden zwei unterschiedliche Museumskonzepte - ein traditionelles Museum sowie ein modern und ansatzweise erlebnisorientiert gestaltetes Museum - anhand von Bildvorlagen auf Unterschiede in den im entwickelten Modell für Ausstellungen und Museen spezifizierten Variablen analysiert und geprüft. Die beiden Museumskonzepte werden auch auf ihre lebensstilspezifischen Wirkungen untersucht, so daß Aussagen über die besuchergruppenspezifische Eignung der beiden Museumskonzepte möglich werden.

Die beiden Museumskonzepte werden durch Bildvorlagen visualisiert. Durch die Verwendung von Bildvorlagen ermöglicht die Arbeit, daß potentielle Besucher zwei verschiedene Museumskonzepte direkt vergleichen können. Dadurch kann empirisch geprüft werden, welches der beiden Konzepte zu positiveren Reaktionen führt.

In Kap. 8. werden die Ergebnisse der zweiten empirischen Studie dargelegt und diskutiert. Sie diente der Prüfung der zeitlichen und strukturellen Stabilität der in der ersten Untersuchung ermittelten Besuchersegmente, der Prüfung des geänderten und erweiterten umweltpsychologischen Modells für Ausstellungen und Museen sowie der Prüfung ausgewählter Zusatzangebote von Ausstellungen und Museen hinsichtlich ihrer besuchersegmentspezifischen Eignung.

Im Rahmen der Prüfung des geänderten und erweiterten umweltpsychologischen Modells wird die Prüfung der Beziehung zwischen den psychischen Reaktionen auf die Museumsumwelt und den Verhaltensreaktionen kausalanalytisch durchgeführt. Anschließend wird der Einfluß der beiden alternativen Museumskonzepte und der auf dem Lebensstil beruhenden Besuchergruppen auf die Variablen des Modells untersucht. Es zeigte sich, daß die im theoretischen Teil der Arbeit aufgestellten Hypothesen überwiegend empirisch abgesichert werden konnten.

Im letzten Kap. 9. werden aus den gewonnenen theoretischen und empirischen Erkenntnissen Handlungsempfehlungen für die Gestaltung von Kulturinstitutionen abgeleitet. Dabei werden zunächst Empfehlungen für eine eindeutige Positionierung und strategische Ausrichtung der

Kulturinstitution ausgesprochen, anschließend wird aufgezeigt, durch welche Maßnahmen eine operative Umsetzung realisierbar ist. Exemplarisch für andere Kulturinstitutionen werden konkrete Gestaltungsempfehlungen für Ausstellungen und Museen ausgesprochen.

Zusammenfassend läßt sich feststellen, daß mit dieser Arbeit erstmals im deutschsprachigen Raum eine verhaltenswissenschaftlich fundierte Analyse der potentiellen Besucher von Kulturinstitutionen durchgeführt wird, wobei vor allem die Lebensstil-Forschung, die Lernpsychologie und die Umweltpsychologie zugrunde gelegt werden.

Durch die Fokussierung der vorliegenden Arbeit auf eine besuchergerechte Gestaltung des Kulturangebotes können andere Forschungsbereiche, die für Kulturinstitutionen auch von Interesse sind, aus forschungsökonomischen Gründen nur am Rande bearbeitet werden oder bleiben ausgeklammert. Auf die wichtigsten vernachlässigten Forschungsbereiche soll im folgenden kurz eingegangen werden.

Ansätze zur Lösung der Finanzierungsproblematik von Kulturinstitutionen werden in der Arbeit nur insoweit behandelt, wie sie sich durch die Verbesserung der Besucherorientierung ergeben. Beispielsweise können sich durch ein attraktiveres Kulturangebot Mehreinnahmen beim Eintrittskartenverkauf oder im Gastronomiebereich ergeben.

Alternative Finanzierungsquellen wie das Sponsoring oder das Fundraising, denen aufgrund der unverändert prekären Finanzsituation der öffentlichen Haushalte zukünftig eine größere Bedeutung zukommen wird, bleiben weitgehend unberücksichtigt[8]. Allerdings hilft die Arbeit, die Kulturinstitution durch ein attraktiveres Kulturangebot für potentielle Sponsoren attraktiver zu machen und die Zuwendung von Spenden und Subventionen zu erleichtern.

Ausgeklammert bleiben Maßnahmen, die auf die Sicherung öffentlicher Zuwendungen abzielen, z.B. Lobbyismus, sowie Einsparungspotentiale, die sich durch Umstrukturierungen innerhalb der Kulturinstitution ergeben können, also beispielsweise durch eine Straffung der Verwaltung.

Nur am Rande werden die Maßnahmen, die die Beziehung der Kulturinstitution zu anderen Interessengruppen als den Besuchern betreffen, vor allem die Beziehung zu den Künstlern,

---

[8] Zur Finanzierung von Nonprofit-Organisationen vgl. Bernhardt (1997, S.247ff.), zum Sponsoring Bruhn (1998; 1997b, S.605ff.), zum Fundraising Urselmann (1998).

behandelt. Der Grund dafür ist darin zu sehen, daß das Ziel der Arbeit ist, Möglichkeiten der Verbesserung der Besucherorientierung aufzuzeigen, die möglichst unabhängig vom präsentierten Kulturangebot und Künstler sind, damit sie vielen Kulturinstitutionen zur Verfügung stehen.

Die Arbeit untersucht die Vermittlung kultureller Werte an die Besucher, weitere Aufgaben von Kulturinstitutionen, beispielsweise das Sammeln, Erforschen oder Bewahren der Kunstobjekte in Museen, bleiben in der vorliegenden Arbeit gleichfalls weitgehend unbearbeitet[9], da sie aus marketingpolitischer Sicht weniger relevant sind.

---

[9] Vgl. dazu z.B. die Mitteilungen und Berichte aus dem Institut für Museumskunde in Berlin wie Clemens/Wolters (1996) oder Waidacher (1997).

2. Grundlagen des Kulturmarketing

2.1. Begriff und Wesen des Kulturmarketing

2.1.1. Begriffsklärung Kultur

Bevor man sich mit einem Themenkomplex wie „Kultur" auseinandersetzen kann, ist es notwendig zu klären, was unter „Kultur" zu verstehen ist. Der Begriff Kultur ist abgeleitet vom lateinischen Verb *colere*, das man mit *bebauen, (be)wohnen, pflegen* oder *ehren* übersetzen kann (Brockhaus Enzyklopädie, 12. Bd, 1990, S.580). In seiner weitesten Begriffsauffassung umfaßt Kultur alles, „was der Mensch geschaffen hat, was also nicht naturgegeben ist" (Brockhaus Enzyklopädie, 12. Bd., 1990, S.580).

Nach der weiten Begriffsauffassung zählen zur Kultur somit alle

- geistigen und
- materiellen Werte,

die von den Menschen geschaffen wurden und die ihnen als Grundlage und Voraussetzung für weitere gesellschaftliche Aktivitäten dienen sowie die Aneignung der Werte (Korte, 1985, S.7; Ohnesorg, 1993, Sp. 2466). Als Teilsysteme der Kultur werden Kunst, Religion, Wissenschaften und Staatsverwaltung aufgefaßt[10] (Müller-Hagedorn, 1993, S.18ff.).

Eine enger gefaßte Begriffsauffassung von Kultur greift aus dem weiten Begriff ein Teilsystem heraus und setzt Kultur dem Kunstbegriff gleich. Unter Kultur bzw. Kunst werden sowohl die Kunstproduktionen in den Institutionen als auch der Konsum seitens des Publikums verstanden (Göschel, 1991, S.7). Kultur umfaßt demnach die Entstehung von Kunstobjekten wie auch die Vermittlung an das und den Konsum durch das Publikum. Kunst[11] beschreibt die „schöpferisch-gestaltende Umsetzung innerer und äußerer Erfahrungsinhalte in ein diese transzendierendes Werk, das vom Betrachter als ästhetisches Werk empfunden wird" (Der große Brockhaus in 12 Bänden, 6. Band, 1979, S.567). Ergebnis

---

[10] Eine knappe Abgrenzung von Kunst, Religion und Wissenschaften liefert auch Lindenbauer (1996, S.14ff.).
[11] In den vergangenen Jahren ist der Kunstbegriff ausgedehnt worden. So umfaßt Kunst „nicht bloß den zum Abschluß gelangten, einmaligen Akt der Formsetzung, das Kunstwerk, sondern erstreckt sich auf Bereiche, die der materiellen Scheinhaftigkeit, der strukturellen Endgültigkeit, der formalen Intention und selbst der Anschaubarkeit entbehren können. Kunst öffnet sich damit jeder nur denkbaren Form in der Hoffnung oder Utopie einer allgemeinen Veränderung der Erlebensweisen" (Brockhaus Enzyklopädie, 12. Band, 1990, S.602). Ein solch diffuser Kunstbegriff ist jedoch für das wissenschaftliche Arbeiten ungeeignet.

ist damit das *Kunstobjekt*, dessen Vermittlung an das Publikum durch eine Kulturinstitution im Vordergrund der vorliegenden Arbeit steht.

2.1.2. Begriffsklärung Kulturmarketing

Die ursprünglich für den erwerbswirtschaftlichen Bereich entwickelten Ansätze des Marketing werden bereits seit längerer Zeit in nicht-erwerbswirtschaftliche Bereiche übertragen[12]. Den Grundstein für das Marketing im nicht-erwerbswirtschaftlichen Bereich legte vor allem Kotler (1972, S.52) mit seiner Definition für Marketing: „Marketing is a descriptive science involving the study of how transactions are created, stimulated, facilitated, and valued. Marketing management is a normative science involving the efficient creation and offering of values to stimulate desired transactions".

Die grundlegende Idee des Marketing nach dieser Auffassung ist es, zwei Parteien (Individuen, Gruppen, Institutionen usw.) in eine *Austauschbeziehung* eintreten zu lassen (Müller-Hagedorn, 1993, S.16). Objekt des Austausches kann alles sein, was für eine der Parteien *Wert* besitzt, z.B. Geld, Produkte, aber auch Bildung, Lob, Dank, Gefühle usw.

Es erscheint unmittelbar einsichtig, daß sich diese Marketing-Auffassung auch auf Austauschprozesse in Kulturinstitutionen anwenden läßt[13]. So stellt bspw. der Erwerb einer Eintrittskarte für eine Ausstellung gegen Geld einen Austausch dar.

Beim Marketing geht es nach der Auffassung Kotlers neben der Einleitung der Austauschbeziehungen zwischen zwei Parteien auch um die sinnvolle *Gestaltung* dieser Austauschbeziehungen. So geht es beispielsweise darum, einen aufwandminimierenden, reibungslosen Eintrittskartenverkauf zu gewährleisten, oder es geht darum, ausgestellte Bilder so zu präsentieren und mit entsprechenden Hintergrundinformationen auszustatten, daß sie den Besuchern nähergebracht werden können.

Zusammenfassend wird in dieser Arbeit unter Kulturmarketing[14] folgendes verstanden (in Anlehnung an Kotler, 1972, S.52; Kotler/Bliemel, 1999, S.11f.; Müller-Hagedorn, 1993, S.17; Raffée et al., 1994, S.36, 38; Hasitschka/Hruschka, 1982, S.10):

---

[12] Für einen kurzen Überblick über Marketing im nicht-erwerbswirtschaftlichen Bereich vgl. Scheuch (1997, S.211ff.).
[13] Lindenbauer (1996, S.41) verwendet einen sehr ähnlichen Marketing-Begriff, weist jedoch darauf hin, daß durch eine nicht angepaßte Übernahme vieler Marketing-Techniken aus dem Konsum- in den Kulturbereich viele Probleme aufgetreten sind (Lindenbauer, 1996, S.2f.).
[14] Obwohl es um die Vermittlung von *Kuns*tobjekten geht, wird im folgenden von *Kultur*marketing gesprochen. Der Verfasser folgt damit den Gepflogenheiten in der Literatur.

> Kulturmarketing hat die Erklärung und Herbeiführung von Austauschprozessen zwischen Kulturinstitutionen oder zwischen Kulturinstitutionen und potentiellen Besuchern zum Ziel. Darüber hinaus sollen Hinweise zur Ausgestaltung dieser Austauschbeziehungen abgeleitet werden.

2.1.3. Die Festlegung der zu untersuchenden Austauschbeziehung

Die Anknüpfungspunkte für ein gezieltes Marketing in Kulturinstitutionen sind vielfältig. Durch die Auffassung von Marketing als die Gestaltung von Austauschprozessen können unzählige Prozesse Gegenstand der Betrachtung werden. Überall dort, wo zwei Parteien in Kontakt treten, lassen sich Marketingaspekte einbringen. Zur Systematisierung der möglichen Ansatzpunkte für ein effizientes Vorgehen müssen die Interessengruppen von Kulturinstitutionen betrachtet werden, hier dargestellt für ein Museum (Abb. 1):

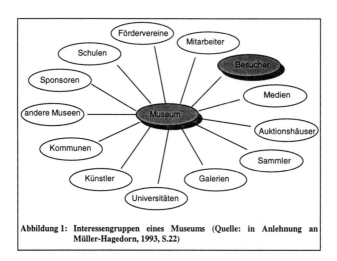

Abbildung 1: Interessengruppen eines Museums (Quelle: in Anlehnung an Müller-Hagedorn, 1993, S.22)

Austauschprozesse können somit beispielsweise zwischen Künstlern und Museum auftreten, indem ein Museum oder eine Ausstellung die Bilder eines Künstlers zeigt, der Künstler dadurch Ansehen und Donationen erhält. Weitere Austauschprozesse finden beispielsweise zwischen Museum und Sponsoren statt. Der Sponsor unterstützt das Museum durch Geld oder Sachmittel und erhält dafür eine Öffentlichkeitswirkung. Austauschprozesse können natürlich auch innerhalb des Museums auftreten, beispielsweise zwischen den Mitarbeitern oder zwischen Mitarbeitern und Museumsdirektor. Die Betrachtung aller in Frage kommenden Austauschprozesse würde den Rahmen dieser Arbeit sprengen. Es erscheint daher ratsam, sich einzelne Bereiche von Austauschprozessen herauszugreifen, um diese dann gezielt und umfassender zu bearbeiten[15].

Wie aus der Abb. 1 ersichtlich ist, finden Austauschprozesse zwischen dem Museum (allgemeiner: der Kulturinstitution) und den *Besuchern* statt. Dieser Austauschbeziehung kommt eine besondere Bedeutung zu: Kulturinstitutionen haben einen Vermittlungsauftrag, der am Besucher realisiert werden muß. Darüber hinaus legitimieren hohe Besuchszahlen auch die Zuwendung öffentlicher Mittel, erleichtern die Akquisition von Sponsorengeldern und verbessern die Akzeptanz von Kulturinstitutionen in der Öffentlichkeit. Aus diesem Grund soll der Austauschprozeß zwischen Besuchern und den Kulturinstitutionen in dieser Arbeit näher untersucht werden.

2.1.4. Zur Problematik der Implementierung des Marketing-Gedankens in Kulturinstitutionen

Die Verbreitung des Marketing-Gedankens in Kulturinstitutionen ist unzureichend fortgeschritten (Gutbrod, 1994, S.17f.; Günter, 1997b, S.8). Ebenso wie die Literatur zum Kulturmarketing ist die Einsicht, Marketing in Kulturinstitutionen einzusetzen, vergleichsweise jung. Im deutschsprachigen Raum finden sich erst seit etwa einem Jahrzehnt verstärkt Veröffentlichungen, die sich mit der Einführung von Marketing-Denkweisen und -Techniken in den Kulturbereich auseinandersetzen[16]. Viele Veröffentlichungen sind Sammelwerke, die sich mit relativ eng abgegrenzten Teilbereichen des Marketing in Kulturinstitutionen beschäftigen, häufig stark geprägt durch Erfahrungsberichte von praktizierenden Kulturverantwortlichen[17].

Insgesamt gibt es viele Barrieren gegen die Verknüpfung von Kultur und Marketing (Müller-Hagedorn, 1993, S.27; Waidelich, 1989, S.245ff.; Bendixen, 1994, S.45ff.). „Nur in wenigen anderen Bereichen wird die Berechtigung und der Einsatz des Marketing so kontrovers

---

[15] Vgl. zu ausführlichen Darstellungen zum Kulturmarketing z.B. Kotler/Scheff (1997), zum Marketing für Museen den knappen Überblick von Toepler (1996, S.155ff.), ausführlich McLean (1997).
[16] Zu nennen sind hier beispielsweise Schuck-Wersig/Wersig (1992), Müller-Hagedorn (1993), Gutbrod (1994), Lenders (1995a), Meyer/Even (1996), Lindenbauer (1996), Günter (1997a, 1997b) oder Weinberg/Terlutter (1999).
[17] Zu nennen sind hier beispielsweise Siebenhaar et al. (1993), Rauhe/Demmer (1994) oder Benkert et al. (1995).

diskutiert wie in der (Kultur)" (Lindenbauer, 1996, o.S.). Die ablehnende Haltung vieler Verantwortlicher der Kulturinstitutionen äußert sich in der Auffassung von Marketing, nach der beispielsweise „Marktorientierung ... mit Marktschreierei ..., Werbung (mit) Konsumterror ..., Öffentlichkeitsarbeit (mit) Öffentlichkeitsmanipulation" gleichgesetzt wird (Schuck-Wersig/Wersig, 1992, S.125). Marketing bzw. Management wird als „der Kultur unwürdig" aufgefaßt (Weisner, 1993, S.119). Insbesondere fürchten einige Kulturverantwortliche eine Kommerzialisierung von Kultur, die ihrer Meinung nach durch die Anwendung von Marketing droht (Weisner, 1993, S.127).

Aus den genannten Argumenten der Marketing-Gegner im Kulturbereich[18] geht unmittelbar hervor, daß eine *falsche* Begriffsauffassung von Marketing und Kulturmarketing vorliegt. Marketing wird als manipulativ wahrgenommen, manipulativ in Richtung der potentiellen Besucher und vor allem auch in Richtung der Künstler und der daraus entstehenden Kunstobjekte. Betrachtet man jedoch die dieser Arbeit zugrunde gelegte Definition, so geht es nicht um die Manipulation von Künstlern und Besuchern, sondern es geht um die Einleitung und Gestaltung der Austauschbeziehungen. Das umfaßt - ganz im Gegenteil zu manipulativen Absichten - die Förderung von Kulturinstitutionen, z.B. durch die Anwendung geeigneter Sozialtechniken, um für unbekannte Künstler Bekanntheit oder um für „unbeliebte" Künstler oder Kunsttechniken Akzeptanz zu schaffen. Den Besuchern sollen Kunstobjekte zugänglich und nähergebracht werden. Ziel des Marketing ist es *nicht*, auf Künstler oder auf die künstlerische Freiheit Einfluß zu nehmen.

U.a. aufgrund der falschen Begriffsauffassung haben Kulturinstitutionen es bisher versäumt, Marketing-Techniken zu implementieren, die ein professionelleres und ökonomischeres Agieren möglich machen (Vincze, 1982, S.362; Knierim, 1989, S.263f.; Waidelich, 1989, S.245). Besonders stark sträuben sich Museen - verglichen mit anderen Kulturanbietern - gegen die Einführung von Marketing (Schuck-Wersig/Wersig, 1992, S.125).

2.1.5. Drei Stufen des Kulturmarketing

Um die aktuellen Probleme, denen sich Kulturinstitutionen derzeit gegenübersehen, bekämpfen zu können, lassen sich allerdings zunehmend Tendenzen erkennen, Marketing in Kulturinstitutionen zu implementieren (Nieschlag et al., 1994, S.14; Bendixen, 1993; Lenders,

---

[18] Eine Zusammenfassung der Argumente, die häufig gegen Kulturmarketing vorgebracht werden, findet sich bei Müller-Hagedorn (1993, S.28ff.).

1995a,1995b). Dabei erscheint ein dreistufiges Vorgehen - entsprechend dem groben Aufbau der Arbeit - sinnvoll (vgl. Abb. 2).

Abbildung 2: Drei Stufen des Kulturmarketing (Quelle: Veränderte Darstellung in Anlehnung an Lenders, 1995a, S.157ff.)

Die erste Stufe stellt die Erforschung der Besucher dar. Ziel dieser *Besucherforschung* ist es, die „Bedürfnisse, Vorkenntnisse, Voraussetzungen und Erwartungen der potentiellen Besucher zu erforschen und kennenzulernen" (Lenders, 1995a, S.157). Wichtig ist, daß in diesem ersten Schritt vor allem *potentielle* Besucher befragt werden. Werden nur Besucher *in* der Kulturinstitution befragt, erhält man zu eingeschränkte Informationen (Eisenbeis, 1980, S.18; Prince/Schadla-Hall, 1985, S.39). Durch die Erforschung potentieller Besucher wird es den Kultureinrichtungen möglich, Besuchersegmente zu identifizieren, an die das Leistungsangebot dann optimal angepaßt werden kann (Lenders, 1995a, S.158).

Die zweite Stufe des Kulturmarketing ist die *Angebotsgestaltung*. Kultureinrichtungen liefern eine Dienstleistung der Vermittlung, die jeder Besucher in einem persönlichen Interaktions- und Kommunikationsprozeß erlebt. Kultureinrichtungen müssen dazu die Bedingungen einer optimalen Rezeption und Auseinandersetzung mit den Kulturobjekten liefern. Die Informationen, wie sie diese Bedingungen optimal gestalten, erhalten sie aus der Besucherforschung der ersten Stufe.

Eine besuchergerechte Angebotsgestaltung schafft die Voraussetzungen für die dritte Stufe des Kulturmarketing, die *Vermittlung kultureller Bildung*. Der Konsum von Kultur stellt auch einen Bildungsprozeß dar, durch den die Besucher ein Kulturobjekt besser kennenlernen. So ist es möglich, daß der Besucher erst durch eine bessere Kenntnis und eine Schulung der Sinne zunehmend Gefallen am Kulturkonsum findet. Denkbar ist auch, daß für Kunstobjekte oder Stilrichtungen zunächst Akzeptanz geschaffen werden muß. Durch den kulturpolitischen Auftrag der Vermittlung des kulturellen Erbes haben Kultureinrichtungen nicht nur die Aufgabe, den Besuchern die Kunstobjekte zu zeigen und anzubieten, sondern sie haben auch die Aufgabe, die Bildungsbedürfnisse ihrer Besucher weiterzuentwickeln.

2.1.6. Klassifizierung verschiedener Kulturinstitutionen

Als Kulturinstitutionen können Organisationen definiert werden, die der Beschaffung, der Produktion oder dem Absatz kultureller Leistungen i.w.S. dienen (in Anlehnung an Ohnesorg, 1993, Sp. 2466). Nach Ohnesorg (1993, Sp. 2469) lassen sich die in Abb. 3 dargestellten Kulturinstitutionen unterscheiden:

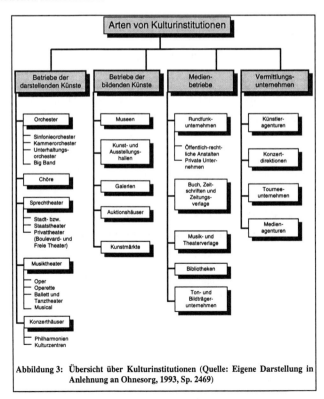

Abbildung 3: Übersicht über Kulturinstitutionen (Quelle: Eigene Darstellung in Anlehnung an Ohnesorg, 1993, Sp. 2469)

Zu den Institutionen der darstellenden Künste zählen Orchester, Sprech- und Musiktheater, Konzerthäuser sowie Chöre. Von den Institutionen der bildenden Künste sind Museen sowie Kunst- und Ausstellungshallen am bekanntesten, man zählt jedoch auch Galerien, Auktionshäuser und Kunstmärkte zu den Einrichtungen der bildenden Kunst. Weiterhin werden auch Medien- und Vermittlungsunternehmen als Kulturinstitutionen bezeichnet.

2.1.7. Ausstellungen und Museen als Kulturinstitutionen

Ein Teilgebiet der Kulturbetriebe sind Museen sowie Kunst- und Ausstellungshallen. Sie zählen zu den bildenden Künsten und sollen in dieser Arbeit besondere Berücksichtigung finden. Im folgenden soll deshalb kurz auf das Wesen und die Funktionen von Ausstellungen und Museen eingegangen werden.

Der Begriff „Museum" wird in der Literatur häufig auf eine Einrichtung der Antike zurückgeführt, die als „mouseion" in Alexandria der geistigen Elite als Forschungsinstitut diente und die eine Bibliothek und Sammlungen verschiedener Wissensgebiete umfaßte (Mattern, 1988, S.64). Heute versteht der Deutsche Museumsbund unter einem Museum eine Einrichtung, die (Vieregg et al., 1994, S.3f.)

– öffentlich oder privat getragen wird und die eine aus erhaltenswerten kultur- und naturhistorischen Objekten bestehende Sammlung besitzt, die zumindest teilweise regelmäßig als Ausstellung der Öffentlichkeit zugänglich ist,
– gemeinnützig ist und keine kommerzielle Struktur oder Funktion hat,
– eine fachbezogene Konzeption aufweist (z.B. kulturhistorische, historische, naturkundliche, geographische),
– fachlich geleitet wird und ihre Objekte wissenschaftlich auswertet
– und die eine Bildungsfunktion aufweist.

Üblicherweise werden Museen vier Funktionen bzw. Aufgaben zugewiesen (z.B. Mattern, 1988, S.61ff.; Clemens/Wolters, 1996):

1. *Konservieren von Exponaten*
   Nach einer fachwissenschaftlichen Begutachtung von Exponaten werden diese für eine Schausammlung oder für das Magazin konserviert.
2. *Gezielte Sammeltätigkeit*
   Zur Erstellung oder Erweiterung einer Ausstellung oder eines Magazins werden von Museumsfachleuten gezielt Exponate gesucht und aufgenommen (durch Kauf, Leihgabe,

Tausch oder Schenkung). Zur gezielten Sammeltätigkeit zählen auch die dokumentarische Erfassung und Inventarisierung des Sammelgutes.

3. *Museumsspezifische Forschung*

Hierunter versteht man die wissenschaftliche Bearbeitung der Sammlung, die durch eine Analyse, Beschreibung und vergleichende Auswertung der Sammlungsobjekte geprägt ist.

4. *Ausstellungstätigkeit*

Die Ergebnisse der drei zuerst genannten Aufgaben sollten nicht nur einen Beitrag zur Erweiterung des Kenntnisstandes der Fachdisziplin leisten, sondern sie sollen auch in die Ausstellungstätigkeit einfließen. Die Präsentation der Objekte zielt darauf ab, die Exponate einer breiten Öffentlichkeit zugänglich zu machen und sie ihr zu vermitteln.

Unter Ausstellungshäusern versteht das Institut für Museumskunde (z.B. 1995, S.8) Einrichtungen ohne eigene Sammlung, die wechselnde Ausstellungen mit musealem Charakter zeigen. Meistens sind dies Kunsthallen, wie z.b. die Kunsthalle Schirn in Frankfurt/Main. Mit Bezug auf die vier Aufgaben, die Museen zugewiesen werden, nehmen Ausstellungshäuser nur die Aufgabe der Vermittlung der Kunstobjekte, also die Ausstellungstätigkeit, wahr.

Da für die vorliegende Untersuchung die Herkunft der Kunstobjekte (Kunstobjekte der eigenen Sammlung oder geliehene Kunstobjekte) unwesentlich ist, können im folgenden Ausstellungen und Museen zusammen betrachtet werden. Im Vordergrund des Erkenntnisinteresses steht die Beziehung zwischen der Kulturinstitution und dem Besucher, die sich vor allem in der vierten Aufgabe, der Vermittlung und Ausstellungstätigkeit, äußert.

Die folgende Abb. 4 zeigt die Typologisierung von Ausstellungen und Museen. Die Untergliederung des Instituts für Museumskunde (z.B. 1997) orientiert sich an der von der UNESCO vorgeschlagenen Unterteilung[19].

---

[19] Seit der Erhebung der Besuchszahlen für das Jahr 1987 verwendet das Institut für Museumskunde eine der UNESCO angeglichene Einteilung. Auf diese Weise ist zumindest eine zum Teil internationale Vergleichbarkeit statistischer Daten gegeben.

Abbildung 4: Museumsarten in Deutschland (Quelle: Eigene Darstellung nach Angaben des Instituts für Museumskunde, 1996, S.27f.)

Auf die einzelnen Museumsarten wird in der Arbeit nur ansatzweise eingegangen. Die nachfolgenden Ausführungen rücken die Vermittlung und Präsentation der Kunstobjekte in den Vordergrund, nicht jedoch die Kunstobjekte selbst, so daß die getroffenen Aussagen für verschiedene Museumsarten gelten. Deshalb wird im Verlauf der Arbeit meist zusammenfassend von Ausstellungen und Museen gesprochen.

2.2. Rahmenbedingungen für Kulturinstitutionen

2.2.1. Überblick über den Markt für Kulturinstitutionen

2.2.1.1. Die Entwicklung des Freizeit- und des Kulturbereichs

Da kulturelle Aktivitäten in der Regel in der Freizeit unternommen werden, wird der Freizeitbereich näher analysiert. Die Literatur unterscheidet einen *positiven* und einen *negativen* Freizeitbegriff (z.B. Prahl, 1977, S.18ff.). Nach dem negativen Freizeitbegriff beginnt Freizeit, wenn alle zum Leben notwendigen Tätigkeiten (z.B. Erwerbsarbeit, Hausarbeit, Schlafen, Essen, Körperpflege, ...) *nicht* mehr ausgeführt werden müssen. Der negative Freizeitbegriff faßt Freizeit damit als eine Restgröße auf (Prahl, 1977, S.18). Nach dem positiven Freizeitbegriff definiert sich Freizeit durch ihre Funktions- bzw. Inhaltsbestimmung (Prahl, 1977, S.18). Man hat Zeit *für* etwas. Nach dem positiven Freizeitbegriff erkennt man Freizeit an den Beweggründen, dem Ziel und der inneren Anteilnahme des Individuums. Kennzeichnend für Freizeit ist die Möglichkeit der *Selbstbestimmung* und der *Persönlichkeitsentwicklung* (Nahrstedt, 1994, S.13). Somit kann praktisch nur jedes Individuum für sich subjektiv positive Freizeit als solche identifizieren. Nach Opaschowski (1995a, S.35) sind Freizeitaktivitäten Produkte und Dienstleistungen, die sich nach Meinung der Verwender sinnvoll zum Ge- oder Verbrauch in der Freizeit eignen. Besuche von Kulturinstitutionen werden in dieser Arbeit als Freizeitaktivitäten im Sinne des positiven Freizeitbegriffes aufgefaßt. Damit geht man davon aus, daß der Besuch von Kulturinstitutionen freiwillig und selbstbestimmt durchgeführt wird und Möglichkeiten der Persönlichkeitsentwicklung bietet[20].

Wie Abb. 5 zeigt, läßt sich der Freizeitmarkt in fünf Hauptbereiche unterteilen (Opaschowski, 1995b, Sp. 711):

---

[20] Auch Opaschowski (1981, S.I/27) plädiert für die Verwendung des positiven Freizeitbegriffes, um die seiner Meinung nach künstliche Zweiteilung des Lebens in Arbeit und Freizeit bzw. Beruf und Privatleben aufzuheben.

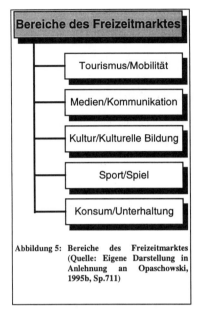

Abbildung 5: Bereiche des Freizeitmarktes (Quelle: Eigene Darstellung in Anlehnung an Opaschowski, 1995b, Sp.711)

Schwerpunktmäßig beschäftigt sich diese Arbeit mit dem Bereich *Kultur/Kulturelle Bildung*. In der Regel werden die Freizeitbereiche aber von den Individuen kombiniert: So werden beispielsweise Kulturbesuche im Urlaub unternommen, oder man verbindet einen Museumsbesuch mit einem Bummel durch den Museumsshop und einem Besuch des Museumscafés oder mit einem Stadtbummel. Es ist deshalb zweckmäßig, auch aus den übrigen Bereichen der Freizeit und dem Verhalten der Individuen in diesen Bereichen Erkenntnisse über den Bereich Kultur/Kulturelle Bildung zu gewinnen. Hierauf wird insbesondere in der empirischen Untersuchung bei der Operationalisierung des Lebensstils eingegangen (vgl. Kap. 5.3.2.).

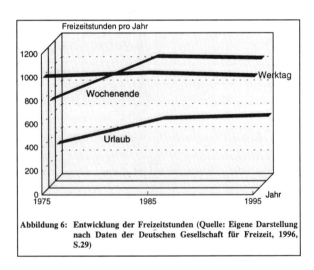

Abbildung 6: Entwicklung der Freizeitstunden (Quelle: Eigene Darstellung nach Daten der Deutschen Gesellschaft für Freizeit, 1996, S.29)

Das Budget an Freizeitstunden hat in den vergangenen Jahrzehnten deutlich zugenommen.

Wie Abb. 6 zeigt, haben die Freizeitstunden vor allem an den Wochenenden und durch längere Urlaubszeiten zugenommen, während das Budget an Freizeitstunden an Werktagen seit 1975 weitgehend konstant geblieben ist. Trotz der objektiven Zunahme der Freizeitstunden wächst allerdings das subjektive Gefühl der Bürger, über *zu wenig* Freizeit zu verfügen (Opaschowski, 1994, S.31ff.; 1995a, S.17). Der Hauptgrund liegt in der Zunahme der Möglichkeiten in der Freizeit und dem dadurch ansteigenden Anspruchsniveau der Individuen an die Freizeitaktivitäten. Die Individuen bekommen das Gefühl, daß es ein Zuviel an Freizeit nicht geben kann (Opaschowski, 1994, S.33). Diese Zunahme des Gefühls der Bürger, über zu wenig Freizeit zu verfügen, verdeutlicht die Konkurrenz, der sich Anbieter im Freizeitmarkt - und dazu zählen auch Kulturinstitutionen - gegenübersehen.

2.2.1.2. Die Entwicklung des Marktes für Ausstellungen und Museen

Da die vorliegende Arbeit insbesondere in den empirischen Untersuchungen exemplarisch auf Ausstellungen und Museen eingeht, soll dieser Teilbereich näher betrachtet werden. In Deutschland gab es 1997 über 5200 Museen, die sich nach Angaben des Instituts für Museumskunde (1998, S.26) wie in Abb. 7 dargestellt aufteilen[21]: Den größten Anteil an allen Museen in Deutschland haben mit etwa 47 % Volks- und Heimatkundemuseen, gefolgt von Museen für Kulturgeschichte (14%) und Kunstmuseen (11%) sowie Naturwissenschaftlich/Technischen Museen (11%).

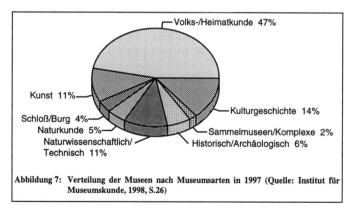

Abbildung 7: Verteilung der Museen nach Museumsarten in 1997 (Quelle: Institut für Museumskunde, 1998, S.26)

---

[21] Einen Überblick über die Struktur der Museen in Deutschland bieten die jährlichen Besuchererhebungen des Instituts für Museumskunde in Berlin. Vgl. ebenso einen Übersichtsartikel von Zimmer/Hagedorn-Saupe (1996, S.69ff.).

Seit 1981 werden vom Institut für Museumskunde in Berlin jährlich Daten über die Anzahl der Besuche der Museen in Deutschland durchgeführt. Seit 1990 sind auch die Museen der neuen Bundesländer erfaßt. Betrachtet man die Verteilung der Besuche auf die einzelnen Museumsarten, so weisen die zahlenmäßig am stärksten vertretenen Volks- und Heimatkundemuseen mit etwa 20% auch die meisten Besucher auf (vgl. Abb. 8). Ebenfalls große Besucheranteile vereinen Kunstmuseen (16%), Naturwissenschaftlich/Technische Museen (15%), Historische und Archäologische Museen (14%) und Schloß- und Burgmuseen (13%) auf sich.

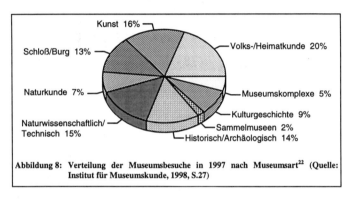

Abbildung 8: Verteilung der Museumsbesuche in 1997 nach Museumsart[22] (Quelle: Institut für Museumskunde, 1998, S.27)

Interessante Erkenntnisse über die Besucheranteile stellen jedoch nicht nur die Betrachtungen der absoluten Besucherzahlen der Museumsarten dar. Wie Abb. 9 zu entnehmen ist, ist der Besucheranteil entscheidend durch die Anzahl der in Deutschland vorhandenen Museen der einzelnen Museumsarten determiniert. Bei der Betrachtung der durchschnittlichen Besuche je Museum, aufgegliedert in die einzelnen Museumsarten, stellt man fest, daß die beiden Museumsarten, die in Deutschland zahlenmäßig am häufigsten vertreten sind (Volks- und Heimatkundemuseen, Museen zur Kulturgeschichte) unterdurchschnittliche Besuchszahlen aufweisen (Abb. 9). Der Grund dafür liegt vor allem in der relativ geringen Ausstellungsfläche und in den oftmals kurzen Öffnungszeiten. Volks- und Heimatkundemuseen sind häufig in kleinen Städten oder Dörfern angesiedelt und stellen regionale Gegebenheiten aus.

---

[22] Durch Rundungen ergibt sich ein Gesamtwert von 101 %.

Auffallend ist der stark überdurchschnittliche Anteil der Besuche von Sammelmuseen sowie Museumskomplexen. Auch Schlösser und Burgen bzw. Schloß- und Burgmuseen werden überdurchschnittlich stark frequentiert.

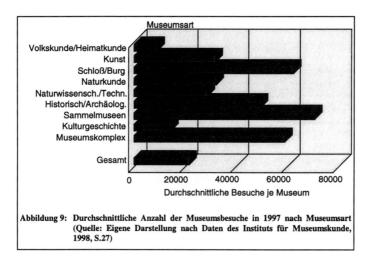

Abbildung 9: Durchschnittliche Anzahl der Museumsbesuche in 1997 nach Museumsart (Quelle: Eigene Darstellung nach Daten des Instituts für Museumskunde, 1998, S.27)

Wie groß die Diskrepanz der Besuchszahlen von großen und kleinen Museen in Deutschland ist, verdeutlicht die Abb. 10. Nur 4,6 % aller Museen vereinigen 49,7% aller Besuche auf sich. Dagegen weisen die kleinen Häuser, die 65,9 % aller Museen ausmachen, nur ca. 8,9 % aller Besuche auf.

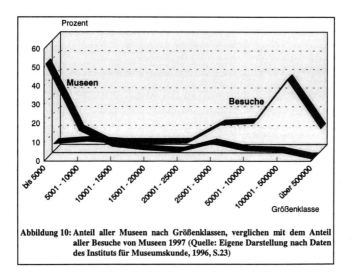

Abbildung 10: Anteil aller Museen nach Größenklassen, verglichen mit dem Anteil aller Besuche von Museen 1997 (Quelle: Eigene Darstellung nach Daten des Instituts für Museumskunde, 1996, S.23)

Die deutsche Museumslandschaft wird also durch viele kleine Museen geprägt, die relativ wenige Besuche auf sich vereinen, und durch wenige sehr große Museen, die den Großteil aller Besuche ausmachen.

Die vom Institut für Museumskunde veröffentlichten Daten weisen eine insgesamt deutliche Zunahme der Besuchszahlen in den deutschen Museen auf. Von 1981 bis 1997 hat die Zahl der vom Institut für Museumskunde erfaßten Besuche[23] um 70% von ca. 54 Millionen auf ca. 92 Millionen zugenommen. Betrachtet man nur die alten Bundesländer, so ist ein Besuchsanstieg von 28% zu verzeichnen.

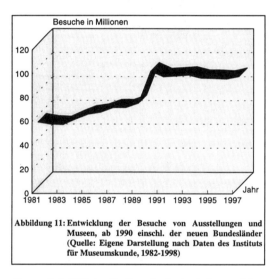

Abbildung 11: Entwicklung der Besuche von Ausstellungen und Museen, ab 1990 einschl. der neuen Bundesländer (Quelle: Eigene Darstellung nach Daten des Instituts für Museumskunde, 1982-1998)

Häufig wurde aus diesen Zahlen unreflektiert auf eine andauernde Zunahme von Museumsbesuchen und auf einen Ausstellungs- und Museumsboom geschlossen. Abb. 11 zeigt jedoch, daß die Besuchszahlen aller Museen in Deutschland seit 1991 rückläufig sind. Darüber hinaus muß beachtet werden, daß den Besuchszahlen unterschiedliche Grundgesamtheiten zugrunde liegen. Seit 1981 ist die Datenbasis der befragten Museen kontinuierlich ausgedehnt worden, was die Vermutung nahelegt, daß die ausgewiesene Zunahme der Besuchszahlen durch die Zunahme der Zahl der befragten Museen bedingt ist und nicht durch eine tatsächliche Zunahme der Besuchshäufigkeit.

Liegen verschiedene Datenbasen pro Jahr vor, so kann eine Betrachtung der durchschnittlichen Besuchszahlen je Museum nützlich sein. Wie Abb. 12 zeigt, ist die durchschnittliche Anzahl von Museumsbesuchen je Museum seit 1981 deutlich zurückgegangen.

---

[23] Die Zahlen enthalten nicht die Besuchszahlen reiner Ausstellungshäuser.

Grundlagen des Kulturmarketing 27

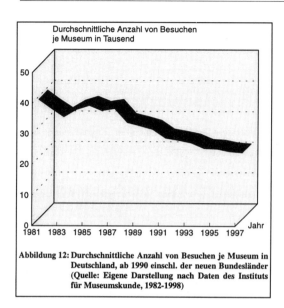

Abbildung 12: Durchschnittliche Anzahl von Besuchen je Museum in Deutschland, ab 1990 einschl. der neuen Bundesländer (Quelle: Eigene Darstellung nach Daten des Instituts für Museumskunde, 1982-1998)

Dieser drastisch anmutende Rückgang der Besuchszahlen darf jedoch seinerseits nicht überbewertet werden. Seit Beginn der Erhebung 1981 ist - wie oben erwähnt - die Datenbasis ausgedehnt worden, d.h., es wurden immer mehr Museen in Deutschland erfaßt und befragt. Nun liegt die Vermutung nahe, daß zu Beginn des Erhebungszeitraumes vor allem größere Museen mit relativ hohen Besuchszahlen bereits Daten liefern konnten, während viele kleinere Museen erst später mit in die Erhebung eingingen (in gleicher Weise interpretieren dies Treinen/Kromrey, 1992, S.370). Es ist also möglich, daß eine Verzerrung der durchschnittlichen Besuchszahlen von 1981 bis 1996 vorliegt, die den Rückgang der durchschnittlichen Besuchszahlen je Museum übermäßig stark erscheinen läßt.

Zur weiteren Klärung haben Treinen/Kromrey (1992) über den Zeitraum von 1981 bis 1988 eine Trendanalyse über die 1264 Museen, die während des gesamten genannten Zeitraumes Daten liefern konnten, durchgeführt. Dabei stellen Treinen/Kromrey (1992, S.374) fest, daß „von einem generellen >>Trend zum Museum<< nichts mehr übrigbleibt; Tendenzen zur Abnahme von Besuchen sind zahlenmäßig mehr als doppelt so häufig anzutreffen wie solche zur Zunahme". Es sind einzelne Museen, die über den betrachteten Zeitraum einen Besuchsanstieg verzeichnen konnten, während der überwiegende Teil der Museen Besuchsrückgänge hinnehmen mußte.

Als Begründungen für die Besuchszahlenanstiege einzelner Museen nennen Treinen/Kromrey die Durchführung von Sonderausstellungen, die jedoch nicht den generellen Trend im Museumsbereich widerspiegeln.

Zusammenfassend kann für den Markt von Ausstellungen und Museen festgestellt werden,

- daß aggregierte Besuchszahlen von Ausstellungen und Museen mit Vorsicht zu behandeln sind,
- daß auch für die 80er Jahre nicht von einem generellen Ausstellungs- und Museumsboom gesprochen werden kann,
- daß in den 90er Jahren die Besuchszahlen insgesamt stagnieren und in einigen Jahren sogar rückläufig sind, obwohl die Zahl der Museen zugenommen hat,
- daß einzelne Ausstellungen und Museen einen Anstieg der Besuchszahlen vorweisen können, der in erster Linie auf die Durchführung von Sonderausstellungen zurückzuführen ist[24], und
- daß aber bei vielen Museen ein Rückgang der Besuchszahlen zu verzeichnen ist.

Die Entwicklungen der Besuchszahlen aller Museen sowie der durchschnittlichen Besuchszahlen je Museum und die Ergebnisse der Trendanalyse verdeutlichen, daß die Besuchszahlen nach einem kontinuierlichen Anstieg stagnieren oder rückläufig sind (vgl. auch Klein, 1990, S.330). Des weiteren muß man sich vergegenwärtigen, daß die knapp über 90 Mio. Besuche pro Jahr ohnehin nur von einer *„vergleichsweise bescheidenen Zahl von ... Kunstinteressenten"* durchgeführt werden, denen jedoch eine „übergroße Mehrheit von Personen gegenübersteht, die durch die angebotenen Kunstwerke kaum oder gar nicht angesprochen wird" (Lindenbauer, 1996, S.1). Schätzungen zufolge besuchen etwa 80 bis 85% der Bundesbürger Museen gar nicht oder nur sehr selten (Schulze, 1994, S.108; Nuissl et al., 1987, S.58).

2.2.2. Wertewandel

2.2.2.1. Begriffsklärung: Werte

Für die Untersuchung von Kulturinstitutionen stellen die Wertetrends der Konsumenten und potentiellen Besucher von Kulturinstitutionen eine wichtige Rahmenbedingung dar. Werte sind Einflußgrößen, die in den Verhaltenswissenschaften wesentlich zur Analyse und Erklärung von Verhalten beitragen. Unter Werten versteht Kluckhohn (1951, S.395) „... a

---

[24] Bei einer Besucherbefragung (n=5766) im Wallraf-Richartz-Museum/Museum Ludwig in Köln im Jahre 1988/89 wurde ein Anteil von 22-30% Erstbesuchern bei verschiedenen Sonderausstellungen ermittelt (Hoffrichter, 1990, S.126f.).

conception, explicit or implicit, distinctive of an individual or characteristic of a group, of the desirable which influences the selection from available modes, means, and ends of action"[25].

Werte geben Aufschluß über stabile Zielsetzungen von Personen. Sie können als Teil der persönlichen Identität verstanden werden (Schlöder, 1993, S.140).

Die Analyse bestehender Werte stellt für privatwirtschaftliche Unternehmen genauso wie für Kulturinstitutionen eine wertvolle Grundlage zur Gestaltung ihres Leistungsangebotes dar. Darüber hinaus ist es aber auch wichtig, die Veränderung der Werte in der Vergangenheit zu analysieren und fortzuschreiben, um voraussichtliche Entwicklungen der Werte zu prognostizieren[26] (Hepp, 1994, S.9).

In den beiden letzten Jahrzehnten hat die empirische Werteforschung einige Erklärungsansätze des Wertewandels entwickelt, die zum Teil zu unterschiedlichen Erklärungen für den Wandel, aber zu übereinstimmenden Werteentwicklungen kommen. Ein Erklärungsansatz für den Wertewandel, dem in der Vergangenheit eine große Bedeutung zugekommen ist, stammt von Inglehart (z.B. 1979). Kernaussage von Inglehart ist, daß eine Verschiebung von *materialistischen* zu *postmaterialistischen* Werten in der Gesellschaft vorliegt[27] (Hepp, 1994, S.13). Als materialistische Werte werden von Inglehart ökonomisch-wohlfahrtsstaatlich begründete Forderungen nach stabilen wirtschaftlichen Verhältnissen, nach Wirtschaftswachstum usw. verstanden. Auf individueller Ebene sind dies z.B. ein gesichertes Einkommen oder eine ausreichende Versorgung mit Gütern und Dienstleistungen. Unter postmaterialistischen Werten werden immaterielle, an der Lebensqualität orientierte Forderungen nach persönlicher Selbstverwirklichung und Partizipation, nach Verwirklichung ideell-ästhetischer Bedürfnisse verstanden (vgl. dazu Hepp, 1994, S.13).

Inglehart geht dabei davon aus, daß sich der Wertewandel in einer *stillen Revolution* vollzieht, die sich in einem tiefgreifenden, aber relativ lautlosen Wandel der Werteorientierungen widerspiegelt. Der Wertewandel ist selbst Teil eines umfassenden Kulturwandels[28].

---

[25] Kursiv im Original.
[26] Einen knappen Überblick über Methoden der Werteanalyse liefern z.B. Raffée/Wiedmann (1988), Raffée/Wiedmann (1994) oder Silberer (1991).
[27] Inglehart legt bei seinen Betrachtungen also Gesellschaftswerte zugrunde und weniger persönliche Werte. Einen Überblick über relevante Werteebenen im Kulturbereich liefert Terlutter (1998a, S.21f.).
[28] Inglehart legt zwei Thesen zugrunde, die zum Wertewandel geführt haben:
(1) *Mangelthese* (Sie basiert auf Maslow, 1954): Die Werte des Menschen spiegeln seine sozioökonomische Situation wider, knappe Dinge werden subjektiv hoch bewertet (Inglehart, 1979, S.24).
(2) *Sozialisationsthese*: Der Sozialisationsthese zufolge ist die Beziehung zwischen sozioökonomischer Lage und den sich daraus ergebenden Werten nicht unmittelbar, sondern es liegt eine Zeitverzögerung vor. Viele Werte spiegeln die Bedingungen des Kindheits- und Jugendalters wider (Inglehart, 1979, S.24).

Die Theorie von Inglehart wird kritisch beurteilt (z.B. Klages, 1996, S.70; Klages, 1988, S.23f.; Klages, 1985, S.22ff.; Noelle-Neumann, 1988, S.43f.; Gabriel, 1986, S.90ff.; zusammenfassend Hepp, 1994, S.16ff.). Ein bedeutender Kritikpunkt[29] am Trend zur postmaterialistischen Gesellschaft, wie er von Inglehart aufgefaßt wird, bezieht sich auf den unterstellten Bedeutungsverlust materieller Werte. Nach Meinung von z.B. Weinberg (1992, S.17) kommt materiellen Werten immer noch eine große Bedeutung zu, sie werden aber als selbstverständlich wahrgenommen und gelebt. Auch Scherhorn (1993, S.24f., 29) betont, daß der überwiegende Teil der Individuen nach wie vor persönliche Befriedigung aus dem Erwerb materieller Güter - trotz eines bestehenden hohen Wohlstandsniveaus - erreicht.

Ein weiterer Erklärungsansatz des Wertewandels, der Deutschland im Mittelpunkt seiner Betrachtungen hat, stammt von Klages (z.B. 1985; auch Klages/Herbert, 1983).

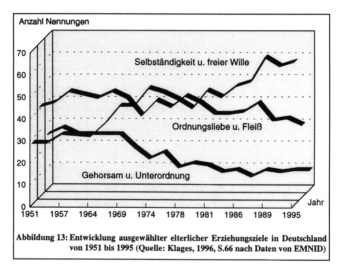

Abbildung 13: Entwicklung ausgewählter elterlicher Erziehungsziele in Deutschland von 1951 bis 1995 (Quelle: Klages, 1996, S.66 nach Daten von EMNID)

Nach Meinung von Klages (1985) gibt es zwei globale Wertegruppen, die *Pflicht- und Akzeptanzwerte* auf der einen und die *Selbstentfaltungswerte* auf der anderen Seite[30]. Unter

---

[29] Ein weiterer wichtiger Kritikpunkt basiert auf Mängeln des Untersuchungsinstrumentariums von Inglehart (Klages, 1988, S.23).

[30] Klages geht von der Gültigkeit einer *Lebenszyklusthese* aus (Hepp, 1994, S.18). Die Lebenszyklusthese besagt, „daß es einen engen Zusammenhang zwischen (der) altersmäßigen Lebenssituation und dem Wandel persönlicher Wertorientierungen gibt" (Hepp, 1994, S.12). Der Lebenszyklusthese zufolge entwickeln sich Kulturinteresse und -verhalten vor allem in Abhängigkeit von der Lebenssituation. So könnte man z.B. vermuten, daß Eltern in der Lebensphase des „leeren Nests" durch ihr größeres Zeit- und Geldbudget häufiger als zuvor Kultureinrichtungen besuchen (zu den verschiedenen Phasen im Familienlebenszyklus vgl. ausführlicher z.B. Kroeber-Riel/Weinberg, 1996, S.437ff.).

Pflicht- und Akzeptanzwerten versteht Klages Werte wie Disziplin, Gehorsam, Leistung oder Pflichterfüllung, unter Selbstentfaltungswerten ein „sehr heterogenes Spektrum von Werten, wie z.B. den Anspruch auf Selbstverwirklichung, Kreativität, Ungebundenheit und Selbständigkeit, ... die Betonung von Spontaneität, emotionalen Bedürfnissen und Lebensgenuß ..." (Hepp, 1994, S.19). In einer Langzeitbetrachtung der Werteentwicklung[31] (vgl. Abb. 13) zeigt sich die Bedeutungsabnahme der Pflicht- und Akzeptanzwerte und die Bedeutungszunahme der Selbstentfaltungswerte[32] (vgl. auch Hepp, 1994, S.19). Wie der Abb. 13 zu entnehmen ist, haben Selbstentfaltungswerte (Selbständigkeit und freier Wille) an Bedeutung gewonnen, während klassische Pflicht- und Akzeptanzwerte (Gehorsam und Unterordnung) in ihrer Bedeutung nachgelassen haben. Die Abb. 13 zeigt aber auch, daß einige der Werte, die in der Regel der Gruppe der Pflicht- und Akzeptanzwerte zugeordnet werden, in ihrer Bedeutung über die Jahre relativ konstant geblieben sind (Ordnungsliebe und Fleiß). Anders als Ingleharts These von einer stillen Revolution, unterstellt Klages einen zu Beginn der 60er Jahre einsetzenden kräftigen Wertewandelschub[33], der nach Meinung von Klages Mitte der 70er Jahre zum Abschluß gekommen ist.

Sowohl Inglehart als auch Klages stellen empirisch eine Zunahme der Mischformen fest[34] (Hepp, 1994, S.22). Herbert (1992, S.81) spricht in Anlehnung an die Wertetypologie von Klages von einem „HedoMaten", der sich an hedonistischen *und* materiellen Werten orientiert. Scherhorn (1993, S.24ff.) spricht von „promateriellem" Konsumverhalten, um - wie zuvor beschrieben - zum Ausdruck zu bringen, daß materielle Güter nach wie vor eine große Rolle spielen.

Ein weiterer Erklärungsansatz des Wertewandels, der hier nur am Rande betrachtet werden soll, stammt von Noelle-Neumann (1988). Noelle-Neumann (1988) berücksichtigt besonders die durch zwei verlorene Weltkriege und einen Ost-West-Konflikt geprägte nationale Situation der Deutschen. Zusammenfassend spricht Noelle-Neumann (1988, S.46) von einem zunehmenden „Zusammenbruch der bürgerlichen Werte" und von einem „Vorrang des Lebensgenusses". Zusätzlich weist auch Noelle-Neumann (1988, S.46) darauf hin, daß es eine

---

[31] In der Abbildung ist die Werteentwicklung elterlicher Erziehungsziele dargestellt.
[32] Klages (1988, S.23) weist darauf hin, daß diese beiden Wertegruppen zwar tendenziell in einer negativen Beziehung stehen, daß aber prinzipiell auch gleichläufige Beziehungen möglich sind und vorkommen.
[33] Als bedeutendste Gründe nennt Klages (1988, S.51ff.) die Steigerung des Massenwohlstandes, den Ausbau des Sozialstaates, die Medienrevolution und die Bildungsrevolution, weiterhin aber auch Hintergrundfaktoren wie die generelle Tendenz zur Individualisierung.
[34] Eine detailliertere Verknüpfung der beiden Konzepte von Inglehart und Klages findet sich bei Schorpp (1989, S.37ff.).

Rückkehr bestimmter traditioneller Werte[35] (gerade bei der jüngeren Generation) gibt, beispielsweise „Treue zum Partner" oder „Lernen", „Bildung", „Wissen erwerben" und „Karriere machen".

Zusammenfassend kann festgestellt werden: Alle drei hier genannten Konzepte deuten darauf hin, daß es einen Wertewandel in Richtung
- Selbstentfaltung,
- Hedonismus,
- Postmaterialismus,
- Lebensgenuß gibt,
- daß aber auch bestimmte eher traditionelle Werte

in ihrer Bedeutung erhalten geblieben sind. Die hier beschriebene Erlebnisorientierung der Konsumenten kann als der grundlegende Wertewandel der heutigen Gesellschaft gesehen werden (vgl. vor allem Weinberg, 1992; Schulze 1996; Opaschowski, 1997). Nach Opaschowski (1998, S.29) zählt sich inzwischen etwa die Hälfte der Bevölkerung (1990: 43% - 1995: 47%) zur Gruppe der Erlebniskonsumenten, und seiner Meinung nach wird diese Gruppe in Zukunft noch größer (S.35).

Eine weitere für Kulturinstitutionen relevante gesellschaftliche Grundströmung ist in der „Convenience-Orientierung" zu sehen, die den Wunsch nach Abbau von Streß und Belastungen und nach Zunahme von Bequemlichkeit umfaßt (Zentes/Swoboda, 1998a, S.27; 1998b, S.7ff.).

2.2.2.2. Auswirkungen des Wertewandels auf den Kulturbereich

Der Wertewandel hat Auswirkungen auf alle Bereiche des Lebens. Für Kulturinstitutionen erscheinen die Auswirkungen des Wertewandels auf zwei Bereiche besonders bedeutsam: Zum einen ist dies der *Freizeitbereich*, da Kulturbesuche Freizeitbeschäftigungen darstellen. Aus diesem Grund wird eine genauere Untersuchung der Konsequenzen des Wertewandels auf das Freizeitverhalten der Konsumenten bzw. Besucher vorgenommen. Zum anderen erscheinen der *Bildungsbereich* und die Auswirkungen des Wertewandels auf das Bildungsverhalten von zentraler Bedeutung zu sein. Kulturinstitutionen sehen eine ihrer Hauptaufgaben in der Vermittlung kultureller Bildung. Sie versuchen dementsprechend, ihre

---

[35] Diese Werte hatten in der Vergangenheit an Bedeutung verloren.

Angebote auf die Vermittlung von Wissen auszurichten. Die Auswirkungen des Wertewandels auf den Bildungsbereich haben somit unmittelbare Konsequenzen für Kulturinstitutionen.

Bei der Untersuchung des Einflusses des Wertewandels sollen die Bereiche Freizeit und Bildung aber nicht nur unabhängig voneinander betrachtet werden. Bedingt durch den Wertewandel ist die Verbindung von Freizeit und Bildung für Kulturinstitutionen von zunehmender Bedeutung.

2.2.2.2.1. Auswirkungen des Wertewandels auf den Freizeitbereich

Wie in Kap. 2.2.2.1. gezeigt, setzen sich in vielen Lebensbereichen hedonistische Tendenzen immer mehr durch, was sich *besonders deutlich* im Konsum- und Freizeitbereich äußert (Deutsche Gesellschaft für Freizeit, 1996, S.19). Die Werteentwicklungen verursachen, daß Produkte und Dienstleistungen bevorzugt werden, die einen Beitrag zu einem anspruchsvollen und individuellen Lebensstil ermöglichen (Weinberg, 1992, S.18; Weinberg/Diehl, 1999). Die Individuen suchen insbesondere in ihrer Freizeit emotionale Anregung und kommunikative Freizeiterlebnisse, die sie in der Gemeinschaft erleben möchten. Dabei möchte das Individuum auch aktiv sein (Weinberg, 1992, S.18f.). Um ein Erlebnis zu realisieren, muß das Individuum psychisch aktiv sein, es muß selbst etwas leisten: „In der Geschichte der Menschheit ist noch kein einziges Erlebnis verkauft worden. Handel treiben läßt sich immer nur mit Zutaten, Situationen, Dienstleistungen, die vielleicht bestimmte Erlebnisse auslösen könnten, doch die entscheidende Arbeit muß der Konsument selbst leisten" (Schulze, 1998, S.306).

Die Freizeitanbieter haben natürlich auf diese Entwicklungen reagiert (Opaschowski, 1995b, Sp. 718). Den Konsumenten steht inzwischen eine Fülle verschiedener Freizeitangebote zur Verfügung, aus denen sie auswählen können. Dabei ist die Vermittlung von Erlebnissen ein zentrales Anliegen von Freizeitanbietern geworden[36]. Auch Kulturinstitutionen müssen in der Lage sein, die Freizeitbedürfnisse nach Hedonismus, Selbstentfaltung, Kommunikation und Aktivität zu befriedigen. Die heutigen Angebote vieler Kulturinstitutionen erscheinen dazu jedoch nicht in der Lage.

---

[36] Das Angebot an verschiedenen Freizeitmöglichkeiten ist mittlerweile so groß, daß sich teilweise ein „*Eindruck der Lawinenhaftigkeit*" ergibt, wodurch einige Konsumenten in ein Gefühl der „*Ohnmacht und Hilflosigkeit*" geraten (Opaschowski, 1995a, S.80). Häufig führt die Erlebnissuche nur zu einem oberflächlichen Vergnügen. Weinberg (1998b, S.131) spricht von „Gags der Erlebnissuggestion". Viele Versuche, Erlebnisse zu erlangen, scheitern und enden in kurzweiligen Amusements und Enttäuschungen. Opaschowski (1995a, S.96) spricht dabei bereits von „Sinnentleerung" als Hauptdefizit des heutigen Freizeitkonsums.

2.2.2.2.2. Auswirkungen des Wertewandels auf den Bildungsbereich

Bevor auf die Auswirkungen der Werteentwicklungen auf die Bildung und auf Bildungsangebote eingegangen wird, soll zunächst eine kurze Übersicht über die Entwicklung des Bildungsniveaus in Deutschland gegeben werden.

In den vergangenen Jahrzehnten läßt sich eine deutliche Zunahme des Bildungsniveaus feststellen. Abb. 14 veranschaulicht die Zunahme der Bildung seit 1970, beispielhaft für die Abschlüsse Hochschulreife und Diplom, hier dargestellt als Anteil an Schulabgängern insgesamt.

Auch die Entwicklung der Teilnahmequote an Weiterbildungsmaßnahmen in Deutschland, die von 1979 mit ca. 16% auf ca. 26% in 1994 angestiegen ist, unterstreicht das steigende Bildungsniveau und -interesse der Bundesbürger (vgl. Abb. 15).

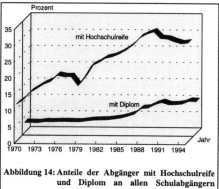

Abbildung 14: Anteile der Abgänger mit Hochschulreife und Diplom an allen Schulabgängern (Quelle: Eigene Darstellung nach Daten des Statistischen Bundesamtes, entnommen der Statistik der allgemeinbildenden Schulen und der Hochschulstatistik)

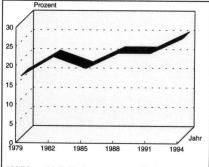

Abbildung 15: Teilnahmequote an Maßnahmen der Weiterbildung in Deutschland (Quelle: Eigene Darstellung nach Kuwan et al., 1996, S.30, basiert auf Daten des Statistischen Bundesamtes)

Durch den Wertewandel mit der Verschiebung der traditionellen Werte wie Disziplin, Akzeptanz oder Pflichterfüllung hin zu Selbstentfaltung und Emanzipation werden auch die Bildung und Bildungskonzepte beeinflußt (Zimmermann, 1995, S.45f.; Nahrstedt, 1994, S.85). Die Werteentwicklung deutet auf eine Bedeutungszunahme eines eigenverantwortlichen und selbstbestimmten Lernens hin (Zimmermann, 1995, S.46). Der Lernende möchte beispielsweise die Informationstiefe und die Art und Weise der Bildungsvermittlung selbst bestimmen und variabel gestalten können. Lernorte und Lernzeiten sollen flexibler gestaltbar sein (Nahrstedt, 1994, S.25). Derzeitige Bildungsangebote beruhen jedoch auf eher traditionellen Werten und kollidieren mit den neuen Werten (Zimmermann, 1995, S.45f.).

Für den Bereich kultureller Bildung gelten diese Entwicklungen analog[37]. Besucher erhalten in vielen Kultureinrichtungen nicht die Möglichkeit, sich selbstbestimmt zu bilden. In vielen Museen beispielsweise erhält der Besucher nur die Möglichkeit, ein genau vorgegebenes Quantum an Information über die ausgestellten Werke zu erhalten, unabhängig davon, wie viele Informationen er in der jeweiligen Situation tatsächlich möchte oder verarbeiten kann. In der Regel ist auch die Art der Informationspräsentation strikt vorgegeben (z.b. visuell durch kleine Tafeln zum Lesen oder akustisch durch eine Führung). Der Kunde wird dadurch zum passiven Rezipieren und Konsum gedrängt. Ein selbstbestimmtes Lernen, bei dem der Lernende z.b. die Art der Informationsdarbietung - visuell durch Bilder oder Text, akustisch, olfaktorisch, taktil - und die Informationstiefe - z.b. grober Überblick, Detailinformationen, Hintergrundinformationen zum Künstler - selbst bestimmen kann, ist nur in Ausnahmefällen realisiert. Kap. 6. der vorliegenden Arbeit untersucht die Vermittlung kultureller Bildung ausführlicher.

2.2.2.2.3. Die Verknüpfung von Freizeit und Bildung

Beim Besuch von Kulturinstitutionen liegt offensichtlich ein Phänomen vor, das sich als eine Freizeitaktivität und als eine Bildungsaktivität darstellt. Nahrstedt et al. (1994, S.1ff.) sprechen in diesem Zusammenhang von *Freizeitbildung*. Sie messen der Freizeitbildung eine hohe und noch zunehmende *gesellschaftliche* Bedeutung bei und fügen sie sogar als eine neue, fünfte Säule in das Bildungssystem ein[38] (vgl. auch Abb. 16). Nahrstedt et al. (1994, S.21) verstehen unter Freizeitbildung „eine Form der Bildung in der Freizeit, wo der Versuch unternommen wird, sowohl den Ansprüchen an Freizeit als auch an Bildung in stärkerem Maße als bisher gerecht zu werden".

---

[37] Pädagogische Aspekte spielen für viele Kulturinstitutionen eine bedeutende Rolle. Beispielsweise ist in der Museumsforschung die Museumspädagogik ein wichtiger Bereich, der sich mit der Art und Weise der Vermittlung zwischen der Ausstellung und dem Besucher befaßt. Zur Museumspädagogik vgl. z.B. Klausewitz (1994), Tripps (1994) oder Weschenfelder/Zacharias (1992).
[38] Üblicherweise werden vier Säulen des Bildungswesens unterschieden. Diese sind das Schulwesen, die berufliche Bildung im dualen System, das Hochschulwesen sowie die Weiterbildung (z.B. Rolff, 1988, S.21ff.; Herdt, 1995, S.64ff.). Nach Meinung von Nahrstedt et al. (1994, S.4f.) sollte die Freizeitbildung von der Weiterbildung (i.e.S.) abgekoppelt werden, da der Begriff der Weiterbildung primär durch Konzepte betrieblicher Art belegt ist.

Während bei den bisherigen vier Säulen des Bildungssystems die Bildung stark strukturiert, stringent und organisiert verläuft, besitzen Bildungsprozesse in der Freizeit eher „lose" Strukturen, in denen Bildungs- und Freizeitkomponenten miteinander kombiniert werden[39] (Nahrstedt et al., 1994, S.5).

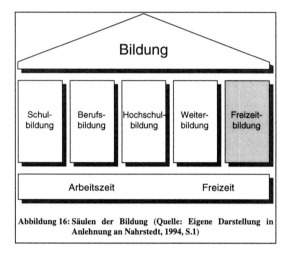

Abbildung 16: Säulen der Bildung (Quelle: Eigene Darstellung in Anlehnung an Nahrstedt, 1994, S.1)

Grundannahme der Freizeitbildung ist, daß sowohl in Freizeit- als auch in Bildungssituationen Motivbündel auftreten, die eine Verbindung von Bildungs- und Freizeitangeboten nahelegen (Nahrstedt et al., 1994, S.11). Es sind dies Bedürfnisse wie Entspannung, Unterhaltung, Geselligkeit oder Aktivität als typische Motive einer Freizeitsituation und Bedürfnisse nach Wissen, nach Erweiterung der Erfahrungen und des eigenen Horizontes sowie Anerkennung (als antizipierte Folge von Bildung) als typische Bildungsmotive. In Freizeitsituationen herrschen Freizeitmotive vor, z.B. der Wunsch nach Geselligkeit und Kommunikation im Freundeskreis. Dazu können Bildungsmotive aktiviert werden, beispielsweise die Erweiterung des eigenen Wissens durch einen Besuch eines Museums mit den Freunden. In Bildungssituationen können auch Freizeitbedürfnisse eingebunden werden, die dann Energien für weitere Bildungsprozesse freisetzen können[40].

---

[39] Auf die Bedeutung einer Verzahnung von Unterhaltung und Bildung weisen auch Pöggeler (1991, S.38ff.) oder von Rüden (1991, S.76ff.) hin.
[40] In der betrieblichen Weiterbildung wird dieses Vorgehen häufig praktiziert, wo Bildungsinhalte mit Freizeitaktivitäten (z.B. Sport, Wanderungen) verknüpft werden.

Nahrstedt et al. (1994, S.11, 74) haben in einigen Projekten gezeigt, daß Konzepte der Freizeitbildung erfolgreich eingesetzt werden konnten, auch in Freizeitsituationen, in denen man keinerlei Bildung erwartet hätte. Nahrstedt (1994) führte beispielsweise eine Ausstellung zur Geschichte der Bademoden in einem Freibad durch. Konzepte der Weiterbildung ermöglichten auch die Ansprache breiter Bevölkerungsschichten. Beispielsweise konnten auch Personen mit niedriger Vorbildung und einer üblicherweise geringen Teilnahme an (Weiter-) Bildungsangeboten durch Freizeitbildung erreicht werden.

An Kulturinstitutionen ist die Forderung zu stellen, Kulturbesuche in Zukunft stärker als ein Angebot der Freizeitbildung zu gestalten (Heckmair/Michl, 1993, S.64) und damit sowohl verbesserte Bildungs- als auch Freizeitangebote zu schaffen[41]. Natürlich dürfen die Freizeitangebote das Kulturprodukt dabei nicht in den Hintergrund rücken (Flagge, 1988, S.176f.). Auch Gottmann (1976, S.229) betont, daß die Ausstellungen des Museums selbst der Bildungsauftrag sind und nicht die sie begleitenden Aktivitäten. Durch eine stärkere Freizeitorientierung des Angebotes ließe sich auch - wie oben beschrieben - eine breitere Bevölkerungsschicht erreichen, so daß Kulturinstitutionen einer „Kultur für alle" ein Stück näherrücken könnten.

2.2.3. Zusammenfassung der Rahmenbedingungen für Kulturinstitutionen

Kulturinstitutionen sehen sich wirtschaftlichen und politischen Problemen gegenüber. Als wichtigste Ursachen wurden die mangelnde Besucherorientierung der meisten Kulturinstitutionen und die finanziellen Einbußen durch knappere öffentliche Mittel gekennzeichnet. In naher Zukunft muß mit weiteren finanziellen Restriktionen gerechnet werden. Im Ausstellungs- und Museumsbereich sind die Besuchszahlen rückläufig. Darüber hinaus erreichen die gegenwärtigen Kulturangebote in der Regel nur einen geringen Teil der Bevölkerung, der überwiegende Teil besucht Kulturinstitutionen eher selten oder praktisch gar nicht. Als wichtige Rahmenbedingung für Kulturinstitutionen wurden die Werteentwicklungen der Gesellschaft, insbesondere ihre Auswirkungen auf den Freizeit- und auf den Bildungsbereich, diskutiert. Die zentralen Wertetrends weisen auf eine Bedeutungszunahme von Hedonismus, dem Wunsch nach Selbstentfaltung, Aktivität und

---

[41] Möchte sich ein potentieller Besucher nur über ein oder mehrere Exponate informieren, so kann er dieses bereits heute auch relativ bequem über Medien erreichen. Beispielsweise lassen sich die Inhalte vieler Kulturinstitutionen, z.B. Exponate, durch Online-Dienste über den heimischen PC abrufen.

Kommunikation hin. Die Besucherforschung ist gefordert festzustellen, wie die Werteentwicklungen den Besuch und die Formen der Auseinandersetzung mit den Kulturobjekten beeinflussen (Hoffrichter, 1996, S.238). An Kulturinstitutionen ist die Forderung zu stellen, das Angebot als ein Angebot der Freizeitbildung zu gestalten, so daß im Kulturangebot sowohl kulturelle Bildung als auch Freizeitkomponenten miteinander verknüpft angeboten werden.

3. Besucherforschung in Kulturinstitutionen

3.1. Möglichkeiten der Besucherforschung in Kulturinstitutionen

Wie in Kap. 2.1.5. dargelegt, stellt die Besucherforschung die erste Stufe eines strategischen Kulturmarketing dar. In Kulturinstitutionen wird allerdings gerade die Besucherforschung stark vernachlässigt (Schuck-Wersig/Wersig, 1992, S.125). Der überwiegende Teil der in Kulturinstitutionen durchgeführten Forschungen ist eher deskriptiv und auf demographische Variablen beschränkt (Pommerehne/Frey, 1993, S.65; Schulze, 1994, S.108). Psychographische Variablen und Variablen des beobachtbaren Konsumentenverhaltens, denen eine größere Relevanz für die Erklärung und Prognose des Besucherverhaltens beigemessen wird als demographischen Variablen (in Anlehnung an Freter, 1995, Sp. 1807ff.; Freter, 1983, S.29f.), werden kaum berücksichtigt.

Für den Ausstellungs- und Museumsbereich gibt das Institut für Museumskunde in Berlin jährlich die laufenden Besuchszahlen von deutschen Museen bekannt. Die erhobenen Daten geben vor allem Aufschluß über demographische und regionale Verteilungen der Besucher, psychographische Kriterien und Variablen des beobachtbaren Konsumverhaltens (wie z.B. das Freizeitverhalten) werden allerdings nur ansatzweise erhoben. In der Literatur zur Ausstellungs- und Museumsforschung findet man insgesamt „nur wenige empirische Untersuchungen über Interessenlagen und Verhalten von BesucherInnen" (Schulze, 1994, S.108). Erste Basisstudien stammen von Graf/Treinen (1983) und Klein (1984). Die bislang umfangreichste Studie über Besucher von Museen stammt von Klein (1990). Er untersuchte über 50.000 Besucher von über 40 Museen in Nordrhein-Westfalen und Berlin hinsichtlich demographischer Strukturen und ausgewählter psychographischer Merkmale und hat damit einen wichtigen Beitrag zum besseren Verständnis der Besucher von Ausstellungen und Museen geleistet. Dennoch fokussiert auch diese Studie nach wie vor zu stark auf demographische Variablen. Insgesamt können die bislang durchgeführten Untersuchungen als wichtige Beiträge zur Erforschung der Besucher von Ausstellungen und Museen gekennzeichnet werden, die jedoch in ihrer Aussagekraft eingeschränkt sind, weil sie auf der deskriptiven Ebene verbleiben.

Neben der bereits erläuterten Fokussierung auf demographisches Datenmaterial ist eine weitere Beschränkung der Aussagekraft der bisherigen Besucherforschung darin zu sehen, daß sich beinahe alle durchgeführten Studien auf aktuelle Besucher, also auf Befragte, die sich bereits in einem Museum befinden, konzentrieren. Es erscheint jedoch notwendig, nicht nur Erkenntnisse über die anwesenden Besucher zu gewinnen, sondern vielmehr sollte versucht werden, potentielle Besucher zu erforschen, die dann in ein Museum gehen würden, wenn es ihnen ein adäquates Angebot liefern würde (vgl. auch Günter, 1997b, S.8). Zusammenfassend bescheinigt Waldemer (1996, S.43) der Besucherforschung in Ausstellungen und Museen[42] in Deutschland ein „Mauerblümchendasein".

3.2. Der kulturspezifische Lebensstil als Grundlage der Besucherforschung

Wie in Kap. 2.2.1. dargelegt, stellt der Besuch von Kulturinstitutionen eine Freizeitaktivität dar. Besonders die Freizeit gilt als der Lebensbereich, in dem Individuen den Lebensstil ausüben und zeigen möchten, den sie anstreben[43] (Szallies, 1988, S.40ff.; Freudenfeld, 1988, S.31). Nahrstedt (1990, S.210) spricht von Freizeit als „Lebensperspektive". Aus diesem Grunde sollte die Erforschung potentieller Besucher von Kulturinstitutionen auf dem Lebensstil der potentiellen Besucher als zentrale Variable beruhen.

Insgesamt kommt der Lebensstil-Forschung in den letzten Jahren eine wachsende Bedeutung zu[44] (Drieseberg, 1995, S.1). Während der Lebensstil als Untersuchungsvariable im kommerziellen Bereich bekannt und verbreitet ist (Drieseberg, 1995, S.20ff.), wird die Bedeutung des Lebensstils im Rahmen der Untersuchung der Besucher von Ausstellungen und Museen in Deutschland erst vereinzelt erkannt (Hoffrichter, 1996, S.233). Im deutschsprachigen Raum gibt es praktisch keine lebensstilorientierte Untersuchung von tatsächlichen oder potentiellen Besuchern von Ausstellungen und Museen. In einer Veröffentlichung der Kommunalen Gemeinschaftsstelle für Verwaltungsvereinfachung (KGSt, 1989, S.37ff.) wird lediglich überprüft, inwieweit bestehende Museen die SINUS-

---

[42] Einen Einblick in die Besucherforschung in Ausstellungen und Museen liefert auch McManus (1991), zahlreiche Literaturhinweise finden sich bei Pommerehne/Frey (1993, S.66).
[43] In anderen Lebensbereichen, vor allem im Beruf, sind nach wie vor Werte wie Selbstdisziplin, Leistungsstreben usw. häufig stärker ausgeprägt. Den Deutschen ist ihre Arbeit unverändert wichtig. Allerdings verändert sich das Verhältnis zur Arbeit. Arbeit dient nicht nur der Existenzsicherung, sondern soll der Verwirklichung persönlicher Begabungen, Fähigkeiten und Neigungen dienen (Deutsche Gesellschaft für Freizeit, 1996, S.19).
[44] Schwerpunkte der Forschung stellen dabei die Untersuchungen des Lebensstils durch die *Soziologie* sowie durch die *Marketingforschung* dar (Drieseberg, 1995, S.7ff.). Die Soziologie faßt den Lebensstil „als soziales Organisationsprinzip von Integration und Abgrenzung" auf (Drieseberg, 1995, S.9). Die Untersuchungen der Lebensstile durch die Soziologie liefern für die Praxis der Marketingforschung und des Konsumentenverhaltens vor allem Erkenntnisse über die Organisation zwischenmenschlicher Beziehungen (Drieseberg, 1995, S.2). Vgl. zu umfangreichen Literaturangaben Drieseberg (1995, S.7ff.), einen Überblick liefert Lüdtke (1991).

Lebensstilgruppen[45] erreichen können bzw. wie ein Kulturangebot gestaltet werden müßte, um ausgewählte Lebensstilgruppen der Typologie zu erreichen. Obwohl der von der KGSt aufgegriffene Ansatz in die richtige Richtung weist, ist er für die Umsetzung in die Praxis aufgrund der Komplexität unvorteilhaft (es werden neun Lebensstil-Segmente beschrieben), was Kulturinstitutionen, die bislang keine derartige Marktsegmentierung vornehmen, überfordern dürfte (vgl. zur Marktsegmentierung ausführlich Kap. 3.3.1.).

Dennoch wird auch im Kulturbereich erkannt, daß „die Lebensstildiskussion nachhaltig darauf aufmerksam gemacht (hat), daß die sozioökonomischen Merkmale ... um Einstellungs- und Orientierungsmerkmale ergänzt werden können, um kulturelles Partizipationsverhalten umfassender als bislang zu erklären und zu verstehen. ... Insofern sollten die Erhebungsinstrumentarien zur Analyse von Besucherstrukturen um Indikatoren weiterentwickelt werden, die es zumindest erlauben, einzelne das kulturelle Verhalten besonders tangierende Elemente von Lebensstilformen aufzuzeigen" (Hoffrichter, 1996, S.236).

3.2.1. Begriffsklärung: Kulturspezifischer Lebensstil

Über den Begriff des Lebensstils in der Marketing-Forschung[46] besteht weitgehend Einigkeit. Der Lebensstil wird definiert „as a mode of living that is identified by how people spend their time (activities), what they consider important in their environment (interests), and what they think of themselves and the world around them (opinions)" (Assael, 1995, S.384).

Häufig wird der Lebensstil-Begriff in der Marketing-Literatur eng an das *Konsumverhalten* der Individuen gekoppelt. So verstehen Kroeber-Riel/Weinberg (1996, S.430) unter einem Lebensstil „eine Menge miteinander verbundener Einstellungen und Aktivitäten ..., durch die das Verhalten der Konsumenten ein spezifisches Profil bekommt". Loudon/Della Bitta (1993, S.60) fassen den Lebensstil auf als „a unique pattern of living which influences and is reflected by one's consumption behavior" (ähnlich Solomon, 1996, S.578; Foxall/Goldsmith, 1994, S.163).

Eine weiterführende Definition nimmt Banning (1987, S.25) vor. Er definiert den Lebensstil als Kombination typischer Verhaltensmuster von Individuen, die durch das *Selbstkonzept*[47]

---

[45] SINUS ist die Abkürzung für Sozialwissenschaftliches Institut Nowak & Partner in Heidelberg. Für einen kurzen Überblick über das Lebenswelt-Konzept von SINUS vgl. Drieseberg (1995, S.191ff.).
[46] Nach Auffassung von Banning (1987, S.29) geht die Integration des Lebensstils in die Marketing-Forschung auf Lazer (1964) zurück.
[47] Da das Selbstkonzept ausführlich in Kap. 3.2.2.1. erläutert wird, kann an dieser Stelle auf eine genauere Begriffsbestimmung verzichtet werden.

bestimmt und durch individuelle sowie umweltspezifische Faktoren beeinflußt werden. Banning führt den Lebensstil auf das Selbstkonzept zurück und „liefert damit einen gewissen theoretischen Unterbau für die Lebensstilforschung" (Trommsdorff, 1998, S.222). Der in der Marketingforschung verwendete Begriff des Lebensstils ist stärker aus der Praxis als aus der Theorie entwickelt worden (Trommsdorff, 1998, S.215; Banning, 1987, S.12ff.). Erst in jüngerer Zeit werden vermehrt Anstrengungen unternommen, die existierenden Untersuchungen und Ansätze der Lebensstil-Forschung in einen breiteren Rahmen zu fassen und sie mit mehr Theorie zu füllen[48].

Bei der Untersuchung des Lebensstils muß festgelegt werden, wie spezifisch das Konstrukt analysiert werden soll. Stegmüller (1995, S.249ff.) und Becker (1998, S.267) weisen darauf hin, daß ein allgemeiner Lebensstil, der Facetten aller Lebensbereiche (Beruf, Familie, Freizeit usw.) abdeckt, für das Konsumverhalten wenig aussagekräftig ist. Ihrer Meinung nach sollte ein *produktspezifischer Lebensstil* verwendet werden. Im Kulturbereich läßt sich darunter ein Lebensstil verstehen, der in der Freizeit und vor allem bei kulturellen Freizeitaktivitäten geäußert wird. Die Zugrundelegung eines produktspezifischen Lebensstils wird für den Kulturbereich auch von Andreasen/Belk (1980) vorgeschlagen. In einer Untersuchung in einem Museum in Großbritannien erfaßten Andreasen/Belk (1980, S.114) einen generellen Lebensstil (über alle Bereiche des Lebens) und einen engeren Freizeitstil und stellten fest, daß sich der Freizeitstil besser zur Verhaltensprognose eignet als der generelle Lebensstil. Insgesamt konnten die Ergebnisse der Studie von Andreasen/Belk (1980) die Annahme eines engen Zusammenhanges zwischen dem Freizeitstil einer Person und dem Besuch kultureller Einrichtungen bestätigen.

Denkbar erscheint, den Lebensstil noch spezifischer zu erfassen, indem eine konkrete Kulturform in den Vordergrund gerückt wird. So könnte man also beispielsweise einen *Museumsstil* für die Untersuchung von Ausstellungen und Museen heranziehen, wogegen jedoch die folgenden Gründe sprechen:

– Es kann bezweifelt werden, daß der Großteil der Bundesbürger überhaupt einen Museumsstil entwickelt hat. Zur Entwicklung eines aussagekräftigen Museumsstils erscheint eine genaue Kenntnis der Museumswelt notwendig, die bei den meisten Befragten nicht vorhanden sein dürfte.

---

[48] Für den deutschsprachigen Raum sind vor allem Banning (1987) und Drieseberg (1995) zu nennen.

– Durch die Erfassung eines Freizeit- und Kulturstils kann auf die Konzeptionierung verschiedener Kulturinstitutionen geschlossen werden. Eine Untersuchung eines Museumsstils würde nur Informationen über den spezifischen Bereich Ausstellungen und Museen liefern. Rückschlüsse auf andere Kulturinstitutionen könnten kaum durchgeführt werden.

Nach Meinung von Schulze (1996, S.142ff.) werden verschiedene Angebote der Hochkultur (also beispielsweise Schauspiel, Museum, Konzerte) vom Individuum ohnehin zu einem „Sinnkomplex" zusammengefaßt: „Aus den gegensätzlichen Botschaften, die von den Urhebern in die Werke hineingelegt wurden, holen die Betrachter in der Gegenwart etwas Einheitliches heraus. Daß wir Bach und Frank Wedekind gleichermaßen im Hochkulturschema finden, ist durch Affinitäten der Werke nicht erklärbar ..., sondern nur durch die homogenisierende Umdeutung der Werke in den Köpfen der Kunstkonsumenten" (S.147). Somit erscheint die Zugrundelegung eines produktspezifischen Lebensstils für die vorliegende Untersuchung vorteilhaft.

In der vorliegenden Untersuchung wird der Lebensstil der potentiellen Besucher durch einen Freizeit- und durch einen Kulturstil erfaßt. Im folgenden soll deshalb von einem *kulturspezifischen Lebensstil* gesprochen werden, der in Anlehnung an Kroeber-Riel/Weinberg und Banning folgendermaßen definiert wird:

> Der kulturspezifische Lebensstil ist eine Menge von miteinander verbundenen Aktivitäten, durch die das Verhalten der Besucher von Kulturinstitutionen ein spezifisches Profil bekommt. Er wird durch das Selbstkonzept bestimmt.

Der Vorteil der Selbstkonzept-Theorie liegt darin, daß sie es ermöglicht zu erklären, *warum* Individuen einen bestimmten Lebensstil realisieren und anstreben (Foxall/Goldsmith, 1994, S.165) und *welche Rückkoppelungen* die Realisierung eines bestimmten Lebensstils beim Individuum bewirkt (Banning, 1987, 87). Der kulturspezifische Lebensstil der Besucher wird durch ihr Selbstkonzept herleitbar. Ziel der Untersuchung ist es, kulturelles Verhalten nicht nur zu beschreiben - wie es bislang der Fall war -, sondern es auch zu erklären und vor allem zu prognostizieren.

3.2.2. Theoretische Fundierung des kulturspezifischen Lebensstils durch das kulturspezifische Selbstkonzept

3.2.2.1. Begriffsklärung und Relevanz des kulturspezifischen Selbstkonzeptes für den kulturspezifischen Lebensstil

Das Selbstkonzept eines Menschen wird als gelerntes, dynamisches System über die eigene Person definiert[49] (Pinquart, 1998, S.3). Es ist hierarchisch aufgebaut (Schlenker, 1985a, S.8ff.), so daß sich das generelle Selbstkonzept in verschiedene spezifische Selbstkonzepte gliedern läßt (Hawkins et al., 1986, S.418; Conrady, 1990, S.64) (vgl. Abb. 17).

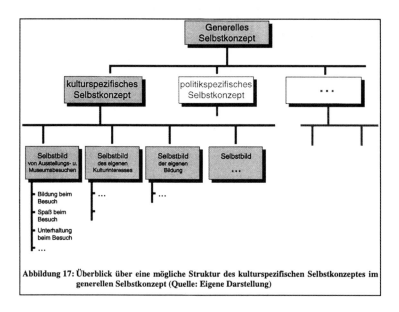

Abbildung 17: Überblick über eine mögliche Struktur des kulturspezifischen Selbstkonzeptes im generellen Selbstkonzept (Quelle: Eigene Darstellung)

Für die vorliegende Arbeit wird das kulturspezifische Selbstkonzept näher betrachtet. Unter einem kulturspezifischen Selbstkonzept kann man ein gelerntes, dynamisches System mit für kulturelle Aktivitäten relevantem Inhalt über die eigene Person verstehen.

---

[49] Pinquart (1998, S.3ff.) liefert einen kurzen Überblick über verschiedene Begriffsauffassungen des Selbstkonzeptes.

Im kulturspezifischen Selbstkonzept sind die *Selbstbilder*, die ein Individuum im Kulturbereich aufweist, zusammengefaßt[50] (in Anlehnung an Assael, 1995, S.379; Loudon/DellaBitta, 1993, S.309). Unter Selbstbildern werden alle Vorstellungen über die eigene Person verstanden (Banning, 1987, S.99). Man selbst steht im Fokus der Betrachtung. Kulturspezifische Selbstbilder sind z.B. Vorstellungen über das eigene Kulturinteresse, die Einstellung zur eigenen Bildung oder die Einstellung zum eigenen Freizeitverhalten.

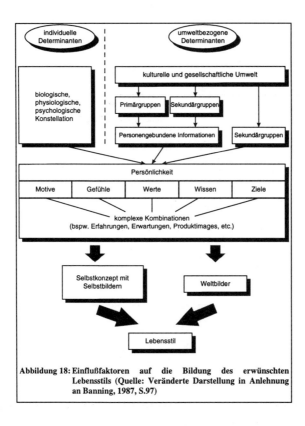

Abbildung 18: Einflußfaktoren auf die Bildung des erwünschten Lebensstils (Quelle: Veränderte Darstellung in Anlehnung an Banning, 1987, S.97)

---

[50] Nach der hier verwendeten Begriffsauffassung umfaßt das Selbstkonzept alle Selbstbilder eines Individuums. Banning verwendet eine abweichende Begriffsauffassung. Seiner Meinung nach zählen zum Selbstkonzept neben den Selbstbildern noch die Weltbilder (vgl. ausführlicher Kap. 3.2.3.1.). Der Fokus der Betrachtung unterscheidet Selbst- und Weltbilder. Selbstbilder beziehen sich auf die eigene Person, während Weltbilder auf die Umwelt bezogen sind. Nach der Auffassung von Banning werden im Selbstkonzept beide vom Individuum kombiniert und aufeinander abgestimmt.

Jedes Individuum weist eine Vielzahl verschiedener Selbstbilder auf (Banning, 1987, S.99; Solomon, 1996, S.228ff.). Die Gesamtheit der Selbstbilder im Kulturbereich eines Individuums bilden sein kulturspezifisches Selbstkonzept. Der Selbstkonzept-Theorie folgend, stimmt das kulturspezifische Selbstkonzept Verhaltensabläufe im Kulturbereich, die persönliche Bedeutung für das Individuum haben, aufeinander ab (Zimbardo, 1995, S.502). Von besonderer Bedeutung ist sein motivationaler Einfluß auf das Verhalten, das im Kulturbereich vom Individuum geäußert wird.

Dem Selbstkonzept wird somit eine zentrale Rolle bei der Organisation des eigenen Lebensstils zugeschrieben. Hawkins et al. (1986, S.417) unterstreichen, daß „the self-concept is, in fact, the personal or internal basis of the lifestyle for any individual" (vgl. auch Abb. 18). Zeichnet sich der Lebensstil eines Individuums durch kulturelle Aktivitäten aus, dann ist das nach der Selbstkonzept-Theorie auch im Selbstkonzept erkennbar: Wenn also dem kulturspezifischen Selbstkonzept eine Bedeutung für den Besuch von Kulturinstitutionen zukommt, dann müßten Besucher und Nicht-Besucher von Kulturinstitutionen Unterschiede im Selbstkonzept derart aufweisen, daß Besucher ein ausgeprägteres und positiveres Selbstbild ihrer Besuche von Kulturinstitutionen haben als Nicht-Besucher[51]. Exemplarisch für andere Kulturinstitutionen wird deshalb für Ausstellungen und Museen im empirischen Teil der Arbeit dieser theoretisch vermutete Zusammenhang geprüft. Dabei wird die folgende Hypothese[52] 1.1 getestet:

$H_{1.1}$: Besucher von Ausstellungen und Museen haben ein ausgeprägteres und positiveres Selbstbild ihrer Ausstellungs- und Museumsbesuche als Nicht-Besucher.

Diese Hypothese 1.1 dient damit der empirischen Überprüfung, ob das Selbstkonzept in der vorliegenden Untersuchung als theoretische Grundlage und Determinante des Lebensstils

---

[51] Da Individuen grundsätzlich dazu neigen, sich selbstwertdienlich wahrzunehmen (Frey/Benning, 1983, S.148ff.), werden positive Selbstbilder im Selbstkonzept im allgemeinen auch als deutlich ausgeprägt empfunden (Stahlberg et al., 1985, S.89ff.).
[52] Die zweite Ziffer „1" bei der Hypothesenindizierung zeigt an, daß es sich um eine Hypothese der ersten empirischen Untersuchung handelt. Die erste Ziffer numeriert die Hypothesen.

geeignet ist. Sie spezifiziert die Beziehung zwischen dem hypothetischen Konstrukt des Selbstbildes und tatsächlichem Besuchsverhalten.

Betrachtet wird ein allgemeines Selbstbild von Ausstellungs- und Museumsbesuchen, bei dem nicht auf die verschiedenen Facetten, die dieses Selbstbild ausmachen, eingegangen wird (z.B. Bildung oder Geselligkeit beim Besuch). Auf die Komponenten und Ausprägungen, die den Selbstbildern zugrunde liegen, geht das folgende Kap. 3.2.2.2. ausführlicher ein.

3.2.2.2. Systematisierungsansätze der Selbstbilder im Selbstkonzept

Wie oben angedeutet, weist jeder Mensch eine Vielzahl von Selbstbildern in seinem Selbstkonzept auf. Zur Systematisierung kann auf verschiedene Ansätze aus der Literatur der Selbstkonzept-Forschung zurückgegriffen werden.

3.2.2.2.1. Komponenten der Selbstbilder

Die Selbstbilder innerhalb des Selbstkonzeptes eines Menschen können in verschiedene Komponenten zerlegt werden. In der Literatur hat sich die Auffassung durchgesetzt, daß die Selbstbilder - ähnlich den Einstellungen - kognitive und affektive Komponenten aufweisen[53]. Häufig wird noch eine konative Komponente hinzugezählt, so daß eine deutliche Ähnlichkeit zur Dreikomponenten-Theorie der Einstellung[54] vorliegt (Conrady, 1990, S.62). Aufgrund der strukturellen Ähnlichkeit zur Einstellung wird das Selbstkonzept auch häufig als „System selbstbezogener Einstellungen" definiert (Mummendey, 1997, S.283).

Ein weiterer Ansatz unterscheidet die folgenden Komponenten (Solomon, 1996, S.226; ähnlich Rosenberg, 1979, S.225ff.):

– Inhalt,
– Genauigkeit,
– Selbstwertschätzung (Selbstbewertung),
– Intensität,
– zeitliche Stabilität.

Dieser Ansatz differenziert damit die kognitive und die affektive Komponente weiter und fügt die zeitliche Stabilität der Selbstbilder als weitere Komponente hinzu. Die kognitive Komponente wird in Inhalt und Genauigkeit unterteilt. Die *inhaltliche* Komponente beschreibt

---

[53] Da die Selbstkonzept-Forschung der kognitiven Psychologie entstammt, wurden bisher vor allem kognitive Prozesse untersucht. Natürlich hat das Selbstkonzept aber auch Einfluß auf aktivierende Vorgänge im Individuum (vgl. dazu auch Zimbardo, 1995, S.502).
[54] Vgl. zur Dreikomponenten-Theorie der Einstellung ausführlich Rosenberg/Hovland (1969).

den Gegenstand des kulturspezifischen Selbstbildes. Das kulturspezifische Selbstkonzept setzt sich aus verschiedenen inhaltlichen Dimensionen zusammen. Für die vorliegende Arbeit bedeutet das z.b. kulturelles Interesse oder Engagement, die Einstellung zur eigenen Allgemeinbildung, ob man sich als gesellig beim Besuch von Kulturinstitutionen sieht usw. Die *Genauigkeit* beschreibt den Präzisierungsgrad der Selbstbilder. Bei den allgemeineren Selbstbildern geht es um generelle Einschätzungen der eigenen Person bzgl. Kultur, während präzisere Selbstbilder auf einzelne Kulturbereiche - wie z.b. Ausstellungen und Museen - gerichtet sind. Noch präziser lassen sich auch Selbstbilder bzgl. einzelner Ausstellungs- und Museumsarten - z.b. von Kunstmuseen - unterscheiden.

Die affektive Komponente wird in die Komponenten Selbstwertschätzung und Intensität differenziert. *Selbstwertschätzung* und *Intensität* geben die Richtung und die Stärke der Bewertung der inhaltlichen Dimensionen der kulturspezifischen Selbstbilder wieder (Conrady, 1990, S.63). Die einzelnen Selbstbilder können positiv oder negativ besetzt sein.

Bei der in dieser Unterteilung hinzugefügten Komponente *zeitliche Stabilität* geht es um die Beständigkeit der verschiedenen Selbstbilder des Selbstkonzeptes vom Kindesalter bis zum Erwachsenenalter. Das Selbstkonzept - und damit auch das Teilsystem des kulturspezifischen Selbstkonzeptes - entsteht bereits im Kindesalter (Zimbardo, 1995, S.502; Rogers et al., 1977, S.677). Es dient als ein Organisationssystem für Informationen, mit denen ein Mensch im Verlauf des Lebens konfrontiert wird (Pinquart, 1998, S.3).

Das kulturspezifische Selbstkonzept wird vom Individuum durch drei Arten von Informationen geformt und verändert (in Anlehnung an Swann, 1985, S.101; Zimbardo, 1995, S.502):

(1) Beobachtungen, wie andere Menschen sich dem Individuum gegenüber im Kulturbereich verhalten.

(2) Beobachtungen der eigenen kulturbezogenen Handlungen und Schlüsse aus Wahrnehmungen der eigenen Person. Auf der Basis dieser Selbstbeobachtungen schätzen die Individuen sich selbst ein.

(3) Vergleiche mit anderen hinsichtlich Meinungen, Fähigkeiten und Erwartungen kulturellen Inhaltes.

Ein Individuum versucht also, sich ein Bild von sich selbst zu machen und verwendet dazu die eingehenden Informationen. Insbesondere aus den Selbsteinschätzungen aufgrund der eigenen kulturbezogenen Handlungen (Punkt 2) kann man schließen, daß Individuen, die als Kinder an Kulturveranstaltungen herangeführt werden und diese in der Jugend häufig besuchen, ein ausgeprägtes und positives kulturspezifisches Selbstkonzept entwickeln, das in den folgenden Jahren immer die Tendenz zur Bestätigung hat. Individuen, die nie oder selten Kulturveranstaltungen besuchen, bilden analog ein weniger ausgeprägtes und eher negatives kulturspezifisches Selbstkonzept heraus. Ist das Selbstkonzept erst geformt, vermeiden Menschen Handlungsweisen oder Informationen, die eine Störung ihres Selbstkonzeptes bedeuten könnten. Vor allem Kinder vermeiden jede Störung des Selbstkonzeptes: „Children ... will consequently invest ... that their self-concepts do not change in any radical way" (Swann, 1985, S.101). Es wird über die Jahre versucht, das herausgebildete positive bzw. negative kulturspezifische Selbstkonzept zu bestätigen[55].

Da sich das kulturspezifische Selbstkonzept bereits im Kindesalter entwickelt, sind das Elternhaus und die Schule entscheidend für das Kulturverhalten der Heranwachsenden verantwortlich. Wurden die Heranwachsenden im Kindesalter nicht an Kultur herangeführt, sinkt die Wahrscheinlichkeit, daß sie im späteren Leben kulturinteressiert und kulturaktiv werden. In empirischen Untersuchungen konnte festgestellt werden, daß eine Abhängigkeit zwischen der Ausbildung kultureller Interessen durch familiäre Beeinflussung in der Kindheit und den im späteren Leben getätigten Kulturbesuchen vorliegt (Andreasen/Belk, 1980, S.112ff.; Frank et al., 1991, S.341).

Deshalb wird - wiederum für Ausstellungen und Museen - hypothetisch formuliert (Hypothese 2.1):

$H_{2.1}$: Erwachsene, die in der Jugend häufig Kulturveranstaltungen besucht haben, haben ein ausgeprägteres und positiveres Selbstbild ihrer Ausstellungs- und Museumsbesuche als Erwachsene, die in der Jugend selten an Kulturveranstaltungen teilgenommen haben.

Die Hypothese untersucht damit die Beziehung von tatsächlichem Verhalten in der Kindheit bzw. Jugend und der Ausprägung des hypothetischen Konstruktes des heutigen Selbstbildes.

---

[55] Ist das kulturspezifische Selbstkonzept negativ ausgeprägt, vermeidet man Handlungen, die das Selbstkonzept betreffen, so daß die Bestätigung eines negativen Selbstkonzeptes häufig durch Vermeidung bzw. „Nicht-Handlung" vorgenommen wird.

3.2.2.2.2. Ausprägungen des Selbstkonzeptes

Eine weitere für die Untersuchung nützliche Unterscheidung der Selbstbilder, die in der Literatur weitverbreitet und allgemein anerkannt ist, läßt sich anhand ihrer Ausprägungen vornehmen. Die Selbstbilder unterscheiden sich in ihren Ausprägungen im (Conrady, 1990, S.69ff.):

- Ausmaß an Realität und im
- Ausmaß an Öffentlichkeit.

Das *Ausmaß an Realität* gibt an, inwieweit das betrachtete Selbstbild im Selbstkonzept nach Einschätzung des Individuums tatsächlich verwirklicht ist. Nimmt man eine Dichotomisierung vor, trennt die Dimension Ausmaß an Realität das *reale* vom als *ideal* empfundenen Selbstbild. Das reale Selbstbild ist die möglichst realistische Einschätzung der eigenen Person, während das ideale Selbstbild das von einer Person erwünschte Bild von sich selbst ist (Solomon, 1996, S.227). Beispielsweise sieht sich ein Individuum *real* als kulturell ungebildet, möchte jedoch *idealerweise* kulturell versierter sein.

Das *Ausmaß an Öffentlichkeit* gibt an, inwieweit das Selbstbild in der Privatsphäre des Individuums liegt oder inwieweit es durch andere wahrnehmbar und beeinflußbar ist. Die Dimension Ausmaß an Öffentlichkeit trennt den *privaten* Teil des Selbstkonzeptes vom *öffentlichen* Teil des Selbstkonzeptes (Scheier/Carver, 1983, S.126). Der private Teil des kulturspezifischen Selbstkonzeptes umfaßt die Vorstellungen, die sich das Individuum von sich selbst im Kulturbereich macht (*Selbstimage*). Der öffentliche Teil des kulturspezifischen Selbstkonzeptes umfaßt die Bilder, die andere nach Meinung des Individuums vom Individuum haben (*Fremdimage*). Dabei sind nicht die tatsächlichen, sondern die vom Individuum wahrgenommenen Fremdimages entscheidend (Conrady, 1990, S.71). Wichtig ist also, wie das entsprechende Individuum *meint*, von der Umwelt wahrgenommen zu werden. Die Selbstimages können - je nach Ausmaß an Realität - als die Bilder, die man tatsächlich von sich selbst hat (*reale Selbstimages*) bzw. gern haben möchte (*ideale Selbstimages*), aufgefaßt werden. Die Fremdimages können - je nach Ausmaß an Realität - wiederum real oder ideal sein. Man spricht vom *realen Fremdimage* oder vom *idealen Fremdimage*.

Durch die Kombination der extremen Ausprägungen des Ausmaßes an Realität und des Ausmaßes an Öffentlichkeit ergeben sich vier verschiedene Kategorien (vgl. Tab. 1), denen die kulturspezifischen Selbstbilder einer Person zugeordnet werden können (in Anlehnung an Conrady, 1990, S.70; Hawkins et al., 1986, S.416).

Ausmaß an Öffentlichkeit \ Ausmaß an Realität	Realselbst des Selbstkonzeptes	Idealselbst des Selbstkonzeptes
privater Teil des Selbstkonzeptes	*reales Selbstimage:* Wie man sich wirklich sieht. (I)	*ideales Selbstimage:* Wie man sich gern sehen würde. (III)
öffentlicher Teil des Selbstkonzeptes	*reales Fremdimage:* Wie man meint, von anderen gesehen zu werden. (II)	*ideales Fremdimage:* Wie man gern von anderen gesehen werden würde. (IV)

Tabelle 1: Grundlegende Dimensionen der Selbstbilder im kulturspezifischen Selbstkonzept (Quelle: in Anlehnung an Conrady, 1990, S.70; Hawkins et al., 1986, S.416)

Die kulturspezifischen Selbstbilder können beispielsweise so ausgeprägt sein:

I   Reales Selbstimage: Ein Individuum sieht sich selbst als kulturinteressiert, aber es sieht Defizite im Wissen über viele Kulturobjekte.

II Reales Fremdimage: Das Individuum meint, daß andere Personen es als kulturinteressiert wahrnehmen, aber es ist unsicher, ob die anderen dieses nicht als „prestigeorientierten Kultureifer" bewerten.

III Ideales Selbstimage: Das Individuum wünscht sich neben seinem Kulturinteresse auch ein profundes Wissen über Kulturobjekte, Kulturinstitutionen und Kulturhistorie. Das Individuum wäre gerne kulturell gebildeter.

IV Ideales Fremdimage: Das Individuum ist bestrebt, daß andere Personen es glaubhaft als kulturinteressiert mit umfangreichem Wissen über Kulturobjekte u.ä. wahrnehmen.

Die Unterscheidung im Ausmaß an Realität wird relevant, wenn man untersucht, ob eine Bestätigung des kulturspezifischen Selbstkonzeptes in Übereinstimmung mit dem realen Selbst oder in Übereinstimmung mit dem idealen Selbst vorgenommen wird. Hierauf wird in Kap. 3.2.3.1. genauer eingegangen. Die Unterscheidung im Ausmaß an Öffentlichkeit wird bedeutsam, wenn untersucht wird, ob die Bestätigung des Selbstkonzeptes sich vor allem an internen oder stärker an externen Standards orientiert. Darauf wird in Kap. 3.2.3.2. ausführlich eingegangen.

Besonders die Ausprägungen im Ausmaß an Öffentlichkeit werden als sehr bedeutsam hervorgehoben (Scheier/Carver, 1983, S.126; Conrady, 1990, S.70). „A temptation exists to draw a sharp line of demarcation between the 'outer' self ... and the 'inner' self" (Schlenker, 1985b, S.XI). In zahlreichen Forschungsarbeiten finden sich empirische Belege für die Bedeutung der Öffentlichkeitsdimension. Schulze (1996, S.35) beispielsweise unterscheidet Personen nach *innen-* und *außenorientierten* Verhaltensweisen. Ebenso findet sich z.b. bereits im Values and Lifestyles-Konzept (VALS) von Mitchell (z.b. 1973, S.84ff.) die auf Riesman (1958, S.120ff.) zurückgehende grundlegende Unterteilung in *inner-* und *outer-directed individuals*.

3.2.2.2.3. Zusammenfassender Überblick über die Systematisierung der Selbstbilder im Selbstkonzept

Versucht man die vorgenommenen Systematisierungen der Selbstbilder im kulturspezifischen Selbstkonzept zusammenzufassen, dann erhält man die in Abb. 19 dargestellte Struktur.

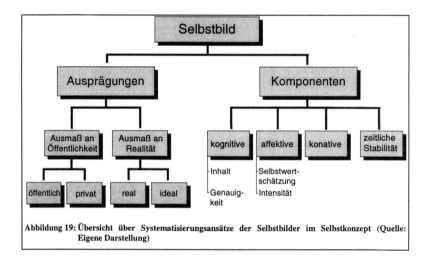

Abbildung 19: Übersicht über Systematisierungsansätze der Selbstbilder im Selbstkonzept (Quelle: Eigene Darstellung)

Jedes Selbstbild läßt sich in die aufgeführten Komponenten zergliedern und kann gleichzeitig in Abhängigkeit von den Ausprägungen des Selbstbildes charakterisiert werden.

Beispiel: Ein Individuum sieht sich als ungebildet (kognitive Komponente: Inhalt) im Bereich der spezifischen Kulturinstitution Ausstellungen und Museen (kognitive Komponente: Genauigkeit). Das Individuum bedauert das (affektive Komponente: Selbstwertschätzung), aber es mißt dem keine starke Bedeutung bei (affektive Komponente: Intensität). Da ihm Ausstellungen und Museen weitgehend gleichgültig sind, besteht bei dem Individuum kaum Motivation, ein Museum zu besuchen (konative Komponente). Die eigenen Defizite im kulturellen Wissen im Bereich Ausstellungen und Museen bestehen schon seit der Kindheit (zeitliche Stabilität).

Versucht man nun, das beschriebene Selbstbild hinsichtlich der Ausprägungen im Ausmaß an Realität und Öffentlichkeit zu charakterisieren, erhält man das folgende Ergebnis: Da sich das Individuum selbst als kulturell ungebildet in bezug auf Ausstellungen und Museen sieht, liegt ein reales und privates Selbstbild vor (reales Selbstimage in Tab. 1).

Die Systematisierung der Selbstbilder im Selbstkonzept nach ihren Komponenten ermöglicht vor allem zu untersuchen, *welche* Selbstbilder inhaltlich für die Bestätigung des Selbstkonzeptes bedeutsam sind. Die Systematisierung nach ihren Ausprägungen ermöglicht eine Analyse, *wie* die Bestätigung des Selbstkonzeptes vorgenommen wird.

3.2.3. Der kulturspezifische Lebensstil als Bestätigung des kulturspezifischen Selbstkonzeptes

Wie bereits zuvor diskutiert, strebt ein Individuum, das ein kulturspezifisches Selbstkonzept aufgebaut hat, danach, sein Leben so zu gestalten, daß das eigene Selbstkonzept bestätigt wird (Swann, 1985, S.104ff.). Nach Rogers (1977, S.240ff.; 1967, S.35) oder Engel et al. (1995, S.410) ist dieses Streben nach Selbstbestätigung eine zentrale menschliche Handlungsmotivation. Die Bestätigung des Selbstkonzeptes wird in Abhängigkeit der bereits beschriebenen Ausprägungen im Ausmaß an Realität und im Ausmaß an Öffentlichkeit vorgenommen.

3.2.3.1. Bestätigung in Abhängigkeit vom Ausmaß an Realität

In Abhängigkeit von der Dimension Ausmaß an Realität kann eine Bestätigung des kulturspezifischen Selbstkonzeptes durch *Selbstwerterhöhung* oder *Konsistenz* erfolgen[56] (Sirgy, 1982a, S.287; 1982b, S.130f.; Grubb/Grathwohl, 1967, S.26; Assael, 1995, S.380ff.).

Bestätigung des Selbstkonzeptes durch Selbstwerterhöhung

Der Selbstkonzept-Theorie folgend gilt: Je näher das reale Selbstbild dem idealen Selbstbild ist, desto stärker kann das Individuum seinen Selbstwert erhöhen. „The closer the ideal self is to the real self, the more fulfilled and happy the individual becomes. A large discrepancy between the ideal and the real self results in an unhappy, dissatisfied person" (Atkinson et al., 1993, S.546).

Eine Diskrepanz zwischen Realselbst und Idealselbst führt zu Dissonanzen und wirkt so motivierend für das Individuum, seine Handlungsbemühungen in Richtung des idealen Selbstbildes zu lenken, wenn die Differenz als überwindbar wahrgenommen wird (Conrady, 1990, S.129). Das Individuum sucht dann nach Möglichkeiten, die eine Verringerung der Diskrepanz zulassen. So führt eine Abweichung zwischen Realselbst (mein Kulturwissen ist schwach) und Idealselbst (ich hätte gern ein umfangreicheres Kulturwissen) im privaten Teil des Selbstkonzeptes z.B. dazu, daß ein Individuum ein Museum besucht, um sich weiterzubilden, oder Kultur- oder Kunstbücher studiert, um ein fundierteres Kulturwissen zu erhalten. Eine Diskrepanz zwischen Real- und Idealselbst im öffentlichen Teil des Selbstkonzeptes kann dazu führen, daß das Individuum zur Untermauerung eines glaubhaften Kulturinteresses und -wissens Bücher über Kultur dekorativ in die Wohnung stellt und es bei Gesprächen Besuche von Kulturinstitutionen einfließen läßt.

Bestätigung durch Konsistenz

Nach konsistenztheoretischer Annahme ist jedes Individuum grundsätzlich bestrebt, Harmonie im Denken, Fühlen und Handeln zu erlangen und zu erhalten. Auftretende Widersprüche sollen beseitigt oder von vornherein vermieden werden, da sie kognitive Konflikte erzeugen,

---

[56] Dabei ist das Streben nach Selbstwerterhöhung eng an die Erreichung des Idealselbstbildes geknüpft, während das Streben nach Konsistenz eher an die Bestätigung des Realselbstbildes geknüpft ist.

die einen unangenehm erlebten, psychischen Druck auf das Individuum ausüben[57] (Weber, 1978, S.1f.). Das Streben nach Konsistenz bewirkt beispielsweise, daß bevorzugt einstellungskongruente Informationen aufgenommen werden und daß solche Handlungen bevorzugt werden, die in das kognitive System der Individuen passen. Ein Besucher, der sich als kulturinteressiert sieht, handelt konsistent, wenn er eine Kunstausstellung besucht oder Kritiken über eine Ausstellung in der Zeitung liest. Ein Individuum, das nie Ausstellungen und Museen besucht und sich auch nicht dafür interessiert, kann sein (schwach ausgeprägtes) kulturspezifisches Selbstkonzept hingegen eher dadurch bestätigen, daß es konsequent (konsistent) nicht in ein Museum geht. Ein Individuum, das sich als kulturell ungebildet sieht, liest in der Zeitung keine Kritiken über Kulturangebote, um sein kognitives Gleichgewicht nicht zu gefährden.

Jedes Individuum besitzt neben seinen Selbstbildern auch Vorstellungen über die es umgebende Umwelt (*Weltbilder*). Unter Weltbildern werden alle Vorstellungen einer Person über ihre Umwelt verstanden (Banning, 1987, S.100). Weltbilder umfassen z.b. erlerntes Wissen über Objekte, andere Personen, Erfahrungen oder auch Marken- oder Produktimages (Banning, 1987, S.100). Die Weltbilder eines Individuums im Kulturbereich (kulturspezifische Weltbilder) umfassen demnach z.B. Vorstellungen über Kulturinstitutionen im allgemeinen oder auch spezifische Vorstellungen von konkreten Ausstellungen und Museen.
Zur Bestätigung des Selbstkonzeptes werden solche Handlungen gesucht, bei denen die Individuen ihre Weltbilder mit ihren Selbstbildern *vereinbaren* können. Selbstbilder und Weltbilder bestimmen aufeinander abgestimmt das Verhalten und den Lebensstil der Individuen.

Die Tab. 2 zeigt eine Systematisierung der Abstimmung von kulturspezifischen Selbstbildern und kulturspezifischen Weltbildern, hier dargestellt für Besuche von Ausstellungen und Museen. Es werden vier Konstellationen unterschieden, in denen die Ausprägungen des realen

---

[57] Die wichtigsten Konsistenztheorien sind die Theorie der kognitiven Dissonanz (Festinger, 1957), die Balancetheorie (Heider, 1946), die Kongruitätstheorie (Osgood/Tannenbaum, 1955) sowie die Theorie affektiv-kognitiver Konsistenz (Rosenberg, 1960). Die genannten Theorien werden vor allem in der Einstellungsforschung angewendet, gehen in ihrer Bedeutung jedoch über die Einstellungsforschung hinaus (Irle, 1975, S.310).

Selbstbildes mit den Ausprägungen des Weltbildes kombiniert werden[58]. Im Hinblick auf das ideale Selbstbild können zwei Ausprägungen unterschieden werden: Es wird eine Erhöhung des Selbstwertes angestrebt, d.h., es besteht eine Differenz zwischen realem und idealem Selbstbild, oder es wird keine Erhöhung des Selbstwertes mehr angestrebt, weil man sein Ideal erreicht hat[59]. Da die zuletzt beschriebene Situation nur in Ausnahmefällen realisiert sein dürfte, ist für das Marketing in der Regel der Fall einer Differenz zwischen dem realen und dem besseren[60] Idealbild interessant. Die Tab. 2 umfaßt deshalb solche Konstellationen, in denen das Individuum eine Verbesserung seines Selbstwertes durch das Streben nach dem Idealselbst sucht. Das ideale Selbstbild ist also relevant, weil es als Motivator wirkt, wenn dem Individuum eine Handlungsoption zur Verfügung steht, von der es ein positives Weltbild hat. Ist die Handlungsoption mit einem negativen Weltbild belegt, wird die entsprechende Option als nicht relevant wahrgenommen, da das Individuum keine Möglichkeit sieht, seinen Selbstwert zu erhöhen oder gar fürchten muß, einen Selbstwertverlust zu erleiden.

	Selbstbild: Ausstellungs- und Museumsbesuche	Weltbild: Bewertung von Ausstellungen und Museen	Motivation durch Selbstwert, bezogen auf Weltbild	Motivation durch Konsistenz, bezogen auf Weltbild	Handlungsmotivation: Besuche oder Nicht-Besuche von Museen
I	positiv	positiv	vorhanden	vorhanden	Besuch
II	negativ	positiv	vorhanden (dominiert)	nicht vorhanden	Konflikt mit Tendenz zum Besuch
III	negativ	negativ	nicht vorhanden	nicht vorhanden	Nicht-Besuch
IV	positiv	negativ	nicht vorhanden	nicht vorhanden	Nicht-Besuch

Tabelle 2: Handlungen in Abhängigkeit von der Abstimmung von kulturspezifischen Selbstbildern und kulturspezifischen Weltbildern[61] (Quelle: Veränderte Darstellung in Anlehnung an Sirgy, 1982a, S.290)

---

[58] Dabei wird jeweils eine Dichotomisierung in positiv oder negativ vorgenommen.
[59] Die Tabelle würde dann auf acht Konstellationen ausgedehnt werden (vgl. dazu Terlutter, 1998a, S.41ff.).
[60] Ein Streben nach einem Idealselbst, das unter dem Realselbst liegt, würde eine Verschlechterung des Selbstwertes bedeuten. Da dies ein Schaden an der eigenen Person ist, kann ein solches Streben als pathologisch und für den vorliegenden Untersuchungsgegenstand irrelevant gelten.
[61] Die Tabelle wurde von Sirgy (1982a, S.112) im Rahmen seiner Self-Image/Product-Congruity Theory entwickelt. Somit könnte der Begriff des Weltbildes auch durch den Begriff des Images ersetzt werden. Da in der deutschsprachigen Selbstkonzept-Forschung der Begriff des (weitergefaßten) Weltbildes dominiert, wird in dieser Arbeit ebenfalls vom Weltbild gesprochen.

Der Selbstkonzept-Theorie folgend, geht die größte Handlungsbereitschaft von Konstellation I aus: Der potentielle Besucher besitzt ein positives Selbstbild seiner eigenen Ausstellungs- und Museumsaktivitäten. Als Handlungsalternative stehen geeignete Objekte zur Verfügung, von denen der potentielle Besucher ein positives Weltbild hat. Sowohl das Streben nach Selbstwerterhöhung als auch das Streben nach Konsistenz führen bei einer solchen Konstellation zur Handlungsmotivation. Ist das Selbstbild von Ausstellungs- und Museumsbesuchen des Individuums positiv, und verspricht der Besuch einer Ausstellung interessante Objekte (Weltbild), dann erscheint die Ausstellung mit ihrem Angebot als *konsistent* mit dem Selbstkonzept des Individuums, und es sieht die Möglichkeit, durch einen Besuch seinen *Selbstwert zu steigern*, weil es dem idealen Selbstbild näherkommt. Es liegt positive Kongruenz von Selbstkonzept und Weltbild vor, der potentielle Besucher erhält Motivationen zum Besuch der Ausstellung durch sein Streben nach Konsistenz *und* Selbstwertschätzung.

In der Konstellation II hat das Individuum ein negatives Selbstbild - d.h., die Einschätzung der eigenen Ausstellungs- und Museumsbesuche tragen nicht positiv zum Selbstkonzept des Individuums bei -, während das Weltbild von Ausstellungs- und Museumsbesuchen positiv ist. In einer solchen Konstellation konfligieren das Streben nach Selbstwerterhöhung und das Streben nach Konsistenz. Da man davon ausgeht, daß das Streben nach Selbstwerterhöhung das Streben nach Konsistenz dominiert (Rogers, 1977, S.242; Rosenberg, 1979, S.59ff.; Assael, 1995, S.381), löst eine solche Situation immer noch eine hohe Handlungsmotivation aus. Sirgy (1982a, S.289) bezeichnet die Konstellation als „positive self-incongruity". Beispielsweise hat ein Individuum ein positives Weltbild von Museen, es sieht Museen als Bildungseinrichtungen. Wenn das Individuum sich selbst als kulturell ungebildet sieht, jedoch anstrebt, die Defizite abzubauen, dann wird die Motivation zur Selbstwertsteigerung dazu drängen, das Museum zu besuchen. Wichtig ist, wie in diesem Kapitel bereits ausgeführt, daß die Diskrepanz als überwindbar wahrgenommen wird.

In der Konstellation III hat das Individuum sowohl ein negatives Selbstbild als auch ein negatives Weltbild von Museumsbesuchen. Das Streben nach Selbstwerterhöhung hindert das Individuum am Besuch, da der Besuch des Museums negativ bewertet wird. Des weiteren dürfte keine Motivation vorhanden sein, ein negatives Selbstbild, das man von den eigenen Ausstellungs- und Museumsaktivitäten hat, durch Konsistenz zu bestätigen. Ein Individuum handelt in dieser Konstellation eher dadurch konsistent, daß es gar nicht in ein Museum geht, als daß es die seiner Meinung nach negativ zu bewertende Handlungsalternative des Besuches wählt. Es wird also eher eine Motivation zum Nicht-Besuch erzeugt.

In Konstellation IV weist das Individuum ein positives Selbstbild auf, während das Weltbild von Ausstellungen und Museen negativ belegt ist. Es wird vermutlich nicht zum Besuch kommen, da er aufgrund des negativen Weltbildes keine Selbstwerterhöhung verspricht. Auch das Streben nach Konsistenz führt zu Meidungsverhalten.

Aus der Übersicht über die vier Konstellationen lassen sich zusammenfassend die folgenden Zusammenhänge ableiten:

In den Konstellationen I und II kommt es der Theorie folgend eher zum Besuch von Ausstellungen und Museen als in den Konstellationen III und IV. Dieser Zusammenhang soll in der folgenden Hypothese 3.1 geprüft werden:

> $H_{3.1}$: *In den Konstellationen I (positives Selbstbild und positives Weltbild) und II (negatives Selbstbild und positives Weltbild) kommt es zu mehr Besuchen, in den Konstellationen III (negatives Selbstbild und negatives Weltbild) und IV (positives Selbstbild und negatives Weltbild) zu weniger Besuchen (als zu erwarten sind^{62}).*

Untersucht man die Konstellationen I und II, aus denen ein Besuch resultiert, genauer, dann geht die stärkste Handlungsbereitschaft zum Besuch von Konstellation I aus: Beim Individuum sind sowohl das Selbstbild als auch das Weltbild positiv ausgeprägt, und das Individuum erhält Motivation zum Besuch durch das Streben nach Selbstwerterhöhung und durch das Streben nach Konsistenz. Eine schwächere Motivation geht von Konstellation II aus: Das Selbstbild ist negativ ausgeprägt, das Weltbild allerdings positiv. Hier erhält das Individuum nur Motivation durch sein Streben nach Selbstwerterhöhung.

Betrachtet man die aus beiden Konstellationen folgenden Handlungen, so dürfte aus Konstellation I (höhere Übereinstimmung von Selbstbild und Weltbild, Motivation durch Streben nach Selbstwerterhöhung und Konsistenz) eine größere Anzahl von Besuchen resultieren als aus Konstellation II (geringere Übereinstimmung, Motivation nur durch Streben

---

[62] In dieser und den folgenden Hypothesen werden die erwarteten Häufigkeiten über die Randverteilungen bestimmt (Bortz, 1993, S.160), worauf in Kap. 8.6.1. im empirischen Teil der Arbeit genauer eingegangen wird.

nach Selbstwerterhöhung). Anders formuliert gehen von den Individuen, die ein positives Weltbild haben, diejenigen häufiger in Ausstellungen und Museen, die auch ein positives Selbstbild haben, als diejenigen, die ein negatives Selbstbild aufweisen. Dieser Zusammenhang soll im empirischen Teil der Arbeit geprüft werden (Hypothese 4.1):

> $H_{4.1}$: *In der Konstellation I (positives Selbstbild und positives Weltbild) kommt es zu mehr Besuchen, in der Konstellation II (negatives Selbstbild und positives Weltbild) zu weniger Besuchen (als zu erwarten sind).*

Oder anders formuliert:

> *Von den Individuen, die ein positives Weltbild haben, gehen diejenigen häufiger in Ausstellungen und Museen, die auch ein positives Selbstbild haben, als diejenigen, die ein negatives Selbstbild aufweisen.*

Untersucht man die Konstellationen III und IV genauer, in denen es zu weniger Besuchen kommt, dann kann vermutet werden, daß aus der Konstellation IV eine höhere - wenn auch insgesamt geringe - Motivation zum Besuch resultiert als aus der Konstellation III: Ein Individuum, das seine eigenen Ausstellungs- und Museumsaktivitäten positiv beurteilt (positives Selbstbild), sucht möglicherweise auch einmal Ausstellungen oder Museen auf, von denen es ein schlechteres Weltbild hat (Konstellation IV). Ein Urlauber beispielsweise besucht ein Heimatmuseum seines Urlaubsortes, obwohl er keine hohen Erwartungen an den Besuch hegt. Sieht er sich aber als grundsätzlich nicht an Ausstellungen und Museen interessiert (negatives Selbstbild), kommt es mit einer größeren Wahrscheinlichkeit nicht zum Besuch (Konstellation III). Deshalb soll die folgende Hypothese 5.1 geprüft werden:

> $H_{5.1}$: *In der Konstellation IV (positives Selbstbild und negatives Weltbild) kommt es zu mehr Besuchen, in der Konstellation III (negatives Selbstbild und negatives Weltbild) zu weniger Besuchen (als zu erwarten sind).*

Es wurde theoretisch hergeleitet, daß eine hohe Übereinstimmung von Selbstbild und Weltbild bzgl. Ausstellungs- und Museumsbesuchen zum Besuch bzw. Nicht-Besuch von Ausstellungen und Museen führt. Obwohl es durchaus wünschenswert sein kann, daß eine geringe Überlegenheit des Weltbildes gegenüber dem eigenen Selbstbild vorliegt (vgl. auch Konstellation II), um seinen Selbstwert zu steigern, darf die Differenz als nicht zu groß vom Individuum wahrgenommen werden. Für den Fall, daß das Selbstbild besser als das Weltbild ist, gilt ähnliches: Vermutlich wird eine Handlungsalternative, von der das Individuum ein Weltbild hat, das zwar etwas schwächer als das eigene positive Selbstbild, aber nach wie vor nicht negativ ist, noch akzeptiert (Konstellation I). Wenn die Differenz jedoch zu groß wird (das Weltbild also zu schlecht), dann erscheint dem Individuum die Handlungsoption zu unattraktiv (Konstellation IV). Geringe Differenzen sind also gewünscht (Weltbild etwas besser als Selbstbild) oder werden noch akzeptiert (Weltbild etwas schwächer als Selbstbild), werden die Differenzen jedoch zu groß, kommt es trotz eines möglicherweise sogar positiven Weltbildes nicht zu einem Besuch, da dem Individuum eine Übereinstimmung von Selbstbildern und Weltbildern nicht mehr möglich erscheint. Insgesamt kann man deshalb davon ausgehen, daß eine hohe Übereinstimmung von Selbstbild und Weltbild vorliegen muß, damit ein Besuch realisiert wird. Somit läßt sich der folgende Zusammenhang vermuten (Hypothese 6.1):

$H_{6.1}$: *Bei einer hohen Differenz von Selbstbild und Weltbild von Ausstellungs- und Museumsbesuchen kommt es zu weniger Besuchen, bei einer geringen Differenz zu mehr Besuchen (als zu erwarten sind).*

Insbesondere die Überlegungen dieser Hypothese, daß Besuche von Kulturinstitutionen nur dann vorgenommen werden, wenn den potentiellen Besuchern eine ausreichende Übereinstimmung ihrer Selbstbilder und ihrer Weltbilder möglich erscheint, verdeutlichen die Notwendigkeit, daß sich Kulturinstitutionen stärker an ihren Besuchern orientieren. Es reicht demnach nicht aus, ein gutes Weltbild bei den Besuchern zu erzeugen, sondern es kommt darauf an, das *richtige* Weltbild aufzubauen, welches den Individuen die Möglichkeit gibt, ihr kulturspezifisches Selbstkonzept zu bestätigen (Abb. 20).

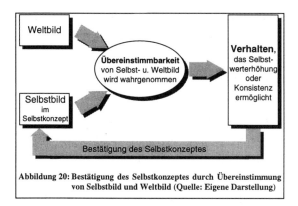

Abbildung 20: Bestätigung des Selbstkonzeptes durch Übereinstimmung von Selbstbild und Weltbild (Quelle: Eigene Darstellung)

3.2.3.2. Bestätigung in Abhängigkeit vom Ausmaß an Öffentlichkeit

Die Bestätigung des Selbstkonzeptes kann *in Abhängigkeit von der Öffentlichkeit* des Selbstkonzeptes unmittelbar - d.h. durch die Person selbst - und mittelbar - d.h. durch Reaktionen des sozialen Umfeldes - geschehen (Banning, 1987, S.101) (vgl. Abb. 21).

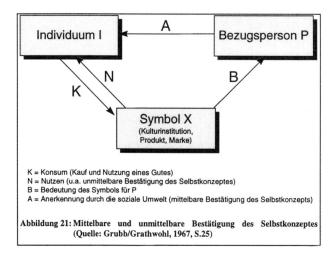

Abbildung 21: Mittelbare und unmittelbare Bestätigung des Selbstkonzeptes (Quelle: Grubb/Grathwohl, 1967, S.25)

Eine *unmittelbare* Bestätigung seines kulturspezifischen Selbstkonzeptes erfährt der Besucher einer Ausstellung, wenn von ihm ausgeführte Handlungen zu einer Befriedigung seiner Bedürfnisse führen (Banning 1987, S.101). Die unmittelbare Bestätigung ist verknüpft mit dem privaten Teil des kulturspezifischen Selbstkonzeptes. Es liegt damit ein hohes Ausmaß an Innenorientierung vor. Die Bedürfnisse, die befriedigt werden, können dabei verschiedenster Art sein. Beispielsweise findet ein Besucher Gefallen an der Betrachtung eines Gemäldes, er interessiert sich für die verwendeten Techniken und die Details. Des weiteren stellt ein Besuch einer Ausstellung ein kommunikatives Erlebnis dar. Das Individuum genießt die Geselligkeit beim anschließenden Gespräch mit Freunden im Museumscafé.

Eine *mittelbare* Bestätigung seines Selbstkonzeptes erfährt der Besucher durch Reaktionen seines sozialen Umfeldes auf seine Handlungen. Betroffen ist der öffentliche Teil des Selbstkonzeptes (Brown, 1992, S.420f.). Beim öffentlichen Teil des Selbstkonzeptes geht es um das Verhältnis des Besuchers zu sozialen Gruppen[63]. Es liegt damit ein hohes Ausmaß an Außenorientierung vor.

Die mittelbare Bestätigung des Selbstkonzeptes hängt dabei eng mit der Wichtigkeit des Fremdimages für ein Individuum zusammen. Personen, denen ihr Fremdimage wichtig ist, lassen sich stärker von ihm leiten als Personen, denen es vergleichsweise unwichtig ist (vgl. ausführlich Kap. 3.3.2.). Eine Bestätigung des Selbstkonzeptes erfolgt dann durch eine wahrgenommene Verbesserung des Fremdimages, z.B. durch Prestigegewinn, Anerkennung usw. Beispielsweise ist der Besucher daran interessiert, daß sein Gesprächspartner sein Interesse an den Details des Gemäldes wahrnimmt, und er erhofft sich dadurch Anerkennung. Die mittelbare Bestätigung des Selbstkonzeptes erfährt der Besucher dann aus seinem sozialen Umfeld, z.B. durch anerkennendes Nicken des Gesprächspartners.

Die mittelbare Bestätigung des Selbstkonzeptes wird häufig vom Individuum beeinflußt. Es versucht, sich in bestimmter Art und Weise zu verhalten, um so gewünschte Reaktionen seines sozialen Umfeldes zu provozieren. Man spricht von Selbstdarstellungsverhalten, auf das im folgenden näher eingegangen wird.

3.2.3.3. Das Selbstdarstellungsverhalten im Kulturbereich

Selbstdarstellungsverhalten[64] gilt als ein universelles und allgegenwärtiges Phänomen sozialen Lebens (Schneider, 1981, S.23). Unter Selbstdarstellung[65] im Kulturbereich werden

---

[63] Ein Individuum sucht in einer sozialen Gruppe Konformität zu, aber auch Abgrenzung von anderen Mitgliedern der Gruppe (Banning, 1987, S.102f.).
[64] Erkenntnisse über das Selbstdarstellungsverhalten der Individuen können vor allem aus der Theorie des symbolischen Interaktionismus, aus den Attributionstheorien, der Theorie der Personenwahrnehmung und der Impression-Management-Theorie gewonnen werden (vgl. zusammenfassend z.B. Conrady, 1990, S.38ff.).
[65] Synonyme Begriffe sind Self-Presentation und Impression Management (Conrady, 1990, S.41; zur Kritik an einer synonymen Begriffsverwendung vgl. Schneider, 1981, S.25ff.).

Verhaltensweisen verstanden, die darauf gerichtet sind, daß dem Besucher von anderen Personen[66] bestimmte Merkmale zugeschrieben werden, so daß sich bei diesen aufgrund der Summe der dem Besucher zugeschriebenen Merkmale ein erwünschtes Image des Besuchers bildet[67] (Conrady, 1990, S.42). Beeinflußt wird also das Fremdimage, der öffentliche Teil des Selbstkonzeptes. Dabei zielt das Selbstdarstellungsverhalten insbesondere auf die Beeinflussung des *idealen* Fremdimages im Selbstkonzept ab[68] (Tetlock/Manstead, 1985, S.60).

Zur Selbstdarstellung sind grundsätzlich alle Handlungsweisen mit *symbolhaftem Charakter* geeignet[69]. Wie die Ergebnisse der GfK Medienforschung zeigen, hat die Verwendung symbolhafter Verhaltensweisen in den vergangenen Jahren deutlich zugenommen[70] (Schröter/Waschek, 1998, S.69). Als Gründe lassen sich die Zunahme der empfundenen Statusunsicherheit in einer zunehmend mobilen, modernen Gesellschaft und die gewachsene Anonymität von Massengesellschaften nennen. Dadurch kommt es häufig zu Problemen bei der sozialen Einordnung des Interaktionspartners[71] (Adlwarth, 1983, S.55ff.). Die Probleme bei der Einordnung beziehen sich sowohl darauf, wie man selbst von anderen wahrgenommen wird, als auch darauf, wie man andere beurteilen soll (Feemers, 1992, S.86). Zur Überwindung dieser Unsicherheit werden bewußt oder unbewußt bestimmte Informationstechniken eingesetzt (Conrady, 1990, S.174f.).

Verhaltensweisen weisen einen Symbolgehalt auf, wenn sie Informationen über den Handelnden liefern (Conrady, 1990, S.87). Grundsätzlich haben Individuen im Laufe der Zeit

---

[66] Selbstdarstellungsverhalten kann auch vor sich selbst sein (Adlwarth, 1983, S.49ff.; Tetlock/Manstead, 1985, S.61f.), betroffen ist dann das Selbstimage, vor allem das ideale Selbstimage.
[67] Dabei muß die Person die entsprechenden Merkmale nicht tatsächlich aufweisen (Conrady, 1990, S.42). Das Streben nach Selbstdarstellung kann dem Individuum mehr oder weniger bewußt sein (Conrady, 1990, S.42; Tetlock/Manstead, 1985, S.62).
[68] Neben der Erzielung des gewünschten Fremdimages zielt das Selbstdarstellungsverhalten auch darauf ab, das Auftreten bestimmter *Verhaltensweisen* anderer Individuen zu beeinflussen (Conrady, 1990, S.39, 134; Tetlock/Manstead, 1985, S.59; Mummendey/Bolten, 1985, S.57f.). Durch geeignete Selbstdarstellung und ein daraus resultierendes Fremdimage erhalten bestimmte Personen sogenannte Macht (Schlenker, 1980, S.88f.; Tedeshi/Norman, 1985, S.295), wodurch sie Interaktionen beeinflussen können (Conrady, 1990, S.135). Zugrunde gelegt werden könnten die Ursachen der Macht nach French/Raven (1959, S.150ff.), insbesondere „referent power". Macht sei hier definiert als potentielle Beeinflussung anderer (z.B. de Kadt, 1965, S.461).
[69] Die vom Individuum erwartete Wahrscheinlichkeit, daß ein bestimmtes Verhalten zu einem Fremdimage führt, ist natürlich auch situationsabhängig. Darüber hinaus muß das Umfeld über die Möglichkeit der Dekodierung verfügen (Conrady, 1990, S.86).
[70] Nach den Ergebnissen der GfK Medienforschung im Rahmen der dritten Euro Socio Styles-Erhebung ist das „Angebertum" seit 1989 um das 15fache gestiegen. Zum Vergleich sind Werte wie „Dynamik" nur um das 2,6fache, „Hedonismus" um das 2,3fache gestiegen (Schröter/Waschek, 1998, S.68f.).
[71] Durch den Wegfall ehemaliger Statusorganisationen (z.B. Bauern und Leibeigene, Adelige usw., die allein schon durch Kleidung u.ä. eindeutige Statuszuweisungen ermöglichten) sind die Menschen heute durch eine hohe Statusunsicherheit geprägt (Feemers, 1992, S.85).

gelernt, welche Verhaltensweisen zur Bildung erwünschter bzw. unerwünschter Images geeignet sind. Auch viele Konsumalternativen, der Kauf, die Verwendung oder das Zeigen von Gütern besitzen symbolischen Wert für das Individuum und für andere (Grubb/Grathwohl, 1967; Sirgy, 1982b, S.129ff.). In der Regel wird ein Individuum versuchen, solche symbolhaften Handlungen vorzunehmen, die einen hohen *Prestigewert* haben[72]. Unter dem Prestigewert einer Handlung wird die subjektive Wahrscheinlichkeit verstanden, mit der ein Individuum erwartet, soziales Ansehen zu erlangen (in Anlehnung an Adlwarth, 1983, S.51).

Prestigezuweisungen durch symbolhafte Handlungen können jedoch nur erreicht werden, wenn die Handlungen oder Produkte von der prestigezuweisenden Bezugsgruppe wahrgenommen werden können (Adlwarth, 1983, S.16; Trommsdorff, 1998, S.116). Die Eignung von Produkten zur Prestigevermittlung ist damit davon abhängig, in welchem Ausmaß Produkte öffentlich konsumiert werden und wie stark die prestigezuweisende Bezugsgruppe Einblick in das Privatleben erhält (Trommsdorff, 1998, S.116). Deshalb wird oft in einen *internen* (privaten) und einen *externen* (öffentlichen) Bereich des Konsums unterschieden (Wiswede, 1968, S.313). Der interne Bereich des Konsums ist der Bezugsgruppe weitgehend verschlossen, während der externe Bereich von anderen Personen relativ leicht wahrgenommen werden kann. Allerdings kann auch der interne Bereich öffentlich gemacht werden, indem den Produkten durch Kommunikation eine soziale Auffälligkeit gegeben wird, obwohl das Produkt als solches nicht sichtbar ist (Feemers, 1992, S.76). Feemers (1992, S.77) schlägt deshalb vor, zwischen internen und externen Produkten ein *Öffentlichkeitskontinuum* zugrunde zu legen, auf das sich Produkte bzw. Handlungsalternativen bzgl. ihrer gesamten öffentlichen Wirkungsmöglichkeiten einordnen lassen. Ein Ausstellungs- oder Museumsbesuch ist nach seinem Abschluß unsichtbar, dennoch kann durch verbale Kommunikation oder durch andere Symbole eine soziale Auffälligkeit erreicht werden.

---

[72] Im Konsumbereich werden deshalb viele Produkte markiert (vgl. zur Markierung von Produkten und zur Markenbewertung ausführlich Bekmeier-Feuerhahn, 1998; für einen kurzen Überblick vgl. Zentes/Swoboda, 1997, S.211).

Übereinstimmend wird der Kulturbereich in der Literatur als sehr prestigeträchtig eingeschätzt[73] (Hollenstein, 1988, S.154). „Man geht ins Theater oder ins Museum, hakt ... die vorgeschriebenen Kirchen ab, quält sich durch einen Roman von Thomas Mann - nicht etwa, weil all dies besonderes Vergnügen bereiten würde, sondern weil man auf sich hält" (Schulze, 1996, S.145). Adlwarth (1983, S.189f.) hat die überdurchschnittlichen Prestigewerte von Kunstgegenständen und Theaterbesuchen empirisch nachgewiesen. Er stellt fest, daß dieses „Güter (sind), deren Konsum eine gewisse Bildung voraussetzt und eine Weiterbildung mit sich bringt. ... Durch den Besitz und/oder die Verwendung derartiger Güter stellt der Verbraucher dementsprechend sein kulturelles und intellektuelles Niveau unter Beweis." Quelle für Prestige ist hier Bildung[74] (Adlwarth, 1983, S.207).

Verhaltensweisen zur Erlangung von Prestige werden nur dann ausgeführt, wenn ein Individuum sicher ist, daß es dieses Verhalten auch beherrscht (Conrady, 1990, S.89). Besteht die Gefahr, daß eine Handlungssituation nicht kontrolliert werden und es zu einem Selbstwertverlust kommen kann, so wird die Handlungsalternative gemieden. Hier liegt vermutlich ein Grund dafür vor, daß viele Personen keine oder kaum Kulturveranstaltungen besuchen: Sie haben Angst, die Situation nicht zu beherrschen, weil sie z.B. die Bedeutung von Kulturobjekten nicht verstehen, und fürchten einen Selbstwertverlust.

Das Ausmaß an Öffentlichkeit und das damit verbundene Selbstdarstellungsverhalten im Kulturbereich erhält im Rahmen der Besuchersegmentierung empirische Relevanz, worauf in den Kap. 3.3. und 5.6. genauer eingegangen wird.

---

[73] Conrady (1990, S.179) unterscheidet acht Bestimmungsfaktoren der Prestigeträchtigkeit eines Produktes:
  1. gegenwärtige Einzigartigkeit des Produktes,
  2. Anzahl potentieller Alternativen in der Produktkategorie,
  3. Kosten (auch nicht-monetärer Art: Bildungsvoraussetzungen, kulturelles Interesse),
  4. gedanklicher und zeitlicher Kaufentscheidungsaufwand,
  5. Sichtbarkeit des Konsums,
  6. Komplexität des Produktes,
  7. Abhängigkeit des Produktes von stilistischen Wandlungen,
  8. Dauer der Bindung an die Kaufentscheidung.
Dabei sind je nach Produktart die verschiedenen Faktoren unterschiedlich gewichtet. Beispielsweise ist ein Ausstellungs- oder Museumsbesuch meist nicht mit hohen monetären Kosten verbunden, wohl aber mit hohem gedanklichen Aufwand.
[74] Adlwarth (1983, S.198ff.) nennt noch weitere Quellen für Prestige: Gehobenes Konsumniveau, hohes Einkommen, jugendlicher Lebensstil, Bekleidungsstil sowie Einrichtungsstil.

3.2.4. Dimensionen des kulturspezifischen Lebensstils

Wie in den vorangegangenen Kapiteln ausführlich dargelegt, determiniert das kulturspezifische Selbstkonzept weitgehend den kulturspezifischen Lebensstil. Für das weitere Vorgehen muß entschieden werden, ob das kulturspezifische Selbstkonzept oder ob seine handlungsspezifischen Ausprägungen, also der kulturspezifische Lebensstil, der weiteren Analyse zugrunde gelegt wird. Im Hinblick auf das primäre Ziel der Arbeit, die besuchergerechte Angebotsgestaltung von Kulturinstitutionen, erscheint es vorteilhafter, den kulturspezifischen Lebensstil zu verwenden: Der Lebensstil liegt näher am tatsächlichen Verhalten als das Selbstkonzept (Foxall/Goldsmith, 1994, S.165; Assael, 1995, S.384, 404; Horton, 1984, S.319) und kann valider erfaßt werden. Er stellt damit die für das Kulturmarketing relevantere Größe dar. Das Selbstkonzept ist ein rein intraindividueller Prozeß mit entsprechender Operationalisierungsschwierigkeit[75] (Foxall/Goldsmith, 1994, S.165). Der Lebensstil kann nach Kroeber-Riel/Weinberg (1996, S.548) durch die Erfassung *gezeigten* Verhaltens ermittelt werden, so daß bei Diskrepanzen zwischen Selbstkonzept und gezeigtem Lebensstil (z.b. aufgrund finanzieller oder zeitlicher Restriktionen oder aufgrund von Einflüssen der sozialen Umwelt) der für das Marketing bedeutsamere Sachverhalt ermittelt wird. Den weiteren Ausführungen liegt deshalb der kulturspezifische Lebensstil zugrunde. Dabei wird auf die Erkenntnisse der Selbstkonzept-Forschung zurückgegriffen.

Für ein operableres Vorgehen in der Arbeit und in der kulturellen Praxis ist eine Reduzierung des kulturspezifischen Lebensstils auf wenige zentrale Größen notwendig. Auf der Grundlage der verschiedenen Systematisierungsansätze für das kulturspezifische Selbstkonzept, die in den Kapiteln zuvor erläutert wurden, soll im folgenden versucht werden, diese Größen herauszuarbeiten. Kennen Kulturinstitutionen diese grundlegenden Dimensionen des kulturspezifischen Lebensstils der Individuen, können sie versuchen, ihre Kulturangebote so zu gestalten, daß sie dem Lebensstil der Besucher entsprechen und so zur Bestätigung des Selbstkonzeptes der Individuen beitragen.

---

[75] Eine Skala zur Erfassung des Selbstkonzeptes findet sich z.B. bei Adlwarth (1983).

Mit Rückgriff auf die kognitiven Komponenten[76] der Selbstbilder, die den kulturspezifischen Lebensstil bestimmen, kann man von einer groben Zweiteilung in die inhaltlichen Dimensionen *kulturelle Bildung* und *Unterhaltung* ausgehen (z.b. Lückerath, 1993, S.297ff.). So fand Klein (1990, S.281) in seiner von 1984 bis 1986 durchgeführten Befragung von über 50.000 Besuchern verschiedener Museen in der Bundesrepublik, daß 56% sowohl Bildung als auch Unterhaltung beim Besuch suchten, 27% suchten fast nur Bildung und 17% fast nur Unterhaltung.

In einer Umfrage des Instituts für Wirtschaftsforschung und des Instituts für Museumskunde gaben 38,3% der Befragten[77] als Motivation für den Besuch von Ausstellungen und Museen *Wissensbestätigung und - erweiterung* an (Hummel et al., 1996, S.71). Diese Motivation war damit die am häufigsten genannte. 26,4% gaben *Schaulust, Neugier* als Motivation für einen Besuch an (Hummel et al., 1996, S.71). Giegler (1982, S.218) ermittelte empirisch eine Dimension kultureller Freizeitaktivitäten, die als Ästhetik bezeichnet werden kann. Ästhetik umfaßt dabei den Genuß, der durch die Auseinandersetzung mit einem Kunstwerk beim Rezipienten ausgelöst wird. Da für den Genuß bei der Auseinandersetzung mit den Werken auch ein zunehmendes Kennenlernen des Werkes und eine Schulung der Sinne notwendig ist (Lenders, 1995a, S.160), kann man auch hier von einer Weiterentwicklung und Bildung beim Rezipienten sprechen. Auch Bee (1996, S.277ff.) geht davon aus, daß Kunst vor allem dann genossen und verstanden werden kann, wenn der Betrachter etwas über die Kunstobjekte weiß. Somit läßt sich auch die Ästhetik unter Bildung in Kulturinstitutionen subsumieren.

Der Wunsch nach Unterhaltung ist in der Regel eng mit Geselligkeit und einem Kulturbesuch in Begleitung anderer verknüpft (Klein, 1984, S.125). So gaben beispielsweise 29,7% der befragten Museumsbesucher ein gemeinsames Kulturerlebnis als Motivation für einen Besuch an (Hummel et al., 1996, S.71). Weitere empirische Bestätigungen für die inhaltlichen Dimensionen kulturelle Bildung und Unterhaltung finden sich bei Klein (1984, S.122) oder Eisenbeis (1980, S.23). Klein (1990, S.279) faßt für Ausstellungen und Museen zusammen, daß die beiden „Komplexe des »Belehrens und Erfreuens« als zwei zusammenhängende Ebenen subjektiver Erlebensweisen betrachtet werden, die beide bei jedem Museumsbesuch mehr oder minder beteiligt sind". Die aufgeführten Ergebnisse unterstreichen, daß kulturelle

---

[76] Die affektive Komponente (Bewertung und Intensität) der Selbstbilder entscheidet darüber, ob die kognitiven Dimensionen Bildung bzw. Unterhaltung förderlich für das kulturspezifische Selbstkonzept sind.

[77] Befragt wurden in zwei Befragungswellen 1995 und 1996 insgesamt n=12.227 Besucher verschiedener Museen in Deutschland (vgl. ausführlich Hummel et al., 1996).

Bildung und Unterhaltung die beiden grundlegenden inhaltlichen Determinanten des kulturspezifischen Lebensstils darstellen.

Eine weitere für den Untersuchungszusammenhang relevante Differenzierung des kulturspezifischen Lebensstils kann auf der Grundlage der Ausprägungen der Selbstbilder im Ausmaß an Öffentlichkeit vorgenommen werden. Wie in Kap. 3.2.3.2. dargelegt, ist die Bestätigung des Selbstkonzeptes auch vom Ausmaß an Öffentlichkeit abhängig. Die Besucher orientieren sich bei der Bestätigung des Selbstkonzeptes an internen oder an externen Standards. Orientieren sich die Besucher an externen Standards, suchen sie Bestätigung durch Prestigegewinn. Verhaltensweisen, die zur Erlangung von Prestige und sozialer Anerkennung durchgeführt werden, sind eine wichtige Größe des kulturspezifischen Lebensstils, die allerdings in der Literatur - insbesondere in der kulturspezifischen Literatur - bisher kaum beachtet werden. Empirisch abgesicherte Erkenntnisse über die Bedeutung des Prestige für den Besuch von Ausstellungen und Museen sind in der Literatur praktisch nicht zu finden. Giegler (1982, S.270) stellt lediglich fest, daß „eine Befassung mit derartigen, der Kunstrezeption dienenden Freizeitaktivitäten zu einem nicht unbedeutenden Statussymbol geworden ist". In den meisten Studien über Besuchermotivationen wird jedoch gar nicht versucht, den Wunsch nach Prestige zu ermitteln (vgl. etwa Hummel et al., 1996; Klein, 1990, S.279ff.). Hier liegt ein großes Defizit bisheriger Besucherforschung in Kulturinstitutionen, die damit eine der wesentlichen Besuchsmotivationen kaum erforscht hat. Die vorliegende Arbeit versucht, dieses Defizit der Besucherforschung abzubauen.

Wie in Kap. 3.2.3.3. dargestellt, eignet sich der Kulturbereich gut zur Demonstration von sozialem Status. Es kann deshalb vermutet werden, daß der Wunsch nach Prestige ebenfalls eine wichtige Größe im Kulturbereich ist. Endgültige Klärung kann allerdings nur die empirische Analyse schaffen, wie sie in Kap. 5.3.2. ausführlich dargestellt wird.

Eine weitere Größe des kulturspezifischen Lebensstils läßt sich aus den in Kap. 2.2.2. ausführlich dargestellten Werteentwicklungen hin zu einer verstärkten Erlebnisorientierung ableiten. Erlebnisorientierung zeichnet sich durch ein hohes Maß an Innenorientierung aus und äußert sich z.B. durch den Wunsch nach Geselligkeit, Kommunikation und Aktivität bei kulturellen Anlässen. Orientieren sich die Besucher an internen Standards, suchen sie Bestätigung durch die Realisierung von Erlebnissen. Der Trend zur Erlebnisorientierung ist zwar auch im Ausstellungs- und Museumsbereich erkannt, wird allerdings noch unzureichend aufgegriffen (Opaschowski, 1992, S.81ff.; Hoffrichter, 1996, S.237). Eine Untersuchung der Erlebnisorientierung von Besuchern wurde 1992 auf der DOCUMENTA 9 ansatzweise vorgenommen (n=5425): Etwa ein Drittel der Besucher und damit das zweitwichtigste Besuchersegment wurden dabei als erlebnisorientierte Besucher bezeichnet (Hoffrichter, 1996, S.239).

Vergleicht man die typischen Verhaltensweisen, die mit dem Wunsch nach Unterhaltung in Ausstellungen und Museen verknüpft sind, mit den Verhaltensweisen, die eine starke Erlebnisorientierung kennzeichnen, stellt man deutliche Übereinstimmungen fest. Erlebnisorientierung und Unterhaltung zeichnen sich durch Geselligkeit, zwischenmenschliche Kommunikation und Aktivität aus. Man kann deshalb davon ausgehen, daß die inhaltliche Dimension Unterhaltung deutlich mit Erlebnisorientierung korrespondiert. Dennoch ist Erlebnisorientierung von der kognitiven (inhaltlichen) Dimension Unterhaltung abzugrenzen: Erlebnisorientierung ist eine innenorientierte Erlebensweise, die zunächst unabhängig von der zugrundeliegenden inhaltlichen Dimension ist.

Zusammenfassend kann der kulturspezifische Lebensstil folgendermaßen charakterisiert werden: Im Hinblick auf die inhaltlichen Dimensionen des kulturspezifischen Lebensstils lassen sich kulturelle Bildung und Unterhaltung unterscheiden. Im Hinblick auf das Ausmaß an Öffentlichkeit können eine Prestigeorientierung (hohes Ausmaß an Öffentlichkeit und starke Außenorientierung) und eine Erlebnisorientierung (geringes Ausmaß an Öffentlichkeit und starke Innenorientierung) unterschieden werden.

Die grundlegenden inhaltlichen Dimensionen kulturelle Bildung und Unterhaltung lassen sich mit der Erlebnisorientierung und der Prestigeorientierung verknüpfen. Bildung kann eine Quelle für an inneren Werten orientierte Bedürfnisbefriedigung und auch eine Quelle für Prestige darstellen. Die durch die Bildungsaktivitäten ermöglichte Bestätigung des Selbstkonzeptes kann damit in Abhängigkeit von der Wichtigkeit der Öffentlichkeitsdimension innen- oder außenorientiert - d.h. erlebnis- oder prestigeorientiert - erfolgen. Die inhaltliche Dimension der Unterhaltung dürfte, wie oben bereits angedeutet, vor allem mit der Erlebnisorientierung einhergehen.

Versucht man eine zusammenfassende Darstellung, wie die beiden inhaltlichen Dimensionen Bildung und Unterhaltung und die Ausprägungen im Ausmaß an Öffentlichkeit verknüpft sind, vorzunehmen, erhält man das in Tab. 3 dargestellte Ergebnis.

Ausmaß an Öffentlichkeit \ Inhaltliche Dimension	Kulturelle Bildung	Unterhaltung
Erlebnisorientierung	enge Verknüpfung	enge Verknüpfung
Prestigeorientierung	enge Verknüpfung	weniger enge Verknüpfung

Tabelle 3: Verknüpfung zwischen den inhaltlichen Dimensionen des kulturspezifischen Lebensstils und dem Ausmaß an Öffentlichkeit (Quelle: Eigene Darstellung)

Der kulturspezifische Lebensstil der Besucher kann somit durch die Größen kulturelle Bildung und Unterhaltung sowie Erlebnisorientierung und Prestigeorientierung charakterisiert werden. Besucher suchen damit kulturelle Bildung oder Unterhaltung beim Kulturbesuch, und zwar, um Erlebnisse zu realisieren oder um Prestige zu erlangen.

3.2.5. Messung des kulturspezifischen Lebensstils

Der Lebensstil wird von Nieschlag et al. (1994, S.86) zwar zu den psychographischen Kriterien der Marktabgrenzung gezählt, aufgrund des in dieser Arbeit verwendeten Vorgehens bei der Operationalisierung kann er jedoch auch zu den Merkmalen des beobachtbaren Kaufverhaltens zählen. Wie Kroeber-Riel/Weinberg (1996, S.548; ebenso Freter, 1983, S.82f.) betonen, ist die valide Erfassung des Lebensstils möglich, wenn man nur die beobachtbaren Komponenten des Lebensstils abbildet, da diese in einer generellen Konsistenz zu den psychischen Variablen stehen. Der entscheidende Vorteil der Merkmale des beobachtbaren Kauf- und Besuchsverhaltens besteht darin, daß tatsächlich gezeigtes Verhalten erhoben wird, so daß die für das Marketing besonders relevanten Aspekte erfaßt werden.

Bei der Messung des Lebensstils muß zunächst geprüft werden, ob auf bereits in der Literatur bestehende *Operationalisierungsvorschläge* für den Lebensstil zurückgegriffen wird. Es existiert eine Vielzahl verschiedener Operationalisierungsvorschläge[78] für den Lebensstil. Der bekannteste ist der Activities-Interests-Opinions-Ansatz (Wells/Tigert, 1971, S.27ff.), der etwa 300 Indikatoren umfaßt. Für die vorliegende Untersuchung ist er damit viel zu umfangreich. Viele Operationalisierungsvorschläge sind im Hinblick auf die jeweilige

---

[78] Einige Beispiele liefern Drieseberg (1995, S.145ff.) oder Holman (1984, S.35ff.).

Themenstellung entwickelt und damit sehr spezifisch, eine Übertragung auf andere Bereiche erscheint fragwürdig. In dieser Arbeit wird der Lebensstil deshalb gleichfalls durch Items operationalisiert, die eigens für den Untersuchungszusammenhang konstruiert wurden.

Weiterhin muß entschieden werden, inwieweit *situative Einflüsse* in der Erfassung des Lebensstils Berücksichtigung finden sollen. Situative Einflüsse auf den Freizeitstil und den Kulturstil stellen beispielsweise das für Aktivitäten zur Verfügung stehende Zeitbudget oder Restriktionen durch Kinder oder das Wetter dar. Die Einbeziehung situativer Einflüsse auf den Lebensstil in die empirische Untersuchung erweist sich als schwierig. Situative Einflüsse verlieren dann aber an Bedeutung, wenn situationsübergreifend befragt wird, wenn man z.b. Produktkategorien in den Vordergrund der Untersuchung rückt (Conrady, 1990, S.164) und auf situationsspezifische Formulierungen in den Items verzichtet, wie es in der vorliegenden Arbeit der Fall ist.

Auf ein Problem bei der Erfassung des Lebensstils durch gezeigtes Verhalten muß allerdings hingewiesen werden. Möglicherweise gehen Informationen über Bedürfnisse der Befragten verloren, da keine adäquaten Handlungsmöglichkeiten zur Befriedigung dieser latenten Bedürfnisse existieren, so daß sie auch nicht erfaßt werden können. Beispielsweise könnte es problematisch sein, die Bedürfnisse von Arbeitnehmern am Arbeitsplatz nur durch gezeigtes Verhalten zu ermitteln. Da der Arbeitsplatz häufig durch zahlreiche Normen und Einschränkungen gekennzeichnet ist (z.B. hinsichtlich Kleidung, Verhalten gegenüber Vorgesetzten, Untergebenen, Gleichrangigen sowie Kunden), können sich zwangsläufig einige latente Bedürfnisse der Arbeitnehmer nicht entfalten und sich auch nicht im Verhalten widerspiegeln. Genauso wäre es nicht ausreichend, die Bedürfnisse der Besucher von Kulturinstitutionen nur aus Verhaltensweisen in Kulturinstitutionen abzuleiten, da möglicherweise für einige Bedürfnisse keine adäquaten Verhaltensoptionen zur Verfügung stehen. Man bedenke die in vielen Kulturinstitutionen noch dominierende Norm der Ruhe, so daß für ein mögliches Bedürfnis nach Ausgelassenheit mit lauter Unterhaltung keine entsprechende Verhaltensoption vorhanden ist. In der vorliegenden Untersuchung kann dieses Problem dadurch relativiert werden, daß der Lebensstil in einem Freizeit- und in einem Kulturstil erfaßt wird. Gerade im Freizeitbereich stehen dem Individuum sehr viele Angebote offen, so daß das Freizeitverhalten auch die Bedürfnisstruktur der Befragten ausreichend wiedergibt.

Aus den angeführten Argumenten erscheint es deshalb sinnvoll:
- den kulturspezifischen Lebensstil als *Freizeit-* und *Kulturstil* zu erfassen. Zwischen einzelnen Dimensionen des Freizeitstils und des Kulturstils dürfte ein relativ enger Zusammenhang vorliegen. Dennoch erscheint es plausibel, daß auch Unterschiede zwischen dem allgemeineren Freizeit- und dem spezifischeren Kulturstil vorliegen können. Beispielsweise ist denkbar, daß sich Individuen in ihrer Freizeit hedonistisch verhalten, aber den Kulturbereich als nicht geeignet ansehen, ihren hedonistischen Neigungen nachzukommen. Oder die Individuen sind in ihrer Freizeit aktiv, finden jedoch im Kulturbereich keine geeigneten Angebote vor und äußern deshalb ein eher passives Kulturverhalten.
- im Hinblick auf die Themenstellung formulierte Items zu verwenden, also einen *eigenen Operationalisierungsansatz* zu verwenden;
- den kulturspezifischen Lebensstil weitestgehend *situationsunabhängig* zu erheben.

Der allgemeinere Freizeitstil wird beispielsweise operationalisiert durch Items wie[79]:
- *In meiner Freizeit verbringe ich möglichst viel Zeit mit Freunden und Bekannten,*
- *In meiner Freizeit probiere ich oft etwas Neues aus,*
- *In meiner Freizeit lege ich viel Wert auf Komfort und Bequemlichkeit* oder
- *In meiner Freizeit bin ich eigentlich immer unterwegs.*

Die beispielhaft angeführten Items des Freizeitstils bilden damit situationsunabhängige Verhaltensweisen ab, wie sie bei Freizeitaktivitäten von den Befragten üblicherweise gezeigt werden. Der Freizeitstil liefert Informationen über grundlegende Anforderungen, die an Freizeitaktivitäten - und damit auch an Kulturbesuche - zu stellen sind.

Der speziellere Kulturstil bildet Verhaltensweisen ab, die üblicherweise bei kulturellen Aktivitäten von den Befragten gezeigt werden. Er wird beispielsweise durch Items operationalisiert wie[80]:
- *Bevor ich ein Kulturangebot nutze, informiere ich mich i.d.R. ausführlich,*

---

[79] In Kap. 5.3.2. sind alle Items, mit denen der Freizeitstil erhoben wurde, abgedruckt.
[80] In Kap. 5.3.2. sind alle Items, mit denen der Kulturstil erhoben wurde, abgedruckt.

- *Zu einem Besuch von Ausstellungen, Museen, Musicals usw. gehört auch das Bummeln durch die dazugehörigen Shops, sofern es welche gibt,*
- *Bei der Auswahl von Kulturobjekten richte ich mich danach, was gerade so aktuell ist* oder
- *Ich nutze vor allem solche Kulturangebote, mit denen ich mich weiterbilden kann.*

Der Kulturstil liefert Informationen über die Dimensionen, die der speziellen Freizeitaktivität Kulturbesuch zugrunde liegen.

Da Kulturinstitutionen als Bildungseinrichtungen von den Besuchern wahrgenommen werden, soll hier kurz auf die Relevanz der soziodemographischen Variable *Bildungsniveau* für eine Besuchersegmentierung eingegangen werden. In der Regel wird das Bildungsniveau über den bisher erreichten oder angestrebten höchsten Ausbildungsabschluß (Schule oder Hochschule) operationalisiert. Für den vorliegenden Untersuchungsgegenstand ist es jedoch vorteilhafter, das (Weiter-)Bildungs*interesse* oder das *gezeigte Bildungsverhalten* im Rahmen des täglichen Lebens, vor allem in der Freizeit, zu erfassen. Das (schulische) Bildungsniveau ist für den Untersuchungszusammenhang weniger aussagekräftig als das tatsächliche Bildungsverhalten der Besucher. Eckert et al. (1991, S.435ff.) zeigen, daß gerade in Bereichen wie Kunst, Musik oder Sport durch „Freizeitkarrieren" Bildung und daraus sich ergebendes Ansehen erreicht werden können, was relativ unabhängig vom schulischen Bildungsniveau erfolgen kann. In dieser Arbeit wird deshalb das gezeigte (Weiter-) Bildungsverhalten im Lebensstil der potentiellen Besucher erhoben und für die Besuchersegmentierung verwendet. Das (schulische) Bildungsniveau wird erfaßt und kontrolliert, geht aber nicht in die Segmentierung ein.

3.2.6. Kritik am Lebensstilansatz

Die Anwendung der Lebensstilanalyse ist in der Literatur nicht unumstritten. Der am häufigsten eingebrachte Kritikpunkt richtet sich dagegen, daß Lebensstilkonzepte nicht aus einem theoretischen Modell zum Konsumentenverhalten, sondern aus vielen unterschiedlichen Forschungsansätzen abgeleitet werden (Banning, 1987, S.13; auch Freter, 1983, S.84). Diesem Kritikpunkt wurde in dieser Arbeit zu begegnen versucht, indem das Selbstkonzept als theoretischer Unterbau verwendet wurde. Dadurch wurde es möglich, die Ursachen für den kulturspezifischen Lebensstil aufzudecken und aufzuzeigen, welche Rückkoppelungen sich durch die Realisierung bestimmter Verhaltensweisen beim Individuum ergeben.

Des weiteren wird kritisiert, daß das Konzept des Lebensstils zu komplex (Drieseberg, 1995, S.223) und damit für die praktische Arbeit schwer handhabbar ist (Kroeber-Riel/Weinberg, 1996, S.550). Grundsätzlich wird diesem Argument zugestimmt. Durch die Betrachtung eines kulturspezifischen Lebensstils wurde allerdings versucht, die für den Kulturbereich bedeutendsten Aspekte des Lebensstils in den Vordergrund zu rücken. Weitere Bestandteile wie politische Aktivitäten, berufliche Belange usw. wurden ausgeklammert. Des weiteren wurde in Kap. 3.2.4. der Arbeit versucht, den kulturspezifischen Lebensstil auf die wichtigsten Dimensionen zu reduzieren[81].

Ferner wird kritisiert, daß Lebensstil-Studien induktiv-exploratorisch und nicht konfirmatorisch angelegt sind (Trommsdorff, 1998, S.219). In dieser Arbeit wurde deshalb versucht, die grundlegenden Dimensionen des kulturspezifischen Lebensstils aus dem kulturspezifischen Selbstkonzept theoretisch herzuleiten. Im folgenden Kap. 3.3. wird darüber hinaus versucht, individuelle Unterschiede in den Dimensionen des kulturspezifischen Lebensstils für die Besuchersegmentierung aufzudecken.

Viele Lebensstil-Untersuchungen sind Querschnittsstudien, die somit eine Momentaufnahme darstellen. Das ist vor allem deshalb bedenklich, da der Lebensstilanalyse eine strategische und damit langfristige Bedeutung beigemessen wird. In dieser Untersuchung sollen aus diesem Grunde die strukturelle und zeitliche Stabilität der Lebensstilgruppen durch Wiederholungsmessungen geprüft werden.

Trotz einiger Vorbehalte scheint der Lebensstil anderen Variablen der Besucherforschung und Angebotsgestaltung überlegen zu sein. Frye/Klein (1974, S.225ff.) weisen die Überlegenheit des Lebensstils als Grundlage der Produktentwicklung gegenüber demographischen Variablen im Konsumbereich empirisch nach[82]. Kotler/Scheff (1997, S.100ff.) betonen, daß „Lifestyle has been identified as a better explanatory variable for arts attendance than any traditional socioeconomic characteristic". Ebenso sollte Marktsegmentierung - wie Weinberg (1992, S.21) betont - auf Lebensstil-Konzepten beruhen.

---

[81] Für eine „vergleichsweise 'radikale' Datenreduktion gerade in der Lebensstil-Forschung" plädiert auch Lüdtke (1995, S.77).
[82] Frye/Klein (1974, S.225ff.) zeigten in einer Pilotstudie, wie Lebensstilmerkmale in der Produktpolitik genutzt werden können. Einer Gruppe von Designstudenten wurden Lebensstil-Beschreibungen einer Zielgruppe als Grundlage zur Entwicklung eines Radioweckers zur Verfügung gestellt, einer weiteren Gruppe wurden demographische Merkmale der Zielgruppe zur Verfügung gestellt. Bei einer Befragung der Zielgruppe hinsichtlich ihrer Präferenz der entwickelten Radiowecker zeigte sich die Überlegenheit des Lebensstils als Grundlage der Produktentwicklung.

3.3. Besuchersegmentierung in Kulturinstitutionen

Im folgenden soll versucht werden, mögliche individuelle Unterschiede in den in Kap. 3.2.4. ausgearbeiteten Dimensionen des kulturspezifischen Lebensstils zu beleuchten. Ziel ist die Zusammenfassung potentieller Besucher auf der Basis ihres kulturspezifischen Lebensstils in Besuchergruppen mit ähnlichem Profil.

3.3.1. Grundlegendes zur Besuchersegmentierung in Kulturinstitutionen

Unter Besuchersegmentierung im Kulturbereich versteht man die Aufteilung der Besucher von Kulturinstitutionen in Teilgruppen, die in sich möglichst homogen und untereinander möglichst heterogen sind (in Anlehnung an Weinstein, 1987, S.4). Hat man geeignete Besuchersegmente gefunden, können verschiedene Marktbearbeitungsstrategien verfolgt werden. *Konzentriertes Marketing* liegt vor, wenn sich eine Kulturinstitution bei ihrer Marktbearbeitung auf ein oder zwei Besuchersegmente konzentriert (Kotler/Bliemel, 1999, S.458). *Differenziertes Marketing* liegt vor, wenn verschiedene Besuchersegmente mit verschiedenen Strategien und unterschiedlichem Einsatz von Instrumenten bearbeitet werden (Kotler/Bliemel, 1999, S.460ff.).

Da das kulturelle Erbe einer möglichst breiten Bevölkerungsschicht vermittelt werden soll, bedeutet dies für eine Besuchersegmentierung im Kulturbereich, daß eine differenzierte Marktbearbeitungsstrategie verfolgt werden sollte. Ziel ist es, möglichst viele - idealerweise alle - Besuchersegmente mit einem differenzierten Angebot anzusprechen. Scheff/Kotler (1996, S.46) bezeichnen eine Ausrichtung an unterschiedlichen Segmenten als einen wichtigen Erfolgsfaktor für Kulturinstitutionen.

Eine grundlegende Entscheidung bei der Besuchersegmentierung betrifft die Auswahl der Segmentierungskriterien. Im Rahmen einer Besuchersegmentierung ist es unmöglich, alle denkbaren Merkmale zur Segmentierung heranzuziehen, sondern es muß eine sinnvolle - subjektive - Auswahl geeigneter Kriterien getroffen werden (Thiess, 1986, S.638). Darüber hinaus muß entschieden werden, wie viele Segmente unter ökonomischen Gesichtspunkten sinnvoll erscheinen (Thiess, 1986, S.638; Nieschlag et al., 1994, S.88). Häufig werden die verschiedenen Segmentierungskriterien in drei Gruppen gegliedert (Nieschlag et al., 1994, S.85ff.; Freter, 1983, S.44ff.; Böhler, 1977, S.448):

1. biologische, soziodemographische und geographische Merkmale (z.B. Alter, Einkommen, Geschlecht, Schulbildung),
2. psychographische Merkmale (z.B. Einstellungen, Motive),
3. Merkmale des beobachtbaren Kauf- und Besuchsverhaltens (z.B. Markenwahl, Besuchshäufigkeit).

Angelehnt an das Käufer- bzw. Konsumentenverhalten kann als wichtigste Anforderung an ein Segmentierungskriterium im Kulturbereich die Besuchsverhaltensrelevanz gelten. Ein Kriterium kann als besuchsverhaltensrelevant gelten, wenn es einen direkten oder indirekten Bezug zum Besuchsverhalten von kulturellen Einrichtungen aufweist und somit zur Erklärung des Besuchsverhaltens beitragen kann (Freter, 1983, S.23).

In der vorliegenden Arbeit wurde der kulturspezifische Lebensstil als handlungsspezifische Ausprägung des Selbstkonzeptes als wichtige und besuchsrelevante Variable der Besucherforschung charakterisiert. Er wird deshalb für die Besuchersegmentierung herangezogen.

3.3.2. Individuelle Unterschiede im kulturspezifischen Lebensstil

Da die Ausprägungen des Selbstkonzeptes interindividuell variieren (Feemers, 1992, S.71; Conrady, 1990, S.141ff.), weist jedes Individuum einen einzigartigen Lebensstil auf. Individuelle Unterschiede können vor allem aus dem Ausmaß an Öffentlichkeit im Selbstkonzept der Individuen abgeleitet werden, die dazu führen, daß sich die Besucher mehr oder weniger außen- oder innenorientiert verhalten.

Als ursächlich für die Unterschiede in der Bedeutung der Öffentlichkeit gilt vor allem ein Persönlichkeitsfaktor, der als *Self-Consciousness*[83] bezeichnet wird. Unter Self-Consciousness versteht man die *Persönlichkeitsdisposition*, mit der die Aufmerksamkeit auf *intrapersonelle* Faktoren oder auf *interpersonelle* Faktoren gerichtet ist (Fenigstein et al., 1975, S.522; Stahlberg/Frey, 1992, S.168).

Personen, die ihre Aufmerksamkeit stark auf intrapersonelle Faktoren (=auf den privaten Teil des Selbstkonzeptes) richten, weisen eine hohe *private* Selbst-Bewußtheit auf. Personen, die ihre Aufmerksamkeit auf interpersonelle Faktoren (=auf den öffentlichen Teil des Selbstkonzeptes) richten, weisen eine hohe *öffentliche* Selbst-Bewußtheit auf (Scheier/Carver, 1983,

---

[83] Self-Consciousness kann übersetzt werden mit Selbst-Bewußtheit (Conrady, 1990, S.151). Pioniere sind Fenigstein et al. (1975) und Duval/Wicklund (1972).

S.152). Personen mit hoher privater Selbst-Bewußtheit richten ihr Verhalten tendenziell an ihren eigenen Dispositionen aus, während Personen mit hoher öffentlicher Selbst-Bewußtheit ihr Verhalten eher an anderen Personen ausrichten. Besucher mit hoher öffentlicher Selbst-Bewußtheit sind darum bemüht, den öffentlichen Teil ihres Selbstkonzeptes (ihr Fremdimage) zu bestätigen oder aufzuwerten. Sie zeigen starke Selbstdarstellungsbemühungen[84] (Fenigstein, 1979, S.75f.; Schlenker, 1980, S.72ff.; Tedeshi et al., 1985, S.92). Ihnen ist es wichtig, daß ihr Fremdimage in den Augen der Mitmenschen positiv erscheint. Im Konsumbereich belegten Solomon/Schopler (1982, S.512f; ähnlich Rosenfeld/Plax, 1977, S.29), daß Personen mit höherer öffentlicher Selbst-Bewußtheit mehr Wert auf ihre Kleidung legen. Miller/Cox (1982, S.750) zeigten, daß Personen mit hoher öffentlicher Selbst-Bewußtheit in stärkerem Maße Make-up benutzen.

Besucher mit hoher privater Selbst-Bewußtheit sind stärker um den privaten Teil ihres Selbstkonzeptes bemüht. Sie legen Wert auf die Bestätigung des privaten Teiles des Selbstkonzeptes. Aus *inneren* Werten heraus kommt es bei ihnen zur Bestätigung des Selbstkonzeptes[85].

Erlebnisorientierung wurde als engverknüpft mit dem privaten Teil des Selbstkonzeptes und als im Kern innenorientierte Sichtweise charakterisiert, Prestigeorientierung als eng mit dem öffentlichen Teil des Selbstkonzeptes verknüpft und als außenorientiert. Bei der Erlebnisorientierung und der Prestigeorientierung liegen also unterschiedliche Ausprägungen im in Kap. 3.2.3.2. ausführlich beschriebenen Ausmaß an Öffentlichkeit vor. Erlebnisorientierung und Prestigeorientierung können damit als Persönlichkeitsfaktoren aufgefaßt werden.

Zusammenfassend kann festgestellt werden, daß individuelle Unterschiede im kulturspezifischen Lebensstil durch den Persönlichkeitsfaktor des Self-Consciousness (Selbst-Bewußtheit) bei den Besuchern zu erwarten sind. Personen mit hoher öffentlicher Selbst-Bewußtheit können als prestigeorientierte Individuen interpretiert werden, Personen mit hoher privater Selbst-Bewußtheit als erlebnisorientierte Individuen.

---

[84] Personen mit hoher öffentlicher Selbst-Bewußtheit kann jedoch die Fähigkeit zur erfolgreichen Selbstdarstellung fehlen (Conrady, 1990, S.157).
[85] In der Literatur wird noch ein weiterer Persönlichkeitsfaktor genannt, der Unterschiede im Selbstdarstellungsverhalten erklärt: Das Konzept des Self-Monitoring erklärt das Selbstdarstellungsverhalten vor allem vor dem Hintergrund *situativer Gegebenheiten* (Snyder, 1974, 1979). Da in der vorliegenden Untersuchung der Lebensstil situationsunabhängig betrachtet wird, rückt das Konzept des Self-Monitoring in den Hintergrund.

Im Hinblick auf die Besuchersegmentierung kann deshalb vermutet werden, daß sich die Unterschiede im Ausmaß an Selbst-Bewußtheit auch in den empirisch zu ermittelnden Besuchergruppen widerspiegeln werden. Somit ist zu erwarten, daß erlebnisorientierte und prestigeorientierte Besucher unterschieden werden können.

3.4. Zusammenfassung der Erkenntnisse zur Besucherforschung

Die Erforschung potentieller Besucher, die in diesem Kapitel ausführlich erläutert wurde, stellt die erste Stufe eines strategischen Kulturmarketing dar. Dabei wurde der kulturspezifische Lebensstil als zentrale Variable der Besucherforschung charakterisiert. Als theoretische Grundlage für den Lebensstil wurde die Selbstkonzept-Forschung eingehender analysiert. Durch die Verwendung des Selbstkonzeptes wurde es möglich zu erklären, warum Besucher einen bestimmten Lebensstil realisieren und welche Rückkoppelungen die Realisierung eines bestimmten Lebensstils beim Individuum bewirkt: Die Verhaltensweisen, die den Lebensstil eines Menschen ausmachen, dienen der Bestätigung des Selbstkonzeptes.

Aus den Erkenntnissen der Selbstkonzept-Forschung sowie bereits durchgeführter Besucheruntersuchungen konnten zwei grundlegende inhaltliche Determinanten von Kulturbesuchen identifiziert werden: Kulturelle Bildung und Unterhaltung. Die Bestätigung des Selbstkonzeptes kann dann in Abhängigkeit vom Ausmaß an Öffentlichkeit innen- (d.h. erlebnis-) orientiert oder außen- (d.h. prestige-)orientiert vorgenommen werden. Im Verlauf der Ausführungen wurde auf die Vernachlässigung der prestigeorientierten Handlungen in den bisherigen Besucherforschungen hingewiesen.

Durch die Selbstkonzept-Forschung konnte begründet werden, daß individuelle Unterschiede im Lebensstil der potentiellen Besucher vorhanden sind, die eine Besuchersegmentierung auf der Grundlage des Lebensstils nahelegen. Als ursächlich für die individuellen Unterschiede im Ausmaß an Öffentlichkeit wurde der Persönlichkeitsfaktor der Selbst-Bewußtheit eingehender analysiert. Er regelt, ob ein durchgeführter Besuch einer Kulturinstitution zu einer innen- oder zu einer außenorientierten Bestätigung des Selbstkonzeptes führt, ob also die Besucher erlebnisorientiert oder prestigeorientiert handeln. Folglich sind in der empirischen Analyse erlebnisorientierte Besucher und prestigeorientierte Besucher von Kulturinstitutionen zu erwarten.

Aufbauend auf den Erkenntnissen über den kulturspezifischen Lebensstil der Besucher kann im folgenden Kapitel versucht werden, ein besuchergerechtes Kulturangebot zu gestalten. Dabei wird das Kulturangebot zunächst als eine Dienstleistung charakterisiert.

4. Angebotsgestaltung von Kulturinstitutionen

Die Entwicklung des Angebotes von Kulturinstitutionen stellt die zweite Stufe des Kulturmarketing dar. Sie beruht auf den Erkenntnissen der ersten Stufe, der in Kap. 3. erläuterten Besucherforschung.

4.1. Die Verbindung von kulturspezifischem Lebensstil und Angebotsgestaltung

Wie in Kap. 3.2.3. dargelegt, suchen potentielle Besucher Handlungsalternativen in ihrer kulturellen Freizeit, die es ihnen ermöglichen, den Lebensstil zu verwirklichen, den sie sich wünschen. Ziel ist die Bestätigung des kulturspezifischen Selbstkonzeptes (Grubb/Grathwohl, 1967, S.22ff.; Sirgy, 1982b, S.130f.; Assael, 1995, S.380). Die potentiellen Besucher suchen Handlungsalternativen, Produkte oder Dienstleistungen, von denen sie ein für sich selbst förderliches Weltbild haben. Kulturinstitutionen müssen es demnach schaffen, ihr Angebot so zu gestalten, daß bei den potentiellen Besuchern ein Weltbild vom Angebot entsteht, das die persönlichen Erwartungen der Besucher trifft.

Für die Angebotsgestaltung stehen einer Kulturinstitution dazu verschiedene Parameter zur Verfügung, aus deren Ausprägungen sich das relevante Weltbild der Kulturinstitution beim Besucher ergibt. Zur detaillierteren Betrachtung, wie sich das Weltbild zusammensetzt, werden im folgenden Kapitel die Maßnahmen der Angebotsgestaltung genauer analysiert. Zuvor sollen jedoch kurz die Ergebnisse einer Studie zur Wahrnehmung verschiedener Freizeitaktivitäten, darunter die Kulturangebote Ausstellungs- und Museumsbesuch, Theaterbesuch und Konzertbesuch, vorgestellt werden.

4.2. Exkurs: Die Wahrnehmung verschiedener Kulturangebote in der Bevölkerung

In einer vom Verfasser durchgeführten Befragung von n=272 Personen wurden elf verschiedene Freizeitaktivitäten hinsichtlich der folgenden Eigenschaften untersucht, die einen engen Bezug zu den in Kap. 3.2.4. erläuterten grundlegenden Dimensionen des kulturspezifischen Lebensstils aufweisen[86].

---

[86] Befragt wurde im Sommer 1996 im Rahmen eines empirischen Praktikums in Paderborn und Umgebung. Interviewer waren Studierende des empirischen Praktikums.

Die verschiedenen Freizeitaktivitäten wurden in bezug auf ihre Bildungswirkungen folgendermaßen eingeschätzt:

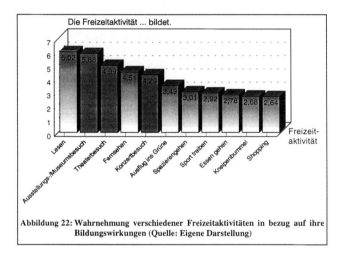

Abbildung 22: Wahrnehmung verschiedener Freizeitaktivitäten in bezug auf ihre Bildungswirkungen (Quelle: Eigene Darstellung)

Wie der Abb. 22 zu entnehmen ist, werden die Besuche von Museen (Mittelwert[87] = 5,88), Theatern (4,99) und Konzerten (4,29) als sehr bildend wahrgenommen. Nur Lesen (6,02) wird als noch bildender eingeschätzt[88].

Die in der Abb. 23 dargelegten Ergebnisse zeigen, daß Kulturinstitutionen - vor allem Ausstellungen und Museen - jedoch der inhaltlichen Dimension Unterhaltung im kulturspezifischen Lebensstil nicht ausreichend entgegenkommen. Vor allem Ausstellungen und Museen werden als wenig gesellig und kommunikativ wahrgenommen. Nur Lesen und Fernsehen werden als noch ungeselliger eingestuft. Etwas besser schneiden Theaterbesuche (4,07) und Konzertbesuche (4,37) ab.

---

[87] Zugrunde liegt immer eine siebenpolige Ratingskala von 1 (*trifft gar nicht zu*) bis 7 (*trifft voll zu*).
[88] Bei der Einschätzung der verschiedenen Freizeitaktivitäten hinsichtlich ihrer Bildungswirkungen muß mit sozial erwünschtem Antwortverhalten gerechnet werden. Aus diesem Grunde könnte es sein, daß die Antworten zu den Bildungswirkungen insbesondere der drei Kulturinstitutionen etwas zu hoch ausgeprägt sind. Um das Problem der sozialen Erwünschtheit einzudämmen, wurde der Fragebogen den Befragten zum Ankreuzen vorgelegt, so daß die Befragten ihre Antworten zumindest nicht verbal artikulieren mußten. Trotz einer möglicherweise leichten Überhöhung der Bildungswirkungen durch sozial erwünschte Antworten zeigen die Ergebnisse doch, daß Kulturinstitutionen ihrer Selbsteinschätzung entsprechend als Bildungseinrichtungen wahrgenommen werden.

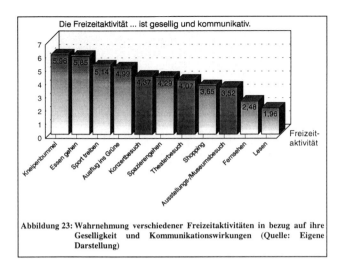

Abbildung 23: Wahrnehmung verschiedener Freizeitaktivitäten in bezug auf ihre Geselligkeit und Kommunikationswirkungen (Quelle: Eigene Darstellung)

In der Befragung zeigte sich, daß Besuche der verschiedenen Kulturinstitutionen den Ausführungen in Kap. 3.2.3.3. entsprechend als überdurchschnittlich prestigeträchtig wahrgenommen werden. Abb. 24 zeigt, daß die Besuche von Museen (Mittelwert von 4,92), Theatern (5,09) und Konzerten (4,94) nach Meinung der Befragten zu einem guten Image beitragen.

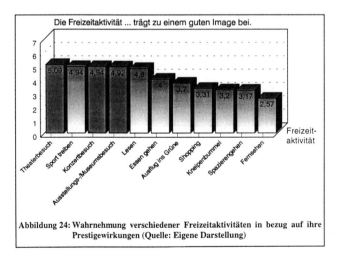

Abbildung 24: Wahrnehmung verschiedener Freizeitaktivitäten in bezug auf ihre Prestigewirkungen (Quelle: Eigene Darstellung)

Beurteilt man die Wahrnehmung der Kulturaktivitäten vor dem Hintergrund der herausgearbeiteten Dimensionen des kulturspezifischen Lebensstils zusammenfassend, so stellt man fest: Die Kulturaktivitäten werden als bildend und prestigeträchtig eingeschätzt, weisen jedoch im Hinblick auf ihren Unterhaltungswert deutliche Defizite auf.

4.3. Dienstleistungen als Produkte der Kulturanbieter

Die Aufgabe, kulturelle Werte zu vermitteln, stellt eine Dienstleistung dar. Kultureinrichtungen mit ihrem Angebot lassen sich damit dem tertiären Sektor, dem Dienstleistungssektor, zuordnen. Kultureinrichtungen, die sich selbst auch als Dienstleistungsanbieter begreifen und ihr Angebot konsequent am Kunden ausrichten, findet man jedoch eher selten (Holch, 1995, S.27).

4.3.1. Die Drei-Phasen-Definition der Dienstleistung

Eine allgemein akzeptierte Definition und Abgrenzung des Begriffes der Dienstleistung existiert nicht[89] (Peters, 1995, S.49). Aufgrund der Komplexität einer Dienstleistung erscheint eine Definition adäquat, die drei verschiedene Phasen im Dienstleistungsprozeß unterscheidet (Hilke, 1989, S.10ff.; ähnlich Meyer, 1984, S.124):

1. Phase: *Potentialorientierung der Dienstleistung*

Hier wird die Dienstleistung zunächst als Leistungswille und Leistungsbereitschaft des Dienstleistungsanbieters aufgefaßt (Hilke, 1989, S.11f.).

2. Phase: *Prozeßorientierung der Dienstleistung*

In diesem Fall ist die Dienstleistung der sich vollziehende Prozeß der Leistungserfüllung (Berekoven, 1983, S.23f.).

3. Phase: *Ergebnisorientierung der Dienstleistung*

Die Dienstleistung ist das Resultat der durchgeführten Tätigkeit (Hilke, 1989, S.13f.).

Aus den einzelnen Phasen einer Dienstleistung lassen sich jeweils konstitutive Merkmale aggregieren, durch die die Dienstleistung charakterisiert wird (Hilke, 1989, S.11).

---

[89] Die in der Literatur vorliegenden Definitionen der Dienstleistung unterscheiden sich zum Teil sogar fundamental und weisen in sich Widersprüche auf (Hilke, 1989, S.10).

4.3.2. Konstitutive Merkmale der Dienstleistung

Aus der Potentialorientierung und aus der Ergebnisorientierung einer Dienstleistung läßt sich die *Immaterialität* als ein konstitutives Merkmal[90] feststellen (Maleri, 1991, S.40). Aufgrund der Immaterialität der Dienstleistung können sich insbesondere Probleme bei der Einschätzung und Beurteilung der Dienstleistungsqualität ergeben (Meyer/Mattmüller, 1996, S.920). So könnte ein Ergebnis der Dienstleistung Museumsbesuch ein Zuwachs an kulturellem Wissen beim Besucher sein. Dieser Wissenszuwachs ist immateriell und schwer ermittelbar. Aus der Prozeßorientierung der Dienstleistung ergibt sich als ein weiteres konstituierendes Merkmal die *Gleichzeitigkeit von Erbringung* der Leistung durch den Anbieter und *Inanspruchnahme* durch den Kunden (Hilke, 1989, S.12). Es liegt damit eine räumlich-zeitliche Simultaneität von Produktion und Verwertung der Dienstleistung vor. Man spricht hier auch von dem *uno-acto-Prinzip* (Maleri, 1991, S.43). Dabei bringt der Kunde einen *externen* Faktor bzw. Fremd-Faktor in die Dienstleistungsbeziehung mit ein (Corsten, 1986, S.31ff.). Da dieser externe Faktor der Input des Besuchers ist, entzieht er sich weitgehend der autonomen Steuerung des Kulturanbieters (Corsten, 1986, S.31). Daraus ergeben sich leicht Probleme für den Kulturanbieter, da er den externen Faktor häufig nur unzureichend einschätzen kann. Beispielsweise ist für den Kulturanbieter schwer einschätzbar, mit welcher Stimmung oder in welcher körperlichen Verfassung ein Besucher die Dienstleistung in Anspruch nimmt. Ist der Kunde vielleicht gerade mißgestimmt, so kann ein pädagogisch gut aufbereitetes Thema möglicherweise dennoch kein Interesse bei ihm wecken. Ebenso kann schwer eingeschätzt werden, mit welcher Vorbildung ein Besucher ein Kulturangebot nutzt. Aufgrund der Gleichzeitigkeit von Erbringung der Leistung durch den Kulturanbieter und Nutzung durch den Kunden bleibt dem Anbieter keine oder kaum Zeit, sich auf den Kunden einzustellen. Vielmehr muß das Angebot von vornherein möglichst variabel gestaltbar sein, um der Problematik des externen Faktors des Kunden begegnen zu können.

---

[90] Nach Auffassung anderer Autoren kann eine Dienstleistung auch materieller Art sein (z.B. Graumann, 1983, S.31). Diese Autoren betrachten ein Produkt, das in einem Dienstleistungsprozeß erstellt wurde, als Ergebnis der Dienstleistung, die damit materieller Art ist. Da bei einem Kulturbesuch kein tangibles Gut entsteht, kann hier die Immaterialität der Dienstleistung unterstellt werden.

4.3.3. Teilbereiche der Dienstleistungsqualität von Kulturinstitutionen

Um herauszufinden, wie die Dienstleistung einer Kulturinstitution zu gestalten ist, müssen Informationen darüber vorliegen, auf welchen Dimensionen potentielle Kunden die Dienstleistung beurteilen. In der Literatur werden verschiedene Ansätze der Dimensionierung der Dienstleistungsqualität unterschieden[91].

Ein Kulturangebot läßt sich nach Holch (1995, S.33ff., angelehnt an Grönroos, 1990, S.74ff.) in drei Teilbereiche unterteilen (vgl. Abb. 25), in die:

- *Kernleistung (Core Service)*, die sich im Falle kultureller Angebote am kulturpolitischen Auftrag orientiert[92] (Holch, 1995, S.33). Im Falle von Museen sind dies die Vermittlung kultureller Bildung an das Publikum sowie das Sammeln, Aufbewahren und Erforschen von Objekten, mit Blick auf die Besucher also vor allem die Vermittlung kultureller Inhalte durch die Ausstellung.

- *Facilitating Services*, wozu man die Leistungen zählt, die die Kernleistung erst ermöglichen. Beispielsweise sind hier der Eintrittskartenverkauf von Ausstellungen und Museen zu nennen oder kompetentes und freundliches Personal. Zu den Facilitating Services sollen hier vor allem die flankierenden Maßnahmen zur Unterstützung der Kernleistung zählen, z.B. Maßnahmen einer didaktisch und pädagogisch wertvollen Präsentation zur Erfüllung der Kernleistung „Vermittlung kultureller Bildung".

- *Supporting Services*, die solche Leistungen darstellen, die nicht notwendig zur Kernleistung zählen. Beispielsweise gehören hierzu das Museumscafé, der Souvenirshop oder die Verfügbarkeit von ausreichendem Parkraum.

Abbildung 25: Teilbereiche von Leistungsangeboten (Quelle: Eigene Darstellung)

---

[91] Einen Überblick liefert Bruhn (1995, S.25ff.).
[92] Anderer Meinung ist hier z.B. Assael (1993, S.359), der die Kernleistung konsequent am Nutzen des Angebotes für den Kunden festmacht.

Die Kernleistung ist nach der hier zugrunde gelegten Begriffsauffassung der Kulturinstitution vorgegeben und nicht gestaltbar. Sie wird durch den kulturpolitischen Auftrag festgelegt. Dafür kommt der Gestaltung der Facilitating- und der Supporting Services nach Holch (1995, S.34ff.) aus zwei Gründen eine ganz besondere Bedeutung zu:

1. Durch die Ausgestaltung wird das *Erleben der Kernleistung* durch den Kunden maßgeblich beeinflußt oder manchmal erst ermöglicht. Im Museum gibt es beispielsweise häufig Exponate, die sich dem durchschnittlichen Betrachter nicht unmittelbar erschließen. Der Besucher benötigt dann Hilfestellungen, z.B. durch eine Führung, durch Zusatzinformationen in Form von Multimedia-Terminals oder durch Akustik-Guides. Sinnvoll erscheint auch die Inszenierung von Themen (Weinberg/Terlutter, 1999, S.126ff.): Eine Ausstellung italienischer Maler kann sich auf Themen wie Landschaften, Kirchen, Menschen oder Jahreszeiten beziehen, die jeweils spezifisch ergänzt werden können. Um die Ausstellung abzurunden, könnte in der Ausstellung italienischer Maler ein am italienischen Thema ausgerichtetes Gastronomieangebot eingerichtet werden. Im Hintergrund könnte italienische Musik erklingen. Den Besuchern wird so ein umfassendes „italienisches Ambiente" vermittelt. Der Kunde erhält einen Gesamteindruck des kulturellen Angebotes und der dargebotenen Dienstleistung. In einer Ausstellung von Werken eines Malers kann durch Hintergrundinformationen - z.B. über das Leben und den Werdegang des Künstlers - oder Inszenierungen das Verständnis der Bilder beim Besucher verbessert werden, so daß ein Bildungszuwachs erzielt werden kann.
Ein weiteres Beispiel, wie Supporting- und Facilitating Services die Kernleistung beeinflussen, ist die „lange Nacht der Museen" in Berlin 1998: Die 35 beteiligten Museen und 20 weitere Kulturbetriebe hatten bis spät in die Nacht geöffnet, begleitet durch ein umfassendes Gastronomieangebot. Die „lange Nacht" stellte ein kommunikatives Ereignis dar, wodurch 160.000 Besucher mobilisiert wurden, sich auch mit der Kernleistung der Museen, der Ausstellung mit Bildungsvermittlung, auseinanderzusetzen.
Ist die Ausgestaltung von Supporting- und Facilitating Services jedoch unzureichend, wird das Erleben der Kernleistung beeinträchtigt: Besucher, die in einer Ausstellung vor Gemälden stehen, zu denen sie keinen Bezug aufbauen können, werden die Ausstellung schwach bewerten.

2. Die Ausgestaltung dieser Services stellt eine *Quelle für Wettbewerbsvorteile* gegenüber konkurrierenden Institutionen dar. Eine pädagogisch gute Führung kann den Besuchern ein

Bildungserlebnis vermitteln, das eine Abgrenzung von der Konkurrenz (anderen Kulturinstitutionen oder aber auch Medien wie Buch oder Internet) ermöglicht. Ebenso kann ein gut ausgestatteter Museumsshop[93] mit gutem Service und geschultem Verkaufspersonal einen Wettbewerbsvorteil darstellen. Die Gestaltung von Facilitating- und Supporting Services hat also maßgeblichen Einfluß auf die Kundenattraktivität einer Institution (Holch, 1995, S.35).

Eine weitere, sehr bekannte und empirisch mehrfach getestete Unterteilung der Dimensionen einer Dienstleistung stammt von Parasuraman et al. (z.B. 1988). Sie unterscheidet die folgenden fünf Dimensionen der Dienstleistungsqualität:

1. *Annehmlichkeit des tangiblen Umfeldes (tangibles)*: Hierzu zählen das Erscheinungsbild des Ortes, an dem die Dienstleistung entsteht, sowie die Erscheinung des Personals, also beispielsweise das Gebäude oder die Räume einer Ausstellung, die Kleidung des Personals oder die Anordnung des Wachpersonals in den Ausstellungsräumen.
2. *Zuverlässigkeit (reliability)*: Man versteht hierunter die Fähigkeit des Anbieters, die versprochenen Leistungen auch einzuhalten. Wurde beispielsweise eine Ausstellung zur Heimatgeschichte als sehenswert und lehrreich angekündigt, so muß die Kulturinstitution gewährleisten, daß die Besucher sich ihren Vorkenntnissen und Bedürfnissen entsprechend durch einen Besuch weiterbilden können.
3. *Reaktionsfähigkeit (responsiveness)*: Hierunter versteht man die Bereitschaft und auch Schnelligkeit, mit der der Anbieter der Dienstleistung auf die Wünsche der Kunden eingeht, z.B. die Fähigkeit der Kulturinstitution, einer Gruppe, die sich spontan zu einem Besuch entschlossen hat, eine Führung auch ohne Voranmeldung zu ermöglichen. Auf längere Sicht betrachtet, umfaßt Reaktionsfähigkeit auch, sich den Wünschen der Kunden hinsichtlich der Öffnungszeiten anzupassen oder die kurzfristige Organisation einer Ausstellung, die ein aktuell in der Gesellschaft diskutiertes Thema aufgreift.
4. *Leistungskompetenz (assurance)*: Dies ist die Fähigkeit des Anbieters, eine Leistung durchzuführen. Sie wird maßgeblich durch das Wissen, die Qualifikation und die Persönlichkeit der Mitarbeiter bestimmt (Bruhn, 1995, S.26). Hierzu zählen beispielsweise die Kompetenz der Ausstellungsorganisatoren, der Museumsführer und der Museums-

---

[93] Zur Analyse eines Museumsshops vgl. ausführlicher Helm/Klar (1997, S.91ff.).

pädagogen, aber auch die fachliche Ausbildung des Überwachungspersonals, das ggf. inhaltliche Fragen zu den Ausstellungsobjekten, die bei den Besuchern auftreten, schnell und kompetent beantworten kann.

5. *Einfühlungsvermögen (empathy)*: Hierunter wird die Bereitschaft und Fähigkeit des Dienstleistungsanbieters verstanden, auf individuelle Wünsche der Kunden einzugehen, inwieweit der Kulturanbieter z.B. in der Lage ist, die individuelle Vorbildung der Besucher oder das ihnen zur Verfügung stehende Zeitbudget beim Kulturbesuch zu berücksichtigen.

Basierend auf diesen fünf Dimensionen der Dienstleistungsqualität haben Parasuraman et al. (1988) eine Liste mit 22 Items zur Erfassung der Dienstleistungsqualität entwickelt[94]. In späteren Arbeiten empfehlen Parasuraman et al. (1994) die Hinzunahme von weiteren, kontextabhängigen Items. Carmen (1990, S.50) empfiehlt die Hinzunahme weiterer Dimensionen[95].

Die Erfassung einer Dienstleistung mit einer standardisierten Lösung erscheint jedoch problematisch: So kann vor allem bezweifelt werden, daß für einen derart heterogenen Sektor wie den Dienstleistungssektor überhaupt generelle, gehaltvolle Dimensionen und Items gefunden werden können. In einem Vergleich von acht Studien, in denen die Dienstleistungsqualität nach Parasuraman et al. (1988) ermittelt wurde, kommt Hentschel (1995, S.368) zu dem Ergebnis, daß nur „vier der acht heranziehbaren Studien ... zu einem tendenziell ähnlichen Ergebnis" bei den Dienstleistungsdimensionen kommen. Die Reproduzierbarkeit der fünf Dimensionen, aber auch aller anderen standardisierten Meßinstrumente, in allen Dienstleistungsbereichen sollte folglich angezweifelt werden. Für eine Erfassung der kulturellen Dienstleistung erscheint es deshalb ratsam, sich nicht auf die Erkenntnisse aus einem der genannten Ansätze zu beschränken, sondern sie gemeinsam zu

---

[94] Das Erhebungsinstrument ist als SERVQUAL-Modell bekannt.
[95] Nach Meinung von Bruhn (1997b, S.33) lassen sich die fünf Dimensionen der Dienstleistungsqualität von Parasuraman et al. (1988) auf drei zugrundeliegende Dimensionen weiter verdichten:
  1. *Sachliche Qualitätsdimension*, z.B. die Vollständigkeit der Dienstleistung, die Öffnungszeiten einer Kulturinstitution, Zahl und Qualität von Multimedia-Terminals,
  2. *Persönliche Qualitätsdimension*, z.B. die Freundlichkeit des Museumspersonals an der Kasse, an der Garderobe, im Café usw.,
  3. *Zwischenmenschliche Qualitätsdimension*, z.B. die Flexibilität und das Einfühlungsvermögen des Führers in einer Ausstellung.

betrachten, um das breite Spektrum der besuchsrelevanten Merkmale möglichst umfassend abzudecken.

4.4. Erwartungen der Besucher an Kulturangebote

In der vorliegenden Untersuchung liegt das Erkenntnisinteresse nicht darin, bereits realisierte Kulturangebote hinsichtlich ihrer Dienstleistungsqualität zu prüfen, sondern aufzudecken, wie ein Kulturangebot gestaltet werden sollte, damit es den Besuchern entgegenkommt und ihren Erwartungen entspricht. Deshalb werden zunächst die *Erwartungen* der potentiellen Kunden an Kulturbesuche - exemplarisch für Ausstellungen und Museen - ermittelt.

Unter Erwartungen kann man allgemein die „Gesamtheit der Vorstellungen eines Kunden über das Spektrum einer Unternehmensleistung" verstehen[96] (Scharnbacher/Kiefer, 1996, S.7). In der Literatur finden sich verschiedene Arten von Erwartungen[97]. Prakash (1984, S.148) nennt die folgenden Typen[98]:

1. *Predictive Expectations*:

Bei diesem Typ von Erwartungen handelt es sich um die vermutete tatsächliche Ausprägung des Leistungsangebotes (vgl. auch Scharnbacher/Kiefer, 1996, S.8; Schütze, 1992, S.157). Diese Erwartungen spiegeln das „Bestehende" wider. So fand Günter (1993, S.60) beispielsweise heraus, daß eine Studentengruppe von einem Theater mehr Aufführungen von klassischen als von modernen Theaterstücken erwartete. Er interpretierte das Ergebnis so: Die Studenten haben nicht unbedingt eine konservative Einstellung, sondern erwarten vom regionalen Kulturbetrieb ein eher traditionelles Programmangebot.

---

[96] Erwartungen sind ein Bauteil bei der Qualitätsermittlung von Dienstleistungen. Die Qualität einer Dienstleistung wird in der Literatur häufig durch einen Vergleich von *erwarteter* und erfahrener Dienstleistung ermittelt (vgl. z.B. Parasuraman et al., 1994; Haller, 1993).

[97] Hentschel (1995, S.362) weist darauf hin, daß Erwartungen unterschiedlich verstanden werden können, so daß sich Probleme bei der Operationalisierung ergeben können. Hentschel (1995, S.362) liefert zahlreiche Literaturhinweise zur Erwartungsforschung.

[98] Prakash (1984, S.148) nennt noch eine weitere Art von Erwartungen, die *Comparative Expectations*. Diese hegen Personen an ein Leistungsangebot, verglichen mit anderen Leistungsangeboten der Produktkategorie (auch Scharnbacher/Kiefer, 1996, S.8). Sie richten sich auf das, was normalerweise in einer Branche vom Anbieter geleistet wird. Nach Meinung von Schütze (1992, S.157) stellt diese Erwartung eine durchschnittliche Betrachtung dar, die aus einer „übergeordneten" Betrachtung resultiert. So könnten z.B. die Studenten von der Freizeitbeschäftigung Theaterbesuch eine Mischung aus Bildung, Geselligkeit und Unterhaltung und von der Freizeitbeschäftigung Kinobesuch nur Geselligkeit und Unterhaltung erwarten.
Schütze (1992, S.157f.) und Scharnbacher/Kiefer (1996, S.8) unterscheiden neben den genannten Arten von Erwartungen noch weitere, z.B. die *tolerierbare* Leistung (die Leistung, die gerade noch akzeptiert wird) oder die *faire* Leistung (die Unternehmensleistung, die das Individuum als gerecht für seinen Input ansieht).

2. *Normative Expectations*:
Bei diesem Typ von Erwartungen handelt es sich um die Idealvorstellungen von einem Produkt. Diese Erwartungen spiegeln die Wünsche an ein Produkt wider (auch Scharnbacher/Kiefer, 1996, S.8; Schütze, 1992, S.157). So könnten es beispielsweise die oben erwähnten Studenten begrüßen, wenn ein Theater ein besseres Gastronomieangebot liefern könnte, so daß ein Besuch mit Attributen eines geselligen „Kneipenganges" verbunden werden könnte.

Die Idealvorstellungen (normativen Erwartungen) sagen die Zufriedenheit der Konsumenten am besten voraus und sind für das Marketing besonders bedeutend[99] (Prakash, 1984, S.148; vgl. auch Trommsdorff, 1975, S.130). Kennt man die Idealvorstellungen, so kann man sich mit seinem Angebot an den Bedürfnissen seiner Kunden ausrichten[100] (Freter, 1995, Sp. 1804; Freter, 1983, S.189). In der vorliegenden Untersuchung soll deshalb besonderes Augenmerk auf die Idealvorstellungen der potentiellen Besucher gerichtet werden. In der empirischen Studie werden exemplarisch die Erwartungen der potentiellen Besucher an einen Ausstellungs- und Museumsbesuch ermittelt[101].

Zur Messung der Erwartungen an einen Ausstellungs- und Museumsbesuch - insbesondere der Idealvorstellungen - werden auf der Grundlage der in Kap. 4.3.3. beschriebenen Ansätze zur Erfassung der Dienstleistungsqualität Items zu Ausstellungs- und Museumsbesuchen formuliert[102].

4.5. Zusammenfassung der Erkenntnisse zur Angebotsgestaltung

Ein Kulturbesuch stellt eine Dienstleistung dar, die durch verschiedene konstitutive Merkmale gekennzeichnet ist, von denen die Immaterialität der Dienstleistung und der vom Besucher einzubringende externe Faktor, der vom Kulturanbieter nur unzureichend eingeschätzt werden kann, die wichtigsten sind. Um das breite Spektrum von Erwartungen an eine kulturelle Dienstleistung adäquat abdecken zu können, kann auf verschiedene Ansätze der Dimensionierung von Dienstleistungen als Informationsgrundlage zurückgegriffen werden.

---

[99] Jung (1997, S.141ff.) liefert einen Überblick über Meßmethoden der Kundenzufriedenheit.
[100] Die Ermittlung von Idealvorstellungen und die damit verbundenen Vor- und Nachteile sind u.a. aus der Einstellungsforschung bekannt. So verwenden zahlreiche multiattributive Einstellungsmeßmodelle auch die Idealvorstellungen des untersuchten Einstellungsgegenstandes (z.B. Trommsdorff, 1975; Doll, 1987, S.20ff.).
[101] Für Ausstellungen und Museen weist auch Klein (1984, S.6) auf die Notwendigkeit der Erfassung von Idealvorstellungen der Besucher hin.
[102] Die Items können im Anhang E nachgelesen werden.

Im Hinblick auf die empirische Studie sollen keine realisierten Dienstleistungen untersucht werden, sondern es sollen exemplarisch die Erwartungen an einen Ausstellungs- und Museumsbesuch, die sich in die vermutete tatsächliche Ausprägung eines Leistungsangebotes und in die Idealvorstellungen vom Leistungsangebot unterteilen lassen, analysiert werden. Die Idealvorstellungen der potentiellen Kunden sind besonders bedeutsam für die Angebotsgestaltung und sollen in dieser Untersuchung im Vordergrund stehen.

Im folgenden Kap. 5. werden die Ergebnisse einer empirischen Untersuchung zur Besucherforschung und Angebotsgestaltung dargestellt und diskutiert.

5. Empirische Untersuchung zur Besucherforschung und Angebotsgestaltung

5.1. Ziele und Erhebungsdesign

Ziele der empirischen Untersuchung zur Besucherforschung und Angebotsgestaltung waren:

- die Prüfung des Zusammenhanges von kulturspezifischem Selbstkonzept und kulturspezifischem Lebensstil,
- die Ermittlung des kulturspezifischen Lebensstils der potentiellen Besucher,
- die Ermittlung der Dimensionen der Erwartungen an einen Ausstellungs- und Museumsbesuch und die Abschätzung der Bedeutung der Dimensionen,
- die Segmentierung der potentiellen Besucher auf der Basis ihres kulturspezifischen Lebensstils sowie
- die Analyse der Erwartungen an einen Ausstellungs- und Museumsbesuch in Abhängigkeit von den gefundenen Lebensstil-Segmenten.

Im Sommer 1995 wurden insgesamt 323 Personen mündlich befragt. Im Fragebogen wurden weitgehend standardisierte, geschlossene Fragen verwendet, um eine möglichst große Vergleichbarkeit der Antworten zu gewährleisten. Vor den Interviews wurde der Fragebogen einem Pretest (n=20) unterzogen.

Der Fragebogen enthielt Fragen zur Prüfung des Zusammenhanges von kulturspezifischem Selbstkonzept und kulturspezifischem Lebensstil, zum Freizeit- und Kulturverhalten sowie Fragen zu Erwartungen an einen Ausstellungs- und Museumsbesuch. Darüber hinaus wurde das Interesse der befragten Personen an verschiedenen Kulturbereichen ermittelt sowie demographische Daten erhoben. Die Befragten wurden auf die Anonymität ihrer Angaben hingewiesen. Wie der Pretest zeigte, erschien es ratsam, die Befragten kognitiv zu entlasten, indem ihnen die zur Verfügung stehenden Antwortmöglichkeiten auf gesonderten Unterlagen in die Hand gegeben wurden.

Da der Fragebogen auch zahlreiche Fragen zum Besuch von Ausstellungen und Museen enthielt, wurde dieser Teil nur für die Personen ausgewertet, die nach eigenen Angaben *mindestens einmal jährlich* eine Ausstellung oder ein Museum besuchen. Die 237 Befragten, auf die dieses zutrifft, werden als *potentielle Besucher von Ausstellungen und Museen* bezeichnet. Die 86 Personen, die nach eigenen Angabe *nie* oder *nur alle paar Jahre* eine

Ausstellung oder ein Museum besuchen, werden als *Nicht-Besucher von Ausstellungen und Museen* bezeichnet. Durch die Beschränkung auf potentielle Besucher von Ausstellungen und Museen sollte gewährleistet werden, daß die Probanden in der Lage sind, die Fragen zu Ausstellungen und Museen zu beantworten. Auch liegt die Vermutung nahe, daß die Nicht-Besucher von Ausstellungen und Museen ein zu geringes Interesse an diesen Kulturinstitutionen - vermutlich sogar an kulturellen Aktivitäten insgesamt - aufweisen, so daß sich auch hier eine Verfälschung der Ergebnisse der Untersuchung durch die Nicht-Besucher ergeben könnte[103]. Bereits Andreasen/Belk (1980, S.113f.) haben festgestellt, daß ein Teil der Bevölkerung praktisch kein Interesse an kulturellen Aktivitäten aufweist.

Bei der Befragung wurde kontrolliert, wann die Befragten zuletzt in einer Ausstellung oder in einem Museum waren. Es zeigte sich, daß der Zeitpunkt des letzten Besuches keinen Einfluß auf die Beantwortung der Fragen hatte.

Befragt wurde in Paderborn und Umgebung, jeweils bei den Probanden zu Hause, so daß die Interviews in einer entspannten Atmosphäre durchgeführt werden konnten. Die Beantwortung des Fragebogens dauerte durchschnittlich 37 Minuten.

5.2. Merkmale der Stichprobe und Vorbemerkungen zur Datenaufbereitung

Von den befragten 323 Personen waren 168 männlich (52,5%) und 152 weiblich (47,5%)[104]. Das Durchschnittsalter der Befragten lag bei 34 Jahren.

Da für den umfangreicheren Teil der Untersuchung nur die n=237 als Besucher von Ausstellungen und Museen bezeichneten Personen herangezogen wurden, soll auf die Zusammensetzung dieser Stichprobe etwas genauer eingegangen werden. Von den 237 Personen waren 120 (50,6%) männlich und 117 (49,4%) weiblich, das Durchschnittsalter lag in dieser kleineren Stichprobe bei 34,5 Jahren, somit etwas unter dem Durchschnittsalter der bundesdeutschen Bevölkerung, das 1995 nach Angaben des statistischen Bundesamts bei 40,5 Jahren lag. Das etwas geringere Durchschnittsalter entspricht den Ergebnissen der meisten bisher durchgeführten Besucherforschungen: In verschiedenen Untersuchungen (vgl. vor allem Klein, 1984, S.60; 1990, S.146) wurde festgestellt, daß die Besucher von Ausstellungen und Museen deutlich jünger sind als der Durchschnitt der Bevölkerung der BRD.

---

[103] Wie ein Mittelwertvergleich des durchschnittlichen Interesses an kulturellen Aktivitäten zeigt, ist die Gruppe der Nicht-Besucher auch tatsächlich signifikant weniger an kulturellen Aktivitäten interessiert als die Gruppe der Besucher von Ausstellungen und Museen.
[104] Bei drei Fragebögen fehlen die Angaben des Geschlechts.

Die Daten wurden mit SPSS ausgewertet. Vor der Analyse wurde das Datenmaterial auf Eingabefehler geprüft und bereinigt. Mehrere der verwendeten Konstrukte wurden durch eine Vielzahl verschiedener Items operationalisiert. Um Redundanzen in den Daten zu vermeiden, wurden die Items mittels explorativer Faktorenanalysen verdichtet[105]. Wenn die Daten im folgenden einer explorativen Faktorenanalyse unterzogen werden, so wurde immer in gleicher Art und Weise vorgegangen: Fehlende Werte wurden durch die von SPSS bereitgestellte Option *replace by mean* ersetzt, um die Datenverluste möglichst gering zu halten[106]. Da die faktorenanalytisch verdichteten Daten in einer Clusteranalyse weiterverarbeitet werden sollten, und die Clusteranalyse bei einem fehlenden Wert in einer der gruppenbildenden Variablen immer gleich den gesamten Fall unberücksichtigt läßt, konnte durch die Option *replace by mean* eine ausreichende Fallzahl sichergestellt werden. Bei diesem Vorgehen muß man sich jedoch vergegenwärtigen, daß es bei einer Ersetzung fehlender Werte durch den Mittelwert der Variablen zu einer gewissen Ungenauigkeit der Daten kommt.

Die Faktorenanalysen wurden jeweils nach dem Hauptkomponentenverfahren durchgeführt[107]. Als Kriterium zur Bestimmung der optimalen Faktorenzahl diente das Kaiser-Kriterium[108]. Wenn mehr als ein Faktor extrahiert wurde, wurde die gefundene Lösung einer Varimax-Rotation unterzogen[109]. Zur Interpretation der gefundenen Faktoren wurden immer nur die Items herangezogen, die eindeutig auf einem Faktor luden, d.h., die eine Faktorladung größer als 0,5 auf genau einem Faktor und mindestens 0,2 Differenz zu allen anderen Faktoren aufwiesen. In den abgebildeten Tabellen werden aus Gründen der Übersichtlichkeit nur die Faktorladungen größer als 0,3 abgedruckt. Die Items, die zur Interpretation eines Faktors herangezogen werden, erscheinen jeweils fett gedruckt.

---

[105] Vgl. zur explorativen Faktorenanalyse ausführlich Überla (1977) oder Backhaus et al. (1996).
[106] Bei dieser Option ersetzt SPSS die fehlenden Werte einer Variablen durch ihren Mittelwert.
[107] Das Ziel des Hauptkomponentenverfahrens liegt in der möglichst umfassenden Wiedergabe der Datenstruktur durch möglichst wenige Faktoren (Backhaus et al., 1996, S.223). Dabei wird der Hypothese gefolgt, daß weder spezifische Varianz noch Fehlervarianz relevant sind, sondern daß die gesamte Varianz auf die gemeinsamen Faktoren zurückgeht (Backhaus et al., 1996, S.223).
[108] Beim Kaiser-Kriterium werden die Faktoren extrahiert, die einen Eigenwert größer als eins aufweisen. Der Eigenwert eines Faktors wird berechnet als Summe der quadrierten Faktorladungen (Varianzerklärungsanteil) eines Faktors über alle Variablen. Ein Faktor, dessen Varianzerklärungsanteil über alle Variablen kleiner als eins ist, erklärt weniger Varianz als eine einzelne Variable, denn die Varianz einer standardisierten Variablen ist genau eins (Backhaus et al., 1996, S.226f.).
[109] Die Varimax-Rotation ist eine rechtwinklige Rotation, d.h., die Unabhängigkeit der Faktoren im statistischen Sinne wird bei der Rotation beibehalten (Überla, 1977, S.210). Durch eine Varimax-Rotation wird im allgemeinen eine deutlichere Ladungsstruktur erreicht und dadurch die Interpretation der Lösung erleichtert (Hüttner, 1997, S.305).

5.3. Operationalisierung der Variablen

5.3.1. Operationalisierung der Variablen zum Zusammenhang kulturspezifisches Selbstkonzept - kulturspezifischer Lebensstil

5.3.1.1. Selbstbild von Ausstellungs- und Museumsbesuchen

Wie bereits in Kap. 3.2. angedeutet, ist die Erfassung des Selbstkonzeptes oder einzelner Teile des Selbstkonzeptes problematisch. „Bedauerlicherweise existiert in der Marketingliteratur bisher keine allgemein akzeptierte Skala zur Erfassung der Selbstkonzepte von Konsumenten. Vielmehr finden in den einzelnen Studien mehr oder weniger unterschiedliche, theoretisch meist kaum fundierte Skalen Verwendung" (Conrady, 1990, S.246). Auch in der Psychologie besteht keine Einigkeit über die Operationalisierung des Selbstkonzeptes: „Viele Selbst-Ratings erscheinen völlig willkürlich konstruiert" (Mummendey, 1979, S.179). Die gefundenen Operationalisierungsvorschläge sind für den vorliegenden Zusammenhang viel zu umfangreich und vor allem nicht produktspezifisch: So enthält die von Mummendey et al. (1982, insbesondere S.6) entwickelte Skala 56 Items, die von Adlwarth (1983) 21 Items, wobei beide Skalen sehr allgemeine Items verwenden.

Da für den vorliegenden Untersuchungszusammenhang vor allem der Teil des Selbstkonzeptes von Interesse ist, der Ausstellungs- und Museumsbesuche betrifft, und aufgrund der Problematik der Erfassung des Selbstkonzeptes oder seiner Teile wurde mit einer produktspezifischen Overall-Frage nach der Ausprägung des Selbstbildes von Ausstellungs- und Museumsbesuchen im Selbstkonzept gefragt. Dazu konnten die Befragten auf einer 5er Skala von 1 (*trifft gar nicht zu*) bis 5 (*trifft voll zu*) ihre Zustimmung zur Aussage: *Museums- u. Ausstellungsbesuche gehören zu meinem Selbstverständnis* ausdrücken.
Bei dieser Overall-Frage wurde bewußt auf eine Differenzierung der dem Selbstbild zugrundeliegenden Komponenten und Dimensionen verzichtet, denn eine nähere Betrachtung der relevanten Dimensionen wird im Rahmen der Erfassung des kulturspezifischen Lebensstils vorgenommen (vgl. Kap. 5.3.2.).

5.3.1.2. Weltbild von Ausstellungs- und Museumsbesuchen

Das Weltbild eines Ausstellungs- und Museumsbesuches wurde durch fünf Items erhoben. Die Befragten konnten jeweils zu den folgenden Aussagen ihre Zustimmung auf einer 5er Skala von 1 (*trifft gar nicht zu*) bis 5 (*trifft voll zu*) angeben.

Museums- u. Ausstellungsbesuche ....
- machen keinen Spaß,
- sind ansprechend,
- sind faszinierend,
- sind aufregend,
- sind interessant.

Eine faktorenanalytische Verdichtung der erhobenen Items zeigte, daß alle Items auf einem Faktor luden, der als *Weltbild von Ausstellungs- und Museumsbesuchen* interpretiert wurde (Tab. 4).

Museums- und Ausstellungsbesuche ...	1	Interpretation des Faktors
sind interessant	0,84	
sind faszinierend	0,78	*Weltbild von Ausstellungs- und*
sind ansprechend	0,76	*Museumsbesuchen*
machen keinen Spaß	-0,75	
sind aufregend	0,54	
Eigenwert	2,74	
Varianzerklärungsanteil	54,8	
kum. Varianzerklärungsanteil	54,8	

Tabelle 4: Faktorenanalyse des Weltbildes von Ausstellungs- und Museumsbesuchen

5.3.1.3. Besuchshäufigkeit

Die Besuchshäufigkeit wurde auf ordinalem Datenniveau erhoben. Dazu wurden die Befragten gebeten anzugeben, wie oft sie Ausstellungen und Museen besuchen. Als Frage wurde formuliert: *Wie häufig gehen Sie in ein Museum oder eine Ausstellung?*

Als Antwortmöglichkeiten standen die Kategorien *nie, alle paar Jahre mal, etwa einmal pro Jahr, 2-5 mal pro Jahr, 5-12 mal pro Jahr* und *öfter als einmal monatlich* zur Verfügung. Folgende Antworten wurden gegeben:

86 der befragten Personen gaben an, seltener als einmal jährlich ein Museum zu besuchen. Sie werden, wie schon in Kap. 5.1. erwähnt, als *Nicht-Besucher von Ausstellungen und Museen* bezeichnet. Von den 86 Nicht-Besuchern gaben 82 an, „alle paar Jahre mal" und 4 gaben an, „nie" in ein Museum zu gehen.

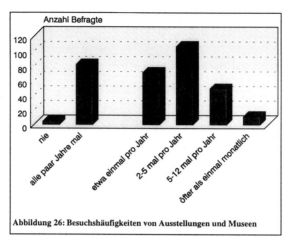

Abbildung 26: Besuchshäufigkeiten von Ausstellungen und Museen

237 Befragte gingen mindestens einmal jährlich in eine Ausstellung oder ein Museum. Sie werden als *Besucher von Ausstellungen und Museen* bezeichnet. Von den 237 Besuchern gaben 71 (29,8%) an, etwa einmal jährlich ein Museum zu besuchen, 106 (44,5%) weisen 2 bis 5 Besuche, 49 (20,6%) bis 12 Besuche pro Jahr auf. Immerhin noch 11 (4,6%) gaben an, sogar häufiger als einmal monatlich in eine Ausstellung oder in ein Museum zu gehen[110]. Abb. 26 zeigt die Besuchshäufigkeiten im Überblick.

5.3.1.4. Differenz von Selbstbild und Weltbild von Ausstellungs- und Museumsbesuchen

Der Grad der Übereinstimmung von Selbstbild und Weltbild von Ausstellungs- und Museumsbesuchen, der zur Prüfung der Hypothese 6.1 benötigt wird, wurde durch die Bildung der Differenz des *Weltbildes von Ausstellungs- und Museumsbesuchen* und des *Selbstbildes von Ausstellungs- und Museumsbesuchen*[111] ermittelt. Eine hohe Differenz bedeutet demnach eine geringe Übereinstimmung von Selbstbild und Weltbild von Ausstellungs- und Museumsbesuchen. Bei der Differenz ist es gleichgültig, in welcher Richtung (also ob das Selbstbild besser ist oder das Weltbild) die Abweichung verläuft. Die Differenzen, die innerhalb der Standardabweichung von Weltbild und Selbstbild lagen, wurden als *geringe Differenzen* interpretiert, die, die außerhalb der Standardabweichung lagen, als *große Differenzen*.

---

[110] Die Befragten, die häufiger als fünfmal pro Jahr eine Ausstellung oder ein Museum besuchen, werden von Klein (1990, S.302) als *habituelle* Besucher bezeichnet.
[111] Vor der Differenzbildung wurde die Variable Selbstbild z-standardisiert.

5.3.1.5. Häufigkeit der Besuche von Kulturveranstaltungen in der Jugend

Die Häufigkeit der Besuche von Kulturveranstaltungen in der Jugend wurde auf einer ordinalen Skala mit den Ausprägungen *häufig, öfter, manchmal, selten* und *eigentlich nie* erhoben. Die Frage lautete: *Wie häufig haben Sie in Ihrer Jugend Kulturveranstaltungen besucht?*
Der überwiegende Teil der Befragten gab an, in der Jugend Kulturveranstaltungen *manchmal* (101 bzw. 31,3%) oder *öfter* (97 bzw. 30,0%) besucht zu haben. *Häufig* waren 54 (16,7%) in der Jugend in Kulturveranstaltungen. 64 (19,8%) der Befragten gaben an, *selten* in Kulturveranstaltungen gewesen zu sein, 7 (2,1%) *eigentlich nie*. Abb. 27 zeigt die Verteilung im Überblick.

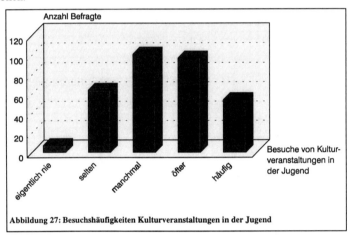

Abbildung 27: Besuchshäufigkeiten Kulturveranstaltungen in der Jugend

5.3.2. Operationalisierung des kulturspezifischen Lebensstils

Da der kulturspezifische Lebensstil die zentrale Variable der Besucherforschung in der vorliegenden Arbeit darstellt, wurde er ausführlicher erhoben. Wie in Kap. 3.2.1. diskutiert, wird der kulturspezifische Lebensstil in einen Freizeitstil und in einen Kulturstil aufgeteilt. Die Items für die Erhebung des Freizeitstils und des Kulturstils wurden in einem empirischen Praktikum mit Studierenden an der Universität Paderborn entwickelt. Grundlage war eine umfassende Literaturrecherche, ergänzt durch ein intensives Brainstorming. Die Formulierungen der einzelnen Items können der Tab. 5 entnommen werden.

Die Erhebung[112] des Freizeitstils ergab das folgende Ergebnis[113]:

In meiner Freizeit ...	1	2	3	4	5	Interpretation des Faktors
verbringe ich möglichst viel Zeit mit Freunden und Bekannten	0,76					
unternehme ich oft Dinge, bei denen ich neue Leute kennenlernen kann	0,75					gesellige, aktive Freizeitgestaltung (nicht mit der Familie)
bin ich eigentlich immer unterwegs	0,63					
habe ich am liebsten meine Ruhe	-0,60					
unternehme ich viel mit meiner Familie	-0,54					
entdecke ich gern die Umgebung		0,75				
achte ich bei allem, was ich tue, auf meine Gesundheit		0,73				Umgebung entdecken u. gesundheits- bewußte Freizeitgestaltung
probiere ich oft etwas Neues aus	0,44	0,61				
unternehme ich gern etwas Exklusives, z.B. gut und teuer Essen gehen			0,70			
lege ich viel Wert auf Komfort und Bequemlichkeit	-0,34		0,68			luxusorientierte Freizeitgestaltung
unternehme ich öfter Kurzreisen	0,30		0,44			
unternehme ich gern mal etwas Besonderes, etwas, das nicht jeder macht	0,39		0,43			
spielen gesellschaftliche Anlässe, wie z.B. ins Theater oder in Konzerte gehen, eine wichtige Rolle				0,63		prestige- u. bildungsorientierte Freizeitgestaltung
bilde ich mich gerne weiter				0,62		
treibe ich viel Sport	0,40			-0,58		
bummle ich gern einfach mal so durch die Stadt					0,75	unterhaltungsorientierte Freizeitgestaltung
lese ich gern Unterhaltungsliteratur					0,71	
steht Entspannung an allererster Stelle	-0,39				0,41	
Eigenwert	3,41	2,45	1,39	1,28	1,17	
Varianzerklärungsanteil	18,9	13,6	7,7	7,1	6,5	
kum. Varianzerklärungsanteil	18,9	32,5	40,2	47,4	53,8	

Tabelle 5: Faktorenanalyse des Freizeitstils 1995

Der erste Faktor repräsentiert eine Dimension im Freizeitverhalten, die sich durch Geselligkeit und Aktivität auszeichnet. Man unternimmt etwas mit anderen Menschen (mit „Freunden und Bekannten", man möchte „neue Leute kennenlernen"). Interessanterweise zeichnet sich dieser Faktor nicht durch eine Familienorientierung aus: Es wird zwar viel mit anderen Menschen unternommen, aber nicht mit der eigenen Familie, sondern man bevorzugt Freunde und Bekannte. Zusammenfassend wird Faktor eins als *gesellige, aktive Freizeitgestaltung* interpretiert.

---

[112] Alle Items wurden auf einer 5er Skala mit Ausprägungen von 1 (*trifft gar nicht zu*) bis 5 (*trifft voll zu*) erhoben.
[113] Die Mittelwerte der einzelnen Variablen und die Gesamtmittelwerte der Variablen eines Faktors können im Anhang B nachgesehen werden.

Der zweite Faktor faßt Verhaltensweisen zusammen, die durch einen Wunsch nach Entdeckung der Umgebung und durch Gesundheitsbewußtsein gekennzeichnet sind. Faktor zwei wird deshalb als *Umgebung entdecken und gesundheitsbewußte Freizeitgestaltung* interpretiert.

Der dritte Faktor beschreibt eine luxusorientierte Freizeitgestaltung: „Exklusives" sowie „Komfort und Bequemlichkeit" kennzeichnen die in diesem Faktor zusammengefaßte Dimension des Freizeitverhaltens. Faktor drei wird als *luxusorientierte Freizeitgestaltung* interpretiert.

Beim vierten Faktor stehen Prestige und Bildung bei den Verhaltensweisen im Vordergrund. „Gesellschaftliche Anlässe" werden gesucht, durch die man seinen Stellenwert in der Gesellschaft kommunizieren kann, und man bildet sich weiter. Prestige und Bildung werden auf einer Dimension wahrgenommen, da Bildung eine Quelle für Prestige darstellt (Adlwarth, 1983, S.207). Faktor vier wird als *prestige- und bildungsorientierte Freizeitgestaltung* interpretiert.

Der fünfte Faktor deutet auf eine unterhaltungsorientierte Freizeitgestaltung hin. Man „bummelt" durch die Stadt oder liest „Unterhaltungsliteratur", bei der man sich auch entspannen kann. Faktor fünf wird als *unterhaltungsorientierte Freizeitgestaltung* interpretiert.

Die Erhebung[114] des Kulturstils ergab das folgende Ergebnis[115] (Tab. 6):

	1	2	3	4	Interpretation des Faktors
Ich unterhalte mich häufig mit Freunden und Bekannten über kulturelle Angebote.	0,73				
Bevor ich ein Kulturangebot nutze, informiere ich mich i.d.R. ausführlich.	0,72				
Ich freue mich jedesmal, wenn ich auf eine Kulturveranstaltung aufmerksam gemacht werde.	0,69				*bildungsorientiertes u. außenkommunikationswirksames Kulturverhalten*
Ich nutze vor allem solche Kulturangebote, mit denen ich mich weiterbilden kann.	0,63				
Ich versuche, so ziemlich alle Kulturangebote zu besuchen, die man gesehen haben sollte.	0,51		0,36		
Ich besuche kulturelle Veranstaltungen, um Spaß zu haben.		0,78			
Wenn ich Museen, Theater usw. besuche, dann ist das für mich in erster Linie eine Freizeitbeschäftigung.		0,72			*hedonistisches Kulturverhalten*
Wenn ich in ein Museum, Kino, Theater o.ä. gehe, dann verbinde ich das meistens mit anderen Aktivitäten, z.b. nachher noch mit Freunden etwas trinken gehen oder so.		0,44	0,44	-0,40	
Zu einem Besuch von Ausstellungen, Museen, Musicals usw. gehört auch das Bummeln durch die dazugehörenden Shops, sofern es welche gibt.			0,73		*aktualitätsorientiertes Kulturverhalten*
Bei der Auswahl von Kulturobjekten richte ich mich danach, was gerade so aktuell ist.			0,70		
Der Besuch einer kulturellen Veranstaltung ist für mich Luxus/etwas ganz Besonderes.				0,79	*traditionelles u. innenorientiertes Kulturverhalten*
Ich freue mich, wenn ich etwas über eine kulturelle Veranstaltung lese oder höre, die ich schon besucht habe.			0,34	0,66	
Eigenwert	2,52	1,63	1,32	1,24	
Varianzerklärungsanteil	21,0	13,5	11,0	10,3	
kum. Varianzerklärungsanteil	21,0	34,6	45,6	55,9	

Tabelle 6: **Faktorenanalyse des Kulturstils 1995**

Der erste Faktor verdichtet Items, die darauf hindeuten, daß Kulturverhalten besonders durch Bildung, Informationen und Kommunikation gekennzeichnet ist. Es werden solche Kultur-

---

[114] Alle Items wurden wiederum auf einer 5er Skala mit Ausprägungen von 1 (*trifft gar nicht zu*) bis 5 (*trifft voll zu*) erhoben.
[115] Die Mittelwerte der einzelnen Variablen und die Gesamtmittelwerte der Variablen eines Faktors können in Anhang B nachgesehen werden.

angebote genutzt, durch die man sich „weiterbilden" kann, und man „informiert" sich vorher genau. Darüber hinaus möchte man sein Kulturverhalten aber auch kommunizieren: Man unterhält sich über Kulturangebote und freut sich, wenn man auf Kulturveranstaltungen aufmerksam gemacht wird. Die Tatsache, daß man sich viele Informationen über Kulturangebote verschafft, kann auch darauf hindeuten, daß man in der Kommunikation mit anderen ein Informationsdefizit fürchtet, das sich negativ auf den Selbstwert auswirken könnte. Faktor eins wird zusammenfassend als *bildungsorientiertes und außenkommunikationswirksames Kulturverhalten* interpretiert.

Bei den Verhaltensweisen, die in Faktor zwei zusammengefaßt sind, geht es in erster Linie darum, „Spaß" bei Kulturveranstaltungen zu haben und unterhalten zu werden. Es stehen hedonistische Verhaltensweisen im Vordergrund. Faktor zwei wird als *hedonistisches Kulturverhalten* interpretiert.

Der dritte Faktor weist auf ein Kulturverhalten hin, das sich durch Aktualität auszeichnet. Es werden solche Veranstaltungen besucht, die „gerade so aktuell" sind. Auch der Besuch angegliederter Shops (z.B. Museumsshop) läßt vermuten, daß zur Aufrechterhaltung der Aktualität auch ein Überblick über die Angebote des Shops nützlich ist. Möglicherweise kann ein Plakat einer Ausstellung erworben werden, so daß die eigene Aktualität auch kommuniziert werden kann. Faktor drei wird als *aktualitätsorientiertes Kulturverhalten* aufgefaßt.

Der vierte Faktor deutet darauf hin, daß es sich hier um eine Dimension, die durch ein traditionelles Kulturverständnis gekennzeichnet ist, handelt. Ein Kulturbesuch wird für sich selbst als etwas „Besonderes" wahrgenommen, was zeigt, daß Kultur und kulturelle Bildung noch nicht als selbstverständlich empfunden werden. Die Tatsache, daß man sich freut, wenn man eine Kulturveranstaltung kennt, deutet auf ein innenorientiertes Verständnis von Kultur hin. Faktor vier wird als *traditionelles und innenorientiertes Kulturverhalten* interpretiert.

5.3.3. Operationalisierung der Erwartungen an Ausstellungs- und Museumsbesuche

Die in Kap. 4.3.3. diskutierten Ansätze der Dimensionierung des Leistungsangebotes von Kulturangeboten dienten als Grundlage für die Formulierung der Items zur Erfassung der Erwartungen an einen Ausstellungs- und Museumsbesuch in der empirischen Studie. Zusätzlich wurde versucht, durch ein Brainstorming im empirischen Praktikum und durch eine explorative Vorstudie zu gewährleisten, daß alle relevanten Dimensionen der Erwartungen an einen Ausstellungs- und Museumsbesuch berücksichtigt wurden. In der empirischen Vorstudie wurden n=60 Testpersonen aufgefordert, alles das zu nennen, was sie sich im Zusammenhang mit einem Ausstellungs- und Museumsbesuch vorstellen könnten.

Zunächst wurden die spontanen Nennungen der Befragten von den Interviewern notiert, anschließend baten die Interviewer nochmals, auch solche Dinge zu nennen, die die Befragten zwar begrüßen würden, die jedoch möglicherweise bisher in keinem Museum realisiert sind. So sollte versucht werden, auch neue Ideen zu generieren.

Insgesamt gingen 37 Aussagen[116] zu den Erwartungen an einen Ausstellungs- und Museumsbesuch in die Hauptstudie ein. Nach einer Datenverdichtung durch eine Faktorenanalyse ergaben sich die folgenden Dimensionen (Tab. 7):

---

[116] Die genauen Formulierungen der Items können im Anhang E nachgesehen werden.

Bezeichnung	Mean	1	2	3	4	5	6	7	8	9	10	11	12	Mean 117	Interpretation
ungezwungene Atmosphäre	3,55	0,69													
entspannender u. unterhaltender	2,98	0,68													ungezwungenes,
originelle Präsentation	3,36	0,64	0,40											3,28	unterhaltendes
musikalische Untermalung	3,24	0,59													Museum
Freizeitangebote im Umfeld	3,28	0,59							0,41						
selbst aktiver werden	3,36		0,77												
integriert werden	3,70		0,69	0,32										3,62	aktives,
Ansprache über viele Sinne	3,99		0,55												multisensuales
provozierendes Auftreten	3,42	0,33	0,54												Museum
themenspezifische Informationen	3,59			0,76											
aktuelle Themen u. Informationen	3,38			0,65										3,63	informatives
Nutzung von Hintergrundinformationen	3,93			0,53				0,44							Museum
vorher gut informiert	2,98			0,49		0,38					-0,37				
Besuch um mitzureden	2,36				0,76										
viele Bekannte waren da	2,18				0,71										symbol-
guter Ruf	2,49				0,64									2,34	trächtiges
Allgemeinbildung verbessern	3,31			0,34	0,50										Museum
Kinderabteilung	3,99					0,75									
versch. Arten von Führungen	4,12					0,74								4,03	Infrastruktur
Sitzgruppen	3,97					0,60									
Ausrichtung am Thema	3,29	0,35				0,39									
gut versorgt	2,70						0,69								
angemessener Preis	3,79						0,65								gehobenes
gesellschaftliches Ereignis	2,50					0,39	0,52							3,00	Angebot
gehobenes Gastronomieangebot	2,26	0,35					0,41								
Souvenirs kaufen können	1,97							0,77						2,35	Shopping-
Einkaufsgelegenheiten	2,73							0,74							möglichkeiten
Live-Darbietungen	3,96								0,78						physische
Ausstellungsstücke ganz nah	3,94				0,32				0,53					3,95	Nähe, Detail-
Phantasie anregen	3,80	0,31							0,44						information
großzügige Öffnungszeiten	4,17									0,68				3,76	Realisier-
ohne Mühe erreichbar	3,38									0,55					barkeit
weniger Werke	3,22										0,75				Qualität statt
auch Werke mit geringer Qualität	2,55										0,35	-0,73		3,34 118	Quantität
Drumherum egal	2,81											-0,63			Konzentration
Informationstiefe selbst bestimmbar	3,75			0,31		0,33						0,37		2,81	auf die Objekte
spezifisches Objektinteresse	3,14												0,87	3,14	spezifisches Objektinteresse
Gesamtmittelwert														3,27	
Eigenwert		4,83	3,12	2,81	1,81	1,63	1,47	1,36	1,27	1,18	1,17	1,09	1,06		
Varianzanteil		13,0	8,6	7,6	4,9	4,4	4,0	3,7	3,4	3,2	3,1	2,9	2,9		
kum. Varianzanteil		13,0	21,6	29,2	34,1	38,5	42,5	46,2	49,6	52,8	55,9	58,9	61,7		

Tabelle 7: Faktorenanalyse der Erwartungen an einen Ausstellungs- und Museumsbesuch

---

[117] Die angegebenen Mittelwerte errechnen sich als arithmetische Mittel der Items mit Ladungen größer 0,5.
[118] Da bei einem Item eine negative Ladung vorliegt, wird der Mittelwert auf der Basis der umkodierten Variablen berechnet.

Abb. 28 zeigt die Mittelwerte der extrahierten Faktoren im Überblick:

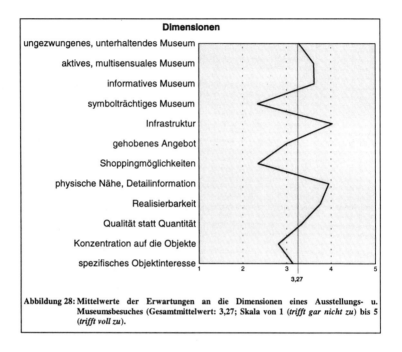

Abbildung 28: Mittelwerte der Erwartungen an die Dimensionen eines Ausstellungs- u. Museumsbesuches (Gesamtmittelwert: 3,27; Skala von 1 (*trifft gar nicht zu*) bis 5 (*trifft voll zu*).

Der erste Faktor wird als *ungezwungenes, unterhaltendes Museum* interpretiert. Er faßt solche Erwartungen zusammen, die sich auf eine ungezwungene Atmosphäre beim Besuch und durch ein insgesamt unterhaltungs- und entspannungsorientiertes Museum auszeichnen. Er liegt mit einem Mittelwert von 3,28 etwa im Durchschnitt aller Erwartungen.

Faktor zwei ist ein Faktor, der Erwartungen bündelt, die sich darauf beziehen, daß man selbst aktiv werden möchte, daß man integriert wird in das Geschehen. In diesem Faktor findet sich auch der Wunsch nach einer Ansprache über verschiedene Sinne. Man möchte Kunstwerke also nicht nur sehen und Informationen über sie hören können, sondern z.B. Replikate auch in die Hand nehmen, die verwendeten Materialien riechen oder ihre Konsistenz fühlen können. Zusammenfassend wird der Faktor als Erwartungen an ein *aktives, multisensuales Museum* interpretiert. Diese Dimension wird mit einem Mittelwert von 3,62 relativ stark von den Besuchern gewünscht. Dieses Ergebnis wird unterstützt durch positive Erfahrungen, die mit einer multisensual gestalteten Ausstellung gemacht wurden (Gajek et al., 1997, S.42ff.).

Der dritte Faktor umfaßt jene Erwartungen, die sich auf das Informationsangebot von Ausstellungen und Museen beziehen. Er wird als Erwartungen an ein *informatives Museum* bezeichnet. Die Dimension wird ebenfalls relativ stark von den Befragten bei einem Besuch gewünscht, vermutlich, da Informationen Voraussetzung für kulturelle Bildung sind[119].

Faktor vier gibt die Erwartungen der potentiellen Besucher an die Prestige- oder *Symbolträchtigkeit* des Besuches wieder. Es geht darum, daß das Museum einen guten Ruf besitzt und daß man durch einen Besuch „mitreden" kann. Es ist ein Faktor, der - bei Betrachtung der Mittelwerte - den Befragten unwesentlich zu sein scheint. Es ist jedoch wahrscheinlich, daß bei den Items dieses Faktors sozial erwünschtes Antwortverhalten vorliegt. Tatsächlich dürften die Befragten die Symbolträchtigkeit stärker gewichten, als sie dies angeben.

Der fünfte Faktor beschreibt die Erwartungen an die *Infrastruktur* bei einem Ausstellungs- und Museumsbesuch. Es ist der Faktor, der den Befragten mit einem Mittelwert von 4,03 am wichtigsten ist. Befürwortet wird ein differenziertes Angebot von Führungen, die Einrichtung einer Kinderabteilung, so daß sich Eltern auf den Besuch und die ausgestellten Werke konzentrieren können, sowie ein ausreichendes Angebot an Sitzgruppen.

Faktor sechs ist ein Faktor, der Erwartungen an ein *gehobenes Angebot* beim Ausstellungs- und Museumsbesuch darstellt. Er faßt Items zusammen, die eine hohe Versorgungsqualität und einen angemessenen Preis, der bei entsprechendem Angebot durchaus auch höher sein kann, fordern.

Weitere Erwartungen richten sich auf *Shoppingmöglichkeiten*, die eine Ausstellung bzw. ein Museum bieten sollte. Diese Möglichkeiten erscheinen den Befragten weniger bedeutend, was überrascht und eine Erklärung verlangt: Der Grund dafür könnte in der Formulierung des Items 11 liegen, in dem nach „Souvenirs" gefragt wird. Möglicherweise ist dieser Begriff negativ belegt. Betrachtet man die Ausprägung des Items 19, in dem nach „Einkaufsgelegenheiten" gefragt wird, so erhält man zwar einen höheren Wert (Mittelwert 2,73), trotzdem weist auch die Ausprägung dieses Items darauf hin, daß Shoppingmöglichkeiten deutlich unterdurchschnittlich gewünscht werden. Zur weiteren Klärung wird in der Studie 1996 das Angebot eines Museumsshops nochmals untersucht (vgl. Kap. 8.6.).

---

[119] Bei der Interpretation des Wertes sollte beachtet werden, daß eine soziale Erwünschtheit in den Antworten liegen könnte: Von einer Kulturinstitution wie dem Museum erwartet man eben Informationen. Dennoch kann man aber davon ausgehen, daß eine umfassende Informationsvermittlung zentrale Bedeutung für Besucher von Ausstellungen und Museen hat.

Eine Dimension der Erwartungen faßt den Wunsch nach Live-Darbietungen und nach einem engen Kontakt mit den Kunstobjekten zusammen. Hier liegt eine Dimension vor, bei der es um *physische Nähe* zum Objekt und um *Detailinformation* geht. Auch diese Dimension ist den Befragten mit einem Mittelwert von 3,95 sehr wichtig. Vermutlich zeigt die hohe Ausprägung dieser Dimension, daß die in zahlreichen Ausstellungen und Museen aufgebaute Distanz zu den Kunstobjekten (vgl. z.B. Müller, 1998, S.57ff.) nicht dem Wunsch der Besucher entspricht.

Wichtig ist den potentiellen Besuchern auch eine einfache *Realisierbarkeit* eines Ausstellungs- und Museumsbesuches. Gefordert werden großzügige Öffnungszeiten. Bemerkenswert ist, daß diese Forderung das Item mit der höchsten Ausprägung der gesamten Itembatterie ist (4,17). Hier wird unterstrichen, daß Museen durch längere - oder möglicherweise auch nur geänderte - Öffnungszeiten deutlich attraktiver für Besucher werden könnten.

Die Dimension *Qualität statt Quantität* beschreibt den Wunsch der Besucher nach einer qualitätsorientierten Auswahl der zur Schau gestellten Objekte.

Die beiden letzten Dimensionen beschreiben die Erwartungen nach *Konzentration auf die Objekte* und danach, ob ein *spezifisches Objektinteresse* problemlos befriedigt werden kann. Bei diesen Dimensionen stehen die dargebotenen Kulturobjekte im Vordergrund, das „Drumherum" und damit die Zusatzangebote erscheinen nebensächlich. Der Mittelwert dieser Dimension von Erwartungen ist unterdurchschnittlich ausgeprägt. Das läßt vermuten, daß die Befragten Zusatzangeboten bei einem Ausstellungs- und Museumsbesuch durchaus offen gegenüberstehen.

Beurteilt man die erhobenen Dimensionen der Erwartungen an einen Ausstellungs- und Museumsbesuch zusammenfassend, erkennt man die große Bedeutung der in Kap. 4.3.3. erläuterten Zusatzleistungen, die die Dienstleistung der Kulturinstitution ausmachen. Vor allem sind den Besuchern eine gute Infrastruktur (zahlreiche und verschiedene Führungen, das Einrichten von Kinderabteilungen u.ä.), eine große physische Nähe zu den Objekten (Live-Darbietungen, Ausstellungsstücke ganz nah u.ä.) und eine einfache Realisierbarkeit (vor allem großzügigere Öffnungszeiten) wichtig. Weiterhin werden ein informatives und ein aktives, multisensuales Museum gewünscht.

5.4. Güte der Daten

Zur Beurteilung der Güte von Meßinstrumenten und Meßverfahren werden drei grundlegende Gütekriterien verwendet (Hammann/Erichson, 1994, S.75ff.):
- Praktikabilität (Durchführbarkeit),
- Reliabilität (Zuverlässigkeit),
- Validität (Gültigkeit).

5.4.1. Praktikabilität

Unter Praktikabilität versteht man die Anwendbarkeit eines Meßinstrumentes oder -verfahrens für den Untersuchungszweck (Hammann/Erichson, 1994, S.75). Für die vorliegende Untersuchung erschien eine mündliche Befragung in Form standardisierter Interviews praktikabel. Da der Fragebogen relativ lang war, erschien es nicht ratsam, schriftlich zu befragen, da mit einer hohen Abbruchquote hätte gerechnet werden müssen. Die gestellten Fragen waren jeweils so formuliert, daß sie von den Befragten mühelos beantwortet werden konnten. Wenn dennoch Verständnisprobleme auftraten, standen die Interviewer für Nachfragen zur Verfügung.

5.4.2. Reliabilität

Unter Reliabilität (Zuverlässigkeit) wird die Konsistenz und die Stabilität einer Messung verstanden (Benninghaus, 1976, S.285). Dabei bezieht sich die Konsistenz auf den Vergleich zweier oder mehrerer paralleler Messungen und Stabilität auf den Vergleich zeitlich aufeinanderfolgender Messungen.

Zur empirischen Überprüfung der Stabilität kann eine Messung mit einer Wiederholungsmessung zum späteren Zeitpunkt verglichen werden (Hüttner, 1997, S.14f.). Dieses Verfahren heißt Test-Retest-Verfahren.

Zur Überprüfung der Konsistenz können das (Hüttner, 1997, S.14f.)
- Paralleltest-Verfahren (hier wird ein Vergleichstest mit einem zweiten Meßinstrument zum gleichen Zeitpunkt durchgeführt), das
- Interne-Konsistenz-Verfahren (jedes Item einer Messung wird mit jedem anderen Item derselben Messung korreliert) und das

– Split-Half-Verfahren[120] (hier werden die Items einer Messung in zwei Gruppen aufgeteilt, die dann verglichen werden)

angewendet werden.

Bei den Verfahren erfolgt eine Berechnung von Reliabilitätskoeffizienten, die im Kern Korrelationskoeffizienten sind (Hüttner, 1997, S.15). Die Höhe der Koeffizienten ist dann ein Indiz für die Reliabilität der Messung.

Die zeitliche Stabilität der Messungen wurde im Hinblick auf ein willkürlich gewähltes Befragungsdatum, das die Fragebögen in zwei etwa gleich große Gruppen aufteilt, mit Hilfe einfaktorieller Varianzanalysen kontrolliert[121]. Es zeigte sich, daß der Zeitpunkt der Befragung keinen Einfluß auf die untersuchten Variablen hatte. Die Daten können damit als zeitlich stabil bezeichnet werden.

Zur Untersuchung der Konsistenz der in der Erhebung verwendeten Konstrukte wurde das Interne-Konsistenz-Verfahren benutzt. Bei diesem Verfahren erfolgt eine Berechnung eines Koeffizienten (Cronbach´s Alpha α), der zwischen 0 und 1 normiert ist. Je näher er 1 kommt, desto reliabler ist die Messung. Bei der Ermittlung von α wird jedes Item einer Skala als eine eigene Messung der Zielgröße aufgefaßt. Die Varianzen der einzelnen Items werden dann mit der Varianz der Gesamtmessung in Relation gesetzt (Matiaske, 1990, S.59).

Die Reliabilitätskoeffizienten α der Gesamtskala des Freizeitstils, des Kulturstils und der Erwartungen an einen Ausstellungs- und Museumsbesuch sind der Tab. 8 zu entnehmen[122].

Erhobene Variable	Cronbach´s α
Freizeitstil	0,54
Kulturstil	0,61
Idealvorstellungen eines Ausstellungs- und Museumsbesuches	0,79

Tabelle 8: Interne Konsistenz der verwendeten Skalen (Cronbach´s α) 1995

---

[120] Dieses Verfahren ist eine Sonderform der Internen-Konsistenz-Reliabilität (Hüttner, 1997, S.15).
[121] Verfahrenstechnisch korrekt hätte die Stabilität nach dem Test-Retest-Verfahren nur mittels einer Wiederholungsmessung bei denselben Befragten überprüft werden können. Aus Gründen der Praktikabilität wurde hierauf jedoch verzichtet.
[122] Die Reliabilitätskoeffizienten der einzelnen Faktoren der jeweiligen Konstrukte können im Anhang D nachgesehen werden.

Für die Werte von Cronbach's α lassen sich keine allgemein verbindlichen Richtwerte angeben (Homburg/Giering, 1996, S.8). Nach Brosius/Brosius (1995, S.917) sollte dann auf eine Zusammenfassung der Items verzichtet werden, wenn α negativ wird, was weder bei der Gesamtskala noch bei den ihr zugrundeliegenden Faktoren der Fall ist. Somit kann man von reliablen Werten ausgehen.

5.4.3. Validität

Bei einer Überprüfung der Validität kann zwischen externer und interner Validität unterschieden werden (Hammann/Erichson, 1994, S.158ff.). Die externe Gültigkeit betrifft die Übertragbarkeit einer experimentellen Situation auf die reale Situation und damit ihre allgemeine Gültigkeit. In der Regel ist die externe Validität bei Felduntersuchungen wegen der großen Realitätsnähe relativ hoch (Hammann/Erichson, 1994, S.159).

Problematischer ist nach Meinung von Hammann/Erichson (1994, S.159) bei Feldstudien die interne Validität, die geprüft werden muß. Ein Meßinstrument gilt als valide, wenn es genau das mißt, was gemessen werden soll (Hüttner, 1997, S.13). Zur Überprüfung der Validität stehen die folgenden Konzepte zur Verfügung (Hildebrandt, 1984, S.42ff.):

– Inhaltsvalidität: Die Meßinstrumente werden aufgrund von Plausibilitätsbetrachtungen (Face-Validität) oder aufgrund von Expertenbeurteilungen (Expertenvalidität) validiert.

– Kriteriumsvalidität: Bei der Kriteriumsvalidität wird ein externes Kriterium (Außenkriterium) mit dem zu überprüfenden Konstrukt auf Übereinstimmung verglichen (Hammann/Erichson, 1994, S.77). Werden beide Messungen gleichzeitig vorgenommen, spricht man von Konkurrentvalidität, erfolgt die Messung des Außenkriteriums zu einem späteren Zeitpunkt, spricht man von Prognosevalidität (Hammann/Erichson, 1994, S.77).

– Konstruktvalidität: Bei der Konstruktvalidierung wird geprüft, inwieweit Übereinstimmung zwischen einem theoretischen Konstrukt und dem Konzept seiner empirischen Messung vorliegt (Hammann/Erichson, 1994, S.77). Da die Konstruktvalidität empirisch nicht nachweisbar ist, finden ersatzweise die folgenden Konzepte Anwendung (Hammann/Erichson, 1994, S.77f.): (1) Konvergenzvalidität, bei der verschiedene Meßinstrumente eines Konstruktes auf Übereinstimmung überprüft werden, (2) Diskriminanzvalidität, bei der verschiedene Meßinstrumente eines Konstruktes auf Unterschiedlichkeit untersucht werden, und (3) Nomologische Validität, bei der die

Meßwerte von Konstrukten mit theoretisch abgeleiteten, kausalen Beziehungen zwischen den Konstrukten auf Übereinstimmung geprüft werden.

Zur Validierung der Messungen des Selbstbildes und des Weltbildes wurden zwei Außenkriterien verwendet. Dabei wurde auf Erkenntnisse der Einstellungsforschung bzw. der Involvementforschung zurückgegriffen: Aus der Einstellungsforschung ist bekannt, daß man einem Objekt, zu dem man eine positive Einstellung (von dem man somit ein positives Weltbild) hat, im allgemeinen eine positive Handlungsbereitschaft entgegenbringt (Trommsdorff/Schuster, 1981, S.722ff.). Deshalb wurde das erhobene Weltbild mit den Antworten auf die Frage korreliert: *Wenn ich Lust auf Kultur hätte, würde ich Museen und Ausstellungen in die engere Wahl ziehen.*

Aus der Involvementforschung ist bekannt, daß aus einem hohen Involvement, mit dem man dann rechnen kann, wenn ein Bezug zum individuellen Selbstbild vorliegt (Higie/Feick, 1989, S.690), im allgemeinen ein relativ großes Interesse an Informationen und eine relativ gute Produktkenntnis folgt (Hupp, 1998, S.34). Aus diesem Grunde wurde das erhobene Selbstbild der eigenen Ausstellungs- und Museumsbesuche mit den Antworten auf die Aussage: *Ich würde sagen, ich kenne relativ viele Museen und Ausstellungen* korreliert.

Tab. 9 gibt die Ergebnisse der Korrelationsanalysen wieder:

	Variable: Selbstbild	Faktor: Weltbild eines Ausstellungs- und Museumsbesuches
Ich würde sagen, ich kenne relativ viele Museen und Ausstellungen.	0,61 (n=318)	
Wenn ich Lust auf Kultur hätte, würde ich Museen und Ausstellungen in die engere Wahl ziehen.		0,47 (n=319)

Tabelle 9: Außenkriteriumsvalidierung von Selbstbild und Weltbild

Wie die Ergebnisse der Tab. 9 zeigen, sind die vermuteten Korrelationen hochsignifikant und in ihrer Höhe akzeptabel, so daß man von validen Messungen des Selbstbildes und des Weltbildes von Ausstellungs- und Museumsbesuchen ausgehen kann.

5.4.4. Validierung der gefundenen Dimensionen des kulturspezifischen Lebensstils

Die Validierung der gefundenen Dimensionen des Lebensstils kann ansatzweise durch den Vergleich mit den Ergebnissen bereits existierender Lebensstil-Studien vorgenommen werden. Empfehlenswert erscheint dabei, auf generelle Lebensstil-Dimensionen zurückzugreifen. Lüdtke (1995, S.85) und Richter (1994, S.174) sprechen von generellen Lebensstil-Dimensionen „zweiter Ordnung", die hinter den Dimensionen verschiedener Lebensstil-Studien liegen[123]. Als Lebensstil-Dimensionen zweiter Ordnung werden von Richter (1994, S.174; ähnlich Lüdtke, 1995, S.85; Drieseberg, 1995, S.60ff.)

- Innen- vs. Außenorientierung,
- Aktivität vs. Passivität (Gestalten vs. Rezipieren) und
- Modernität vs. Traditionalismus (Bewegen vs. Bewahren)

genannt.

Läßt man die gefundenen Faktoren des Freizeitstils und des Kulturstils erneut in eine Faktorenanalyse einfließen, erhält man das in Tab. 10 dargestellte Ergebnis:

	1	2	3	4	Interpretation des Faktors
bildungs- u. außenkommunikationswirksames Kulturverhalten	0,84				*Außenorientierung und Bildung*
prestige- und bildungsorientierte Freizeitgestaltung	0,80				
hedonistisches Kulturverhalten		0,80			*Innenorientierung und Unterhaltung*
unterhaltungsorientierte Freizeitgestaltung		0,74			
traditionelles u. innenorientiertes Kulturverhalten			0,77		*Traditionalismus, Passivität, Innenorientierung*
gesellige, aktive Freizeitgestaltung (nicht mit der Familie)			-0,54		
Umgebung entdecken u. gesundheitsbewußte Freizeitgestaltung	0,31		0,53	0,41	
aktualitätsorientiertes Kulturverhalten				0,75	*Modernität und Außenorientierung*
luxusorientierte Freizeitgestaltung				0,54	
Eigenwert	1,54	1,33	1,22	1,19	
Varianzerklärungsanteil	17,1	14,8	13,5	13,3	
kum. Varianzerklärungsanteil	17,1	31,9	45,4	58,6	

Tabelle 10: Faktorenanalyse zweiter Ordnung zur Validierung der Dimensionen des kulturspezifischen Lebensstils

---

[123] Nach Meinung von Richter (1994, S.174) erlauben erst diese Lebensstil-Dimensionen zweiter Ordnung eine „vollständige, vergleichbare Beschreibung von Lebensstilen einer Gesellschaft".

Wie die in der Tab. 10 dargestellten Ergebnisse der Faktorenanalyse zeigen, lassen sich die Lebensstil-Dimensionen zweiter Ordnung gut wiederfinden. Der erste Faktor ist eindeutig als Außenorientierung (mit Bildung) zu identifizieren. Faktor zwei faßt Dimensionen, die auf ein hohes Maß an Hedonismus hinweisen, zusammen. Diese Trennung der Innen-Außen-Dimension, die sich in der Faktorenanalyse zweiter Ordnung ergeben hat, läßt sich einfach erklären: Neben den Erlebensweisen Innen- vs. Außenorientierung wurden in den Items auch Inhalte der Freizeit- und Kulturaktivitäten erfragt, so daß die unterschiedlichen Inhalte (Unterhaltung vs. Bildung) vermutlich zur Trennung in zwei Faktoren geführt haben. Der dritte Faktor faßt traditionelle und passive Verhaltensweisen zusammen, so daß zwei Dimensionen zweiter Ordnung auf einen Faktor fallen. Inhaltlich erscheint dieses Ergebnis unmittelbar einleuchtend: Traditionelles Kulturverhalten ist mit Rezipieren, Zurückhaltung und damit Passivität verknüpft. Der vierte Faktor deutet vor allem auf ein hohes Maß an Modernität hin und umfaßt auch Merkmale der Außenorientierung.

Zusammenfassend läßt sich feststellen, daß sich deutliche Übereinstimmungen der explorativ ermittelten mit den theoretisch zu erwartenden Dimensionen zweiter Ordnung zeigen. Jede in der Literatur genannte Dimension zweiter Ordnung findet sich auch in der vorliegenden Lebensstil-Untersuchung wieder, was auf eine valide Ermittlung des Lebensstils in dieser Studie hinweist.

5.5. Prüfung der Zusammenhänge kulturspezifisches Selbstkonzept - kulturspezifischer Lebensstil

In Kap. 3.2.2. über die theoretische Fundierung des kulturspezifischen Lebensstils durch das Selbstkonzept wurde herausgearbeitet, daß dem Selbstkonzept eine zentrale Rolle bei der Organisation des eigenen Lebens und damit des eigenen Lebensstils zukommt. Wenn das Selbstkonzept, wie angenommen, einen Einfluß auf das Besuchsverhalten der Individuen aufweist, dann sollten Besucher und Nicht-Besucher von Ausstellungen und Museen Unterschiede im Selbstkonzept derart aufweisen, daß Besucher ein ausgeprägteres und positiveres Selbstbild ihrer Ausstellungs- und Museumsbesuche haben als Nicht-Besucher.

Dazu wurde im theoretischen Teil der Arbeit die folgende Hypothese 1.1 formuliert:

> $H_{1.1}$: *Besucher von Ausstellungen und Museen haben ein ausgeprägteres und positiveres Selbstbild ihrer Ausstellungs- und Museumsbesuche als Nicht-Besucher.*

Tab. 11 zeigt die Ergebnisse der varianzanalytischen Prüfung des Zusammenhanges:

		n	Mittelwert	Sig.-Niveau
Selbstbild von	Besucher	236	2,82	0,0001
Ausstellungen und Museen	Nicht-Besucher	83	2,27	

Tabelle 11: Varianzanalyse zum Selbstbild von Ausstellungs- und Museumsbesuchen von Besuchern und Nicht-Besuchern

Wie theoretisch vermutet, weisen die Besucher von Ausstellungen und Museen - also die Befragten, die angaben, mindestens einmal jährlich eine Ausstellung oder ein Museum zu besuchen - ein hochsignifikant ausgeprägteres und positiveres Selbstbild ihrer eigenen Ausstellungs- und Museumsbesuche (Mittelwert von 2,82) auf als die befragten Nicht-Besucher (Mittelwert von 2,27). Die Hypothese 1.1 kann damit als bestätigt beibehalten werden.

Wie in Kap. 3.2.2.2.1. ausführlicher erläutert, entsteht das Selbstkonzept eines Menschen bereits im Kindesalter und hat anschließend die Tendenz zur Bestätigung. Wenn Individuen in ihrer Kindheit und Jugend an Kulturveranstaltungen herangeführt wurden, dann wird sich bei ihnen ein ausgeprägteres und positiveres Selbstbild ihrer eigenen Ausstellungs- und Museumsbesuche herausbilden, das in der Folgezeit immer wieder nach Bestätigung strebt.

Deshalb wurde die folgende Hypothese 2.1 formuliert:

> $H_{2.1}$: *Erwachsene, die in der Jugend häufig Kulturveranstaltungen besucht haben, haben ein ausgeprägteres und positiveres Selbstbild ihrer Ausstellungs- und Museumsbesuche als Erwachsene, die in der Jugend selten an Kulturveranstaltungen teilgenommen haben.*

Zum Hypothesentest gingen die in Größenklassen erhobenen Daten zur Besuchshäufigkeit von Kulturveranstaltungen in der Jugend als unabhängige Variable in eine Varianzanalyse ein[124]. Abhängige Variable war das Selbstbild der eigenen Ausstellungs- und Museumsbesuche. Tab. 12 gibt die Ergebnisse der Varianzanalyse wieder[125]:

	Besuchshäufigkeit in der Jugend	n	Mittelwert	Sig.-Niveau
Selbstbild von Ausstellungs- und Museumsbesuchen	eigentlich nie oder selten	64	2,22	0,0000
	manchmal	98	2,49	
	öfter	97	2,85	
	häufig	53	3,28	

Tabelle 12: **Varianzanalyse zum Selbstbild von Ausstellungs- und Museumsbesuchen in Abhängigkeit von den Besuchen in der Jugend**

Wie der Tab. 12 zu entnehmen ist, hat die Besuchshäufigkeit von Kulturveranstaltungen in der Jugend einen hochsignifikanten Einfluß auf das Selbstbild von Ausstellungs- und Museumsbesuchen der Befragten. Personen, die in der Jugend an Kulturveranstaltungen herangeführt wurden, haben ein ausgeprägteres positives Selbstbild als diejenigen, die kaum mit Kulturveranstaltungen in Kontakt kamen. Die Ergebnisse unterstreichen die Bedeutung des Elternhauses sowie der schulischen Ausbildung für das spätere Kulturverhalten der Individuen. Die Hypothese 2.1 kann damit als bestätigt beibehalten werden.

Im theoretischen Teil wurden vier Konstellationen der Abstimmung von Selbstbildern und Weltbildern diskutiert (vgl. zusammenfassend Tab. 2 in Kap. 3.2.3.1.). Dabei wurde vermutet, daß in den Konstellationen I (positives Selbstbild und positives Weltbild) und II (negatives Selbstbild und positives Weltbild) eher ein Besuch und in den Konstellationen III (negatives Selbstbild und negatives Weltbild) sowie IV (positives Selbstbild und negatives Weltbild) seltener ein Besuch von Ausstellungen und Museen stattfindet. Daraus wurde die folgende Hypothese 3.1 abgeleitet:

---

[124] Da nur 7 der Befragten angaben, in ihrer Jugend *eigentlich nie* Kulturveranstaltungen besucht zu haben, wurden sie mit denen, die *selten* angaben, zusammengefaßt.
[125] Die Betrachtung der Gruppenkontraste zeigte, daß mit Ausnahme der ersten beiden Gruppen ($\alpha=0,10$) auch alle paarweisen Gruppenunterschiede signifikant oder hochsignifikant sind.

> $H_{3.1}$: *In den Konstellationen I (positives Selbstbild und positives Weltbild) und II (negatives Selbstbild und positives Weltbild) kommt es zu mehr Besuchen, in den Konstellationen III (negatives Selbstbild und negatives Weltbild) und IV (positives Selbstbild und negatives Weltbild) zu weniger Besuchen (als zu erwarten sind[126]).*

Zur Prüfung dieser Hypothese müssen zunächst die vier oben genannten Konstellationen erzeugt werden. Dazu wird festgelegt, daß von einem positiven Selbstbild von Ausstellungs- und Museumsbesuchen dann gesprochen werden soll, wenn die Variable überdurchschnittlich, von einem negativen Selbstbild, wenn sie unterdurchschnittlich ausgeprägt ist. Ebenso wird bei einer überdurchschnittlichen Ausprägung des Weltbildes von einem positiven, bei einer unterdurchschnittlichen von einem negativen Weltbild gesprochen[127]. Insgesamt ergibt sich die Aufteilung der Befragten wie folgt[128] (Tab. 13):

	positives Weltbild	negatives Weltbild
positives Selbstbild	Konstellation I 124 Befragte	Konstellation IV 51 Befragte
negatives Selbstbild	Konstellation II 36 Befragte	Konstellation III 108 Befragte

Tabelle 13: Anzahl der Befragten je Konstellation

Insgesamt 124 Befragte weisen sowohl ein positives Selbstbild als auch ein positives Weltbild von Ausstellungs- und Museumsbesuchen auf, bei 108 Probanden sind beide Variablen negativ ausgeprägt. 51 Personen haben ein positives Selbstbild und ein negatives Weltbild, bei 36 Personen ist das Selbstbild negativ und das Weltbild positiv.

Zur Überprüfung der Hypothese 3.1 wird getestet, ob die Befragten der einzelnen Konstellationen auch tatsächlich - wie theoretisch vermutet - eine unterschiedliche Besuchshäufigkeit aufweisen. Zur Überprüfung des Zusammenhanges zweier nicht-metrisch skalierter

---

[126] In dieser und den folgenden Hypothesen werden die erwarteten Häufigkeiten über die Randverteilungen bestimmt (Bortz, 1993, S.160).
[127] Da beide Variablen standardisiert sind, wird damit bei einer positiven Ausprägung der jeweiligen Variablen von einem positiven Selbstbild bzw. Weltbild gesprochen, bei einer negativen Ausprägung von einem negativen Selbstbild bzw. Weltbild.
[128] Bei n=4 Befragten fehlten Angaben, so daß diese keiner der Klassen zugeordnet werden konnten.

Variablen kann ein Chi²-Test verwendet werden (Bortz, 1993, S.145ff.). Der Chi²-Test untersucht, ob zwei Variablen abhängig oder unabhängig voneinander sind. Grundlage sind dabei die Abweichungen zwischen den empirisch beobachteten Werten und den zu erwartenden Werten, die geschätzte Häufigkeiten sind. Die geschätzten Häufigkeiten werden über die empirisch angetroffenen Randsummenverteilungen bestimmt[129]. Die Abweichungen können zufällig bedingt sein oder deuten auf einen systematischen Zusammenhang zwischen den betrachteten Variablen hin. Je größer die Abweichungen zwischen den beobachteten und den geschätzten Werten sind, desto unwahrscheinlicher ist ein zufälliger Unterschied und eine Unabhängigkeit der Variablen.

Die beobachteten und theoretisch zu erwartenden Werte für die Kreuztabellierung der Konstellationen und der Besuchshäufigkeit sowie die von SPSS angebotenen, auf dem Chi²-Test beruhenden Zusammenhangsmaße sind den Tab. 14 und 15 zu entnehmen:

gesamt: n=318	nie oder alle paar Jahre mal (n=83)	einmal pro Jahr (n=71)	2-5 mal pro Jahr (n=104)	5-12 mal pro Jahr oder öfter als einmal monatlich (n=60)
Konstellation I (n=124)	empirisch: 20 erwartet: 32,4	empirisch: 16 erwartet: 27,7	empirisch: 51 erwartet: 40,6	empirisch: 37 erwartet: 23,4
Konstellation II (n=36)	empirisch: 10 erwartet: 9,4	empirisch: 8 erwartet: 8,0	empirisch: 13 erwartet: 11,8	empirisch: 5 erwartet: 6,8
Konstellation III (n=108)	empirisch: 43 erwartet: 28,2	empirisch: 33 erwartet: 24,1	empirisch: 23 erwartet: 35,3	empirisch: 9 erwartet: 20,4
Konstellation IV (n=51)	empirisch: 10 erwartet: 13,1	empirisch: 14 erwartet: 11,2	empirisch: 17 erwartet: 16,2	empirisch: 9 erwartet: 9,4

Tabelle 14: Kreuztabellierung der Konstellationen und der Besuchshäufigkeiten

Prüfgröße:	Wert	Signifikanzniveau
Pearson	44,08 (df =9)	0,0000
Kontingenz-Koeffizient C	0,35	0,0000
Cramer's V	0,21	0,0000

Tabelle 15: Prüfgrößen der Kreuztabellierung der Konstellationen und der Besuchshäufigkeiten

---

[129] So ergibt sich der erwartete Wert von 32,4 im oberen linken Feld der Tab. 14 durch 124x83/318 = 32,36.

Eine inhaltliche Interpretation der Ergebnisse ist durch einen Vergleich der einzelnen beobachteten Werte mit den geschätzten Werten möglich (Bortz, 1993, S.161). Es ist festzustellen, daß sich die Abweichungen zwischen den beobachteten und den geschätzten Variablen in die prognostizierte Richtung ergeben. In den Konstellationen I und II ergeben sich tatsächlich bedeutend mehr Besuche, als theoretisch zu erwarten waren: Vor allem die Befragten, die der Konstellation I entsprechen, geben deutlich seltener als erwartet an, *nie*, *alle paar Jahre mal* bzw. *einmal pro Jahr* eine Ausstellung oder ein Museum zu besuchen, und deutlich häufiger als erwartet *2-5 mal pro Jahr* bzw. *5-12 mal pro Jahr* oder *öfter als einmal monatlich*. In den Konstellationen III und IV ergaben sich weniger Besuche als theoretisch errechnet. Hierbei weisen vor allem die Befragten der Konstellation III große Abweichungen in die vermuteten Richtungen auf.

Für den Test nach Pearson wird ein Chi²-Wert von 44,08 angegeben, der als hochsignifikant einzuschätzen ist. Damit kann mit einer Irrtumswahrscheinlichkeit von praktisch null davon ausgegangen werden, daß ein Zusammenhang zwischen den betrachteten Variablen vorliegt. Allerdings lassen sich auf der Basis des Pearson'schen Wertes aufgrund seiner Abhängigkeit von der Stichprobengröße keine Aussagen über die Stärke des Zusammenhanges zwischen den Variablen treffen. Deshalb empfiehlt es sich, weitere Größen zur Interpretation heranzuziehen, die auch auf dem Chi²-Test beruhen, die jedoch eine Normierung vornehmen, so daß eine Unempfindlichkeit gegenüber der Stichprobengröße erreicht wird (Brosius/Brosius, 1995, S.362). Der Kontingenz-Koeffizient C und Cramer's V sind derart normiert, daß sie Werte zwischen null (vollkommene Unabhängigkeit) und eins (vollkommene Abhängigkeit) annehmen können[130]. Sowohl der Kontingenz-Koeffizient[131] C=0,35 als auch Cramer's V=0,21 sind als hochsignifikant einzuschätzen, wenngleich der Zusammenhang als nicht sehr stark einzuschätzen ist, da beide Prüfgrößen deutlich kleiner als eins sind.

Aufgrund der hochsignifikanten Ergebnisse kann man dennoch von einer Abhängigkeit der beiden Variablen ausgehen: In den Konstellationen I und II kommt es zu mehr, in den Konstellationen III und IV zu weniger Besuchen, als zu erwarten waren. Die Hypothese 3.1 wird deshalb als bestätigt beibehalten.

---

[130] Die beiden Prüfgrößen unterscheiden sich im Vorgehen bei der Normierung (vgl. ausführlicher Brosius/Brosius, 1995, S.362).
[131] Der maximal erreichbare Wert variiert in Abhängigkeit von der Felderzahl der Tabelle und liegt damit häufig unter eins (Brosius/Brosius, 1995, S.362).

Die nächste Hypothese 4.1, die im theoretischen Teil aufgestellt wurde, analysiert die Konstellationen I und II genauer:

> $H_{4.1}$: *In der Konstellation I (positives Selbstbild und positives Weltbild) kommt es zu mehr Besuchen, in der Konstellation II (negatives Selbstbild und positives Weltbild) zu weniger Besuchen (als zu erwarten sind).*
>
> Oder anders formuliert:
>
> *Von den Individuen, die ein positives Weltbild haben, gehen diejenigen häufiger in Ausstellungen und Museen, die auch ein positives Selbstbild haben, als diejenigen, die ein negatives Selbstbild aufweisen.*

Die Tab. 16 und 17 geben die Ergebnisse der Hypothesenprüfung wieder:

gesamt: n=160	nie oder alle paar Jahre mal (n=30)	einmal pro Jahr (n=24)	2-5mal pro Jahr (n=64)	5-12 mal pro Jahr oder öfter als einmal monatlich (n=42)
Konstellation I (n=124)	empirisch: 20 erwartet: 23,3	empirisch: 16 erwartet: 18,6	empirisch: 51 erwartet: 49,6	empirisch: 37 erwartet: 32,6
Konstellation II (n=36)	empirisch: 10 erwartet: 6,8	empirisch: 8 erwartet: 5,4	empirisch: 13 erwartet: 14,4	empirisch: 5 erwartet: 9,5

Tabelle 16: Kreuztabellierung der Konstellationen I und II und der Besuchshäufigkeiten

Prüfgröße:	Wert	Signifikanzniveau
Pearson	6,51 (df =3)	0,0891
Kontingenz-Koeffizient C	0,20	0,0891
Cramer´s V	0,20	0,0891

Tabelle 17: Prüfgrößen der Kreuztabellierung der Konstellationen I und II und der Besuchshäufigkeiten

Obwohl die Abweichungen zwischen den beobachteten und den theoretisch errechneten Werten durchweg in die vermuteten Richtungen weisen, liegt ein Zusammenhang zwischen den untersuchten Variablen vor, der nicht das geforderte Signifikanzniveau von α=0,05 erreicht. Die Hypothese 4.1 wird deshalb als zunächst nicht bestätigt zurückgewiesen.

Ein Grund für das Scheitern dieser Hypothese könnte in der groben Klassifizierung der Selbst- bzw. Weltbilder in positiv und negativ liegen. So kommt es zu Ungenauigkeiten, wenn die Selbstbilder bzw. Weltbilder der Befragten, die nur eine leicht unter- bzw. überdurchschnittliche Ausprägung aufweisen, in gleicher Weise als negativ bzw. positiv bezeichnet werden wie die Selbstbilder und die Weltbilder der Befragten, die eine stark unter- bzw. überdurchschnittliche Ausprägung zeigen.

Im folgenden wird deshalb versucht, die Hypothese 4.1 erneut mit Probanden zu prüfen, deren Selbstbilder und Weltbilder deutlich vom Durchschnitt abweichen. Dazu werden die Befragten, deren Selbstbilder und diejenigen, deren Weltbilder eng um den Mittelwert der jeweiligen Variablen streuen - d.h., wenn die Ausprägung einer der beiden Variablen innerhalb eines Viertels der Standardabweichung der jeweiligen Variablen (also wenn gilt: - 0,25 < Ausprägung von Selbstbild oder Weltbild < 0,25) liegt -, aus der Analyse ausgeschlossen. Die Grenze von einem Viertel der Standardabweichung wurde festgelegt, damit die Werte der verbleibenden Befragten deutlich vom Durchschnitt abweichen, aber nicht zu viele Personen aus der Analyse ausgeschlossen werden[132].

Die 260 Testpersonen, die in der Analyse belassen werden konnten, teilen sich, wie in Tab. 18 dargestellt, auf die vier Konstellationen auf:

	positives Weltbild	negatives Weltbild
positives Selbstbild	Konstellation I 113 Befragte	Konstellation IV 34 Befragte
negatives Selbstbild	Konstellation II 25 Befragte	Konstellation III 88 Befragte

Tabelle 18: **Reduzierte Anzahl der Befragten je Konstellation**

---

[132] Bei einem Viertel der Standardabweichung mußte auf „nur" 63 Personen verzichtet werden. Würde als Grenze die Hälfte der Standardabweichung gewählt, müßten bereits 189 Befragte ausgeschlossen werden. Legte man als Grenze die Standardabweichung fest, sogar 278 Befragte.

Ein Vergleich der erwarteten mit den beobachteten Besuchshäufigkeiten und ein Chi²-Test ergeben die in Tab. 19 und 20 dargestellten Ergebnisse[133]:

gesamt: n=138	nie, alle paar Jahre mal oder einmal pro Jahr (n=49)	2-5 mal pro Jahr (n=53)	5-12 mal pro Jahr oder öfter als einmal monatlich (n=36)
Konstellation I (n=113)	empirisch: 34 erwartet: 40,1	empirisch: 44 erwartet: 43,4	empirisch: 35 erwartet: 29,5
Konstellation II (n=25)	empirisch: 15 erwartet: 8,9	empirisch: 9 erwartet: 9,6	empirisch: 1 erwartet: 6,5

Tabelle 19: Ergebnis der Kreuztabellierung der Konstellationen I und II und der Besuchshäufigkeiten mit einer reduzierten Anzahl von Befragten

Prüfgröße:	Wert	Signifikanzniveau
Pearson	10,91 (df =2)	0,00427
Kontingenz-Koeffizient C	0,27	0,00427
Cramer's V	0,28	0,00427

Tabelle 20: Prüfgrößen der Kreuztabellierung der Konstellationen I und II und der Besuchshäufigkeiten mit einer reduzierten Anzahl von Befragten

Wie die Ergebnisse der Tab. 19 und 20 zeigen, liegen Zusammenhänge wie in der Hypothese 4.1 vermutet vor: In der Konstellation I kommt es zu mehr, in der Konstellation II zu weniger Besuchen als erwartet. Diesmal sind die Zusammenhänge auch signifikant. Durch den Ausschluß der Befragten, deren Ausprägungen von Selbst- oder Weltbildern eng um den Durchschnitt streuen, konnten somit prägnantere Ergebnisse erzielt werden. Die Hypothese 4.1 kann deshalb doch (eingeschränkt) aufrechterhalten werden.

Die Hypothese 5.1 untersucht die Konstellationen III und IV eingehender. Sie wurde folgendermaßen formuliert:

---

[133] Die Antwortmöglichkeiten *eigentlich nie, alle paar Jahre mal* und *selten* mußten zusammengefaßt werden, da ansonsten die zulässige Anzahl von Tabellenfeldern mit erwarteten Häufigkeiten <5 überschritten worden wäre. Bei Tabellenfeldern mit erwarteten Häufigkeiten <5 muß man mit einem unzuverlässigen Chi²-Test rechnen (Brosius/Brosius, 1995, S.358).

> $H_{5.1}$: In der Konstellation IV (positives Selbstbild und negatives Weltbild) kommt es zu mehr Besuchen, in der Konstellation III (negatives Selbstbild und negatives Weltbild) zu weniger Besuchen (als zu erwarten sind).

Die Tab. 21 und 22 geben die Ergebnisse der Hypothesenprüfung wieder[134]:

gesamt: n=158	nie oder alle paar Jahre mal (n=53)	einmal pro Jahr (n=47)	2-5 mal pro Jahr (n=40)	5-12 mal pro Jahr oder öfter als einmal monatlich (n=18)
Konstellation III (n=108)	empirisch: 43 erwartet: 36,2	empirisch: 33 erwartet: 32,1	empirisch: 23 erwartet: 27,3	empirisch: 9 erwartet: 12,3
Konstellation IV (n=50)	empirisch: 10 erwartet: 16,8	empirisch: 14 erwartet: 14,9	empirisch: 17 erwartet: 12,7	empirisch: 9 erwartet: 5,7

Tabelle 21: Kreuztabellierung der Konstellationen III und IV und der Besuchshäufigkeiten

Prüfgröße:	Wert	Signifikanzniveau
Pearson	9,06 (df =3)	0,0285
Kontingenz-Koeffizient C	0,24	0,0285
Cramer's V	0,24	0,0285

Tabelle 22: Prüfgrößen der Kreuztabellierung der Konstellationen III und IV und der Besuchshäufigkeiten

Die Abweichungen zwischen den beobachteten und den theoretisch errechneten Werten weisen in die erwartete Richtung. In der Konstellation IV, die durch Befragte mit einem positiven Selbstbild und einem negativen Weltbild gekennzeichnet ist, kommt es zu mehr Besuchen als in der Konstellation III. Wie bereits in Kap. 3.2.3.1. bei der Herleitung der Hypothese diskutiert, wird bei den Befragten der Konstellation III eine Motivation zum Nicht-Besuch erzeugt. Liegt ein positives Selbstbild vor, werden mehr Besuche durchgeführt. Die Hypothese 5.1 kann durch das vorliegende Datenmaterial bestätigt werden, wenngleich erneut stärkere Zusammenhänge wünschenswert gewesen wären.

---

[134] Die Hypothese 5.1 wird auf der Basis aller Befragten geprüft.

Im theoretischen Teil der Arbeit wurde hergeleitet, daß für einen Besuch eine Übereinstimmung von Selbstbildern und Weltbildern notwendig ist. Dazu wurde die folgende Hypothese 6.1 formuliert:

> $H_{6.1}$: *Bei einer hohen Differenz^{135} von Selbstbild und Weltbild von Ausstellungs- und Museumsbesuchen kommt es zu weniger Besuchen, bei einer geringen Differenz zu mehr Besuchen (als zu erwarten sind).*

Der Grad der Übereinstimmung von Selbstbild und Weltbild von Ausstellungs- und Museumsbesuchen wurde, wie in Kap. 5.3.1.4. beschrieben, durch die Bildung der Differenz der Variablen *Weltbild von Ausstellungs- und Museumsbesuchen* und der Variablen des *Selbstbildes* ermittelt.

Eine geringe Differenz von Weltbild und Selbstbild kann zu weniger Besuchen führen, wenn beide Bilder schwach ausgeprägt sind. Da in der vorliegenden Arbeit natürlich die Fälle, in denen viele Besuche realisiert werden, von besonderem Interesse sind, wird die Analyse auf der Basis der 237 Befragten durchgeführt, die mindestens einmal jährlich in eine Ausstellung oder in ein Museum gehen.

Ein Vergleich der empirisch beobachteten mit den theoretisch zu erwartenden Fällen je Tabellenfeld zeigt, daß die Abweichungen von beobachteten und erwarteten Werten der Theorie entsprechen (vgl. Tab. 23).

(n=235[136])	einmal pro Jahr (n=71)	2-5 mal pro Jahr (n=104)	5-12 mal pro Jahr (n=49)	öfter als einmal monatlich (n=11)
hohe Differenz (n=73)	empirisch: 31 erwartet: 22,1	empirisch: 32 erwartet: 32,3	empirisch: 10 erwartet: 15,2	empirisch: 0 erwartet: 3,4
geringe Differenz (n=162)	empirisch: 40 erwartet: 48,9	empirisch: 72 erwartet: 71,7	empirisch: 39 erwartet: 33,8	empirisch: 11 erwartet: 7,6

Tabelle 23: **Kreuztabellierung der Selbstbild/Weltbild-Differenz und der Besuchshäufigkeiten**

---

[135] Wie bei der Operationalisierung der Variablen Differenz von Weltbild und Selbstbild in Kap. 5.3.1.4. erläutert, wird dann von einer geringen Differenz gesprochen, wenn die Differenz innerhalb der Standardabweichung der Variablen liegt, von einer hohen Differenz, wenn sie außerhalb der Standardabweichung liegt.
[136] Bei n=2 Befragten fehlten Angaben.

Da die beiden diesem Hypothesentest zugrundeliegenden Variablen ordinalskaliert sind, können drei von SPSS angebotene Prüfgrößen für die Abweichungen von beobachteten und errechneten Werten verwendet werden (vgl. Tab. 24).

Prüfgröße:	Wert	Signifikanzniveau
Kendall´s Tau-b	0,21	0,0003
Kendall´s Tau-c	0,22	0,0003
Gamma	0,39	0,0003

Tabelle 24:   Prüfgrößen der Kreuztabellierung der Selbstbild/Weltbild-Differenz und der Besuchshäufigkeiten

Die drei Zusammenhangsmaße beruhen alle auf dem gleichen Grundgedanken. Alle Wertepaare, die sich durch die beiden Variablen ergeben, werden jeweils paarweise miteinander verglichen. Dabei wird geprüft, ob die Reihenfolge der beiden Werte einer Variablen mit der Reihenfolge der beiden Werte aus der anderen Variablen übereinstimmt bzw. nicht übereinstimmt. Stimmen die Reihenfolgen überein, liegen konkordante Paare vor, stimmen sie nicht überein, liegen diskordante Paare vor. Zwei Paare, die in einer oder beiden Variablen jeweils den gleichen Wert haben, bezeichnet man als gebunden. Aus der Anzahl der gefundenen konkordanten, diskordanten und gebundenen Paare resultieren die verschiedenen Maßzahlen, die sich hinsichtlich ihrer Verrechnung der gefundenen Beziehungen unterscheiden (vgl. ausführlicher Brosius/Brosius, 1995, S.367f.).

Die Werte von Kendalls tau b und Kendalls tau c bewegen sich von -1 (Unabhängigkeit der beiden Variablen) bis +1 (völlige Abhängigkeit). Gamma weist bei Unabhängigkeit der Variablen den Wert 0 auf, bei völliger Abhängigkeit den Wert +1. In Tab. 24 sind die Prüfgrößen abgedruckt.

Wie theoretisch in Kap. 3.2.3.1. bei der Herleitung der Hypothese 6.1 gezeigt, kommt es bei einer geringen Differenz und damit hohen Übereinstimmung von Selbst- und Weltbild zu einer größeren Besuchshäufigkeit. Ebenso kommt es bei einer hohen Differenz und damit geringeren Übereinstimmung zu weniger Besuchen. Wie die Werte von Kendall´s tau b und c sowie von Gamma zeigen, sind die gefundenen Zusammenhänge als hochsignifikant (α=0,0003), allerdings erneut als nicht allzu stark einzuschätzen. Die Hypothese 6.1 kann dennoch als bestätigt beibehalten werden.

5.6. Segmentierung der Besucher

5.6.1. Die Ermittlung der Besuchergruppen

Nachdem der kulturspezifische Lebensstil der potentiellen Besucher erhoben wurde, stellt sich die Frage, ob Gruppen innerhalb der Besucher gefunden werden können, deren Lebensstil relativ homogen und zwischen den Gruppen relativ heterogen ist. Ziel ist also die Segmentierung der Besucher.

Ein geeignetes Verfahren für eine solche Fragestellung ist die Clusteranalyse, die versucht, Klassifikationsobjekte (hier potentielle Besucher) in homogene Gruppen (hier Besuchersegmente) aufgrund empirischer Beobachtungen zusammenzufassen (Bacher, 1994, S.1). In der vorliegenden Arbeit wurde eine hierarchische Clusteranalyse nach dem Ward-Algorithmus durchgeführt[137]. Das Elbow-Kriterium[138], das häufig zur Festlegung der optimalen Clusterzahl verwendet wird, zeigte in der durchgeführten Clusteranalyse keine eindeutige Lösung, so daß aufgrund der Interpretierbarkeit eine Drei-Gruppen-Lösung gewählt wurde. Sie stellt auch im Hinblick auf eine spätere segmentspezifische Bearbeitung der Gruppen einen noch handhabbaren Umfang dar. Viele Kulturinstitutionen nehmen zur Zeit überhaupt keine Besuchersegmentierung vor, so daß man sich zunächst auf wenige Besuchersegmente beschränken sollte. Eine differenziertere Segmentierung kann vermutlich von den Kulturinstitutionen überhaupt nicht bewältigt werden.

---

[137] Beim hierarchischen Clusterverfahren bildet jedes Objekt zu Beginn ein eigenes Cluster. Im Gruppierungsalgorithmus werden die beiden ähnlichsten Objekte zu Clustern zusammengefaßt, und es erfolgt eine Neuberechnung der Ähnlichkeiten. Kriterium bei der Verschmelzung der Objekte in Cluster ist die minimale Zunahme der Fehlerquadratsumme. Die Verschmelzung wird so lange weitergeführt, bis alle Objekte einem einzigen Cluster angehören (Bacher, 1994, S.297f.). Beim Ward-Algorithmus werden die Cluster so erzeugt, daß die Streuung zwischen den Clustern maximiert wird (Bacher, 1994, S.143).
[138] Nach dem Elbow-Kriterium wird die Gruppenzahl gewählt, bei der die Fehlerquadratsumme im Vergleich zur Gruppenzahl - 1 deutlich geringer ist.

Die Ergebnisse der Clusteranalyse sind in Tab. 25 dargestellt[139]:

Bedeutung	Cluster 1 (n=85)	Cluster 2 (n=77)	Cluster 3 (n=75)
gesellige, aktive Freizeitgestaltung (nicht mit der Familie)	0,17	-0,68	0,50
Umgebung entdecken u. gesundheitsbewußte Freizeitgestaltung	-0,48	0,52	
luxusorientierte Freizeitgestaltung	0,14	-0,17	
prestige- u. bildungsorientierte Freizeitgestaltung	0,24	0,27	-0,56
unterhaltungsorientierte Freizeitgestaltung	0,39		-0,36
bildungsorientiertes u. außenkommunikationswirksames Kulturverhalten	-0,26	0,59	-0,30
hedonistisches Kulturverhalten	0,48		-0,49
aktualitätsorientiertes Kulturverhalten	-0,49		0,61
traditionelles u. innenorientiertes Kulturverhalten		0,14	
Interpretation	*Erlebnisorientierte*	*Bildungs- u. Prestigeorientierte*	*Kulturmuffel*
durchschnittliches Lebensalter	32	42	29,5

Tabelle 25: Clusteranalyse zur Besuchersegmentierung 1995

5.6.2. Die Interpretation der gefundenen Besuchersegmente

Zur Interpretation der gefundenen Segmente können die T-Werte der Faktoren in jeder Gruppe herangezogen werden. Die Werte der Tab. 25 sind folgendermaßen zu interpretieren: Ein positiver T-Wert bedeutet, daß die entsprechende Dimension in der Gruppe im Vergleich zur Erhebungsgesamtheit überdurchschnittlich ausgeprägt ist, ein negativer T-Wert besagt, daß eine unterdurchschnittliche Ausprägung vorliegt. Ein Wert um null, der sich in der Tabelle durch ein freies Feld äußert, deutet auf eine durchschnittliche Ausprägung hin. Die Werte der Tabelle sagen also nichts über die absolute Bedeutung der Dimensionen über alle Gruppen aus. Zur Charakterisierung werden vor allem die für Kulturinstitutionen besonders relevanten Dimensionen herangezogen.

---

[139] In der Tabelle sind nur die Werte größer 0,1 bzw. kleiner -0,1 abgedruckt. Die Mittelwertunterschiede des Faktors *innenorientiertes Kulturverhalten* sind nicht signifikant, alle anderen Mittelwertunterschiede sind hochsignifikant.

Cluster 1: *Erlebnisorientierte*

Cluster eins, in das 85 der Befragten klassifiziert wurden, zeichnet sich durch ein überdurchschnittlich aktives und geselliges Freizeitverhalten aus. Die Gruppe ist gern mit anderen Menschen zusammen und zeichnet sich durch rege zwischenmenschliche Kontakte aus. Der kulturspezifische Lebensstil dieser Besucher ist durch eine Erlebnisorientierung charakterisiert. Eine gesundheitsbewußte und erholsame Freizeitgestaltung ist bei ihnen deutlich unterdurchschnittlich ausgeprägt, gesucht wird Unterhaltung. Wie die überdurchschnittliche Ausprägung des Faktors prestige- und bildungsorientierte Freizeitgestaltung zeigt, sind die geselligen Erlebnisorientierten gegenüber Bildungsaktivitäten in ihrer Freizeit aufgeschlossen. Vermutlich mögen sie gesellschaftliche Anlässe, da diese Ereignisse darstellen, bei denen man viele Menschen trifft.

Betrachtet man den Kulturstil dieses Segments, so stellt man fest, daß diese Personen ein unterdurchschnittlich ausgeprägtes bildungsorientiertes und außenkommunikationswirksames Kulturverhalten zeigen. Ein solches Kulturverhalten erscheint bei einem Vergleich mit den im Freizeitverhalten gezeigten Bildungsaktivitäten überraschend. Eine Erklärung könnte sein, daß dieses Segment die Freizeitaktivität Besuch von Kulturinstitutionen als wenig geeignet wahrnimmt, sich weiterzubilden. Wie die Wahrnehmung der Freizeitaktivitäten in Kap. 4.2. gezeigt hat, werden Besuche von Kulturinstitutionen als zu wenig gesellig und aktiv eingeschätzt, was vor allem die Erlebnisorientierten stören dürfte. Dazu kommt, daß die Dimension des Kulturverhaltens auch die Kommunizierbarkeit der Bildung beinhaltet, was den Befragten möglicherweise fernliegt. Die Personen dieses Clusters präferieren ein hedonistisches Kulturverhalten, bei ihnen steht der Spaß beim Besuch im Vordergrund. Sie sehen einen Kulturbesuch nicht in erster Linie zur Befriedigung von Bildungsbedürfnissen, sondern eher zur Befriedigung von Freizeitbedürfnissen.

Cluster 2: *Bildungs- und Prestigeorientierte*

Im zweiten gefundenen Cluster sind 77 Befragte zusammengefaßt. Die Bildungs- und Prestigeorientierten zeichnen sich besonders dadurch aus, daß sie sowohl in ihrem Freizeitverhalten als auch in ihrem Kulturverhalten Aktivitäten bevorzugen, durch die sie sich bilden können. Darüber hinaus legen sie offenbar Wert darauf, ihre Bildungsaktivitäten auch zu kommunizieren.

Geselligkeit und Aktivität in ihrer Freizeit messen die Bildungs- und Prestigeorientierten nur eine untergeordnete Bedeutung bei. Ihnen ist es vergleichsweise unwichtig, ihre

Freizeitaktivitäten mit anderen Menschen zu teilen. Sie präferieren weiterhin ein erholungs- und gesundheitsbewußtes Freizeitverhalten. Die zuletzt genannte Präferenz könnte auch damit zusammenhängen, daß diese Gruppe die durchschnittlich älteste ist. Interessant erscheint, daß dieses Segment, das insbesondere durch sein Bildungsinteresse gekennzeichnet ist, das insgesamt geringste Bildungsniveau der Besuchergruppen aufweist. Durch dieses Ergebnis bestätigen sich die bei der Operationalisierung der Bildung gemachten Überlegungen, daß das Bildungsinteresse eine aussagekräftigere Größe als das Bildungsniveau darstellt (vgl. Kap. 3.2.5.).

Cluster 3: *Kulturmuffel*
Auch die Kulturmuffel sind wie die Erlebnisorientierten überdurchschnittlich gesellig und aktiv in ihrer Freizeit. Sie unternehmen gern etwas mit Freunden und Bekannten. Bildung und Bildungsaktivitäten liegen ihnen in ihrer Freizeit fern. Im Hinblick auf ihr Kulturverhalten sind die Kulturmuffel besonders dadurch charakterisiert, daß sie Kulturbesuche weder wegen der kulturellen Bildung, noch um Spaß zu haben durchführen. Wenn sie kulturelle Einrichtungen besuchen, dann nur, um aktuell zu sein. Den Kulturmuffeln scheint wenig an den Kunstobjekten und an kulturellen Aktivitäten zu liegen. Sie gehen auch, verglichen mit den anderen beiden Gruppen, signifikant seltener in ein Museum.

Wie die Interpretation und Charakterisierung der gefundenen Besuchergruppen in der empirischen Untersuchung zeigt, lassen sich sowohl die in Kap. 3.2.4. im theoretischen Teil der Arbeit herausgearbeiteten grundlegenden inhaltlichen Dimensionen des kulturspezifischen Lebensstils Bildung und Unterhaltung als auch die vermuteten Ausprägungen im Ausmaß an Öffentlichkeit in der Gruppenstruktur wiederfinden. Die als bildungs- und prestigeorientiert bezeichneten Besucher äußern stärkere kulturelle Bildungsaktivitäten, und sie sind stärker an ihrer Außenwirkung orientiert. Sie weisen demnach eine hohe öffentliche Selbst-Bewußtheit auf (vgl. ausführlich Kap. 3.3.2. im theoretischen Teil dieser Arbeit). Unterhaltung hingegen ist ihnen vergleichsweise unwichtig, und sie sind kaum erlebnisorientiert.
Die Erlebnisorientierten messen Unterhaltung in ihrem kulturspezifischen Lebensstil eine große Bedeutung bei, Aktivitäten zur kulturellen Bildung sind weniger bedeutend. Sie können als innenorientiert bezeichnet werden und haben eine hohe private Selbst-Bewußtheit.
Die Kulturmuffel können sowohl bei ihren kulturellen Bildungsaktivitäten als auch bei den eher unterhaltungsorientierten Kulturaktivitäten als „muffelig" bezeichnet werden.

Zusammenfassend läßt sich feststellen, daß die in Kap. 3.2.4. theoretisch herausgearbeiteten grundlegenden inhaltlichen Dimensionen des kulturspezifischen Lebensstils Bildung und Unterhaltung und auch die Ausprägungen der Erlebnis- und der Prestigeorientierung durch die empirische Untersuchung bestätigt werden konnten. Darüber hinaus ergaben sich auch die angenommenen Verknüpfungen von Bildung und Prestigeorientierung sowie von Unterhaltung und Erlebnisorientierung. Bildung zeigte sich als weniger eng als vermutet mit Erlebnisorientierung verknüpft. Wenn man sich bildet, dann nicht nur zur eigenen Befriedigung, sondern man möchte die Bildung offensichtlich auch demonstrieren.

5.6.3. Das Kulturinteresse der Gruppen

Zur weiteren Charakterisierung der gefundenen Segmente wurde das Kulturinteresse der Befragten - unterteilt in einzelne Kulturbereiche - ermittelt.

Das durchschnittliche Kulturinteresse - gemessen als arithmetisches Mittel der angegebenen Kulturinteressen in den einzelnen Bereichen - ist bei den Erlebnisorientierten und den Bildungs- und Prestigeorientierten signifikant (Signifikanzniveau von $\alpha = 0{,}0312$) höher ausgeprägt (Mittelwerte[140] von jeweils 3,4) als bei den Kulturmuffeln (Mittelwert von 3,2).

Bei einer Faktorisierung des Kulturinteresses der Befragten erhält man das in Tab. 26 dargestellte Ergebnis:

Kulturbereich	1	2	3	4	Interpretation
Klassisches Konzert	0,74				
Theater	0,72				Interesse an Hochkultur
Oper	0,71			0,40	
Kunstmuseum	0,68				
Kino		0,81			Interesse an
Moderne Musik		0,78			Unterhaltungskultur
Naturkundemuseum			0,87		
Heimatmuseum		-0,43	0,71		Interesse an Hochkultur, spez. Museen
Technikmuseum		0,31	0,60		
Kleinkunst				-0,76	Interesse an
Musical		0,33		0,63	populärer Kultur
Eigenwert	2,47	1,70	1,54	1,22	
Varianzerklärungsanteil	22,5	15,4	14,0	11,1	
kum. Varianzerklärungsanteil	22,5	37,9	51,9	63,1	

Tabelle 26: Faktorenanalyse des Kulturinteresses

---

[140] Das Kulturinteresse wurde jeweils auf einer Skala von 1 (*interessiert mich nicht*) bis 5 (*interessiert mich*) abgefragt.

Ein Mittelwertvergleich der gefundenen Dimensionen des Kulturinteresses ergibt das in Tab. 27 und Abb. 29 dargestellte Ergebnis.

Dimension	Gruppe	n	Mittelwert	Sig.-Niveau Grp 1 u. 2	Sig.-Niveau Grp 1 u. 3	Sig.-Niveau Grp 2 u. 3
Interesse an Hochkultur	1 (EO)	85	0,23	ns	0,000	ns
	2 (BPO)	77	0,09			
	3 (KM)	75	-0,35			
Interesse an Unterhaltungskultur	1 (EO)	85	0,13	0,004	ns	0,001
	2 (BPO)	77	-0,32			
	3 (KM)	75	0,19			
Interesse an Museumshochkultur	1 (EO)	85	-0,21	0,000	ns	0,001
	2 (BPO)	77	0,38			
	3 (KM)	75	-0,15			
Interesse an populärer Kultur	1 (EO)	85	0,04	ns	ns	ns
	2 (BPO)	77	-0,14			
	3 (KM)	75	0,09			

Tabelle 27: Varianzanalyse zum Kulturinteresse der Besuchergruppen

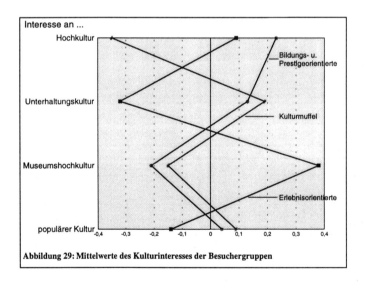

Abbildung 29: Mittelwerte des Kulturinteresses der Besuchergruppen

Bei einer differenzierten Betrachtung des Kulturinteresses der einzelnen Gruppen erkennt man, daß sowohl die Erlebnisorientierten als auch die Bildungs- und Prestigeorientierten ein signifikant höheres *Interesse an Hochkultur* (Klassisches Konzert, Theater, Oper, Kunstmuseum) als die Kulturmuffel haben. Zwischen den Erlebnisorientierten und den Bildungs- und Prestigeorientierten liegen keine signifikanten Mittelwertunterschiede vor.

Interessant erscheinen die deutlichen Mittelwertunterschiede auf der Dimension *Interesse an Museumshochkultur*. Hier weisen die Bildungs- und Prestigeorientierten einen signifikant höheren Wert auf als die anderen beiden Gruppen. Diese Besucher interessieren sich relativ stark für Naturkunde-, Heimat- und Technikmuseen. Das Ergebnis überrascht wenig, denn diese Art von Museen ist zumeist weder für Erlebnisorientierte geeignet, um ihren Bedürfnissen nach Geselligkeit, Aktivität und Hedonismus nachzugehen, noch für Kulturmuffel, die - wenn überhaupt - aktuelle Kulturveranstaltungen besuchen, zu denen allerdings Heimat- und Naturkundemuseen nicht zählen dürften.

Diese Ergebnisse entsprechen auch den Erkenntnissen früherer Besucherforschungen, nach denen Naturkunde-, Heimat- und Technikmuseen in höherem Maße von Besuchern mit einem geringeren Bildungsabschluß - wie das bei der Gruppe der Bildungs- und Prestigeorientierten der Fall ist - frequentiert werden[141] (Schulze, 1994, S.109). Die Unterschiede im *Interesse an Unterhaltungskultur* (Kino, moderne Musik) ergeben sich vermutlich vor allem aus dem Altersunterschied der Besuchersegmente.

Keinerlei Unterschiede ergeben sich auf der Dimension *Interesse an populärer Kultur*. In dieser Dimension sind das Interesse an Musicals und an Kleinkunst zusammengefaßt. Musicals und Kleinkunst sind offensichtlich Kulturbereiche, die für jede Besuchergruppe geeignet erscheinen, ihren Bedürfnissen nachzukommen. So besitzen sowohl Musicals als auch Kleinkunst Potential für kulturelle Bildung und Prestige. Die Preise für (kommerzielle) Musicals sind in den vergangenen Jahren deutlich angestiegen, und zur Aufrechterhaltung der Aktualität ist ein Besuch der neuesten Musicals förderlich. Weiterhin werden diese Musicals durch sehr aufwendige Inszenierungen und ein umfassendes Begleitprogramm als Erlebnisse vermarktet. Kleinkunst[142] wird häufig nur von einem ausgewählten und begrenzten Benutzer- und Betrachterkreis konsumiert und ist an weniger Stilkonventionen gebunden (Lexikon der Kunst, 1991, S.777), was sich gut kommunizieren läßt. Des weiteren stellen Besuche von Kleinkunstveranstaltungen immer auch eine gute Gelegenheit für zwischenmenschliche Kommunikation dar.

---

[141] Es sei nochmals darauf hingewiesen, daß auch bei einem niedrigen Bildungsabschluß ein hohes Bildungsinteresse vorliegen kann.
[142] Ursprünglich wurde der Begriff der Kleinkunst als Gegensatz zur „großen Kunst" im 19. Jahrhundert verwendet und hauptsächlich im Bereich des Kunsthandwerks benutzt (Lexikon der Kunst, 1991, S.776). Im heutigen Sprachgebrauch lassen sich unter Kleinkunst auch z.B. kleinere Bühnen oder viele Solokünstler oder auch Straßenkünstler erfassen.

5.6.4. Validierung der Besuchergruppen

Nach der Bildung von Besuchergruppen, die auf der Basis von Lebensstilen entstanden sind, muß eine Validierung der gefundenen Gruppen durchgeführt werden[143].

Die Betrachtung der F-Werte

Ein Maß zur Beurteilung der Homogenität und damit der Güte einer Clusterlösung bieten die F-Werte. Der F-Wert setzt die Varianz einer Variablen j innerhalb eines Clusters k ins Verhältnis zur Varianz dieser Variablen in der Objektgesamtheit (Backhaus et al., 1996, S.310). Werte größer und gleich 1 bedeuten, daß ein Faktor im entsprechenden Cluster eine größere als oder gleiche Varianz wie in der Erhebungsgesamtheit aufweist. Wünschenswert sind Werte unter 1, da das entsprechende Cluster in bezug auf die untersuchte Variable als homogener angesehen werden kann als die gesamte Datei. Da die Streuung eines Faktors in der Erhebungsgesamtheit immer gleich 1 ist, genügt es, die Streuung eines Faktors innerhalb der einzelnen Cluster zu betrachten.

Bedeutung	Cluster 1 (n=85)	Cluster 2 (n=77)	Cluster 3 (n=75)
gesellige, aktive Freizeitgestaltung (nicht mit der Familie)	0,85	0,99	0,77
Umgebung entdecken u. gesundheitsbewußte Freizeitgestaltung	0,98	0,90	0,85
luxusorientierte Freizeitgestaltung	1,06	1,09	0,80
prestige- u. bildungsorientierte Freizeitgestaltung	0,86	1,00	0,93
unterhaltungsorientierte Freizeitgestaltung	0,89	1,14	0,80
bildungsorientiertes u. außenkommunikationswirksames Kulturverhalten	0,87	1,01	0,85
hedonistisches Kulturverhalten	0,78	1,04	0,94
aktualitätsorientiertes Kulturverhalten	0,77	1,03	0,87
innenorientiertes Kulturverhalten	1,11	1,02	0,83

Tabelle 28: F-Werte der Clusteranalyse 1995

Ein Cluster ist dann als vollkommen homogen einzuschätzen, wenn alle F-Werte im Cluster kleiner als 1 sind (Backhaus et al., 1996, S.310). Wie der Tab. 28 zu entnehmen ist, sind Cluster eins und drei als sehr homogen anzusehen, kritisch betrachtet werden sollte die Homogenität von Cluster zwei.

---

[143] Zur Validierung von Lebensstil-Untersuchungen vgl. ausführlich Lastovicka (1982, S.126ff.).

Überprüfung der Klassifizierung durch eine Diskriminanzanalyse

Eine weitere Überprüfung der Güte einer Clusterlösung kann mittels einer Diskriminanzanalyse vorgenommen werden, bei der die gefundenen Cluster als Gruppen und damit abhängige Variable vorgegeben und die Eigenschaftsurteile (Faktoren des Freizeit- und des Kulturstils) als unabhängige Variablen betrachtet werden (Backhaus et al., 1996, S.91ff.). Bei drei Gruppen können maximal zwei Funktionen zur Trennung der Gruppen herangezogen werden (Backhaus et al., 1996, S.113).

Funktion	Eigenwert	Varianzanteil	kumuliert	Kanonischer Korr.	After Fcn	Wilk´s Lambda	Chi²	df	Signifikanz
					0	0,234	334,48	18	0,0000
1	1,21	56,38	56,38	0,74	1	0,52	152,02	8	0,0000
2	0,94	43,62	100,00	0,70					

Tabelle 29: **Diskriminanzanalyse zur Prüfung der Clusterlösung 1995**

Wie die Ergebnisse in Tab. 29 zeigen, tragen beide Diskriminanzfunktionen zur Trennung der drei Gruppen bei. Die erste Funktion erklärt etwa 56% der Varianz der Werte der Diskriminanzfunktionen zwischen den Gruppen, die zweite etwa 44%. Beide Funktionen weisen also relativ hohe Varianzanteile auf, was eine Drei-Gruppen-Lösung unterstreicht. Des weiteren weisen beide Diskriminanzfunktionen relativ hohe Werte des kanonischen Korrelationskoeffizienten auf. Der kanonische Korrelationskoeffizient ist ein Gütemaß für die Stärke des Zusammenhanges zwischen den Diskriminanzfunktionen und der Gruppenzugehörigkeit. Er soll möglichst nahe an 1 liegen (Brosius/Brosius, 1995, S.779). Beide Werte sind mit 0,74 für die erste und 0,70 für die zweite Diskriminanzfunktion relativ hoch, so daß von einer hohen Güte der Analyse ausgegangen werden kann. Wilk´s Lambda ist ein inverses Gütemaß für die Diskriminanzanalyse, das angibt, wie groß die Streuung der Funktionswerte innerhalb der Gruppen ist und damit, wie homogen die Gruppen sind. Je näher Wilk´s Lambda an 0 liegt, als desto homogener sind die Gruppen anzusehen. Mit Werten von 0,234 und 0,520 weist Wilk´s Lambda akzeptable Werte auf. Die Werte von Wilk´s Lambda relativieren die kritisch beurteilten Werte der Homogenitätsprüfung mittels der F-Werte (vgl. Tab. 28). Insgesamt liegen also akzeptabel homogene Gruppen vor.

Wilk´s Lambda ist als Gütemaß bedeutend, da es sich in eine probabilistische Variable transformieren läßt, wodurch eine statistische Signifikanzprüfung der gefundenen Funktionen möglich wird. Die Transformation liefert eine Variable mit annähernder Chi^2-Verteilung. Höhere Chi^2-Werte bedeuten eine größere Unterschiedlichkeit der Gruppen (Backhaus et al., 1996, S.118f.). Betrachtet man die in der Tab. 29 wiedergegebenen Chi^2-Werte mit den entsprechenden Freiheitsgraden, tragen beide Funktionen hochsignifikant zur Trennung der Gruppen bei.

Eine weitere Güteprüfung liefert die Diskriminanzanalyse durch einen Vergleich der tatsächlichen Gruppenzugehörigkeit der Fälle mit den durch die Diskriminanzanalyse geschätzten Klassifizierungen. Durch die Diskriminanzfunktionen werden 87,34% aller Fälle richtig klassifiziert, bei einer zufälligen Zuordnung wären jedoch nur ca. 33% zu erwarten gewesen[144]. Auch dieses Maß deutet auf eine hohe Güte der Clusterlösung hin.

Überprüfung durch Fragen zum Kulturverhalten

Zur Überprüfung der inhaltlichen Validität wurden generelle Fragen zur Auffassung von Kultur gestellt, die varianzanalytisch auf Mittelwertunterschiede getestet wurden.

Die Fragestellung in der empirischen Untersuchung lautete jeweils: *Kulturelles Leben ist für mich ...*

---

[144] Wenn man die unterschiedlichen Gruppengrößen vernachlässigt, ist eine Trefferquote von genau 33,33% zu erwarten (Backhaus et al., 1996, S.143).

Variable	Gruppe	n	Mittelwert	Sig.-Niveau Grp 1 u. 2	Sig.-Niveau Grp 1 u. 3	Sig.-Niveau Grp 2 u. 3
Spaß und Vergnügen	1 (EO)	85	3,93	0,016	0,018	ns
	2 (BPO)	77	3,57			
	3 (KM)	75	3,57			
Fortbildung	1 (EO)	85	3,31	ns	ns	0,039
	2 (BPO)	77	3,44			
	3 (KM)	75	3,10			
Unterhaltung	1 (EO)	83	4,01	0,049	0,043	ns
	2 (BPO)	76	3,75			
	3 (KM)	73	3,74			
auch eine Prestigefrage	1 (EO)	84	2,14	ns	0,002	0,014
	2 (BPO)	77	2,25			
	3 (KM)	74	2,70			
Anstrengung	1 (EO)	85	1,86	0,040	0,000	0,046
	2 (BPO)	77	2,17			
	3 (KM)	75	2,48			

Tabelle 30: Varianzanalyse zum Kulturverhalten zur inhaltlichen Validierung der Besuchergruppen 1995

Wie Tab. 30 zeigt, sehen die Erlebnisorientierten kulturelles Leben und Kulturaktivitäten signifikant stärker als *Spaß* und *Vergnügen* und auch als *Unterhaltung* als die beiden anderen Gruppen. Die Erlebnisorientierten sehen Kulturaktivitäten auch als am wenigsten *anstrengend* an, während sowohl die Bildungs- und Prestigeorientierten als auch vor allem die Kulturmuffel es anstrengend finden, sich mit Kultur auseinanderzusetzen. Dieses erscheint plausibel: Für die Kulturmuffel erscheinen kulturelle Aktivitäten ohnehin wenig attraktiv, und es ist möglich, daß die Abneigung der Kulturmuffel gegen Kulturaktivitäten aus ihrer Wahrnehmung der Kultur als zu anstrengend resultiert. Die Bildungs- und Prestigeorientierten nehmen kulturelle Aktivitäten als anstrengend wahr, da es auch Mühen erfordert, sich mit Informationen auseinanderzusetzen, die zum Verständnis von Objekten und Künstlern notwendig sind. Sowohl die Erlebnisorientierten als auch die Bildungs- und Prestigeorientierten sehen kulturelles Leben als Fortbildung. Die stärkste *Prestigefunktion* sprechen die Kulturmuffel den Kulturaktivitäten zu.

Überprüfung durch Selbsteinschätzung der Befragten auf einer Bilderskala

Zur weiteren Überprüfung der inhaltlichen Validität der gefundenen Gruppen wurden die Probanden der Hauptstudie im Sommer 95 aufgefordert, eine Selbsteinschätzung hinsichtlich ihres Lebensstils vorzunehmen. Dazu wurden ihnen visuelle Vorlagen gezeigt, die jeweils bestimmte Lebensstil-Facetten zeigten. Die Befragten sollten angeben, inwieweit die in den Bildern zum Ausdruck kommenden Lebensstil-Facetten ihrem eigenen Lebensstil entsprechen. Die Bilder wurden zuvor in einer Vorstudie ausgewählt und hinsichtlich ihrer zum Ausdruck kommenden Lebensstil-Facetten geprüft (vgl. zum Vorgehen und zur Auswahl und Prüfung der Bilder Anhang C). Natürlich können diese Bilder immer nur eine Dominanz eines Lebensstils äußern, wobei auch mehrere Facetten in einem Bild auftreten können (Banning, 1987, S.198). Die folgende Abb. 30 zeigt die verwendeten Bilder.

Bild 1 der Hauptstudie: aktiv, lebenslustig, (gesellig)
(Cluster 4 der Vorstudie)

Bild 2 der Hauptstudie: prestige- u. erfolgsorientiert
(Cluster 1 der Vorstudie)

Bild 3 der Hauptstudie: genußorientiert, exklusiv
(Cluster 5 der Vorstudie)

Bild 4 der Hauptstudie: familiär
(Cluster 3 der Vorstudie)

Abbildung 30: Bilder zur Selbsteinschätzung des Lebensstils[145]

---

[145] Die Bilder waren im Original farbig und hatten die Maße 16 x 13 cm.

In Tab. 31 sind die dominant in den Bildern ausgedrückten Lebensstil-Facetten sowie die Ergebnisse der gruppenweisen T-Tests aufgelistet.

Dominant im Bild zum Ausdruck kommende Lebensstil-Facetten	Gruppe	n	Mittelwert	Sig.-Niveau Grp 1 u. 2	Sig.-Niveau Grp 1 u. 3	Sig.-Niveau Grp 2 u. 3
aktiv, lebenslustig, (gesellig) (3 Frauen)	1 (EO)	83	3,75	0,000	ns	0,000
	2 (BPO)	77	2,83			
	3 (KM)	74	3,69			
prestige-, erfolgsorientiert (Flugzeug)	1 (EO)	84	2,05	ns	ns	ns
	2 (BPO)	77	2,21			
	3 (KM)	74	2,28			
genußorientiert, exklusiv (2 Europ., Asiate)	1 (EO)	85	2,47	ns	ns	ns
	2 (BPO)	77	2,78			
	3 (KM)	74	2,68			
familiär (Familie)	1 (EO)	84	2,80	0,002	ns	0,027
	2 (BPO)	77	3,44			
	3 (KM)	74	2,97			

Tabelle 31: Varianzanalyse zur Selbsteinschätzung anhand visueller Vorlagen zur inhaltlichen Validierung der Besuchergruppen 1995

Es zeigt sich, daß sich die Erlebnisorientierten, deren Lebensstil durch Aktivität und Geselligkeit gekennzeichnet ist, auch als aktiver und geselliger einschätzen, sie finden sich signifikant stärker als die Bildungs- und Prestigeorientierten im ersten Bild wieder. Ebenso identifizieren sich die Kulturmuffel erwartungsgemäß mit Bild eins. Die Selbsteinschätzung durch das erste Bild unterstützt deutlich die ermittelte Clusterlösung. Bild zwei drückt dominant die Lebensstil-Facette „prestige- und erfolgsorientiert" aus, Bild drei dominant „genußorientiert und exklusiv". Es ergeben sich Mittelwertunterschiede zwischen den Bildungs- und Prestigeorientierten und den Kulturmuffeln, verglichen jeweils mit den Erlebnisorientierten. Die ermittelten Unterschiede sind jedoch nicht signifikant auf dem 5%igen Niveau. Wie durch die Gruppenbeschreibung zu erwarten war, erkennen sich die Bildungs- und Prestigeorientierten im Bild vier, das dominant „familienorientiert" ausdrückt, signifikant stärker wieder als die anderen beiden Besuchersegmente. Bild vier unterstützt ebenfalls die gefundene Clusterlösung.

Die Validierung durch die visuellen Vorlagen hat gezeigt, daß deutliche Mittelwertunterschiede zwischen den Gruppen vorhanden sind, die auf eine hohe Güte der Clusterlösung hindeuten. Es muß jedoch beachtet werden, daß einige der Mittelwertunterschiede zwar - wie theoretisch vermutet - vorliegen, jedoch nicht das geforderte Signifikanzniveau von 5% aufweisen.

5.7. Analyse besuchersegmentspezifischer Unterschiede in den Erwartungen an einen Ausstellungs- und Museumsbesuch

Es kann vermutet werden, daß sich die gefundenen Besuchersegmente in ihren Erwartungen an einen Ausstellungs- und Museumsbesuch unterscheiden. Die Betrachtung der Faktormittelwerte der Besuchergruppen zeigt, daß sich ein Teil der Erwartungen an einen Ausstellungs- und Museumsbesuch signifikant unterscheidet (vgl. Tab. 32 und Abb. 31).

Dimension der Erwartungen an einen Ausstellungs- und Museumsbesuch	Gruppe 1: Erlebnis-orientierte	Gruppe 2: Bildungs-/Prestige-orientierte	Gruppe 3: Kultur-muffel	Sig.-Niveau Grp 1 u. 2	Sig.-Niveau Grp 1 u. 3	Sig.-Niveau Grp 2 u. 3
ungezwungenes, unterhaltendes Museum	-0,21	-0,14	0,38	ns	0,000	0,001
aktives, multisensuales Museum	0,20	-0,14	-0,08	0,031	ns	ns
informatives Museum	-0,11	0,23	-0,11	0,030	ns	0,036
symbolträchtiges Museum	-0,17	0,13	0,06	ns	ns	ns
Infrastruktur	-0,03	-0,02	0,05	ns	ns	ns
gehobenes Angebot	-0,23	0,20	0,06	0,007	ns	ns
Shoppingmöglichkeiten	-0,13	0,00	0,15	ns	ns	ns
physische Nähe, Detailinformation	-0,25	0,31	-0,04	0,000	ns	0,027
Realisierbarkeit	0,08	0,07	-016	ns	ns	ns
Qualität statt Quantität	0,01	0,03	-0,05	ns	ns	ns
Zusatzangebote	0,06	-0,14	0,07	ns	ns	ns
spezifisches Objektinteresse	0,06	-0,07	0,01	ns	ns	ns

Tabelle 32: Varianzanalyse zu den Erwartungen an einen Ausstellungs- und Museumsbesuch in Abhängigkeit von den Besuchersegmenten

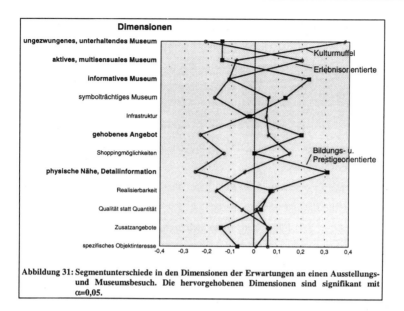

Abbildung 31: Segmentunterschiede in den Dimensionen der Erwartungen an einen Ausstellungs- und Museumsbesuch. Die hervorgehobenen Dimensionen sind signifikant mit $\alpha=0{,}05$.

Wie aus den theoretischen Vorüberlegungen zu erwarten war, wünschen sich die Erlebnisorientierten signifikant stärker ein aktives und multisensuales Museum als die Bildungs- und Prestigeorientierten. Sie möchten aktiv etwas unternehmen und nicht nur passiv rezipieren. Sie bevorzugen eine Ansprache über mehrere Sinnesorgane.

Die Bildungs- und Prestigeorientierten erwarten signifikant stärker ein informatives Museum, das zum Thema passende Hintergrundinformationen liefert und das um Aktualität und Informationen bemüht ist. Zu erwarten ist auch der signifikant stärkere Wunsch der Bildungs- und Prestigeorientierten nach „physischer Nähe" zu den Objekten und nach Detailinformationen. Sie wünschen sich „Live-Darbietungen", vermutlich, um ihre Lernbedürfnisse spielerischer befriedigen zu können.

Wie ebenfalls ableitbar war, erwarten die Bildungs- und Prestigeorientierten auch stärker ein symbolträchtiges Museum als die Erlebnisorientierten. Sie besuchen Ausstellungen und Museen, um „mitreden" zu können, vor allem dann, wenn das Angebot einen „guten Ruf" hat. Sie sind offensichtlich an der Kommunizierbarkeit eines Ausstellungs- und Museumsbesuches interessiert. Das Signifikanzniveau des Mittelwertunterschiedes beträgt allerdings $\alpha = 0{,}059$, erreicht also nicht das üblicherweise geforderte Niveau von 0,05.

Die Bildungs- und Prestigeorientierten äußern signifikant stärker den Wunsch nach einem gehobenen Angebot bei einem Besuch. Sie wurden in ihrem Lebensstil als an Exklusivität und

Kommunikationswirksamkeit interessiert charakterisiert. Ein gehobenes Angebot - mit einem je nach Angebot auch durchaus höheren Eintrittspreis -, das gute Service-Leistungen bietet und ein „gesellschaftliches Ereignis" darstellt, läßt sich wirksam kommunizieren und paßt zum Lebensstil der Bildungs- und Prestigeorientierten.

Die Kulturmuffel erwarten signifikant stärker ein ungezwungeneres und unterhaltenderes Museum als die anderen beiden Gruppen. Anscheinend ist für die Kulturmuffel die gezwungene Atmosphäre in vielen Kulturinstitutionen ein wichtiger Grund, auf den Besuch der Institutionen zu verzichten.

Keine signifikanten Unterschiede ergeben sich im Wunsch nach einer guten Infrastruktur, die bei einem Ausstellungs- und Museumsbesuch genutzt werden kann. Alle Gruppen erwarten ein gutes Angebot an z.b. Führungen, Kinderbetreuung und Erholungszonen. Des weiteren ergeben sich keine nennenswerten Differenzen bei den Dimensionen, bei denen das Kulturobjekt im Vordergrund steht. Wenn ein konkretes Kunstobjekt gesucht wird, möchten alle drei Gruppen dieses Objektinteresse realisieren können. Dieser Wunsch ist allerdings unterdurchschnittlich ausgeprägt (vgl. Tab. 7 in Kap. 5.3.3.), d.h., grundsätzlich sind alle Besuchergruppen gleichermaßen für Zusatzangebote offen.

Die Ergebnisse belegen, daß sich einige der Unterschiede in den Erwartungen an einen Ausstellungs- und Museumsbesuch durch den Lebensstil der potentiellen Besucher erklären lassen. Der Lebensstil der potentiellen Besucher - gemessen durch den Freizeit- und den Kulturstil - ist somit geeignet, Hinweise für die Gestaltung von Kulturangeboten konkreter Kulturformen, wie am Beispiel Ausstellungen und Museen gezeigt, zu liefern.

5.8. Kritische Würdigung und Zusammenfassung der Ergebnisse zur Besucherforschung und Angebotsgestaltung

Wie die Prüfungen der Hypothesen 1.1 bis 6.1 gezeigt haben, konnte der theoretisch vermutete Zusammenhang von kulturspezifischem Selbstkonzept und dem gezeigten kulturellen Verhalten - exemplarisch überprüft für Ausstellungen und Museen - weitgehend bestätigt werden. Der ermittelte Zusammenhang hat sich allerdings als nicht allzu stark erwiesen.

Eine Erklärung könnte darin liegen, daß ein hypothetisches Konstrukt mit tatsächlichem Verhalten in Beziehung gesetzt wurde. In empirischen Untersuchungen hat sich häufig eine Diskrepanz zwischen Ausprägungen von hypothetischen Konstrukten und tatsächlichem

Verhalten gezeigt (Trommsdorff/Schuster, 1981, S.722ff.). Möglicherweise hätten sich deutlichere Beziehungen ergeben, wenn statt der tatsächlichen Besuchshäufigkeit ein hypothetisches Konstrukt, z.b. die Besuchsabsicht, verwendet worden wäre. Insgesamt deuten die empirischen Daten darauf hin, daß noch andere Einflußfaktoren den kulturspezifischen Lebensstil determinieren, die in dieser Studie unberücksichtigt geblieben sind. Hier sind vor allem situative Einflüsse zu nennen, beispielsweise eine mangelnde Verfügbarkeit als adäquat eingeschätzter Kulturinstitutionen oder ein zu geringes Zeitbudget.

Ein weiterer Grund dafür, daß die Zusammenhänge schwächer als vermutet sind, könnte in der Erfassung des Selbstbildes von Ausstellungs- und Museumsbesuchen liegen, das durch eine Overall-Frage erhoben wurde. Möglicherweise verwässert die Messung des Selbstbildes auf diese Weise seine Bedeutung für den Lebensstil der Befragten.

Insgesamt kann durch die Zugrundelegung des kulturspezifischen Selbstkonzeptes der kulturspezifische Lebensstil aber zumindest ansatzweise theoretisch fundiert werden, in bisherigen empirischen Analysen wurde keinerlei theoretische Fundierung für den Lebensstil geliefert.

Aufgrund der insgesamt nur mittelmäßigen Zusammenhänge von kulturspezifischem Selbstkonzept und kulturspezifischem Lebensstil ist es dennoch vorteilhaft, daß die weitergehenden Analysen der Besuchersegmentierung und der Unterschiede in den Erwartungen an einen Ausstellungs- und Museumsbesuch nicht auf der Basis des kulturspezifischen Selbstkonzeptes, sondern auf der Basis des kulturspezifischen Lebensstils durchgeführt wurden.

Die Segmentierung der Befragten auf der Basis ihres kulturspezifischen Lebensstils hat ergeben, daß sich drei Segmente potentieller Besucher von Kulturinstitutionen unterscheiden lassen. Die *Erlebnisorientierten* zeichnen sich durch einen aktiven, geselligen und an inneren Werten ausgerichteten Lebensstil aus, für sie ist Unterhaltung i.w.S. bei ihren kulturellen Aktivitäten von besonderer Bedeutung. Der Lebensstil der *Bildungs- und Prestigeorientierten* ist durch Bildungsaktivitäten und eine deutliche Außenorientierung charakterisiert. Ihnen ist es wichtig, die genossene und erworbene kulturelle Bildung auch zu kommunizieren. Die *Kulturmuffel* weisen ein sehr passives und weder an kultureller Bildung noch an kultureller Unterhaltung interessiertes Kulturverhalten auf.

In der Gruppenstruktur lassen sich auch die im theoretischen Teil der Arbeit hergeleiteten grundlegenden Dimensionen des kulturspezifischen Lebensstils Bildung und Unterhaltung sowie Erlebnisorientierung und Prestigeorientierung identifizieren.

Besondere Bedeutung wurde der Validierung der gefundenen Besuchergruppen beigemessen. Die Gruppen können als relativ homogen bezeichnet werden. Des weiteren wurde die inhaltliche Interpretation der Gruppen sowohl durch verbale Fragen zum Kulturverhalten als auch durch eine Selbsteinschätzung des eigenen Lebensstils mittels visueller Vorlagen unterstützt. Es verbleibt die Überprüfung der zeitlichen Stabilität der Besuchergruppen, was in der Studie im Sommer 1996 vorgenommen wird.

Bei der Untersuchung der drei ermittelten Besuchersegmente in bezug auf die ausführlich erläuterten Erwartungen an einen Ausstellungs- und Museumsbesuch wurden einige signifikante Unterschiede festgestellt. Insgesamt kann man folgern, daß aus dem kulturspezifischen Lebensstil - erfaßt durch einen Freizeitstil und einen Kulturstil - Aussagen über die Erwartungen der Besucher an eine konkrete Kulturinstitution getroffen werden können.

6. Die Vermittlung kultureller Bildung in Ausstellungen und Museen

Die Vermittlung kultureller Bildung wurde als Kernleistung der Angebotsgestaltung von Ausstellungen und Museen charakterisiert. Im folgenden soll deshalb die Vermittlung kultureller Bildung ausführlich diskutiert werden.

6.1. Grundlagen der Vermittlung kultureller Bildung

6.1.1. Begriffsklärung: Bildung und Lernen

Bildung ist weder in seinem alltagssprachlichen Gebrauch noch als Begriff der pädagogischen Fachsprache einheitlich definiert. Eine ausführliche Begriffsdiskussion kann an dieser Stelle nicht vorgenommen werden (vgl. z.B. Bollenbeck, 1994). Für die vorliegende Arbeit erscheint es ausreichend, den Begriff der Bildung mit dem Begriff des Lernens gleichzusetzen (Bracht et al., 1990, S.935).

Grundlegendes, gemeinsames Merkmal aller Lernprozesse ist die unmittelbare oder sozial vermittelte *Erfahrungsbildung* beim Individuum (Edelmann, 1996, S.5f.). Dabei führt der Prozeß des Lernens zum Neuerwerb oder zur Veränderung psychischer *Dispositionen*, d.h. zur Bereitschaft und Fähigkeit, bestimmte geistige und körperliche Leistungen zu erbringen (Edelmann, 1996, S.6). Kulturelles Lernen bedeutet demnach Neuerwerb oder Veränderung psychischer Dispositionen mit kulturellem Inhalt. Aus der Veränderung der Verhaltensdispositionen ergeben sich häufig, aber nicht zwingend, beobachtbare Verhaltensänderungen (Behrens, 1995, Sp.1406). Wenn also im folgenden von kultureller Bildung gesprochen wird, ist damit immer ein individuelles Lernen gemeint.

6.1.2. Kulturelle Bildung als Aufgabe von Kulturinstitutionen

Die Vermittlung kultureller Bildung ist - neben dem Konservieren, dem Sammeln und der museumsspezifischen Forschung - eine der zentralen Aufgaben von Museen[146] (vgl. z.B. Mattern, 1988, S. 61ff.). 1969 unterstrich die *Ständige Konferenz der Kultusminister* das Vermittlungs- und Bildungsziel von Museen und wies damit der Ausstellungstätigkeit die gleiche Bedeutung wie den übrigen Zielen und Aufgaben zu (Bundesanzeiger, 1969, S.2). 1971 wurde in einer Bestandsaufnahme bei der Tagung des Deutschen Nationalkomitees des

---

[146] Ansätze, Museen in Deutschland als Bildungsstätten zu nutzen, gehen bis in das 19. Jahrhundert zurück (vgl. für einen knappen Überblick Mattern, 1988, S.81ff.).

Internationalen Museumsrates (ICOM) die Bildungsaufgabe von Museen in einer Resolution folgendermaßen festgehalten:

„Forschung ist eine ... Aufgabe der Museen. Neben sie tritt aber mehr denn je die Bildungsaufgabe. Die Museen sind damit ergänzende Institutionen zu Schule und Erwachsenenbildung. Dank ihrer Anschaulichkeit ermöglichen sie darüber hinaus, Freizeit sinnvoll zu gestalten, das Wissen zu bereichern und das Musische zu entfalten. Sie sind ein Hauptort zur Pflege des Kreativen im Menschen" (ICOM, 1973, S. 206).

Einige Autoren messen dem Bildungsziel eine den anderen Zielen sogar übergeordnete Bedeutung bei. Kerschensteiner (1933, S.37ff.) fordert die Ausrichtung der Gesamtkonzeption eines Museums am Bildungsgedanken. Wissenschaftliche, ästhetische, soziale oder historische Aspekte sind so aufzubereiten, daß sie die Bildungsvermittlung unterstützen. Akzeptiert man die dominierende Rolle der Bildungsaufgabe eines Museums, dann läßt sich der Bildungsauftrag eines Museums nach Gottmann (1979, S.32ff.) in fünf Thesen zusammenfassen[147]:

1. Das Bildungsprinzip ist integraler Bestandteil einer jeden Ausstellungsabteilung schon von Planung und Aufbau an; Bildungsarbeit ist nicht nachträgliche Aktivität zur Verbesserung unpädagogisch aufgebauter Ausstellungen.
2. Die vom Museum vermittelte Bildung ist ein museumsspezifisches und originäres Angebot, das durch keine andere Institution realisiert, aber von jeder anderen Institution in Anspruch genommen werden kann[148].
3. Ein Museum sollte versuchen, verschiedene Besuchergruppen anzusprechen. Die Bildungsaufgabe muß den Empfänger und damit den Besucher in den Vordergrund rücken.
4. Das Museum sollte versuchen, solche Themenbereiche auszufüllen, die im herkömmlichen Bildungssystem unterentwickelt sind. Insbesondere sollte es versuchen, Verbindungen zwischen unterschiedlichen Disziplinen herzustellen.
5. Die in den Museen ausgestellten Objekte müssen an einem zeitgenössischen Dialog teilnehmen, d.h., den Betrachtern muß der heutige Nutzen der ausgestellten Objekte klarwerden (vgl. hierzu auch Boberg, 1979, S.77).

---

[147] Diese fünf Thesen wurden von Gottmann für das Deutsche Museum in München entwickelt.
[148] Häufig wird die Forderung erhoben, die Bildungsarbeit im Museum solle sich vor allem auf Kinder und Jugendliche beziehen, um so durch eine enge Zusammenarbeit von Kulturinstitutionen und Schulen kulturelle Bildungsarbeit zu leisten (vgl. dazu Mattern, 1988, S.1, 85; ausführlich Dauskardt, 1988).

Die Bildungsprinzipien fordern, daß sich Museen eindeutig als eine Bildungsinstitution positionieren sollen, deren Angebot von keiner anderen Bildungsinstitution gewährleistet werden kann. Von großer Bedeutung ist auch die zielgruppenspezifische Ausrichtung des Bildungsangebotes (Hense, 1990, S.70). Einer zielgruppenspezifischen Ausrichtung der Bildungsvermittlung wird die Fähigkeit zugesprochen, Besuchergruppen zu erreichen, die den Museen bislang fernblieben. Zielgruppenorientierung bei der Vermittlung kultureller Bildung bedeutet, die Vermittlungsbemühungen an die Erfahrungen und Interessen der Besucher zu knüpfen, was eine Orientierung auch der pädagogischen Bemühungen am kulturspezifischen Lebensstil der Besucher nahelegt.

6.1.3. Der Ablauf der Bildungsvermittlung beim Besuch von Ausstellungen und Museen

Die Vermittlung kultureller Bildung durch den Besuch der Kulturinstitution Ausstellungen und Museen läßt sich chronologisch in drei Phasen unterteilen (Rohmeder, 1977, S.69ff.):

1. *Vorbereitung*

In diesem Falle informiert sich der potentielle Besucher vor dem Besuch bereits näher über die Kulturobjekte. Informationsquellen können Vorträge[149], Literatur in Form von Büchern oder Zeitungen (bei letzteren vermutlich insbesondere die Kulturkritiken), andere Medien (z.B. Fernsehberichte, Internet) oder andere Personen (z.B. Bekannte, die eine Ausstellung bereits gesehen haben) sein. Obwohl diese Informationsquellen möglicherweise erste Informationen über eine Ausstellung oder einzelne Kulturobjekte liefern, kann eine intensive Vorbereitung auf einen Museumsbesuch im Regelfall nicht erwartet werden. Bei einer Untersuchung des Vorwissens von Erstbesuchern von Kunstmuseen schätzten sich 75 % als *gering* oder *oberflächlich/lückenhaft* informiert und 25 % als *gut* informiert ein (Klein, 1990, S.286). Obwohl der Anteil von 25 % als ohnehin nicht hoch einzuschätzen ist, muß beachtet werden, daß die Antworten auf eine Erfragung des Wissens einer sozialen Erwünschtheit unterliegen können, so daß der Wert von 25 % möglicherweise überhöht ist und in Wahrheit niedriger liegt. In anderen Museumsarten gaben zwischen 60 und 77 % an, gering oder oberflächlich/lückenhaft informiert zu sein,

---

[149] So organisieren beispielsweise viele Volkshochschulen Besuche von Ausstellungen und Museen, zu deren Vorbereitung häufig Vorträge über das entsprechende Kulturangebot durchgeführt werden.

zwischen 40 und 23 % gut informiert zu sein (Klein, 1990, S.286). Mit zunehmender Häufigkeit der Besuche des gleichen Hauses ließ sich eine Verbesserung der Vorbildung der Besucher erkennen.

2. *Museumsbesuch*

Während des Besuches des Museums können dem Besucher die meisten Informationen vermittelt werden. Man kann drei Arten unterscheiden:

a) Informationen, die für die Besucher im gesamten Museum bedeutsam sind. Hierunter fallen Informationen über die Architektur des Museumsgebäudes, über die Geschichte und Struktur des Museums, über die Ziele der aktuellen Ausstellung oder der Ausstellungsserie.

b) Informationen, die für einen Teil des Museums von Relevanz sind. In einem Kunstmuseum werden z.b. Informationen zur bestimmten Stilrichtung der „Expressionisten" angeboten. Hier könnten Einzelheiten über die dominant verwendeten Techniken und Farben vermittelt oder Gemeinsamkeiten und Unterschiede der einzelnen Vertreter des Expressionismus aufgezeigt werden.

c) Detailinformationen zu einem bestimmten Kulturobjekt. Hier könnten in dem Kunstmuseum z.B. Informationen zu einem Bild vertieft werden. Dem Besucher wird erläutert, welche Farben vom Künstler mit welcher Wirkung verwendet wurden. Des weiteren könnten Hintergrundinformationen zur Entstehung des betreffenden Bildes vermittelt werden, z.b. über die Motivation des Malers, gerade dieses Bild zu malen, Informationen zum Leben des Künstlers. Interessant könnte z.b. auch die Entwicklung der Veräußerungspreise für Arbeiten des entsprechenden Künstlers sein.

3. *Nachbereitung*

Hierzu zählen alle die Vermittlungshilfen, die ein Besucher kostenlos oder durch Kauf erhalten und nach dem Besuch in Anspruch nehmen kann, z.B. der Ausstellungskatalog oder zusammenfassende Broschüren mit den wesentlichen Informationen zur Ausstellung. Von einer intensiven Nachbereitung eines Ausstellungs- und Museumsbesuches kann man jedoch nicht ausgehen.

6.1.4. Die Erfassung kultureller Bildung

Den konkreten Lernerfolg in Kulturinstitutionen zu erfassen, hat sich als sehr schwierig erwiesen. So äußern Hummel et al. (1996, S.69f.) sogar, daß es „nicht möglich und auch nicht sinnvoll ist", einen „Bildungseffekt im Sinne eines Wissenszuwachses" zu ermitteln. Der Grund dafür liegt im Wahrnehmungsverhalten der Besucher, das eher einer „massenmedialen

Rezeption, als einem zielgerichteten Studien- oder Lernverhalten entspricht" (S.70). Der Auffassung von Hummel et al., daß es nicht sinnvoll ist, einen „Bildungseffekt im Sinne eines Wissenszuwachses" zu ermitteln, da es sich beim Kulturkonsum um ein massenmediales Rezipieren handelt, muß kritisch begegnet werden: Ein Wissenszuwachs kann sich auch bei einer massenmedialen Rezeption ergeben: Auch hier werden Informationen aufgenommen, weiterverarbeitet und gespeichert, so daß ein Wissenszuwachs vorliegen kann. Deshalb ist der Wissenszuwachs eine für Kulturinstitutionen interessante Größe. Das entscheidende Problem liegt allerdings in der mangelnden Operationalisierbarkeit des Wissenszuwachses: Zur Erfassung eines Lernerfolges muß auch immer das individuelle Vorwissen der Besucher berücksichtigt werden, was sich als schwierig, weil sehr aufwendig, gestalten dürfte. „Insgesamt handelt es sich um ein weitgehend unbekanntes Untersuchungsfeld, das man nur schwer in den Griff bekommt" (Schulze, 1994, S.111).

Wenn man nicht vollständig auf die für Kulturinstitutionen zentrale Größe des Lernerfolges verzichten möchte, muß man versuchen, geeignetere Größen als den Wissenszuwachs zu finden. Als Voraussetzung für einen Lernerfolg müssen sich die Besucher mit kulturbezogenen Informationen, die ihnen angeboten werden, auseinandersetzen. Eine operablere Größe ist damit die Nachfrage nach Informationen. Unabhängig vom Wahrnehmungsverhalten der Besucher beim Ausstellungsbesuch ist die Nachfrage nach Informationen ein Indikator für einen möglichen Lernerfolg. Der Indikator zeigt an, in welchem Maße der Besucher bereit ist, Informationen aufzunehmen und zu verarbeiten. Natürlich ist der tatsächliche Lernerfolg immer noch abhängig von weiteren Einflußfaktoren, wie z.B. der bereits erwähnten Vorbildung oder der Intelligenz der Besucher, was ausführlicher in Kap. 6.2.1. beschrieben wird. Die Informationsnachfrage ist aber zumindest eine Größe, die angibt, inwieweit potentielle Besucher den Wunsch nach Informationen haben[150]. Besteht eine hohe Informationsnachfrage, erhöht sich die Wahrscheinlichkeit, daß kulturelles Wissen vermittelt werden kann.

6.2. Faktoren der Lernleistung

Jeder Besucher einer Kulturinstitution weist eine individuelle Lernkapazität auf. Der Begriff der Lernkapazität bezeichnet den maximalen Umfang an Lerninhalten, den ein Individuum oder ein Besucher im Optimalfall in einer Situation bewältigen könnte (Haseloff/Jorswieck,

---

[150] Zum Problem sozial erwünschten Antwortverhaltens bei der Ermittlung der Informationsnachfrage vgl. Kap. 8.4.3. im empirischen Teil der Arbeit.

1970, S.186). Die Lernleistung ist der Umfang an Lernen, der innerhalb dieser Kapazität vom Besucher dann tatsächlich realisiert wird. Diese tatsächlichen Lernleistungen hängen zusammenfassend ab von (Kroeber-Riel/Weinberg, 1996, S.334):

- den persönlichen Voraussetzungen,
- den situativen Lernbedingungen (Lerntechnik, Umfeld usw.),
- dem Lernmaterial.

Ziel der Ausstellungstätigkeit sollte es sein, die Gestaltungsparameter, die den Kulturinstitutionen zur Bildungsvermittlung zur Verfügung stehen, derart zu optimieren, daß ein Besucher seine Lernkapazität möglichst weit ausschöpfen kann, wenn er dies wünscht.

6.2.1. Die persönlichen Voraussetzungen

Die persönlichen Voraussetzungen eines Individuums werden vor allem durch seine biologische Konstitution (Reife, Vitalität, Gesundheit) sowie seine Intelligenz[151] und seine Vorbildung bestimmt (Haseloff/Jorswieck, 1970, S.186). Im Hinblick auf die Vermittlung kultureller Bildung sind die bedeutendsten persönlichen Voraussetzungen damit neben der biologischen Konstitution vor allem die Intelligenz und die kulturelle Vorbildung der Besucher.

Die persönlichen Voraussetzungen beeinflussen den in Kap. 4.3.2. beschriebenen externen Faktor der Dienstleistung, den die Besucher einbringen. Es ist unmittelbar einsichtig, daß die persönlichen Voraussetzungen der potentiellen Besucher von der Kulturinstitution nicht direkt beeinflußbar sind. Da sie die Lernleistung jedoch mitbestimmen, müssen sie bei der Gestaltung des Kulturangebotes derart berücksichtigt werden, daß das Bildungsangebot flexibel auf die verschiedenen persönlichen Voraussetzungen zugeschnitten ist.

6.2.2. Die situativen Bedingungen

Situative Lernbedingungen wirken am Lernort auf die kognitiven Leistungen des Individuums. Edelmann (1996, S.367) geht davon aus, daß die situativen Bedingungen der Umwelt einen starken Einfluß auf den Lernprozeß ausüben.

Wichtig sind situative Bedingungen wie das Zeitbudget der Besucher oder die Art und Anzahl der den Besucher begleitenden Personen (z.B. kleine Kinder). Des weiteren ist ein wichtiger

---

[151] Intelligenz umfaßt einerseits ein angeborenes Potential für Lernen, Behalten und Nachvollziehen von Informationen und andererseits ein gewachsenes Potential von Hirnaktivitäten, das sich im Verlauf der Zeit entwickelt und differenziert hat (Haseloff/Jorswieck, 1970, S.198). Somit sind Intelligenz und Vorbildung nicht unabhängig voneinander.

situativer Einflußfaktor die Wirkung der Umweltgestaltung auf den Besucher (z.B. die Farbgebung der Umwelt, Geräuschpegel im Lernumfeld usw.). Mit der Umweltpsychologie existiert ein theoretischer Ansatz, der es ermöglicht, die Auswirkungen verschiedener Umweltgestaltungen auf das menschliche Empfinden und Verhalten zu analysieren, was ausführlich in Kap. 7. diskutiert und an dieser Stelle nur im Hinblick auf das Explorationsverhalten innerhalb einer Umwelt diskutiert werden soll.

Die Gestaltung der physikalischen Umwelt hat eindeutig einen Einfluß auf die Lernfähigkeit und -leistung der Individuen in der Umwelt (Cassidy, 1997, S.186; Fischer, 1997, S.53ff.). Wollin/Montagne (1981, S.710ff.) konnten experimentell nachweisen, daß ein Klassenraum, der mit kräftigen Farben gestrichen war und Pflanzen als Dekoration sowie eine ansprechende Wanddekoration aufwies, zu einer signifikant höheren Lernleistung - gemessen durch verschiedene akademische Tests - bei den Studierenden führte als ein Kontrollraum, der eine vergleichsweise „normale" Dekoration aufwies. Darüber hinaus bildeten die Studierenden eine signifikant positivere Einstellung zu ihrem Klassenraum und zu ihren akademischen Lehrern aus[152].

Die Lernleistung im Museum - hier operabler als Informationsnachfrage untersucht - wird sowohl vom emotionalen Befinden des Besuchers im Museum als auch von einer stärker kognitiven Beurteilung des Museums beeinflußt.

Im Hinblick auf die emotionale Befindlichkeit sollte eine Lernumwelt eine *hohe Lernattraktivität* aufweisen. Wichtig ist, daß die potentiellen Besucher das Gefühl erhalten, sich in einer Kulturinstitution freizeitgerecht und unterhaltsam mit den kulturellen Lerninhalten auseinandersetzen zu können. Wenn eine Kulturinstitution diese Eigenschaften aufweist, dann soll im folgenden von einer *hohen Lernattraktivität* der Kulturinstitution bzw. der Museumsumwelt gesprochen werden. Wenn der musealen Umwelt eine hohe Lernattraktivität zugeschrieben wird, dann sollten sich die Individuen stärker an kulturellen Inhalten interessiert zeigen und somit eine größere Informationsnachfrage aufweisen. Im empirischen Teil der Arbeit soll deshalb die folgende Hypothese[153] 1.2 geprüft werden:

---

[152] Auch aus der Werbeforschung ist bekannt, daß sich Personen in einem positiven Wahrnehmungsklima (erreicht z.B. durch eine emotionale Einfärbung) besser an Werbebotschaften erinnern und auch gegenüber dem beworbenen Objekt eine positivere Einstellung herausbilden, als dies bei neutraler Werbung der Fall ist (Friestad/Thorson, 1986, S.111ff.). Aus diesen Ergebnissen läßt sich analog schließen, daß ein positives Wahrnehmungsklima in einer Museumsumwelt von großer Bedeutung für die kognitiven Leistungen eines Individuums ist. Zum Begriff des Wahrnehmungsklimas vgl. ausführlich Kroeber-Riel (1996, S.155).
[153] Die zweite Ziffer „2" bei der Hypothesenindizierung zeigt an, daß es sich um eine Hypothese der zweiten empirischen Untersuchung handelt. Die erste Ziffer numeriert die Hypothesen.

> $H_{1.2}$: *Je größer die wahrgenommene Lernattraktivität einer musealen Umwelt, desto höher ist die Informationsnachfrage der Besucher.*

Wenn eine Ausstellung oder ein Museum eine hohe Lernattraktivität aufweist, dann kann vermutet werden, daß sich das neben einer verstärkten Informationsnachfrage auch positiv auf die allgemeinen Annäherungsabsichten gegenüber dieser Kulturinstitution auswirken wird, d.h., die Besucher sind z.b. eher bereit, das Museum zu besuchen[154]. Damit kann die folgende Hypothese 2.2 formuliert werden:

> $H_{2.2}$: *Je größer die wahrgenommene Lernattraktivität einer musealen Umwelt, desto stärker sind die allgemeinen Annäherungsabsichten der Besucher.*

Die Lernattraktivität, die einer Umwelt zugeschrieben wird, ist vor allem durch das emotionale Befinden in der Umwelt geprägt. Die Gefühle, die eine Umwelt auslöst, bestimmen, inwieweit ein Individuum der Kulturinstitution eine hohe Lernattraktivität beimißt.

Neben den durch die Umwelt ausgelösten Emotionen, die zu einer hohen Lernattraktivität und daraufhin zu einer verstärkten Informationsnachfrage führen, ist die Informationsnachfrage auch stark kognitiv beeinflußt. Die Informationsnachfrage wird davon abhängig sein, inwieweit ein Museum nach Meinung der potentiellen Besucher ihren *persönlichen Bildungsanspruch* trifft. Bei Museen, die versuchen, sich stärker freizeitorientiert zu präsentieren (z.b. durch museale oder nicht-museale Zusatzangebote), wird häufig die Gefahr gesehen, daß die Kunstobjekte oder der Vermittlungsauftrag zu weit in den Hintergrund rücken (Stäbler, 1998, S.46). Ein Museum, das seinen Besuchern an jeder Ecke spielerisch etwas zu vermitteln versucht, wird vielleicht schnell als „Spielzeugladen" eingeschätzt, dem dann die kulturelle Kompetenz abgesprochen wird. Der Umwelt des Museums wird dann zwar möglicherweise eine hohe Lernattraktivität beigemessen, aber das Museum trifft den

---

[154] Vgl. zu den allgemeinen Annäherungsabsichten ausführlicher Kap. 7.4.1.

Bildungsanspruch der Kunden nicht, da diese von einer Kulturinstitution mehr „Ernsthaftigkeit" erwarten. Trifft das Museum allerdings den Bildungsanspruch, wird sich das vermutlich positiv auf die Informationsnachfrage auswirken. Damit läßt sich der folgende Zusammenhang vermuten (Hypothese 3.2):

$H_{3.2}$: *Je stärker Besucher der Meinung sind, daß ein Museum ihren persönlichen Bildungsanspruch trifft, desto höher ist die Informationsnachfrage der Besucher.*

Die beiden Einflußfaktoren auf die Informationsnachfrage *Lernattraktivität* und *Bildungsanspruch* dürften weitgehend unabhängig voneinander sein. Die Lernattraktivität ist eine stärker emotional geprägte Größe und wird insbesondere durch die Gestaltung der Umwelt bestimmt. Der Bildungsanspruch ist eine stärker kognitiv geprägte Größe und stellt eher eine übergeordnete kognitive Einschätzung eines Museums dar. Es ist durchaus denkbar, daß ein Individuum einem emotional ansprechenden, lebhaft gestalteten Museum eine hohe Lernattraktivität beimißt, aber der Meinung ist, daß es seinem persönlichen Bildungsanspruch an ein Museum nicht entspricht[155].

Wenn eine Ausstellung oder ein Museum den Bildungsanspruch eines potentiellen Besuchers trifft, dann hat das vermutlich auch einen positiven Einfluß auf die allgemeinen Annäherungsabsichten gegenüber dieser Kulturinstitution: Eine zentrale Größe des kulturspezifischen Lebensstils ist, wie in Kap. 3.2.4. hergeleitet, der Wunsch nach kultureller Bildung, so daß ein Museum, das den Bildungsanspruch eines Besuchers trifft, Annäherungstendenzen auslösen wird. Die folgende Hypothese 4.2 soll geprüft werden:

$H_{4.2}$: *Je stärker Besucher der Meinung sind, daß ein Museum ihren persönlichen Bildungsanspruch trifft, desto stärker sind die allgemeinen Annäherungsabsichten der Besucher.*

---

[155] Auf einen anderen Bereich übertragen könnte das beispielsweise bedeuten, daß ein Leser der Meinung ist, der FOCUS weise durchaus eine hohe Lernattraktivität auf, dem eigenen Bildungsanspruch genügt aber die ZEIT besser.

Stellt man die in den Hypothesen vermuteten Zusammenhänge in einer Übersicht dar, ergibt sich das folgende (Teil-)Modell zum Verhalten in Ausstellungen und Museen (Abb. 32), das in Kap. 7.4.2. um den Einfluß der emotionalen Reaktion erweitert wird (da der Einfluß der emotionalen Reaktion dort ausführlich untersucht wird, wird er in der Abb. 32 nur angedeutet):

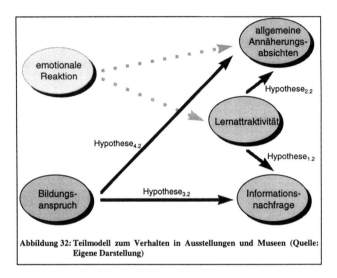

Abbildung 32: Teilmodell zum Verhalten in Ausstellungen und Museen (Quelle: Eigene Darstellung)

6.2.3. Das Lernmaterial

Unter dem Lernmaterial einer Ausstellung oder eines Museums werden die kulturellen Inhalte verstanden, die die potentiellen Besucher beim Besuch aufnehmen können. In der Museums- und Ausstellungspraxis und in der Literatur herrscht Uneinigkeit, wie das Lernmaterial aufzubereiten ist, damit kulturelle Bildung optimal erreicht werden kann.

Aus der vielfältigen Literatur zur kulturellen Bildung in Ausstellungen und Museen können zwei grundsätzliche Ansätze unterschieden werden, der *fachwissenschaftliche* und der *vermittlungstheoretische* Ansatz[156]:

1. Der *fachwissenschaftliche Ansatz* folgt dem Leitmotiv: *Die Objekte sprechen für sich.* Die Ausstellung eines Museums wird nach einem *vermittlungstheoretischen Minimalprogramm* aufgebaut. Bei diesem Ansatz ist das Kulturobjekt allein - möglichst ohne Erläuterung - zu präsentieren, damit es unbeeinflußt von anderen Reizen seine volle ästhetische Wirkung entfalten kann. Bei der Präsentation der Werke muß dem Besucher die größtmögliche Freiheit der Wahrnehmung und Interpretation gewährt werden, so daß der Besucher sich ein unbeeinflußtes Urteil der Werthaftigkeit des Kulturobjektes machen kann (Mattern, 1988, S.77). Wird neben dem Kulturobjekt noch etwas anderes präsentiert, gleitet man nach Meinung der Vertreter dieses Ansatzes in eine „doktrinale Ausstellung", da die hinter den Objekten liegenden Zusammenhänge immer den Einflüssen der subjektiven Aufarbeitung unterworfen seien (Kriss-Rettenbeck, 1976, 24ff.). Der fachwissenschaftliche Ansatz beläßt den Kulturobjekten ihre „volle Realität und somit alle denkbaren Assoziationen; die Vielfalt der Deutungsmöglichkeiten bleibt erhalten" (Rodekamp, 1990, S.54).

Beim fachwissenschaftlichen Ansatz muß sich der Besucher die kulturellen Inhalte selbst erschließen, ihm werden keine Hilfestellungen gegeben. Dadurch ergeben sich für ihn häufig verschiedene Deutungsmöglichkeiten eines Kunstobjektes.
Am fachwissenschaftlichen Ansatz läßt sich kritisieren, daß er den Besucher überfordert, da die ausgestellten Objekte aus ihrer „Historizität"[157] herausgelöst sind (Hoffmann, 1976, S.101). Der Betrachter erkennt die Bedeutung des Kunstobjektes nicht, schlimmer noch, die Objekte eines Museums unterliegen dadurch einer „subjektiven Interpretationswillkür" (Hoffmann, 1976, S.101). Ein weiterer Kritikpunkt, der am fachwissenschaftlichen Ansatz geübt werden kann, ist, daß es einen Besucher frustrieren kann, wenn er vor einem

---

[156] Eine ähnliche Unterteilung wird von Mattern (1988, S.59ff.) vorgenommen. Mattern (1988, S.59) unterteilt den vermittlungstheoretischen Ansatz jedoch noch in einen gesellschaftstheoretischen und einen zielorientierten Ansatz. Im Verlauf seiner Ausführungen vermengen sich die beiden Ansätze, so daß es vorteilhafter erscheint, beide unter einem Ansatz zu subsumieren.

[157] Unter Historizität eines Objektes kann man die Bedeutung des Objektes in seinem ursprünglichen Verwendungszusammenhang verstehen (in Anlehnung an Hoffmann, 1976, S.102).

Kunstobjekt steht, das sich ihm verschließt, weil ihm keine Deutungshilfen gegeben werden.

2. Der *vermittlungstheoretische Ansatz*: Dieser Ansatz geht davon aus, daß Objekte in einem Zusammenhang präsentiert werden sollen. Für ein kulturhistorisches Museum bedeutet dies beispielsweise, die Objekte in ihren historischen Kontext einzuarbeiten und ihre Bedeutung vor dem geschichtlichen Hintergrund zu vermitteln. Es werden Informationen zur Geschichte geliefert, dem Besucher könnte die Verwendung der Objekte in der damaligen Zeit gezeigt werden. Es wäre auch möglich, einen Vergleich mit einem Objekt der heutigen Zeit aufzuzeigen. Die Konzeptionierung der Ausstellung würde also neben den Museumswissenschaftlern noch z.B. Historikern obliegen (Mattern, 1988, S.73ff.).

Um die Didaktik einer nach vermittlungstheoretischen Prinzipien konzipierten Ausstellung zu verbessern, sollte auf Erkenntnisse der Pädagogik und Erziehungswissenschaften zurückgegriffen werden (Mattern, 1988, S.60). Häufig findet sich als Synonym für den vermittlungstheoretischen Ansatz auch der Begriff der Lernausstellung (Scharfe, 1976). Er ist dadurch gekennzeichnet, daß gesellschaftliche Aufklärung nicht nur anhand der Bestände von Museen geleistet werden soll. Das kann so weit gehen, daß für die Ausstellung keine Kunstobjekte (keine „Originale") benötigt werden. „Man kann über jedes Problem - unabhängig von der Existenz einer musealen Sammlung - eine Ausstellung machen" (Scharfe, 1976, S.60). Der Lernausstellung wird ein fest definiertes Lernziel vorgegeben, das durch den Einsatz der verschiedenen Maßnahmen erreicht werden soll. Bei dieser Auffassung „besitzen die Originale eigentlich keinen Selbstwert, sondern sie erhalten ihre Relevanz und Bedeutung durch ihre Funktion im Erkenntnisprozeß" (Rodekamp, 1990, S.56). Nach Meinung von Boberg (1979, S.77) dominiert bei der Vermittlung die Zielgruppe die Objekte eindeutig, so daß nicht nur die Modalitäten der Vermittlung, sondern sogar die Objektauswahl von der Zielgruppe bestimmt werden können.

Am vermittlungstheoretischen Ansatz läßt sich kritisieren, daß durch die Präsentation von Kulturobjekten im Kontext immer die subjektive Sichtweise der Ausstellungsorganisatoren in die Ausstellung einfließt. Für die Präsentation der Objekte in ihrem historischen Kontext kann zwar eine theoriegeleitete Interpretation der Geschichte vorgenommen werden, sie wird jedoch immer auch subjektiv bleiben, so daß den Besuchern ein vorgefärbtes Geschichts- und Kulturwissen vermittelt wird.

Sowohl der fachwissenschaftliche als auch der vermittlungstheoretische Ansatz beanspruchen, besucherorientiert zu sein. Die Diskussion über die Vorziehenswürdigkeit der beiden Konzepte - häufig plakativ unter den Schlagwörtern *Lernort contra Musentempel* - hält bis heute an. Ein aktuelles Beispiel stellt die Jahrestagung des Deutschen Museumsbundes 1998 in Saarbrücken dar, auf der dieses Thema heftig diskutiert wurde[158]. Allerdings nähern sich die beiden sich ursprünglich diametral gegenüberstehenden Meinungen einander an (Rodekamp, 1990, S.56).

Um beurteilen zu können, welcher der beiden Ansätze eine bessere Vermittlung kultureller Bildung verspricht, müssen die psychischen Prozesse, die bei der Generierung kulturellen Wissens im Individuum ablaufen, genauer analysiert werden. Um klären zu können, welches Vorgehen bei der Präsentation der Werke den größten Lernerfolg verspricht, ist es zwingend notwendig, den Lernprozeß der Individuen genauer zu untersuchen.

6.3. Lerntheoretische Grundlagen der Bildungsvermittlung in Ausstellungen und Museen

Nach der dualistischen Lerntheorie können zwei Hauptkategorien von Lernprozessen unterschieden werden[159] (Edelmann, 1996, 402ff.):

Lernen ist zum einen eine *Anpassung* an die Umwelt, es erfolgt eine *Außensteuerung* des Menschen durch Reize. Lernen und Gedächtnis werden als Konditionierung aufgefaßt (Birbaumer/Schmidt, 1996, S.566). Lernen ist zum anderen die *Gestaltung* der Umwelt, bei der Menschen eine planvolle *Innensteuerung* vornehmen. Lernen und Gedächtnis werden hier als kognitiver Prozeß aufgefaßt (Birbaumer/Schmidt, 1996, S.566). Die Lernmechanismen durch Außensteuerung können aufgrund ihres relativ geringen Komplexitätsniveaus als elementare Lernmechanismen, die Lernmechanismen durch Innensteuerung aufgrund ihres relativ hohen Komplexitätsniveaus als elaborierte Lernmechanismen bezeichnet werden (zur Einteilung in elementare und elaborierte Lernmechanismen vgl. ausführlicher Behrens, 1995, Sp.1405ff.).

---

[158] Eine kurze Zusammenfassung der Beiträge der Tagung liefert Stäbler (1998, S.43f.).
[159] In der Literatur ist die Einteilung in verschiedene Lerntheorien und -mechanismen nicht ganz eindeutig. Zu ähnlichen Einteilungen vgl. z.B. Behrens (1995) und Wiswede (1988).

Dem Lernen können zwei Funktionen zugewiesen werden, die Informations- und die Verhaltensfunktion (Behrens, 1995, S.1405ff.). Die Informationsfunktion umfaßt die Speicherung von Informationen über Zusammenhänge in der Umwelt und über Auswirkungen des eigenen Verhaltens auf die Umwelt. Die Verhaltensfunktion bewirkt, daß das eigene Verhalten den Erfordernissen der Umwelt angepaßt wird. Die Verhaltensfunktion basiert damit auf der Informationsfunktion.

In Abhängigkeit von Informations- und Verhaltensfunktion und der Komplexität des Lernens kann die Lernforschung folgendermaßen grob untergliedert werden[160] (in Anlehnung an Behrens, 1995, Sp.1407; Edelmann, 1996, S.402ff.) (Tab. 33):

	einfache Lernmechanismen; vor allem Außensteuerung	elaborierte Lernmechanismen; vor allem Innensteuerung
Verhaltens-funktion	Klassische Konditionierung; instrumentelle Konditionierung	Handlungskonzepte: Handeln und Problemlösen
Informations-funktion	Reiz-Reaktions-Lernen; instrumentelle Konditionierung	kognitives Lernen, Wissenserwerb

Tabelle 33: Klassifikation der Lernforschung (Quelle: in Anlehnung an Behrens, 1995, Sp.1407; Edelmann, 1996, S.402ff.)

6.3.1. Lernmechanismen durch Außensteuerung

Bei der Außensteuerung lassen sich *Reiz-Reaktions-Lernen* und *instrumentelles Lernen* (instrumentelle Konditionierung) unterscheiden[161] (z.B. Edelmann, 1996, 404). Diese Lernmechanismen werden auch häufig zusammenfassend als Stimulus-Response-Theorien bezeichnet. Nach den Stimulus-Response-Theorien wird „das Lernen in Form von - gesetzmäßigen - Verknüpfungen zwischen beobachtbaren Reizen ... und beobachtbaren Reaktionen ... (dargestellt)" (Kroeber-Riel/Weinberg, 1996, S.328).

---

[160] Die Übergänge sind natürlich fließend (Wiswede, 1988, S.19, 27; Behrens, 1995, Sp.1406). Beispielsweise müssen kognitive Vorgänge, wie die subjektive Wahrnehmung, auch bei Stimulus-Response-Erklärungen mit einbezogen werden.
[161] Zur genaueren Abgrenzung der beiden Lernmechanismen vgl. z.B. Edelmann (1996, S.57ff.) oder Zimbardo (1995, S.275).

Den elementaren Lernmechanismen des Reiz-Reaktions-Lernens und der operanten Konditionierung kommt bei der Vermittlung kulturellen Wissens eine nur untergeordnete Rolle zu. Dennoch lassen sich auch für Kulturinstitutionen einige Sachverhalte aufzeigen, in denen die einfachen Lernmechanismen von Bedeutung sind.

Beim Reiz-Reaktions-Lernen handelt es sich um eine Weiterentwicklung der klassischen Konditionierung[162]. Die klassische Konditionierung ist eine Form des Lernens, bei der der Organismus eine neue Assoziation zwischen zwei Reizen (Stimuli) lernt - einem neutralen Reiz und einem, der bereits eine Reaktion auslöst. Als Ergebnis der Konditionierung löst der ehemals neutrale Reiz eine Reaktion aus, die der ursprünglichen Reaktion ähnlich ist (Zimbardo, 1995, S.266). Grundlage dieses Lernmechanismus ist das *Gesetz der Assoziation*, das besagt, daß Individuen Wissen erwerben, indem Sachverhalte, die in räumlicher und zeitlicher Nähe auftreten, miteinander verbunden werden (Zimbardo, 1995, S.265). Häufig spricht man auch vom Lernen nach dem Kontiguitätsprinzip (z.B. Irle, 1975, S.240f.).

Reiz-Reaktions-Mechanismen wirken in Kulturinstitutionen eher als „Hintergrundphänomene". So erlernen die Besucher durch einen Reiz-Reaktions-Mechanismus, daß ein Museum ein freundlicher, bildender und auch unterhaltsamer Ort sein kann, wenn sie während eines Museumsbesuches mit angenehmen Reizen konfrontiert werden: Beim Betreten des Museumsgebäudes (neutraler Reiz) empfängt den Besucher ein freundlich gestalteter Eingangsbereich, der angenehm wirkt (unkonditionierter Reiz), so daß sich der Besucher wohlfühlt (unkonditionierte Reaktion). Wird wiederholt ein Vorgang im Museum (z.B. das Betreten verschiedener Räume) mit angenehmen Reizen (z.B. durch das Umfeld) kombiniert, so erlernt der Besucher die Vorstellung, daß ein Museum ein angenehmer Ort ist. Bei der Vermittlung kultureller Bildung i.e.S. spielt das Reiz-Reaktions-Lernen jedoch eine unbedeutende Rolle. Es ist schwer vorstellbar, daß ein Betrachter durch ein Gemälde oder ein anderes Kunstobjekt konditioniert wird.

Bei der instrumentellen (oder operanten[163]) Konditionierung ist die Beziehung zwischen einer Reaktion und ihren Konsequenzen das, was erlernt wird. Das Verhalten, das ein Instrument

---

[162] Beschränkte sich die klassische Konditionierung noch auf die Betrachtung *objektiven Verhaltens*, so werden beim Reiz-Reaktions-Lernen die Reize nicht mehr nur als physikalische Reize der Umwelt gesehen, sondern es können auch Reize in der *Vorstellung* der Individuen gegeben sein (Edelmann, 1996, S.56). Des weiteren tritt neben die ursprüngliche Reaktion *Verhalten* auch noch die Reaktion *Erleben* (Edelmann, 1996, S.56). So macht sich beispielsweise die Werbeindustrie die Gesetzmäßigkeiten der klassischen Konditionierung zunutze, indem ehemals neutralen Produkten oder Marken ein emotionaler Zusatznutzen konditioniert wird (Kroeber-Riel, 1993, S.149ff.).
[163] Zur Kritik an der synonymen Begriffsverwendung vgl. Zimbardo (1995, S.275).

für eine belohnende Umweltveränderung ist, wird wiederholt und zur erlernten Gewohnheit (Zimbardo, 1995, S.275). Bei der instrumentellen Konditionierung muß das Individuum - im Gegensatz zum Reiz-Reaktions-Lernen - selbst aktiv werden (Zimbardo, 1995, S.275). Bei der operanten Konditionierung vollzieht sich der Lernprozeß, indem das Individuum durch Ausprobieren verschiedener Alternativen bei einigen Handlungsweisen belohnt wird. Die Handlungsweisen, die belohnt werden, erhalten nach einigen Wiederholungen eine höhere Auftretenswahrscheinlichkeit. Das Individuum lernt, welche Handlungsweisen belohnt werden und damit zu Reaktionen führen, die das Individuum positiv bewertet.

Operantes Lernen kann in Kulturinstitutionen wiederum als ein Hintergrundphänomen wirken: Ein Besucher wünscht Informationen über ein bestimmtes Objekt im Museum. Er fragt das Museumspersonal und erhält eine freundliche und informative Antwort oder nutzt die zur Verfügung stehenden Multimedia-Terminals und kann sein Informationsbedürfnis befriedigen. Der Besucher wird belohnt. Wiederholt sich ein solcher Vorgang einigemal, so erhöht sich die Wahrscheinlichkeit, daß der Besucher das Museumspersonal um Rat bittet bzw. die Multimedia-Terminals benutzt. Operantem Lernen kommt jedoch auch beim Lernen kultureller Inhalte i.e.S. eine Bedeutung zu. Beispielsweise können Besucher eines Technikmuseums- vor allem Kinder - durch Ausprobieren und Wiederholungen physikalische Zusammenhänge erlernen[164].

6.3.2. Lernmechanismen durch Innensteuerung

Den elaborierten Mechanismen durch Innensteuerung kommt für das Lernen kultureller Inhalte die wichtigere Rolle zu als den elementaren Mechanismen. Bei der Innensteuerung lassen sich *kognitives Lernen* (Aufbau kognitiver Strukturen, d.h. Erwerb von Sachwissen) und *Handeln* und *Problemlösen* (Entwicklung von Handlungsschemata, d.h. Ausbildung von Handlungswissen) unterscheiden (Edelmann, 1996, S.404). Häufig werden diese beiden Lernmechanismen gemeinsam als kognitive Lerntheorien bezeichnet, da bei beiden gedankliche Leistungen des Individuums eine entscheidende Rolle für den Lernprozeß spielen (Kroeber-Riel/Weinberg, 1996, S.327). Die kognitiven Lerntheorien betonen die *gedanklichen* und *bewußten* Prozesse im Individuum (Edelmann, 1996, S.8). Das Individuum lernt kognitive Orientierungen, durch die das Verhalten bestimmt wird. Das Individuum kann durch *Einsicht* neue Verhaltensweisen finden (Kroeber-Riel/Weinberg, 1996, S.327). „Kognitives

---

[164] Ein sehr gelungenes Beispiel stellt das Technikmuseum NINT in Amsterdam dar, in dem Kinder und Erwachsene durch Ausprobieren zahlreiche technische Zusammenhänge erlernen können.

Lernen kann in besonderer Weise als *Informationsaufnahme und -verarbeitung* aufgefaßt werden" (Edelmann, 1996, S.8; vgl. auch Fortmüller, 1991, S.106; 1997, S.5ff.). Die Handlungstheorien befassen sich insbesondere mit dem Zusammenhang zwischen Kognitionen und Handlungen (Edelmann, 1996, S.8f.). Nach den Handlungstheorien besitzen die Individuen *Handlungskonzepte*, die aktiviert werden, wenn ein Individuum Handlungsbedarf erkennt.

Um ein besseres Verständnis zu erhalten, wie kulturelles Wissen vom Individuum durch die elaborierten Lernmechanismen der Innensteuerung erworben werden kann, ist ein Verständnis der Repräsentationsformen des Wissens im Individuum notwendig. Es existieren verschiedene Ansätze zur Erklärung der Repräsentationsformen des Wissens[165], von denen die bedeutendsten *semantische Netze* und *Schemata* sind[166] (Kroeber-Riel/Weinberg, 1996, S.335).

In einem semantischen Netz werden assoziative Beziehungen zwischen Begriffen abgebildet, die sich in Art und Stärke unterscheiden können und so angeben, wie eng die jeweiligen Begriffe miteinander verknüpft sind (Kroeber-Riel/Weinberg, 1996, S.230). So ist der Begriff Andy Warhol enger mit dem Begriff Kunstmuseum als mit dem Begriff Technikmuseum verknüpft. Netzwerke bestehen aus einer Menge von Knoten und gerichteten Verbindungslinien (Behrens, 1995, Sp.1412). Die Knoten stehen für Begriffe, Eigenschaften, Situationen und Ereignisse. Die Verbindungslinien geben Beziehungen wieder.

Lernen (Wissenserwerb) bedeutet die Anbindung neuer Knoten, Umorganisation oder die Verstärkung von vorhandenen assoziativen Verknüpfungen (Behrens, 1995, Sp.1412). Der Wissenserwerb erfolgt auf der Basis von Wechselwirkungen zwischen bereits bestehenden gedanklichen Strukturen und neuen Umweltreizen (Fortmüller, 1991, S.116). So fügt ein

---

[165] Wissen kann in Form von *deklarativem* und *prozeduralem* Wissen gespeichert werden (Birbaumer/Schmidt, 1996, S.567; Fortmüller, 1991, S. 116). Der Begriff 'deklaratives Wissen' entspricht in etwa der alltäglichen Bedeutung des Wortes 'Information'; mit der Bezeichnung 'prozedurales Wissen' sind die mentalen Grundlagen von kognitiven Prozessen (Denken und Problemlösen) angesprochen. Ein-System-Modelle gehen davon aus, daß es nur eine zusammenhängende kognitive Struktur gibt, so daß entweder Teilbereiche der kognitiven Struktur deklaratives, andere prozedurales Wissen repräsentieren oder daß die kognitive Struktur ausschließlich prozedurales Wissen repräsentiert, mit dem dann jedoch gegebenenfalls deklaratives Wissen generiert werden kann. Zwei-System-Modelle gehen dabei davon aus, daß diese beiden Formen gespeicherten Wissens in verschiedenen Formen kognitiver Strukturen abgelegt sind (Fortmüller, 1991, S.117).

[166] Zusätzlich zu den beiden genannten unterscheidet Fortmüller (1997, S.56ff.) noch Vorstellungsbilder, lineare Ordnungen, Produktionssysteme und mentale Modelle.

Besucher, der erstmals eine Warhol-Ausstellung besucht, seinem semantischen Netz einen Knoten mit dem Inhalt „Pop Art" hinzu.

Schemata[167] sind kognitive Strukturen organisierten vorhandenen Wissens über *typische* Zusammenhänge eines Realitätsbereiches (Behrens, 1995, Sp.1413). Sie geben die bedeutendsten Charakteristika eines Gegenstandsbereiches wieder, können konkreter oder abstrakter sein und weisen eine hierarchische Organisation auf (Fortmüller, 1997, S.94ff.). Schemata können wie jede Form bedeutungshaltigen Wissens in Netzwerken dargestellt werden, wobei Schemata relativ selbständige und abgrenzbare Teile eines semantischen Netzwerkes bilden, d.h., ein Schema funktioniert als Einheit, seine Komponenten werden gleichzeitig aktiviert (Markus/Zajonc, 1985, S.145). Schemata beeinflussen die Informationsverarbeitung derart, daß schemarelevante Informationen im Vergleich zu schemairrelevanten Informationen bevorzugt verarbeitet, gespeichert und auch besser erinnert werden[168] (Cohen, 1994, S.316).

Lernen nach der Schematheorie bedeutet den Erwerb oder die Veränderung von Schemata, wobei die Veränderung durch Assimilation, Ausbau und Umstrukturierung geschehen kann[169] (Behrens, 1995, Sp.1414). Die Einfügung neuer Informationen in ein bestehendes Schema, durch die die Schemastruktur nicht verändert wird, wird Assimilation genannt. So könnte der Name eines dem Besucher bisher unbekannten Impressionisten im Museum in sein vorhandenes Schema „Maler" eingefügt werden. Ein fachkundiger Besucher würde diesen Impressionisten möglicherweise seinem konkreteren Schema „Impressionismus" zuordnen. Von einem Ausbau eines Schemas spricht man, wenn neue Eigenschaften eingefügt werden. So könnte beispielsweise der Besucher erkennen, daß er sein Schema „Malerei" durch Eigenschaften wie „manchmal übergroße Gemälde" erweitern muß, um auch diesen Impressionisten in sein Schema integrieren zu können. Bei einer Umstrukturierung wird ein deutlicher Eingriff in das bestehende Schema vorgenommen. Beispielsweise könnte es sein, daß ein Besucher nach dem Besuch einer Ausstellung wie der DOCUMENTA X in Kassel (1997) sein Schema „moderne Kunst" umstrukturieren muß, da zahlreiche zeitgenössische

---

[167] Je nach Gegenstandsbereich lassen sich *Personenschemata* (auch Selbstschemata), *Sachverhaltsschemata* und *Ereignisschemata* unterscheiden (Kroeber-Riel/Weinberg, 1996, S.232). Ereignisschemata werden auch häufig als Skripts bezeichnet (vgl. ausführlich Mandler, 1984, insbesondere S.75ff.).
[168] Es existieren jedoch auch empirische Befunde, nach denen gerade solche Informationen am besten erinnert werden, die besonders schemainkongruent sind (Cohen, 1994, S.317). Graesser/Nakamura (1982, S.63ff.) geben einen Überblick über vier Hypothesen zur Erklärung dieses Phänomens.
[169] Vgl. ausführlicher Maas (1996, S.29f.).

Kunstformen - wie Video-Installationen im Fußgänger-Tunnel[170] oder Kunst mit lebenden Tieren[171] - hinzukommen.

Für den Erwerb kulturellen Wissens kommt dem kognitiven Lernen (also dem Erwerb von Sachwissen) von allen Lernmechanismen die größte Bedeutung zu. Besucher von Ausstellungen und Museen lernen durch Einsicht Sachwissen mit kulturellem Inhalt. Den Handlungstheorien kommt ebenfalls eine Bedeutung zu. Bei den Handlungstheorien entwickeln die Besucher aus ihren Kognitionen, also aus ihrem erworbenen kulturellen Wissen, Handlungskonzepte, um ein selbstdefiniertes Ziel damit zu erreichen. So ist denkbar, daß Besucher das erworbene Wissen im Alltag anwenden können (z.b. in einem Technikmuseum erworbenes Wissen über physikalische Gesetze). Oder ein Besucher kann sein erworbenes kulturelles Wissen (z.b. über einen Maler) weitergeben, sei es, um seinen Gesprächspartner zu informieren oder um ihm zu imponieren.

Versucht man, die Kenntnisse über kulturelles Lernen im Hinblick auf die Vorziehenswürdigkeit einer der beiden Ansätze der Vermittlung kultureller Bildung (also fachwissenschaftlicher versus vermittlungstheoretischer Ansatz) anzuwenden, kann man schließen, daß ein Besucher besser lernt, wenn er die zu vermittelnden Informationen im Sinnzusammenhang dargeboten bekommt. „Bezugssysteme erleichtern das Lernen" (Behrens, 1995, Sp.1410). Durch den Sinnzusammenhang werden beim Besucher semantische Netzwerke oder Schemata aktiviert, so daß neue Informationen, die schemakongruent erscheinen, bevorzugt aufgenommen, verbessert gespeichert und besser abrufbar werden. Die neuen Informationen werden mit bestehenden Informationen verknüpft. Wird der Sinnzusammenhang mehrmodal gestaltet, wird also der Besucher über mehrere Sinne angesprochen, steigt die Erinnerungsleistung sogar noch an. Birbaumer/Schmidt (1996, S.573f.) weisen darauf hin, daß „je mehr vom ursprünglichen Kontext eingeprägt wurde und je vielfältiger der Kontext ist (z.B. multisensorische Reizung im Gegensatz zu nur einer Sinnesmodalität), um so eher wird ein Teilelement der ursprünglichen Umgebung bei der Einprägung später den gesamten Gedächtnisinhalt auslösen". Wie vorhin dargelegt, werden

---

[170] Vgl. etwa den Beitrag zur DOCUMENTA X von Peter Friedl „Dummy" (1997).
[171] Vgl. den Beitrag DOCUMENTA X von Carsten Höller und Rosemarie Trockel „ Ein Haus für Schweine und Menschen" (1997).

die Komponenten eines Schemas immer gleichzeitig aufgerufen. Diese Erkenntnis spricht für eine multisensuale Vermittlung in den Ausstellungen.

Man muß sich vergegenwärtigen, daß bei schwierigem Lernmaterial der Lernerfolg am Anfang oft nur gering ist, da zunächst das Verständnis fehlt (Behrens, 1995, Sp.1415). Das vorhandene Wissen übt damit einen starken Einfluß auf das Lernen aus (Kroeber-Riel/Weinberg, 1996, S.335).

Zusammenfassend kann festgestellt werden, daß zur Vermittlung von Informationen der vermittlungstheoretische Ansatz dem fachwissenschaftlichen Ansatz weit überlegen ist. Die Präsentation eines Werkes ohne umfassende begleitende Information und ohne einen Sinnzusammenhang läßt das Werk möglicherweise einzigartiger erscheinen, wodurch dessen kultureller Wert kommuniziert werden kann[172], die Vermittlung kultureller Informationen gestaltet sich jedoch eindeutig als nachteilig.

6.3.3. Voraussetzungen für optimales Lernen

Neben den lernpsychologischen Grundlagen erscheinen noch weitere Erkenntnisse der Lernforschung von Interesse für die Vermittlung kultureller Bildung. Nach Weinert (1982, S.99ff.) müssen den Individuen möglichst viel Freiraum und viel Flexibilität beim Lernen eingeräumt werden. Der Lernprozeß wird gefördert, wenn der Lernende ihn verantwortlich mitbestimmt. Das Lernen überläßt dem Lernenden Entscheidungen über Lernzeiten, Lernmethoden und Lernkontrollen. Der Lernende soll selbst über Lernziele, -inhalte, -tiefe oder -geschwindigkeit entscheiden. Wichtig für den Lernerfolg ist nach Weinert (1982, S.102), daß der Lernende die Freiräume, die ihm geboten werden, auch nutzt.

Darüber hinaus ist bekannt, daß Individuen dann besonders gut lernen, wenn der Lerninhalt als für eigene Zwecke relevant wahrgenommen wird (Rogers, 1974, S.169ff.). Lernen, das - in der eigenen Vorstellung - eine Veränderung in der Organisation des Selbst einschließt, wird zunächst als bedrohlich empfunden und hat die Tendenz, Widerspruch hervorzurufen. Dieses ist im Kulturbereich vor allem dann relevant, wenn der Lerngegenstand auf die eigenen Schwächen aufmerksam macht und somit den Selbstwert bedroht, etwa dadurch, daß der Betrachter vor dem Kunstwerk steht und keinen Bezug zu ihm aufbauen kann bzw. es nicht versteht. Lernprozesse, die zu einer Selbstwertgefährdung führen könnten, werden allerdings dann gut verstanden, wenn die wahrgenommene Bedrohung als zu bewältigen erscheint. Das

---

[172] Vgl. auch die in Kap. 3.2.3.3. genannten Faktoren, die ein Produkt nach Conrady (1990, S.179) einzigartig erscheinen lassen.

bedeutet, daß eine Ausstellung den Besucher durchaus kognitiv fordern darf, es ist dann aber entscheidend, daß durch eine verständnisvolle Unterstützung die möglicherweise erlebte Bedrohung abgebaut wird. Als Konsequenz für Kulturinstitutionen ergibt sich, daß dem Besucher zweifelsfrei Hilfestellungen bei der Interpretation der Kunstobjekte gegeben werden müssen.

Darüber hinaus scheint der Lernerfolg dann besonders hoch zu sein, wenn das Lernen mit eigener Aktivität verbunden ist (Weinert, 1982, S.99ff.).

Zusammenfassend kann gefolgert werden, daß das Lernen besonders erfolgversprechend ist, wenn der Lernende nicht *belehrt* wird, was sogar für den Lernerfolg eher schädlich ist, sondern wenn ihm vielmehr ein entspanntes, selbstbestimmtes Klima geschaffen wird. Förderlich sind Hilfsmittel, die das Lernen erleichtern. Dem Lernenden sollte überlassen werden, wie und inwieweit er sich in einer jeweiligen Situation bilden möchte. Der Lernende muß die aktive Person sein, wobei Aktivität im physischen und im psychischen Sinne zu verstehen ist (Fortmüller, 1991, S.99f.).

6.4. Ausgewählte Instrumente der Bildungsvermittlung in Ausstellungen und Museen

6.4.1. Kommunikationsmedien in Ausstellungen und Museen

Der überwiegende Teil der Ausstellungen und Museen bietet dem Besucher Informationen zu den Kunstwerken an. Neben der persönlichen (Gruppen-)Führung werden die Informationen häufig durch verschiedene Kommunikationsmedien vermittelt.

Das bedeutendste Kriterium, nach dem sich Medien in Museen und Ausstellungen unterscheiden lassen, ist die Art der Beziehung von Besucher und Informationsangebot. Grundsätzlich lassen sich *rezeptive* und *interaktive* Kommunikationsmedien zur Informationsvermittlung im Museum unterscheiden (Reuter, 1989, S.228). Bei *rezeptiver* Informationsvermittlung werden dem Besucher Informationen meist durch visuelle oder akustische oder durch audio-visuelle Medien angeboten. Visuelle Medien sind Dias, Videos oder Texttafeln, die im Ausstellungsraum oder in gesonderten Räumen angeboten werden. Der interessierte Besucher nimmt sie mit dem Auge auf und kann die dargebotene Information dann verarbeiten. Mittlerweile etabliert ist die auditive Informationsvermittlung, bei der

Informationen über die Ausstellungsobjekte oder -einheiten in Form gesprochener Texte oder Tonproduktionen an die Besucher vermittelt werden.

Zu unterscheiden sind zwei Gruppen auditiver Systeme (Reuter, 1989, S.231):
- auditive Systeme mit zentralem Tonträger,
- auditive Systeme mit individuellem Tonträger.

Bei *zentralen* Audio-Systemen werden die Informationen meist durch ein Infrarot-Übertragungssystem weitergegeben. Dort, wo sich der Besucher gerade aufhält, kann er Informationen - in der Regel in Art und Menge vorgegeben - erhalten. Ein zentrales Audio-System stellt den Besuchern frei, sich ihren Rundgang hinsichtlich der Route und Geschwindigkeit selbst einzuteilen. Bei Interesse können dann Informationen zu einem Kunstobjekt angehört werden. Bei *individuellen* Audio-Systemen werden die Besucher angehalten, einen bestimmten Weg durch die Ausstellungsräume einzuhalten. Sie erhalten zu ausgewählten Werken meist eine genau vorgegebene Menge an Informationen. Überwiegend werden diese individuellen Audio-Systeme durch Kopfhörer, die dem Besucher - häufig gegen ein Entgelt - am Eingang eines Museums ausgehändigt werden, realisiert. Mittlerweile bieten einige Ausstellungen und Museen auch individuelle Audio-Systeme, bei denen die Route durch das Haus nicht strikt festgelegt ist. Erreicht der interessierte Besucher ein Kunstobjekt, kann er durch die Eingabe einer Kennzahl Informationen über das entsprechende Objekt abrufen[173].

Bei der *interaktiven* Informationsvermittlung können die Besucher durch eigene Handlungen Reaktionen des die Informationen liefernden Mediums hervorrufen.
Man kann die interaktive Informationsvermittlung in
- mediale und
- reale Vermittlung

unterscheiden.

Bei der *medialen* Informationsvermittlung wird der Informationsaustausch meist durch elektronische Datenverarbeitungssysteme organisiert, also z.B. durch in Ausstellungsräumen aufgestellte PC-Terminals. Nach den Wünschen der Benutzer werden die Informationen angeboten, die nachgefragt werden. Der Benutzer ist so in der Lage, selbst zu bestimmen, welche Informationen mit welchem Detaillierungsgrad er möchte (Heumann/Gurian, 1996,

---

[173] Diese Form der Informationsvermittlung kann auch bereits als interaktiv bezeichnet werden.

S.3). Aufgrund der großen Speicherkapazität wird es möglich, dem Besucher ein sehr umfassendes Informationsangebot zu offerieren. Die Vorteile eines edv-gestützten Lernens beruhen vor allem auf der Interaktivität und der Adaptivität an die Eigenschaften und Bedürfnisse des Nutzers (Issing/Strzebkowski, 1996, S.123). Wichtig für den erfolgreichen Einsatz von Multimedia-Informationsangeboten ist ihre unterhaltsame und motivierende Gestaltung[174] (Issing/Strzebkowski, 1996, S.134).

Untersucht man, inwieweit Multimedia-Terminals den drei in der empirischen Untersuchung ermittelten Besuchergruppen entgegenkommen, so kann folgendes vermutet werden: Das Aufstellen von Multimedia-Terminals befähigt die Besucher, stark selbstgesteuert nach Informationen zu suchen und diese individuell zu verarbeiten. Ein solch detailliertes Informationsangebot, das durch ein hohes Ausmaß an Selbstbestimmung gekennzeichnet ist, kommt vermutlich vor allem der Besuchergruppe der Erlebnisorientierten entgegen. Deshalb soll im empirischen Teil der Arbeit die folgende Hypothese[175] S-1 getestet werden:

> H_{S-1}: *Die Erlebnisorientierten beurteilen Multimedia-Terminals in Ausstellungen und Museen positiver als die Bildungs- und Prestigeorientierten und als die Kulturmuffel.*

Der medialen Vermittlung in Ausstellungen und Museen wird eine wichtige Rolle zugeschrieben[176] (Reuter, 1989, S.229). Elektronische Medien erhöhen auch zukünftig die Attraktivität der Lernsituation, da sie eine bei vielen Jugendlichen heute verbreitete Form des Wissenserwerbs treffen (Lohmann, 1994, S.170).

6.4.2. Die Verknüpfung von darstellender und bildender Kunst

Bei einer Verknüpfung von darstellender und bildender Kunst werden museale Inhalte durch darstellende Künste wie Theaterdarbietungen oder Tanzvorführungen inszeniert. Beispielsweise werden Kulturobjekte schauspielerisch vor ihrem historischen Hintergrund - z.B.

---

[174] Zur Gestaltung der Software und der Bildschirmoberfläche von Multimedia-Terminals speziell in Ausstellungen und Museen vgl. Serrell/Raphling (1996, S.136ff.).
[175] Die Indizierung „S" bedeutet, daß es sich um eine Hypothese zur segmentspezifischen Eignung ausgewählter Bildungsangebote handelt. Die zugehörige Ziffer numeriert die Hypothesen. Die Hypothesen werden in der zweiten empirischen Untersuchung geprüft.
[176] Zu möglichen Akzeptanzproblemen von Multimedia-Anwendungen vgl. Swoboda (1996, S.27f.).

Werkzeuge oder Kleidung in ihrem ursprünglichen Verwendungszusammenhang - gezeigt. Durch die Inszenierung der Objekte wird es möglich, das Umfeld, den Stellenwert oder die Aura des Objektes zu veranschaulichen, was sich durch die reine Präsentation dem Besucher verschließt (Graf, 1990, S.134; Klein, 1989a, S.262).

Aus lerntheoretischer Sicht verspricht die Verwendung von Schauspielszenen eine verbesserte Informationsaufnahme und -verarbeitung, da die präsentierten Objekte in ihren Sinn- und Verwendungszusammenhang integriert werden, so daß mehr und anschaulichere Verknüpfungen im Gedächtnis der Besucher möglich sind. Bisher durchgeführte, seltene empirische Untersuchungen deuten auf überwiegend positive Erfahrungen (i.S. von Akzeptanz und Gefallen) bei der Verknüpfung von darstellender und bildender Kunst hin (z.B. Klein, 1989a, S.270). Die Auswirkungen auf die Lernleistung im Kulturbereich sind noch nicht untersucht.

Ein solches Angebot von Verknüpfungen darstellender und bildender Kunst gestaltet das Ausstellungsangebot abwechslungsreicher und lebhafter, so daß dieses erlebnisorientierten Besuchern besonders entgegenkommen dürfte. Deshalb soll im empirischen Teil die folgende Hypothese S-2 untersucht werden:

> H_{S-2}: *Die Erlebnisorientierten beurteilen Inszenierungen durch darstellende Kunst in Ausstellungen und Museen positiver als die Bildungs- und Prestigeorientierten und als die Kulturmuffel.*

6.4.3. Aktivitätszonen in Ausstellungen und Museen

Eine weitere Möglichkeit, kulturelle Inhalte zu vermitteln, stellt das Einrichten von Aktivitätszonen dar. In solchen Zonen erhält der Besucher die Möglichkeit, selbst aktiv zu werden, also beispielsweise Kunstobjekte nachzubilden, mit Farben zu arbeiten oder in einem Heimatmuseum Nachbildungen ausgestellter Werkzeuge auszuprobieren. Der Besucher wird angehalten, eigene, nicht auf elektronischen Medien beruhende Erfahrungen zu machen und Informationen aufzunehmen und zu verarbeiten. Eine solche Möglichkeit der Aktivität entspricht dem kulturspezifischen Lebensstil erlebnisorientierter Personen. Deshalb soll im empirischen Teil die folgende Hypothese S-3 getestet werden:

> $H_{S\text{-}3}$: *Die Erlebnisorientierten beurteilen Angebote, bei denen sie selbst aktiv werden können, positiver als die Bildungs- und Prestigeorientierten und als die Kulturmuffel.*

Aus lerntheoretischer Sicht erscheinen solche, durch eigene Aktivität gemachte reale Erfahrungen, wie ausführlicher in Kap. 6.3.3. diskutiert, als besonders erfolgversprechende Möglichkeit des kulturellen Lernens.

6.5. Zusammenfassung der Erkenntnisse zur Vermittlung kultureller Bildung in Ausstellungen und Museen

Eine der zentralen Aufgaben von Ausstellungen und Museen ist die Vermittlung kultureller Bildung. In diesem Kapitel wurde zunächst ein kurzer Überblick über den chronologischen Ablauf der Bildungsvermittlung beim Besuch gegeben.

Die Lernleistungen, die ein Individuum beim Besuch einer Ausstellung oder eines Museums erbringt, sind abhängig von den persönlichen Voraussetzungen, den situativen Bedingungen und der Aufbereitung des Lernmaterials.

Um dem unterschiedlichen Vorwissen und der unterschiedlichen Intelligenz der Besucher als deren persönliche Voraussetzungen begegnen zu können, müssen flexible Informationsangebote geschaffen werden.

Das Lernmaterial, also die Informationen, die dem Publikum angeboten werden, wird von den Organisatoren der Ausstellung bei ihrer Konzeptionierung festgelegt. Es stellt sich die Frage, wie diese Informationen vermittelt werden sollen. In Kap. 6.2.3. wurde auf die anhaltende Diskussion hingewiesen, ob ein fachwissenschaftlicher oder ein vermittlungstheoretischer Ansatz der Ausstellungsgestaltung vorzuziehen ist. Wie die theoretische Erörterung gezeigt hat, verspricht aus lerntheoretischer Sicht der vermittlungstheoretische Ansatz ein größeres Vermittlungspotential kulturellen Wissens.

Die Gestaltung einer als angenehm und angemessen empfundenen Lernumwelt wurde als wichtiger Faktor der situativen Lernbedingungen für den Erwerb kulturellen Wissens beschrieben. Sowohl eine positive emotionale Befindlichkeit in der Museumsumwelt, wodurch dem Museum eine hohe Lernattraktivität beigemessen wird, als auch das Gefühl bei den Besuchern, daß die Kulturinstitution den persönlichen Bildungsanspruch trifft, wirken sich positiv auf die Informationsnachfrage im Museum aus. Die postulierten Beziehungen wurden zu einem Teilmodell zum Verhalten in Ausstellungen und Museen zusammengefügt, das im weiteren Verlauf der Arbeit ausgebaut und vervollständigt wird.

Insgesamt sollte das Museum bemüht sein, den Besuchern ein selbstgesteuertes Lernen zu ermöglichen, das sich durch viel Flexibilität und Eigeninitiative auszeichnet. Es sollte versucht werden, keine Belehrung der Besucher vorzunehmen, sondern diese in den Lernprozeß zu integrieren.

Zum Ende des Kapitels wurden ausgewählte Instrumente der Bildungsvermittlung erläutert und im Hinblick auf ihre Eignung für die im Kulturbereich ermittelten Besuchergruppen analysiert.

7. Umweltpsychologische Gestaltung von Kulturinstitutionen - dargestellt für Ausstellungen und Museen

Ein Museum oder eine Ausstellung ist ein physischer Ort, dessen Gestaltung Einfluß auf den Besucher und den Besuchsverlauf hat. Ein Teilbereich der Gestaltung des gesamten Kulturangebotes ist damit die Gestaltung der Museumsumwelt. Sie umfaßt neben der Innen- und Außenarchitektur des Gebäudes auch die Atmosphäre - „the 'feel' of the building" (Falk, 1996, S.117) - sowie die Anordnung der Objekte und ihre Präsentation.

7.1. Grundlegendes zur Umweltpsychologie

Die Umweltpsychologie untersucht die Wechselwirkungen zwischen Menschen und ihrer physischen Umwelt[177] (Stokols, 1997, S.333; Cassidy, 1997, S.2f.). Sie beruht auf Lewins (1951) Feldtheorie, nach der das Verhalten eines Menschen eine Funktion der Umweltreize und seiner persönlichen Dispositionen ist.

Im Rahmen der Umweltpsychologie kann die Umwelt sowohl als unabhängige als auch als abhängige Variable untersucht werden (Bierhoff-Alfermann/Bierhoff, 1976, S.43ff.). Betrachtet man die Umwelt als abhängige Variable, dann wird die Gestaltung der Umwelt im Dienste des Menschen analysiert. Betrachtet man die Umwelt als unabhängige Variable, dann untersucht man den Einfluß der Umwelt auf das menschliche Verhalten[178]. Untersucht wird im folgenden, welche menschlichen Reaktionen durch die Umweltgestaltung der Kulturinstitutionen hervorgerufen werden. Damit wird die Umwelt in erster Linie als unabhängige und beeinflussende Variable aufgefaßt. Exemplarisch für andere Kulturinstitutionen werden wiederum Ausstellungen und Museen betrachtet.

Grundannahme der umweltpsychologischen Forschung ist, daß die in der Umwelt vorliegenden Beziehungen zwischen Individuen oder zwischen Individuen und Objekten einer Struktur unterliegen (Rapoport, 1977, S.9), so daß es möglich wird, durch Gestaltung der

---

[177] Graumann/Schneider (1988, S.17) weisen darauf hin, daß sich zwei verschiedene Hauptklassen der Theoriebildung in der Umweltpsychologie unterscheiden lassen. Während bei den Theorieansätzen des sogenannten Typ I eine Unabhängigkeit der beiden Faktoren Person und Umwelt zugrunde gelegt wird, gehen die Theorieansätze des sogenannten Typ II von Wechselwirkungen der beiden Faktoren aus. In dieser Arbeit finden die Theorieansätze des Typ II, an denen zunehmendes Interesse erkennbar ist (Graumann/Schneider, 1988, S.17), Beachtung.

[178] Einen Überblick über verschiedene Theorien, die die Beziehung zwischen Umwelt und Verhalten zum Gegenstand haben, liefern Bell et al. (1996, S.115ff.) oder Veitch/Arkkelin (1995, S.16ff.).

Umwelt Eingriff in die durch sie ausgelösten Verhaltensweisen des Menschen zu nehmen[179]. Die Beziehung zwischen Umwelt und Mensch läßt sich durch die folgenden Rahmenbedingungen kennzeichnen (Ittelson et al., 1977, S.26ff.; Lawton, 1970, S.41f.; Rapoport, 1977, S.8):

– Eine Umwelt wird vom Individuum ganzheitlich erlebt. Die einzelnen Reize einer Umwelt wirken in Summe auf das Verhalten. „Environmental Evaluation ... is more a matter of overall affective response than of a detailed analysis of specific aspects" (Rapoport, 1977, S.60). Beispielsweise analysiert man ein Gebäude nicht nach seinen einzelnen Bestandteilen wie Wände, Türen oder Fenster.

– Bei der Wahrnehmung einer Umwelt sind immer zentrale und periphere Reize von Bedeutung (Ittelson, 1973, S.14). Demnach ist es beispielsweise nicht möglich, ausschließlich auf ein Kunstobjekt im Museum zu schauen, ohne durch die peripheren Umfeldreize - wie Farbgebung der Wände oder des Fußbodens oder die im Museum herrschende Temperatur - beeinflußt zu werden.

– Beeinflussungen durch die Umwelt sind den Menschen häufig nicht bewußt. Einem Besucher in einem Museum wird möglicherweise nicht bewußt, daß eine rote Wandfarbe andere physiologische Reaktionen als eine weiße Wandfarbe auslöst.

– Die Wahrnehmung der Umwelt ist subjektiv. Objektiv gleiche Reize können bei verschiedenen Besuchern verschiedene Reaktionen hervorrufen. So variiert z.B. das Temperaturempfinden im Museum bei den einzelnen Besuchern.

– Die Reize einer Umwelt besitzen für die Individuen auch symbolischen Wert. Beispielsweise könnte die Plazierung eines Gemäldes in der Mitte einer Wand, deutlich von anderen Kunstobjekten abgesetzt, auf dessen kulturelle Bedeutung hinweisen.

Die Umwelt, die auf den Menschen einwirkt, umfaßt die folgenden Komponenten (Lawton, 1970, S.41f.):

1. *Persönliche Umwelt*: Die persönliche Umwelt umfaßt alle Personen, die sich in der Umgebung des Individuums aufhalten (Freunde, Familie, Vorgesetzte usw.). Ein Individuum, das in einer Gruppe ein Museum besucht, reagiert anders auf die Umwelt als bei einem alleinigen Besuch, beispielsweise bei der Nutzung von Ruheecken, von

---

[179] Auch Kroeber-Riel/Weinberg (1996, S.414) gehen davon aus, daß die „physische Umwelt ... konsistente, über zeitliche und räumliche Einzelsituationen hinausgehende Verhaltensweisen (auslöst)".

Multimedia-Terminals oder in bezug auf die Geschwindigkeit, mit der sich der Besucher durch die einzelnen Räume des Museums bewegt. Eng mit der persönlichen Umwelt ist die *supra-persönliche Umwelt* des Besuchers verknüpft. Die supra-persönliche Umwelt bezieht sich auf das Vorhandensein anderer Personen, die ähnliche Persönlichkeitszüge wie der Besucher selbst aufweisen (z.b. Lebensstil, ethnische Herkunft usw.). Je homogener die Gruppe bzgl. der Persönlichkeitsdispositionen ist, desto stärker ist der Gruppeneinfluß auf das Individuum.

2. *Physische Umwelt*: Die physische Umwelt umfaßt alle natürlichen und von Menschenhand geschaffenen Sachverhalte. Zu ihr zählen im Museum z.b. die Farbe der Wände, die Gestaltung des Eingangsbereiches usw.

3. *Soziale Umwelt*: Jede Umwelt ist in ein soziales System eingebettet, das die Rolle des Individuums in der Umwelt mitbestimmt und Einfluß auf seine Verhaltensweisen hat (Ittelson et al., 1977, S.27). Die soziale Umwelt wird vor allem durch soziale Normen bestimmt. Beispielsweise wird in vielen Museen vom Besucher erwartet, daß er sich in den Ausstellungsräumen ruhig und zurückhaltend verhält und daß er die Kunstwerke nicht berührt.

Für das Kulturmarketing ist die Gestaltung der *physischen* Umwelt von besonderer Bedeutung, da sie vergleichsweise einfach beeinflußt werden kann. So läßt sich beispielsweise die Farbgebung der Wände oder des Fußbodens im Museum einfach verändern, während die Museumsleitung schwer bzw. gar keinen Einfluß auf das soziale bzw. persönliche oder supra-persönliche Umfeld eines Besuchers ausüben kann. Die Museumsleitung hat z.B. keine Möglichkeit, die Nationalität oder den Lebensstil der Besucher zu verändern. In dieser Arbeit wird deshalb die Gestaltung der physischen Umwelt einer Ausstellung bzw. eines Museums in den Vordergrund gerückt.

Die Umweltpsychologie beschäftigt sich mit kognitiven und emotionalen Wirkungen in der Mensch-Umwelt-Beziehung. Je nach im Vordergrund stehendem Erkenntnisinteresse lassen sich kognitive und emotionale Ansätze der Umweltpsychologie unterscheiden (vgl. für einen Überblick, auch über empirische Studien, z.B. Gröppel, 1991, S.115ff.). Bevor auf die beiden grundlegenden Ansätze der Umweltpsychologie für die Gestaltung von Kulturinstitutionen eingegangen wird, soll zunächst ein kurzer Überblick über die Erkenntnisse der Aktivierungstheorien gegeben werden. Sie sind sowohl für den emotionalen als auch für den kognitiven Ansatz der Umweltpsychologie relevant, da durch Aktivierung sowohl emotionale als auch gedankliche Prozesse initiiert und beeinflußt werden.

7.2. Beiträge der Aktivierungstheorien für die Umweltpsychologie

Befindet sich eine Person in einer Umwelt, löst diese *immer* eine Aktivierung bei der Person aus (Bell et al., 1996, S.116), was sie in ihrem Empfinden und in ihrem Verhalten in der Umwelt beeinflußt.

7.2.1. Begriffsklärung Aktivierung

Aktivierung gilt als Grundstein aller Antriebsprozesse (Duffy 1972, S.580). Sie liefert dem Organismus Energie und versetzt ihn in einen „Zustand der *Leistungsbereitschaft* und *Leistungsfähigkeit*" (Kroeber-Riel/Weinberg, 1996, S.58). Kroeber-Riel (1983, S.30ff.) bemängelt, daß in vielen Forschungsarbeiten durch die Dominanz des kognitiven Paradigmas die nicht-kognitiven Prozesse - wie die Aktivierung - in den Hintergrund gedrängt und vernachlässigt wurden. Er betont, daß „doch kein Zweifel daran bestehen (kann), daß sie das Konsumentenverhalten wesentlich prägen" (S.13).

Zur Strukturierung des umfassenden Konstruktes der Aktivierung kann in *unspezifische* und *spezifische* Aktivierung unterschieden werden (Lindsley, 1961, S.334ff.; Haider, 1969, S.148). Während die unspezifische Aktivierung den gesamten Organismus stimuliert, versorgt die spezifische Aktivierung bestimmte Teile des Organismus mit Energie. Beide Aktivierungsvorgänge stehen in enger Beziehung zueinander (Kroeber-Riel/Weinberg, 1996, S.58). Eine unspezifische Aktivierung erfährt der Besucher z.B. durch die Gestaltung der Wandfarbe in den Museumsräumen, eine spezifische Aktivierung z.B. durch eine auditive Führung mittels eines Kopfhörers (über den Hörsinn) oder durch das Berühren eines Replikates eines Kunstobjektes (über den Tastsinn).

Weiterhin wird eine grundlegende Unterteilung in *tonische* und *phasische* Aktivierung vorgenommen (Sharpless/Jasper, 1956, S.674; Haider, 1969, S.148f.). Die längerfristig wirkende tonische Aktivierung ist von tageszeitlichen Einflüssen oder von starken externen Reizen abhängig und verändert die gesamte Leistungsbereitschaft des menschlichen Organismus (Bost, 1987, S.34). Die kürzerfristig wirkende phasische Aktivierung hingegen wird von einzelnen Reizen ausgelöst und klingt nach Bewältigung der Reizsituation schnell wieder ab. Sie verbessert die Verarbeitung des die Aktivierung auslösenden Reizes, ohne den gesamten Organismus zu stimulieren (Bost, 1987, S.35). Das tonische Aktivierungsniveau der

Besucher wird durch viele periphere Reize im Museum (z.b. durch die Raumtemperatur oder durch andere Besucher) beeinflußt, während phasische Aktivierung z.B. durch das Hervorheben eines Kunstobjektes mittels gezielter Beleuchtung erreicht werden kann.

7.2.2. Psychobiologische Grundlagen und Auslösung der Aktivierung

Die von der Museumsumwelt ausgelöste Aktivierung beeinflußt die kognitiven Leistungen der Besucher[180]. Aktivierung fördert die Informationsaufnahme, -verarbeitung und -speicherung und damit auch die Erinnerungsleistung (Meyer-Hentschel, 1983, S.8f.). Zusammenfassend schreiben Kroeber-Riel/Weinberg (1996, S.60): „Die Stärke der Aktivierung ist ein Maß dafür, wie wach, reaktionsbereit und leistungsfähig der Organismus ist."[181]

Aktivierung kann durch innere und äußere Reize ausgelöst werden (Weinberg, 1994, S.173). So kann beispielsweise eine Erinnerung an ein schönes Erlebnis als innerer Reiz ein Individuum aktivieren. Für die Auslösung der Aktivierung von außen stehen zahlreiche Reize zur Verfügung, die sich hinsichtlich ihrer Wirkung in drei Gruppen einteilen lassen[182] (Kroeber-Riel/Weinberg, 1996, S.71):
- emotionale Reizwirkungen,
- kognitive Reizwirkungen,
- physische Reizwirkungen.

Die Wirkung emotionaler Reize ist eng mit einer inneren Erregung verknüpft (Kroeber-Riel/Weinberg, 1996, S.71). Als besonders zuverlässig gelten emotionale Schlüsselreize, die biologisch vorprogrammierte Reaktionen auslösen und weitgehend automatisch wirken. Reize, die kognitive Wirkungen haben, sind vor allem durch ihre Neuartigkeit, ihren Überraschungswert, durch Inkonsistenz, Komplexität, Unklarheit und Konflikt gekennzeichnet[183] (Berlyne, 1978, S.162ff.; zusammengefaßt durch Meyer-Hentschel, 1983, S.10f.). Eine wirksame und sichere Technik der Aktivierung läßt sich durch die Verwendung physisch wirkender Reize erzielen (Kroeber-Riel/Weinberg, 1996, S.73). Physische Reize fallen durch

---

[180] Vgl. zu den psychobiologischen Abläufen der Aktivierung vor allem Kroeber-Riel (1979, S. 240ff.), der die Aktivierungsforschung in das deutschsprachige Marketing eingeführt hat, oder Birbaumer/Schmidt (1996, S.528ff.) sowie Kroeber-Riel/Weinberg (1996, S.58ff.).
[181] Im Original blau unterlegt.
[182] Eine andere (allerdings sehr ähnliche) Einteilung wird von Berlyne (1974, 217ff.) in intensive und affektive Variablen sowie Variablen des Vergleichs vorgenommen und z.B. von Bekmeier (1989, S.100ff.) verwendet.
[183] Vgl. ausführlich Berlyne (1978, S.162ff.).

ihre physische Beschaffenheit auf, haben aber zunächst keine oder nur sehr geringe emotionale und gedankliche Bedeutung. Die wichtigsten visuellen physikalischen Reize sind Größe und Farbe (Kroeber-Riel, 1996, S.102).

Die durchschnittlich ausgelöste Aktivierung steigt mit zunehmendem *Aktivierungspotential* eines Reizes (Meyer-Hentschel, 1983, S.10). Unter dem Aktivierungspotential eines Reizes versteht man seine Fähigkeit, beim Empfänger (phasische) Aktivierung auszulösen (Berlyne, 1974, S.226).

7.2.3. Zusammenfassung der Erkenntnisse der Aktivierungstheorien für die Gestaltung von Ausstellungen und Museen

Eine Ausstellung oder ein Museum löst immer eine Aktivierung beim Besucher aus. Die Höhe der Aktivierung bestimmt die Leistungsfähigkeit und -bereitschaft innerhalb des Museums. Für das Marketing von Ausstellungen und Museen - insbesondere für die Vermittlung kultureller Bildung - bedeutet das, die Aktivierungstechniken derart zu berücksichtigen und einzusetzen, daß die Leistung im Museum und bei der Betrachtung der Kulturobjekte optimiert wird. Zur Auslösung der Aktivierung stehen verschiedene Reize zur Verfügung. Die Aktivierung kann den gesamten Organismus oder Teilbereiche des Organismus stimulieren und langanhaltend (als Hintergrundphänomen) oder kurzfristig (auf einen Reiz hin) wirken. Durch die Gestaltung der Museumsumwelt wird es möglich, Einfluß auf die Aktivierung der Besucher und damit auf ihre Leistungsbereitschaft und -fähigkeit zu nehmen.

7.3. Erkenntnisse des kognitiven Ansatzes der Umweltpsychologie für die Museumsgestaltung

Hauptsächliches Erkenntnisinteresse der kognitiven Umweltpsychologie ist die *gedankliche* Strukturierung einer Umwelt[184]. Individuen versuchen, eine „Geographie des Geistes" zu schaffen, die es ihnen ermöglicht, die Umgebung zu klassifizieren und deren zukünftiges Verhalten zu prognostizieren, so daß die Individuen entsprechend mit ihr verfahren können (Ittelson et al., 1977, S.132). Eines der Ziele der Vertreter der kognitiven Umweltpsychologie ist die Schaffung einer *orientierungsfreundlichen* Umwelt. Die Umwelt wird als eine Zusammensetzung von Vorstellungsbildern verarbeitet und schematisiert. Diese kognitive

---

[184] Vertreter sind z.B. Lynch (1960), Ittelson (1973) oder Rapoport (1977).

Strukturierung der Umwelt befähigt den Menschen, sich zu organisieren und die Umwelt zu bewältigen.

Um die Orientierungsfreundlichkeit eines Museums zu erhöhen, kann man durch gestalterische Maßnahmen versuchen, den Aufbau *innerer Lagepläne* beim Besucher zu erleichtern. Innere Lagepläne haben die Funktion innerer Schemata und dienen der schnellen, in der Regel wenig bewußten räumlichen Orientierung und damit der Bequemlichkeit der Besucher (Kroeber-Riel, 1996, S.259). Als Maßnahmen für den Aufbau lebendiger innerer Lagepläne und für die Gestaltung orientierungsfreundlicher Umwelten bestehen für Ausstellungen und Museen in Anlehnung an Kroeber-Riel (1996, S.260) die folgenden Möglichkeiten:

- Die Bereiche eines Museums sollten klar abgegrenzt sein, z.b. Ausstellungsbereiche, Ruhebereiche, Kommunikationsbereiche, Gastronomiebereiche und Servicebereiche.
- Es sollte ein schnell erkennbares und einsichtiges System von Wegen im Museum geben. Dazu eignen sich die Wände besser als die Fußböden und Decken (Deckenhänger), da sie eine stärkere Beachtung finden. Bitgood (1996, S.150) empfiehlt, die Ausstellung mit geraden Wegen und rechteckigen Winkeln zu gestalten, da sie dem Aufbau innerer Lagepläne entgegenkommen.
- Empfehlenswert ist die Verwendung auffälliger Hinweis- und Merkzeichen[185]. Beispielsweise sollten Zusatzinformationen zu den einzelnen Kunstobjekten durch ein leicht einprägsames und immer wiederkehrendes Symbol angekündigt werden. Genauso sollten Ruhebereiche durch ein auffälliges, aber einheitliches Symbol visualisiert werden.
- Zur Erleichterung des Aufbaus innerer Lagepläne sollten sprachliche oder bildhafte Etikettierungen der Räume vorgenommen werden, z.B. *Halle der italienischen Meister*, in der Kunstobjekte italienischer Künstler ausgestellt sind, *Raum des 2. Weltkrieges*, in der Kunstwerke, die während des 2. Weltkrieges entstanden sind, gezeigt werden, *Romantik-Halle*, in der Kunst aus der Romantik-Epoche ausgestellt ist usw.

Es hat sich als vorteilhaft erwiesen, wenn den Besuchern bereits am Eingang einer Ausstellung Informationen übermittelt wurden über den Aufbau der Ausstellung (also wo

---

[185] Hier zeigt sich beispielsweise die Relevanz der in Kap. 7.2. erläuterten Aktivierungstheorien für die kognitive Umweltpsychologie: Die Hinweis- und Merkzeichen müssen aktivierend gestaltet sein, um Auffälligkeit zu erreichen.

welche Kunstwerke zu finden sind), was in einer Ausstellung zu erwarten ist, wie lange ein Rundgang in etwa dauert u.ä., so daß die Besucher von vornherein das Gefühl einer guten Orientierung im Museum hatten (Bitgood, 1996, S.149).

7.4. Erkenntnisse des erweiterten und geänderten emotionspsychologischen Ansatzes der Umweltpsychologie für die Museumsgestaltung

Der (klassische) emotionale Ansatz der Umweltpsychologie beruht auf der grundlegenden Annahme, daß die Gefühle das Verhalten eines Menschen bestimmen (Mehrabian, 1978, S.14f.). „Eine bestimmte Umgebung verursacht bei einem Menschen gewisse emotionale Reaktionen. Diese Reaktionen wiederum bewirken, daß der Mensch sich dieser Umgebung mehr oder weniger nähert oder sie mehr oder weniger meidet ..." (Mehrabian, 1978, S.15). Nach Ittelson (1973, S.16; auch Ittelson et al., 1977, S.131) ist die erste Reaktion auf eine Umwelt affektiver Art. Sie bestimmt im allgemeinen die Verhaltenstendenz, die in einer Umwelt eingeschlagen wird. Auch Kroeber-Riel (1983, S.32) betont die Bedeutung der spontanen affektiven Haltung gegenüber einem Entscheidungsgegenstand, da sie den darauf folgenden Ablauf der Informationsverarbeitung zum großen Teil vorwegnimmt. Die emotionalen Reaktionen sind damit *intervenierende* Variablen[186].

Der emotionspsychologische Ansatz der Umweltpsychologie erforscht (Mehrabian/Russell, 1974, S.4)
- den Einfluß der physikalischen Umwelt auf menschliche Emotionen, d.h., wie die Gestaltung des Museums (Museumsumwelt) die Emotionen des Besuchers beeinflußt,
- den Einfluß der physikalischen Umwelt auf eine Vielzahl menschlicher Verhaltensweisen, d.h., welche Verhaltenstendenzen die Museumsumwelt bei den Besuchern auslöst.

Aufbauend auf den obigen Überlegungen haben Mehrabian/Russell (1974) ein umweltpsychologisches Verhaltensmodell entwickelt, das die Auswirkungen von Stimuli der Umwelt und Persönlichkeitsfaktoren auf primäre emotionale Reaktionen und anschließend auf Verhaltensreaktionen in Form von Annäherung und Meidung abbildet (Abb. 33).

---

[186] Der hier beschriebene emotionspsychologische Ansatz ist demnach ein SOR-Ansatz. Vgl. zum SOR-Ansatz ausführlicher z.B. Kroeber-Riel/Weinberg (1996, S.29ff.).

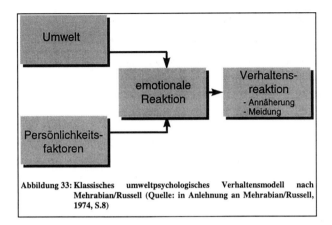

Abbildung 33: Klassisches umweltpsychologisches Verhaltensmodell nach Mehrabian/Russell (Quelle: in Anlehnung an Mehrabian/Russell, 1974, S.8)

Im Marketing fand das Modell von Mehrabian/Russell vor allem im Handel Anwendung. Donovan/Rossiter (1982) gehören zu den ersten, die Teile des Modells auf den Einzelhandel übertragen haben, Forschungsarbeiten im deutschsprachigen Raum folgten von z.b. Diller/Kusterer (1986), Bost (1987), Diller et al. (1987), Diller/Beba (1988), Gröppel (1991), Stöhr (1998) oder Gröppel-Klein (1998). Einen Überblick über die geprüften Zusammenhänge des Modells gibt Gröppel (1991, S.138).

Die nachfolgenden Ausführungen zur Gestaltung der Museumsumwelt orientieren sich weitgehend am emotionspsychologischen Modell von Mehrabian/Russell, das erweitert und verändert wird.

- Im Verlauf der Erläuterungen wird gezeigt, daß das Modell von Mehrabian/Russell zu erweitern ist, wenn es auf Ausstellungen und Museen angewendet wird: Es erscheint notwendig, die in Kap. 6.2.2. zur Vermittlung kultureller Bildung eingeführte *kognitive* Variable des Bildungsanspruchs in das Modell zu integrieren (vgl. ausführlich Kap. 7.4.2.).
- Darüber hinaus werden bei den Verhaltensreaktionen neben den üblicherweise erfaßten Größen wie tatsächliche bzw. antizipierte Verweildauer oder tatsächlicher bzw. antizipierter Kaufabschluß bildungsspezifische Größen berücksichtigt: In der Arbeit sind dieses die wahrgenommene Lernattraktivität einer Umgebung und die Nachfrage nach kulturbezogenen Informationen (vgl. ausführlich Kap. 7.4.1.).
- Neben der Erweiterung des Modells bei der Anwendung auf Ausstellungen und Museen wird eine Veränderung am Modell vorgenommen, die nicht nur für den Untersuchungsgegenstand Relevanz besitzt, sondern eine breitere Gültigkeit aufweist: Es wird erläutert,

daß der *Lebensstil* als Einflußvariable im Modell Vorteile gegenüber der Persönlichkeit bietet. In der vorliegenden Arbeit wird deshalb der Lebensstil anstelle der Persönlichkeit als beeinflussende Variable im Modell berücksichtigt (vgl. ausführlich Kap. 7.4.4.).

7.4.1. Annäherung oder Meidung als Verhaltensabsichten in Museumsumwelten

Nach der emotionalen Umweltpsychologie lassen sich die Reaktionen aller Personen auf eine Museumsumwelt in zwei Hauptkategorien einordnen, in *Annäherung* und in *Meidung*[187]. Diese beiden Hauptkategorien sind breit angelegt und umfassen viele Verhaltensarten (Mehrabian, 1978, S.11): „Annäherung und Meidung bedeuten ... mehr, als daß man sich bloß physisch auf eine Umwelt zu- oder von ihr wegbewegt. ... Eine weitere Verallgemeinerung über Annäherung und Meidung geht dahin, daß das Annäherungsverhalten bzw. eine Umwelt, die zur Annäherung reizt, gewöhnlich eine positive oder erwünschte Sache ist, die etwas mit Sich-darauf-zu-Bewegen, Erforschen, Freundlichkeit, besserer Leistung und Gefallensäußerungen zu tun hat. Umgekehrt ist ein Meidungsverhalten oder eine meidungsauslösende Umwelt im allgemeinen negativ besetzt und hat etwas zu tun mit Sich-davon-weg-Bewegen, Rückzug, abweisendem Verhalten, beeinträchtigter Leistung und Mißfallensäußerungen" (Mehrabian, 1978, S.11f.). Annäherungs- und Meidungsverhalten in Ausstellungen und Museen umfassen demnach nicht nur den Besuch oder die Dauer des Besuches, sondern auch Größen wie das Explorations- bzw. Lernverhalten, denen im Kulturbereich eine besondere Bedeutung zukommt.

Bevor genauer auf die Arten relevanten Annäherungs- und Meidungsverhaltens in Ausstellungen und Museen eingegangen wird, ist zunächst grundsätzlich zu klären, ob tatsächlich gezeigte Verhaltensweisen oder Verhaltensabsichten analysiert werden, denn vor allem aus der Einstellungsforschung ist bekannt, daß in empirischen Untersuchungen häufig eine Diskrepanz zwischen Ausprägungen von psychischen Konstrukten (z.B. der Einstellung gegenüber einem Gegenstand) und dem tatsächlich gezeigten Verhalten gegenüber dem Gegenstand (z.B. Kauf oder Verwendung) festgestellt wurde (Trommsdorff/Schuster, 1981, S.722ff.). Der Grund dafür ist darin zu sehen, daß das tatsächlich gezeigte Verhalten auch maßgeblich von anderen Variablen mitbestimmt wird, die relativ unabhängig von den

---

[187] Im Grunde gilt Annäherung und Meidung für alle Arten menschlichen Verhaltens (Duffy, 1972, S.577). Duffy (1972, S.577) bezeichnet Annäherung und Meidung in bezug auf Personen, Dinge, Ideen oder die Umwelt sowie Aktivierung als die beiden Hauptaspekte menschlichen Verhaltens.

untersuchten psychischen Konstrukten sein können. Hier sind vor allem situative und normative Einflüsse zu nennen[188] (Triandis, 1975, S.20ff.; Meinefeld, 1977, S.26ff.). In der Einstellungsforschung wird deshalb bevorzugt eine Verhaltensabsicht (in der Regel eine Kaufabsicht) in der gedanklich antizipierten Verhaltenssituation untersucht (Weinberg, 1981, S.27f.). Der Verhaltensabsicht wird eine hohe Prognoserelevanz für das tatsächliche Verhalten zugeschrieben, da in ihr psychische, soziale und situative Einwirkungen *antizipierend* Berücksichtigung finden (Weinberg, 1981, S.28). Analog gilt für die Gestaltung von Museumsumwelten, daß möglicherweise Annäherungsabsichten beim Besucher hervorgerufen werden, diese jedoch z.b. durch situative Einflüsse überlagert werden. Ein einfaches Beispiel ist ein Besucher, der sich durch die Museumsgestaltung angesprochen fühlt und gern länger verweilen würde, jedoch wegen einer Verabredung dem Museum nur einen kurzen Besuch abstattet. Aus den genannten Gründen erscheint es vorteilhafter, Verhaltensabsichten zu untersuchen.

Im folgenden werden zunächst ausgewählte allgemeine Verhaltensabsichten, die für Ausstellungen und Museen besondere Relevanz besitzen, genauer analysiert, dieses sind das Besuchsinteresse, die Verweilbereitschaft und die Preisbereitschaft. In Ausstellungen und Museen sind zusätzlich bildungsspezifische Verhaltensabsichten zu berücksichtigen, worauf nach der Erläuterung der allgemeinen Verhaltensabsichten eingegangen wird.

Besuchsinteresse

Das Besuchsinteresse ist die Verhaltensabsicht, ein Museum oder eine Ausstellung zu besuchen, also die antizipierte Inanspruchnahme der Dienstleistung. Sie ist mit der Kaufabsicht von Produkten vergleichbar und natürlich für den Untersuchungsgegenstand von ganz besonderem Interesse.

Verweilbereitschaft im Museum

Die Verweilbereitschaft umschreibt den beabsichtigten Zeitraum, den potentielle Besucher im Museum oder in einer Ausstellung verbringen möchten. Die Verweildauer im Museum und insbesondere vor den einzelnen Objekten wird als eine Schlüsselgröße der Bildungs- vermittlung gesehen (Schulze, 1994, S.111). Die geplante Verweildauer hängt natürlich mit

---

[188] Vgl. auch die Ausführungen in Kap. 5.8. dieser Arbeit.

der Größe des Hauses und der Museumsart zusammen. So ermittelte Klein (1990, S.271) für verschiedene Museumsarten die folgende durchschnittliche geplante Verweildauer[189] (Tab. 34):

Museumsart	Verweildauer
Freilichtmuseum:	122 Minuten
Technikmuseum:	102 Minuten
Naturkundemuseum:	88 Minuten
Regionalmuseum:	65 Minuten
Kunst- und kulturgeschichtliches Museum:	63 Minuten
Spezialmuseum/Archäologiemuseum:	57 Minuten

Tabelle 34:　Geplante Verweildauer nach Museumsarten (Quelle: Klein, 1990, S.271)

Weitere Einflußgrößen auf die geplante Verweildauer sind (Klein, 1990, S.273):

– das Alter der Besucher (Jugendliche sind in einigen Museumsarten unter den Kurzbesuchern überdurchschnittlich vertreten),

– der Wochentag (Besuche am Wochenende erfolgen unter weniger Zeitdruck, so daß sich bei einigen Museumsarten längere Verweilzeiten ergeben),

– die Länge des Anreiseweges (bei längerem Anreiseweg kommt es zu weniger kurzen Aufenthalten) und

– die bereits getätigten Besuche des Hauses (Wiederholungsbesucher verbringen weniger Zeit in der Kulturinstitution).

– Des weiteren treten Einzelbesucher sowohl überdurchschnittlich häufig als Kurzzeitbesucher als auch als Langzeitbesucher (bei intensivem Sachinteresse) auf.

Bei der Untersuchung der durchschnittlichen Verweildauer *vor* einem Objekt im Museum wurde festgestellt, daß der Großteil der Besucher nur 5 bis 15 Sekunden vor einem Objekt verweilt[190] - relativ unabhängig von der Art der Kulturobjekte, der Größe der Sammlung, vom Geschlecht und vom Alter der Besucher (Graf/Treinen, 1983, S.38ff.). Etwa 95% der angebotenen Werke werden kaum beachtet, der durchschnittliche Besucher bringt nur etwa

---

[189] Die tatsächliche Verweildauer wurde bislang wenig erforscht, da ihre Erfassung aufgrund des relativ aufwendigen Beobachtungsdesigns schwieriger ist als die Erfassung der geplanten Verweildauer. Wenn Angaben über die tatsächliche Verweildauer in einem Haus vorliegen, dann können sie aufgrund der Abhängigkeit von der Größe des Hauses nicht verallgemeinert werden.

[190] Klein (1989b, S.118) stellte eine durchschnittliche Verweildauer von 8-9 Sekunden fest.

5% der Werke ein intensiveres Interesse entgegen (Schulze, 1994, S.111f.). Es liegen empirische Belege vor, daß die Verweildauer mit zunehmender Allgemeinbildung steigt (Graf/Treinen, 1983, S.148).

Eine längere Verweildauer im Museum ist nicht nur wünschenswert, weil sich dadurch die Wahrscheinlichkeit erhöht, daß sich ein Besucher intensiver mit den dargebotenen Objekten auseinandersetzt. Ebenso erhöht sich die Wahrscheinlichkeit, daß der Besucher andere Angebote des Museums nutzt, also beispielsweise den Museumsshop oder das Museumscafé.

Preisbereitschaft

Die Preisbereitschaft gibt an, wie viel potentielle Besucher für die Dienstleistung Ausstellungs- und Museumsbesuch zu zahlen bereit sind[191]. Grundlage ist eine Preisbeurteilung, die von den potentiellen Besuchern vorgenommen wird. Die Preisbeurteilung kann dabei auf der wahrgenommenen *Preiswürdigkeit* und auf der wahrgenommenen *Preisgünstigkeit* beruhen (Simon, 1992, S.592). Beim Preiswürdigkeitsurteil eines Ausstellungs- und Museumsbesuches wird der Preis ins Verhältnis zum erwarteten Nutzen gesetzt, bewertet wird das Preis-Leistungs-Verhältnis (Simon, 1992, S.592ff.). Beim Preisgünstigkeitsurteil orientiert sich der potentielle Besucher an den Preisen, die die Konkurrenz für eine vergleichbare Leistung verlangt (Simon, 1992, S.592). Beide Urteilsformen werden in der antizipierten Entscheidungssituation, ob ein Besuch stattfinden soll oder nicht, meist kombiniert eingesetzt (Simon, 1992, S.592). Die Bedeutung der Preisbereitschaft ist vor allem vor dem Hintergrund der Finanzmisere vieler Museen zu sehen. Die Eintrittspreise stellen eine Finanzierungsquelle für Museen dar, die es in Zeiten knapperer Mittel besser auszuschöpfen gilt. Die Veränderung der Eintrittspreise ist natürlich auch in Abhängigkeit von der Erzielung von Einnahmen in anderen wirtschaftlichen Bereichen des Museums zu sehen, wie dem Museumsshop oder dem Museumscafé: So ist denkbar, daß mit zunehmendem Eintrittspreis die Ausgabenbereitschaft für Zusatzleistungen nachläßt.

Neben den beschriebenen allgemeinen Verhaltensabsichten Besuchsinteresse, Verweilbereitschaft und Preisbereitschaft spielen im Kulturbereich natürlich bildungsspezifische Größen eine bedeutende Rolle. In Kapitel 6.2.2. zur Vermittlung kultureller Bildung wurde

---

[191] Obwohl zu dem zu zahlenden Preis prinzipiell auch nicht-monetäre Kosten gehören könnten (z.B. Zeitverlust, kognitive Kosten für die Vorbereitung), werden hier nur die monetären Kosten betrachtet.

eine hohe Lernattraktivität eines Museums als wichtiger Einflußfaktor auf die Nachfrage nach kulturbezogenen Informationen charakterisiert.

Dabei wurde erläutert, daß eine Umwelt als angenehm erlebt werden sollte, damit sie eine hohe *Lernattraktivität* ausstrahlt. Vor allem vor dem Hintergrund der zunehmenden Bedeutung eines selbstbestimmten Lernens und der Freizeitbildung (vgl. Kap. 6.3.3. und 2.2.2.2.3.) dürfte eine ansprechende Museumsgestaltung ein wichtiger Einflußfaktor auf die im Museum empfundene Lernattraktivität darstellen. In der vorliegenden Arbeit wird deshalb auch der Einfluß der Museumsgestaltung auf die einer Umwelt zugeschriebene Lernattraktivität untersucht.

7.4.2. Der Einfluß der emotionalen und kognitiven Reaktion auf die Verhaltensabsichten

Dem Modell der emotionalen Umweltpsychologie von Mehrabian/Russell folgend, werden die in einer Umwelt gezeigten Verhaltensabsichten in erster Linie durch die emotionale Reaktion, die diese Umwelt beim Individuum auslöst, bestimmt.

Den durch die Umwelt ausgelösten emotionalen Reaktionen liegen drei hypothetische Dimensionen zugrunde[192] (z.B. Mehrabian, 1978, S.22ff.):

- Erregung - Nichterregung (Arousal - Nonarousal)[193],
- Lust - Unlust (Pleasure - Displeasure),
- Dominanz - Unterwerfung (Dominance - Submissiveness).

Erregung stellt die Stärke der emotionalen Reaktion dar und wird als Aktivierung verstanden (Kroeber-Riel/Weinberg, 1996, S.419). Sie drückt aus, wie aktiv oder angeregt das Individuum ist bzw. nicht ist. Lust sagt etwas darüber aus, wie vergnügt oder zufrieden man sich in der Umgebung fühlt. Dominanz bedeutet, daß man sich überlegen fühlt, daß man das Gefühl hat, eine Situation unter Kontrolle zu haben und sich so verhalten zu können, wie man es möchte.

---

[192] Diese drei Dimensionen sind den von Osgood et al. (1957, S.36ff.) beschriebenen Dimensionen Aktivität, Evaluation und Potenz sehr ähnlich.
[193] Gröppel-Klein (1998, S.200, 214) schlägt für die konkrete Umwelt „Einkaufsstätte" vor, statt der Dimension Erregung die Dimension Entspannung zu erheben, da im Handelsbereich „Überaktivierung in Form von Einkaufshektik" nicht entstehen darf (S.214). Da im Ausstellungs- und Museumsbereich nicht mit Überaktivierung gerechnet werden muß, kann in der vorliegenden Arbeit auf die Erhebung der Dimension Entspannung verzichtet werden.

Die Eigenschaft einer Umwelt, die oben beschriebenen emotionalen Reaktionen auszulösen, wird als *Atmosphäre* einer Umwelt bezeichnet (Kotler, 1973, S.50). Für die Lust/Unlust-Dimension wird bei der Verwendung des Begriffes der Atmosphäre meist das Begriffspaar Gefallen/Nicht-Gefallen verwendet. Wenn im Verlauf der Arbeit der Begriff der Atmosphäre verwendet wird, wird damit die Fähigkeit einer Umwelt oder bestimmter umweltgestalterischer Maßnahmen bezeichnet, emotionale Reaktionen, beschrieben auf den genannten drei Dimensionen, beim Menschen hervorzurufen.

Nach Donovan/Rossiter (1982, S.49ff.) ist die Dimension Lust der bedeutendste Einflußfaktor auf das Verhalten. Je lustvoller sich ein Individuum in einer Umwelt fühlt, desto stärker ist sein Annäherungsverhalten an die Umwelt. Die empfundene Lust bestimmt am stärksten, wie lange man sich an einem Ort, hier im Museum, aufhält (in Anlehnung an Weinberg, 1986, S.99). Auch Dawson et al. (1990, S.419ff.) konnten empirisch nachweisen, daß die empfundene Lust die Zufriedenheit mit einer Einkaufsstätte und auch die Wiederbesuchsbereitschaft positiv beeinflußt.

Die von der Umgebung ausgehende Aktivierung der Individuen stellt ebenfalls eine wichtige Bestimmungsgröße für ihr Verhalten dar (Russell/Pratt, 1980, S.311). Die Untersuchung des Einflusses der Dimension Erregung auf das Verhalten in der Umwelt hat Ergebnisse geliefert, die auf einen intervenierenden Einfluß der Erregungsdimension auf die Beziehung von Lust und Annäherungsverhalten hinweisen. In einer lustvoll erlebten Umgebung steigert eine hohe Erregung das Annäherungsverhalten (Donovan/Rossiter, 1982, S.39).

Die enge Verknüpfung von Lust und Erregung legt nahe, die beiden Dimensionen in einer empirischen Untersuchung zusammenzufassen. Bereits Janke/Debus (1978, S.15, 20) weisen darauf hin, daß im Grunde alle Items, die Befindlichkeit ausdrücken, auch Aktivierungskomponenten enthalten, so daß eine Trennung zwischen lustbetonten und erregenden Items sehr schwierig ist. Auch Gröppel-Klein (1998, S.200f.) ist der Meinung, daß mit der Dimension Lust automatisch Erregung einhergeht, so daß bei der Erfassung der Dimension Lust die Aktivierung implizit miterfaßt wird. Für die vorliegende Arbeit erscheint es deshalb sinnvoll, Lust und Erregung zusammengefaßt zu analysieren.

Wie oben erläutert, kommt es in lustvoller und erregender gestalteten Umwelten zu stärkeren Annäherungsabsichten. Deshalb soll die folgende Hypothese 5.2 geprüft werden:

> $H_{5.2}$: *Je lustvoller und erregender ein Museum von den Besuchern erlebt wird, desto stärker sind ihre allgemeinen Annäherungsabsichten an das Museum.*

Wie oben ausgeführt, werden unter den allgemeinen Annäherungsabsichten das Besuchsinteresse, die Verweilbereitschaft und die Preisbereitschaft verstanden.

Wenn man sich in einer Umwelt wohlfühlt und aktiviert ist, läßt sich vermuten, daß diese Umwelt auch in ihrer Funktion als Lernumgebung attraktiver eingeschätzt wird: Der Besuch einer Kulturinstitution wird schließlich in der Freizeit unternommen, so daß eine angenehme Atmosphäre beim Lernen erwartet wird.
Es läßt sich der folgende Zusammenhang formulieren (Hypothese 6.2):

> $H_{6.2}$: *Je lustvoller und erregender ein Museum von den Besuchern erlebt wird, desto höher wird die Lernattraktivität des Museums eingeschätzt.*

Wie in Kap. 6.2.2. über kulturelle Bildung vermutet, führt eine hohe Lernattraktivität der Umwelt zu einer verstärkten Informationsnachfrage. Die Lernattraktivität dürfte damit zwischen den emotionalen Reaktionen auf eine Umwelt und der kognitiv geprägten Variablen der Informationsnachfrage liegen.

In den meisten bisherigen Forschungsarbeiten im Einzelhandel hat sich die Dimension Dominanz wenig bewährt (Kroeber-Riel/Weinberg, 1996, S.419f.). Russell/Pratt (1980, S.313) begründen dies mit der deutlich kognitiven Prägung der Dominanz-Dimension. Nach empirischen Ergebnissen einer unveröffentlichten Studie von Russell et al. (1978, zitiert nach Russell/Pratt, 1980, S.313), der Studie von Russell/Pratt (1980) sowie einer Studie von Donovan/Rossiter (1982), in denen sich die Dimension Dominanz als wenig aussagekräftig für das Verhalten innerhalb der Umwelt erwies, wurde in zahlreichen nachfolgenden Studien meist gänzlich auf die Erhebung der Dominanz-Dimension verzichtet (Kroeber-Riel/Weinberg, 1996, S.420).

Einem Verzicht auf die Dimension der Dominanz muß generell und vor allem in der vorliegenden Arbeit über Kulturinstitutionen bzw. Ausstellungen und Museen jedoch sehr kritisch begegnet werden: Obwohl die Dimension Dominanz in den meisten Geschäften des Einzelhandels tatsächlich eine der Lust & Erregung untergeordnete Rolle spielen dürfte, gibt es viele empirische Untersuchungen, die einen Einfluß des Unterwerfungsgefühls (als Gegensatz des Dominanzgefühls) auf das Verhalten einer Umwelt gegenüber nachweisen konnten (vgl. zusammenfassend Bell et al., 1996, S.126ff.). Dabei reicht es schon aus, wenn nur ein Unterwerfungsgefühl antizipiert wird, um einer Umwelt mit Meidung zu begegnen (Bell et al., 1996, S.127). Auch Stöhr (1998, S.197) stellte einen signifikanten Einfluß der Dominanz auf das antizipierte Annäherungsverhalten im Handelsbereich fest[194]. Gröppel-Klein (1998, S.201ff.) ermittelte ebenfalls einen signifikanten Einfluß der am Verkaufsort empfundenen Dominanz auf die dort gezeigten Reaktionen.

In Kulturinstitutionen, vor allem in Museen, dürfte die Dimension Dominanz noch eine deutlich gewichtigere Rolle spielen als im Handel. Mehrabian (1978, S.200f.) betont, daß sich viele Besucher in Ausstellungen und Museen dominiert fühlen: In der Regel werde vom Besucher erwartet, sich ruhig und zurückhaltend zu verhalten, der Besucher fühle sich häufig verloren in den großen Ausstellungsräumen. Das Unterwerfungsgefühl kann auch daher rühren, daß sich die Besucher nicht kompetent bei der Betrachtung der Werke fühlen (Mehrabian, 1978, S.201). Ein solches Gefühl bedroht den Selbstwert und führt zu Meidungsverhalten (vgl. auch Irle, 1975, S.159ff.). Solange eine Bedeutung der Dominanz nicht endgültig ausgeschlossen werden kann, muß sie bei der Messung der emotionalen Reaktion berücksichtigt werden. Wenn sie gar nicht erhoben wird, kann sie auch keinen Einfluß zeigen.

Das Gefühl, dominiert zu werden und dadurch möglicherweise einen Selbstwertverlust zu erleiden, führt zu Meidungsverhalten. Fühlt sich ein Individuum hingegen dominant, und hat es das Gefühl, eine Umwelt kontrollieren zu können, führt das zu Annäherungsverhalten. Für Museen dürfte deshalb gelten (Hypothese 7.2):

> $H_{7.2}$: *Je dominanter sich die potentiellen Besucher in einem Museum fühlen, desto stärker sind ihre allgemeinen Annäherungsabsichten an das Museum.*

---

[194] Auch Gröppel (1991, S.258) konnte einen signifikanten Einfluß der empfundenen Dominanz auf die Verweilbereitschaft, zumindest bei einer der von ihr untersuchten Warengruppen, feststellen.

Vor allem vor dem Hintergrund der zunehmenden Bedeutung des selbstbestimmten Lernens dürfte die Dominanz einen positiven Einfluß auf die Lernattraktivität eines Museums ausüben. Die zu prüfende Hypothese 8.2 lautet:

> $H_{8.2}$: *Je dominanter sich die potentiellen Besucher in einem Museum fühlen, desto höher wird die Lernattraktivität des Museums eingeschätzt.*

In Ausstellungen und Museen reicht es jedoch nicht aus, ausschließlich die durch die Umwelt ausgelösten emotionalen Reaktionen im Hinblick auf ihre Verhaltensrelevanz zu untersuchen. Auch stärker kognitiv geprägte Größen spielen eine wichtige Rolle für die Verhaltensabsichten gegenüber einer Kulturinstitution. Kulturinstitutionen sind Bildungseinrichtungen, deren Kernleistung die Vermittlung kultureller Bildung an die Besucher ist. In Kap. 6.2.2. wurde deshalb die kognitive Variable des Bildungsanspruchs eingeführt und ausführlich erläutert. Sie gibt an, inwieweit ein Besucher der Meinung ist, eine Ausstellung oder ein Museum treffe seinen ganz persönlichen Bildungsanspruch. Trifft eine Kultureinrichtung den Bildungsanspruch der Besucher, wirkt sich das positiv auf deren Verhaltensabsichten gegenüber der Kulturinstitution und auf die Informationsnachfrage in der Einrichtung aus. Es ist damit notwendig, das umweltpsychologische Modell von Mehrabian/Russell in Ausstellungen und Museen um die kognitve Größe Bildungsanspruch zu erweitern. Bei der hier betrachteten kognitiven Variablen handelt es sich nicht um eine Variable der in Kap. 7.3. erläuterten kognitiven Umweltpsychologie. Die kognitive Umweltpsychologie untersucht die Ordnungskriterien der Individuen in Umwelten, während es sich bei der Variable des Bildungsanspruchs um eine kognitive Beurteilung der Umwelt handelt.

Integriert man die hypothetisch formulierten Zusammenhänge aus dem Kap. 6. zur Vermittlung kultureller Bildung, dann erhält man das folgende Modell zum Verhalten in Ausstellungen und Museen (Abb. 34), das im empirischen Teil der Arbeit kausalanalytisch geprüft wird.

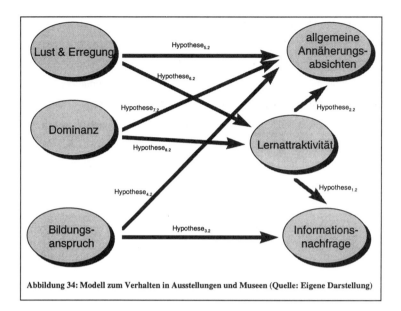

Abbildung 34: Modell zum Verhalten in Ausstellungen und Museen (Quelle: Eigene Darstellung)

Nach dem Modell zum Verhalten in Ausstellungen und Museen wird das Verhalten gegenüber Ausstellungen und Museen durch emotionale und kognitive Reaktionen auf die Museumsumwelt beeinflußt.

Die Museumsumwelt muß die potentiellen Kunden emotional ansprechen, die Kunden müssen sich wohlfühlen. Die Museumsumwelt muß aber auch dem Bildungsanspruch der Besucher gerecht werden, sie muß damit eine „kognitive Kontrolle" bestehen. Ein „Spielzeugladen" oder „Disney-Land" als Museum kann zwar die empfundene Lust & Erregung sowie Dominanz erhöhen, wird jedoch der kognitiven Beurteilung des Museums abträglich sein. Neben der emotionalen Reaktion spielt auch die kognitive Beurteilung des Museums eine gewichtige Rolle.

Wenn eine Museumsumwelt geeignet ist, Lust & Erregung sowie Dominanz bei den Besuchern hervorzurufen, und wenn diese Museumsumwelt den Bildungsanspruch der Besucher trifft, wird das einen positiven Einfluß auf die Verhaltensreaktionen dieser Kultureinrichtung gegenüber haben. Dabei lassen sich in Bildungseinrichtungen die Verhaltensreaktionen in allgemeine Verhaltensabsichten (Besuchsinteresse, Verweilbereitschaft und Preisbereitschaft) und in bildungsspezifische Verhaltensabsichten (Lernattraktivität und Informationsnachfrage) differenzieren.

Aus der Umweltpsychologie ist bekannt, daß eine lustvoll und erregend gestaltete und Dominanz vermittelnde Umwelt sich förderlich auf die allgemeinen Verhaltensabsichten auswirkt. Von einem Ort, an dem man sich wohlfühlt und bei dem man das Gefühl der Kontrolle hat, fühlt man sich angezogen. Neben den allgemeinen Verhaltensabsichten wirkt sich empfundene Lust & Erregung sowie Dominanz auch auf die Lernattraktivität der Umgebung aus, was die Nachfrage nach kulturbezogenen Informationen erhöht. Das bedeutet, daß ein angenehm empfundener Ort als lernattraktiver eingeschätzt wird, und man ist bereit, mehr Informationen nachzufragen. Die Lernattraktivität ist damit zwischen den emotionalen Reaktionen auf die Museumsumwelt und der Verhaltensabsicht der Informationsnachfrage anzusiedeln.

Eine positive kognitive Beurteilung der Museumsumwelt wirkt sich förderlich auf die allgemeinen und auf die bildungsspezifischen Verhaltensabsichten aus. Wenn man das Gefühl hat, daß ein Museum, dessen Aufgabe die Vermittlung kultureller Bildung ist, den eigenen Bildungsanspruch trifft, dann nähert man sich dem Museum und fragt mehr kulturbezogene Informationen nach.

Sowohl emotionale als auch kognitive Reaktionen auf eine Museumsumwelt determinieren damit die allgemeinen und bildungsspezifischen Verhaltensabsichten gegenüber der Kulturinstitution.

7.4.3. Der Einfluß der Umwelt auf die emotionalen und kognitiven Reaktionen und auf die Verhaltensabsichten

Durch die Gestaltung der Umwelt kann gezielt Einfluß auch die emotionalen und kognitiven Reaktionen der Menschen und somit auf deren Verhaltensabsichten genommen werden (vgl. Abb. 35). Im folgenden wird deshalb der Einfluß der Umweltgestaltung auf die Variablen des Modells zum Verhalten in Ausstellungen und Museen untersucht.

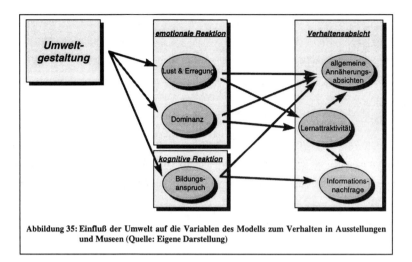

Abbildung 35: Einfluß der Umwelt auf die Variablen des Modells zum Verhalten in Ausstellungen und Museen (Quelle: Eigene Darstellung)

Zunächst werden die Parameter, die zur Gestaltung einer Museumsumwelt zur Verfügung stehen, ausführlich erläutert. Anschließend werden zwei alternative Museumskonzepte, die sich durch deutliche Unterschiede in ihrer Umweltgestaltung auszeichnen, beschrieben und hinsichtlich ihrer vermutlichen Wirkungen untersucht.

7.4.3.1. Parameter zur Gestaltung der Museumsumwelt

Die Umwelt setzt sich aus einer Menge von Einzelreizen verschiedener Sinnesmodalitäten zusammen, die ganzheitlich auf den sich in der Umwelt befindlichen Menschen - auf seine emotionalen und kognitiven Reaktionen - wirken. Umweltstimuli können visueller, akustischer, haptischer, thermaler, olfaktorischer und möglicherweise auch gustatorischer Art sein. Um die Auswirkungen der Reize einer Umwelt auf die emotionalen und kognitiven Reaktionen untersuchen zu können, erscheint es sinnvoll, eine Systematisierung der Parameter, die zur Gestaltung von Museumsumwelten zur Verfügung stehen, vorzunehmen.

Als Elemente der Museumsgestaltung lassen sich in Anlehnung an Berman/Evans (1979, S.398ff.) die folgenden unterscheiden:
- Außengestaltung, z.B. Eingang, Fassade, Parkplatz,
- Innengestaltung, z.B. Wände, Beleuchtung, Temperatur,
- Raumaufteilung und
- Präsentationsgestaltung, z.B. Objektdarbietung, Dekoration, Präsentationsunterstützung.

Die Parameter werden von Berman/Evans (1979, S.398ff.) für die Gestaltung von Läden beschrieben und können als Rahmen für die Gestaltung von Museen genutzt werden. In dieser Arbeit wird die Raumaufteilung unter die Innengestaltung subsumiert (ebenso z.B. Weinberg, 1986, S.99).

7.4.3.1.1. Außengestaltung des Museums

Für die Außengestaltung von Museen sind die folgenden Größen relevant (Tab. 35):

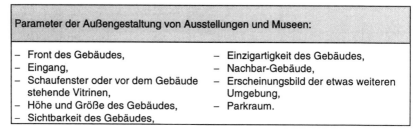

Parameter der Außengestaltung von Ausstellungen und Museen:	
– Front des Gebäudes, – Eingang, – Schaufenster oder vor dem Gebäude stehende Vitrinen, – Höhe und Größe des Gebäudes, – Sichtbarkeit des Gebäudes,	– Einzigartigkeit des Gebäudes, – Nachbar-Gebäude, – Erscheinungsbild der etwas weiteren Umgebung, – Parkraum.

Tabelle 35: Parameter der Außengestaltung von Ausstellungen und Museen (Quelle: in Anlehnung an Berman/Evans, 1979, S.399)

Zunächst kann man generell feststellen, daß die Außengestaltung von Ausstellungshäusern und Museen oft nur beschränkt durch die Museumsverantwortlichen beeinflußbar ist. In aller Regel ist eine Einflußnahme auf den Standort und damit auf die das Museum umgebenden Gebäude und auf das Erscheinungsbild der Umgebung kaum möglich. Die Frage des Standortes erhält dann Relevanz, wenn ein Museum neu geplant wird oder ein bestehendes Museum umziehen soll, was allerdings nur in Ausnahmen der Fall ist. Die Regel ist, daß der Standort dem Museum vorgegeben ist. Auch die Parameter der Gestaltung, die Veränderungen der Form oder Fassade der Gebäude betreffen, sind nur selten einsetzbar. Viele Museen sind in Gebäuden lokalisiert, die dem Denkmalschutz unterliegen, so daß keine oder kaum Eingriffsnahmen möglich sind.

Besser gestaltbar ist der Eingangsbereich der Museen, der für eine positive Beurteilung insgesamt hell und möglichst offen gestaltet werden sollte (in Anlehnung an Weinberg/Diehl, 1998a, S.80). Wenn realisierbar, sollte ein Blick von außen in den Eingangsbereich möglich sein (Berman/Evans, 1979, S.402). Des weiteren muß für eine ausreichende Außenbeleuchtung des Eingangsbereiches gesorgt sein. Vorteilhaft ist auch die Dekoration mit Pflanzen (Diehl, 1998, S.25) oder z.B. einem Brunnen. Großzügig angelegte Wege zum Eingang wirken einladender als sehr enge Wege (Berman/Evans, 1979, S.401f.).

Ein Museum kann auch die Gestaltung des Parkraumes berücksichtigen, so daß der Besucher bereits hier auf den bevorstehenden Besuch eingestimmt wird. Auf dem Parkraum können Duplikate oder Photos von Werken der aktuellen Ausstellung oder großflächige Plakate dekoriert werden. Positiv wirkt sich auch aus, wenn der Parkraum für Museumsbesucher kostenlos zur Verfügung steht, möglicherweise dadurch, daß die Parkkosten mit dem Erwerb der Eintrittskarte verrechnet werden.

7.4.3.1.2. Innengestaltung des Museums

Maßnahmen der Innen- und der im nächsten Kapitel diskutierten Präsentationsgestaltung beeinflussen die Reaktionen der Besucher, wenn diese sich *im* Museum befinden. Für ein Museum erscheinen die folgenden Parameter der Innengestaltung relevant (Tab. 36):

Parameter der Innengestaltung von Ausstellungen und Museen:	
− Farben, − Beleuchtung, − Fußbodenbeschaffenheit, − Gerüche, − Geräusche, − Temperatur, − Breite der Gänge, − Personal, − Besucherverkehrsströme,	− Beschilderung im Museum, − Informationsangebote, die nicht eindeutig auf ein Ausstellungsstück bezogen sind, − Aufteilung der Räume, − Aufteilung innerhalb der Räume (z.B. Ausstellungsbereiche, Ruhezonen, Aktivitätszonen).

Tabelle 36: **Parameter der Innengestaltung von Ausstellungen und Museen (Quelle: in Anlehnung an Berman/Evans, 1979, S.399)**

Natürlich hat auch die Art der Ausstellungsstücke einen Einfluß auf die Atmosphäre eines Museums (Mehrabian, 1978, S.198f.). Moderne Kunst wirkt anders auf die Besucher als z.B. Kunstobjekte aus dem 16. Jahrhundert. Es ergeben sich Wechselwirkungen aus der Art der Objekte und der Innen- und Präsentationsgestaltung, die vor dem Hintergrund der konkreten Objekte analysiert werden müssen.

Um die einzelnen Räume eines Museums deutlich voneinander abzugrenzen, ist es empfehlenswert, Farben und Struktur der Wände und des Bodens zu variieren (Mehrabian, 1978, S.200). Bitgood (1996, S.150) berichtet über empirische Erkenntnisse, nach denen Besucher bei verschiedenen Fußbodenbelägen innerhalb eines Ausstellungsraumes den Fußbodenbelag ungern wechseln. Ausstellungsstücke, denen sich die Besucher nähern sollen, sollten demnach nicht auf einem anderen Fußbodenbelag plaziert sein. Die Räume sollen nicht gleichartig und eintönig, sondern abwechslungsreich gestaltet sein. Wie im kommerziellen Bereich (vgl. im Einzelhandel Stöhr, 1998) können olfaktorische Stimuli zur Schaffung einer angenehmen Atmosphäre eingesetzt werden - soweit konservatorische Restriktionen dies zulassen. Im Museum könnten sie ebenso auch zur mehrmodalen Bildungsvermittlung dienen (vgl. vor allem Kap. 6.2.3.). In der Regel gibt es in Ausstellungen und Museen keine musikalische Untermalung, obwohl der Einsatz von Musik durchaus zu einer entspannteren Atmosphäre führen könnte.

Die Bedeutung der Beschilderung im Museum wurde bereits in Kap. 7.3. im Rahmen des kognitiven Ansatzes der Umweltpsychologie als Kriterium der Orientierungsfreundlichkeit herausgestellt. Durch eine orientierungsfreundliche Museumsumwelt können negative Gefühle der Desorientierung vermieden werden, den Besuchern wird die Bewegung im Museum und in den einzelnen Räumen erleichtert.

Für das Gelingen positiver atmosphärischer Wirkungen ist es selbstverständlich, daß das Museumspersonal freundlich und hilfsbereit auftreten sollte. Von Bost (1987, S.172ff.) und Gröppel (1991, S.270) ist bekannt, daß die Raumaufteilung insgesamt derart sein sollte, daß sich aktivierende und desaktivierende Zonen abwechseln.

Da der Farbgestaltung unter den Einzelreizen der physischen Umwelt die größte Bedeutung beigemessen wird (Kroeber-Riel/Weinberg, 1996, S.420), soll an dieser Stelle auf Farben und die von ihnen ausgelösten Wirkungen auf den Menschen eingegangen werden. Die Farbgebung und Beleuchtung der Räume beeinflußt die Atmosphäre von Innenräumen ganz entscheidend. Farben können verschiedene Gefühle und Assoziationen auslösen (Sharpe, 1974, S.126).

Farben werden anhand der Merkmale *Farbton*, *Farbsättigung* und *Helligkeit* unterschieden (Frieling, 1968, S.14; Küller, 1990, S.617). Der Farbton hängt mit der Wellenlänge des Lichtes zusammen und bestimmt, ob Farben als blau, grün, rot usw. wahrgenommen werden. Mit Farbsättigung bezeichnet man die Konzentration oder Intensität des Farbtones, die Helligkeit resultiert aus der Intensität des in das Auge reflektierten Lichtes[195] (Frieling, 1968, S.19f.).

---

[195] Trifft Licht auf Gegenstände, wird es nur teilweise reflektiert. Wenn der zurückgeworfene Teil, der sich als „Restlicht" auffassen läßt, in das Auge fällt, wird dort ein Farbreiz ausgelöst (Meyer-Hentschel, 1990, S.7). Der Farbreiz, der auf das Auge trifft, und die Farbempfindungen, die beim Betrachter entstehen, sind auch immer vor einem situativen Hintergrund zu sehen, der durch Adaption (Anpassung des Sehsinnes an die Intensität des Lichtes), Umstimmung (Anpassung des Sehsinnes an die spektrale Zusammensetzung des Lichtes) und Simultankontrast (Einfluß auf die Farbwahrnehmung, der durch die Farben in der Umgebung ausgeübt wird) gekennzeichnet ist (Küppers, 1989, S.19).

Von besonderer Bedeutung für die vorliegende Untersuchung sind die Wirkungen von Farbe auf die Dimensionen der emotionalen Reaktion Lust, Erregung und Dominanz. Gerard (1957, zitiert nach Bellizzi et al., 1983, S.23) hat psychophysiologische Effekte von Licht und Farbe auf die Erregung des menschlichen Organismus untersucht. Die wichtigsten Ergebnisse sind nach Bellizzi et al. (1983, S.23) die folgenden:

- Der Blutdruck steigt bei rotem Licht und fällt bei blauem Licht.
- Blau und Rot führen zu einer sofortigen Steigerung der Hautleitfähigkeit an der Hand, aber bei Rot ergibt sich eine andauernde Erhöhung.
- Die Atemfrequenz steigt bei rotem Licht und fällt bei blauem Licht.
- Die Frequenz der Augenlidschläge steigt bei rotem und fällt bei blauem Licht.

Wilson (1966, S.947ff.) fand heraus, daß Rot stärker aktiviert als Grün. Clynes/Kohn (1968, S.215ff.) stellten fest, daß Rot die Hirnfunktionen stärker anregt als andere Farben. Versucht man, eine Reihenfolge der erregendsten Farben herzustellen, erhält man das folgende Ergebnis (Mehrabian, 1987, S.89): Rot, Orange, Gelb, Violett, Blau und Grün. Bellizzi et al. (1983, S.24) fassen die Ergebnisse der physiologischen Farbenforschung folgendermaßen zusammen: Warme Farben (wie Rot und Gelb) lösen physiologische Erregung aus, kalte Farben (wie Blau und Grün) sind entspannender. Sehr wenig aktivierend sind die Farben Grau, Braun und Schwarz (Berlyne, 1974, S.218).

Die Reihenfolge der lustbetontesten Farbtöne ist nach Mehrabian (1987, S.89) Blau, Grün, Violett, Rot und Gelb. Zu einer etwas anderen Reihenfolge kommt Heller (1989, S.20), die die Lieblingsfarben der Bevölkerung in eine Reihenfolge gebracht hat. Sie erhielt die folgende Reihenfolge[196]: Blau 38%; Rot 20%; Grün 12%; Schwarz 8%; Rosa 5%; Gelb 5%; Weiß 3%; Violett 3%; Gold 2%; Braun 2%; Grau 1%; Silber 0%; Orange 0%. Blau wird bei Mehrabian und bei Heller übereinstimmend als lustvollste Farbe genannt, auch Grün wird in beiden Fällen als relativ lustvoll empfunden. Die Ausprägungen der Farben - insbesondere der Farbe Rot - auf der Lust-Unlust-Dimension variieren allerdings. Die Unterschiede lassen sich dadurch erklären, daß die Reihenfolge auch immer in Abhängigkeit

---

[196] Datenbasis ist eine empirische Untersuchung von n=1888 Männern und Frauen Mitte der 90er Jahre. Durch Rundungen summieren sich die Nennungen auf 99% (Heller, 1989). Die Prozentzahlen geben an, wie häufig die Farbe als erste Farbe genannt wurde.

vom Untersuchungsgegenstand zu sehen ist: Während z.B. Rot als Farbe eines Kleides gefällt, mißfällt es jedoch als Wandfarbe.

Weiterhin geht man davon aus, daß eine Farbe mit zunehmender Helligkeit und Farbsättigung lustbetonter wirkt (Mehrabian, 1987, S.89; Küller, 1990, S.617). Vergleicht man die Reihenfolge der lustbetonten Farben mit der Reihenfolge der erregenden Farben, so stellt man fest, daß sich einige Unterschiede ergeben. Rot beispielsweise wirkt sehr erregend, gehört jedoch nicht zu den lustvollsten Farben, während z.b. Blau relativ wenig erregt, dafür jedoch als sehr lustvoll erlebt wird. In ihren Laborexperimenten fanden Bellizzi et al. (1983) deshalb auch heraus, daß sich Individuen zwar von warmen Farben (Rot oder Gelb) angezogen fühlten, bei ihnen höhere Ausprägungen der Aktivierung auftraten, daß aber Umgebungen mit diesen Farben als generell weniger angenehm und attraktiv empfunden wurden (S.39).

Die Wirkung von Farben auf das Dominanzempfinden ist bei weitem noch nicht so umfangreich erforscht wie die Farbwirkungen auf die Dimensionen Lust und Erregung. Dennoch kann man versuchen, einige Hinweise aus der Literatur abzuleiten: Insbesondere Schwarz-, Braun- oder Grautöne werden häufig als unangenehm und bedrückend empfunden: „black, brown, and gray are associated with melancholy, sadness, and depression" (Sharpe, 1974, S.55). Grau ist die „Farbe aller trüben Gefühle" und wird mit Einsamkeit, Unfreundlichkeit, Gefühllosigkeit und mit altmodisch assoziiert (Heller, 1989, S.218). Heller (1989, S.221) faßt die Wirkungen von Grau so zusammen: „Wie die Farben, werden auch die Gefühle durch Grau zerstört; deshalb ist Grau grausam". Frieling (1968, S.172ff.) berichtet über die folgenden empirischen Ergebnisse einer Studie, bei der Versuchspersonen verschiedene abstrakte Begriffe (wie z.B. Haß, Liebe usw.) durch Farben und Formen darstellen sollten. Für die Begriffe „Zwang", „Hunger" und „Angst" wurde Grau als dominante Farbe von den Versuchspersonen verwendet, bei den Begriffen „Melancholie" und „Schwäche" als zweithäufigste Farbe (nach Violett bzw. Braun).

Braun wird als „unsympathische Farbe" empfunden und wird von den Befragten am stärksten abgelehnt (Heller, 1989, S.201ff.). „Braun als dunkelste Farbmischung ist eine Farbe des Bösen, des Schlechten, der Schuld" (Heller, 1989, S.201). Als Raumfarbe kann Braun allerdings durchaus positive Wirkungen haben, denn es vermittelt ein Gefühl der Gemütlichkeit und Festigkeit, kann jedoch, wenn es im oberen Teil eines Raumes verwendet wird (z.B. an der Decke), auch „drückend" wirken (Frieling, 1968, S.216). Braun wird häufig als spießig und bieder empfunden (Heller, 1989, S.204). Eine geteilte Auffassung von Braun zeigte sich auch bei den Ergebnissen, von denen Frieling (1968, S.173) berichtet: Braun wurde sowohl zur Darstellung von „Kraft" als auch zur Darstellung von „Schwäche" am häufigsten von den Versuchspersonen verwendet.

Versucht man, die Wirkungen einiger Farben auf die emotionale Reaktion Dominanz zusammenfassend zu beurteilen, so kann man vermuten, daß Schwarz und Grau und möglicherweise auch Braun neben Gefühlen der Unlust (vgl. auch die soeben beschriebene Reihenfolge der Farben nach Heller) auch Gefühle der Unterwerfung hervorrufen.

Die Wirkungen durch Farbe werden auch durch die Beleuchtung beeinflußt (Kroeber-Riel/Weinberg, 1996, S.422). Weinberg/Diehl (1998b, S.63f.) gehen davon aus, daß allgemein gut beleuchtete Räume, insbesondere mit Tageslicht, als anziehend empfunden werden. Von der Lichtintensität gehen auch Erregungswirkungen aus (Kroeber-Riel/Weinberg, 1996, S.422).

7.4.3.1.3. Präsentationsgestaltung

In Abstimmung mit der Innengestaltung müssen Entscheidungen über die Präsentationsgestaltung getroffen werden. Die Präsentationsgestaltung beinhaltet alle Maßnahmen, die die Art und Weise der Darbietung der einzelnen Kulturobjekte betreffen. Für ein Museum lassen sich die folgenden Maßnahmen unterscheiden (Tab. 37):

Parameter der Präsentationsgestaltung von Ausstellungen und Museen	
– Gruppierung der Objekte im Kontext anderer Objekte, – Thematisierung der Objekte, – Art der Podeste, Regale, Vitrinen o.ä.; Art der Hängung,	– Art der Beschriftung , Erläuterung der Objekte, – Beleuchtung der Objekte, – Maßnahmen zum Schutz der Objekte (z.B. Glas, Panzerglas oder eine Linie, die nicht überschritten werden darf).

Tabelle 37: **Parameter der Präsentationsgestaltung von Ausstellungen und Museen (Quelle: in Anlehnung an Berman/Evans, 1979, S.399)**

Die Präsentationsgestaltung ist zunächst abhängig von der grundsätzlichen Entscheidung, ob eine Ausstellung nach fachwissenschaftlichen oder nach vermittlungstheoretischen Gesichtspunkten konzipiert wird, worauf ausführlich in Kap. 6.2.3. eingegangen wurde.

Wird ein fachwissenschaftlicher Standpunkt vertreten - d.h. also, daß die Objekte soweit wie möglich für sich selbst sprechen sollen -, können kaum Gestaltungsmaßnahmen zur Verbesserung der Atmosphäre vorgenommen werden.

Wird jedoch ein vermittlungstheoretischer Standpunkt vertreten, der in Kap. 6.2.3. als der für die Vermittlung kultureller Bildung erfolgversprechendere Ansatz gekennzeichnet wurde, ergeben sich deutlich mehr Möglichkeiten, atmosphärische Wirkungen zu erzielen. Es kann versucht werden, Kunstobjekte im Kontext anderer Objekte zu zeigen. Dieser Kontext könnte z.b. die ursprüngliche Verwendung des Kulturobjektes darstellen. In einem Heimatmuseum werden beispielsweise die eigentlichen Kulturobjekte *Werkzeuge* oder *Hausrat* so inszeniert, daß Puppen die Verwendung der Gegenstände in einem nachgebauten Bauernhof der entsprechenden Zeitepoche veranschaulichen. Hier erkennt man, daß die zur Inszenierung verwendeten Gestaltungsmittel nicht unbedingt selbst Kulturobjekte sein müssen.

Eine weitere Möglichkeit, einen positiven Einfluß auf die Atmosphäre zu nehmen, stellt die Beschriftung bzw. Erläuterung der Objekte dar. Wichtig ist eine gute Lesbarkeit und eine ansprechende Gestaltung der Beschilderungstafeln (Kentley/Negus, 1996, S.200). Die Maßnahmen zum Schutz der Objekte (Präsentation hinter Glas, Begrenzungslinien u.ä.) sowie die Beleuchtung der ausgestellten Objekte müssen sich nach konservatorischen Erfordernissen richten und sind deshalb nur begrenzt gestaltbar. Es erscheint jedoch einsichtig, die Maßnahmen, die zum Schutz der Kunstobjekte getroffen werden müssen, derart zu gestalten, daß den Besuchern möglichst das Gefühl genommen wird, in ihrer Bewegungsfreiheit eingeschränkt zu sein. Einfacher ist die Gestaltung von Vitrinen, Podesten oder Regalen, in bzw. auf denen die Kunstobjekte präsentiert werden. Hier kann durch Farbgebung, Form oder Anordnung Einfluß auf die atmosphärischen Wirkungen genommen werden: So bietet es sich an, die Vitrinen abwechslungsreich und nicht schematisch aufzustellen. Sie können beispielsweise auch als Raumteiler Verwendung finden. Ebenso sollte die Hängung der Werke in einem Kunstmuseum nicht ausschließlich in Augenhöhe und auf einer Wandebene, sondern in verschiedenen Höhen und auch auf hervorgehobenen oder schräg gestellten Wandteilen vorgenommen werden.

7.4.3.2. Beschreibung zweier unterschiedlicher Museumskonzepte

Im folgenden werden zwei unterschiedliche Museumskonzepte, die sich in ihrer Umweltgestaltung unterscheiden, beschrieben und hinsichtlich ihrer vermutlichen Wirkungen analysiert.

Das erste Museumskonzept (A) stellt ein traditionelles und das zweite Museumskonzept (B) ein modern und erlebnisorientiert gestaltetes Museum dar, das gezielt Maßnahmen zur Verbesserung der Atmosphäre - wie sie zuvor beschrieben wurden - einsetzt.

Die zu untersuchenden Museumskonzepte A und B werden anhand von zwei Photoserien dargestellt. Die Verwendung von Photos der Museumskonzepte hat die folgenden Vorteile:

- Es wird möglich, die Reaktionen der Besucher auf *zwei verschiedene* Museumsumwelten in einer Untersuchung zu erfassen. Wollte man die beiden Museumskonzepte in einer realen Umgebung mit den gleichen Probanden analysieren, benötigt man ein Museum, das in einem Teil traditionell und in einem anderen modern gestaltet ist. Weiterhin müßten Probanden gefunden werden, die jeweils beide Teile dieses Museums besucht haben. Vor allem ein solches Museum, aber auch die entsprechenden Probanden zu finden, dürfte sich als praktisch unmöglich erweisen.
- Nur durch die Verwendung von Bildern wird es möglich, potentielle Besucher zu befragen. In einer realen Museumsumwelt können nur tatsächliche Besucher befragt werden, so daß man, wie in Kap. 1.2. beschrieben, eingeschränkte Informationen erhalten würde.
- Weiterhin wird durch die Verwendung von Photos sichergestellt, daß alle Probanden ihre Antworten auf exakt die gleichen Umwelten beziehen.

Die Verwendung von visuellen Vorlagen ist in der umweltpsychologischen Forschung relativ häufig vorzufinden. Russell/Pratt (1980, S.320) verwendeten ebenfalls Photos, um verschiedene Umwelten bewerten zu lassen. Auch Acking/Küller (1972, S.645ff.) benutzten erfolgreich Bilder zur Untersuchung von Umwelten, ebenso Bellizzi et al. (1983) in ihren Experimenten über Farbwirkungen in Möbel-Einzelhandelsgeschäften[197]. Bisherige Untersuchungen haben eine gute Annäherung an echte Umwelten geliefert (Russell/Pratt, 1980, S.320).

---

[197] Lutz/Kakkar (1975, S.439ff.) haben Umweltsituationen anhand verbaler Statements bewerten lassen.

Die beiden Museumskonzepte wurden durch jeweils acht Bilder charakterisiert. Untersucht wurden die Innen- und Präsentationsgestaltung von Ausstellungen und Museen. Die Anordnung der Bilder wurde derart gewählt, daß das erste Bild den Eingangsbereich darstellt, die weiteren Bilder stellen Ausstellungsräume und die Präsentation der Objekte dar. Es wurde darauf geachtet, daß in beiden Photoserien eine vergleichbare Anzahl von Personen zu sehen ist, die jedoch auf keinem Bild eine dominierende Stellung einnehmen sollten. Zusätzlich wurde Wert darauf gelegt, daß die dargestellten Kunstobjekte in den beiden Museumskonzepten vergleichbar sind. So sollte ausgeschlossen werden, daß die Art der Kunstobjekte einen Einfluß auf die Beurteilung der Museumskonzepte nimmt. Es wurden eher klassische Kulturobjekte gewählt. Auf Photos, die die Außenumwelt der Museen darstellen, wurde bewußt verzichtet. Wie ausführlicher in Kap. 7.4.3.1.1. diskutiert, ist der Hauptgrund hierfür, daß eine Einflußnahme der Museumsleitung auf die Außengestaltung des Hauses häufig nicht gegeben ist, so daß das größte Gestaltungspotential innerhalb der Kulturinstitution liegt.

Beschreibung des traditionellen Museumskonzeptes (A):

Im Museumskonzept A sind die dargestellten Räume sehr ähnlich aufgebaut, die Kunstobjekte sind gleichmäßig präsentiert. Beispielsweise finden kaum Variationen der Präsentationspodeste statt, die Anordnung der Gemälde ist regelmäßig an einer ebenen Wand mit weißem bzw. hellem Hintergrund. Die Hängung der Gemälde erfolgt in Augenhöhe, in der Regel sind die Kulturobjekte an den Seiten der Räume präsentiert. Im Hinblick auf die Form sind alle Räume kantig gestaltet.

Die Farbgebung der Räume im Museumskonzept A zeichnet sich durch eine Dominanz der Farbtöne Weiß, Grau und Braun aus. Der Fußboden variiert in seiner Beschaffenheit etwas, so haben einige Böden Parkett und einige Fliesen. Die Lichtverhältnisse sind durch eine Mischung aus künstlichem Licht und Tageslicht gekennzeichnet.

Untersucht man das Museumskonzept A hinsichtlich der Reizwirkungen, so zeichnet es sich durch eine geringe kognitive Reizwirkung aus, die auf den Bildern abgebildeten Museumsräume sind eher herkömmlich. Es tritt kaum Abwechslung auf, die Räume erscheinen sehr gleichmäßig. Emotionale Reize treten praktisch nicht auf. Im Hinblick auf die physischen Reizwirkungen durch Farbe werden wenig aktivierende und wenig lustvolle Farbtöne verwendet, die, wie in Kap. 7.4.3.1.2. beschrieben, überwiegend negative Gefühle und Assoziationen hervorrufen. Die Abb. 36 und 37 zeigen die zur Darstellung des Museumskonzeptes A verwendeten visuellen Vorlagen[198].

---

[198] Farbig im Original.

Umweltpsychologische Gestaltung von Kulturinstitutionen - dargestellt für Ausstellungen und Museen 199

Abbildung 36: Visuelle Vorlage für das Museumskonzept A (Teil 1)

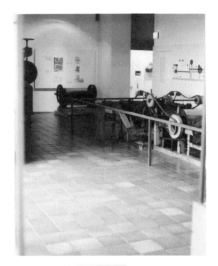

Abbildung 37: Visuelle Vorlage für das Museumskonzept A (Teil 2)

Beschreibung des modernen Museumskonzeptes (B):

Im Museumskonzept B sind die Architektur der Räume und die Präsentation der Kunstobjekte stark variiert. Beispielsweise werden Kunstobjekte auch auf schräg angeordneten Wänden präsentiert, ein Raum wird durch Vorhänge unterteilt und ist so schwerer überschaubar, die Objekte befinden sich nicht nur an den Wänden, sondern sind teilweise im Inneren des Raumes plaziert. Die Podeste für die Präsentation der Kunstobjekte sind verschiedenartig gestaltet, einige Objekte werden auf Glas präsentiert, andere in Setzkästen.

Im Hinblick auf die Raumgestaltung liegen im Museumskonzept B sowohl kantige als auch runde Formen vor, die Raumgestaltung ist also sehr abwechslungsreich. Die Farbgebung der Räume des Museumskonzeptes B zeichnet sich durch eine Dominanz der Farbtöne Rot, Blau und Weiß aus. Der Fußboden variiert in seiner Beschaffenheit. Auch im Museumskonzept B bestehen die Lichtverhältnisse aus einer Mischung aus künstlichem Licht und Tageslicht.

Analysiert man das Museumskonzept B hinsichtlich der Reizwirkungen, so zeichnet es sich durch eine höhere kognitive Reizwirkung aus, da die dargestellten Räume variieren und insgesamt komplexer erscheinen. Emotionale Reize treten wie im Museumskonzept A auch im Museumskonzept B praktisch nicht auf. Im Hinblick auf die physischen Reizwirkungen durch Farben werden aktivierendere (insbesondere rote) und lustvollere (insbesondere blaue) Farbtöne verwendet. Die Abb. 38 und 39 zeigen die visuellen Vorlagen für das Museumskonzept B[199].

Die folgende Tab. 38 zeigt die wesentlichen Gestaltungsmerkmale der Museumskonzepte A und B in einer Zusammenfassung:

Gestaltungsdimension	Museumskonzept A	Museumskonzept B
Farbtöne:	blasse Farben: Weiß, Grau, Braun	sattere Farben: Rot, Blau, Weiß
Lichtverhältnisse:	Mischung aus Tageslicht und künstlichem Licht	Mischung aus Tageslicht und künstlichem Licht
Formen:	kantig	kantig und rund
Variationen in den Räumen:	alle Räume eher gleich	Räume unterschiedlich
Präsentation der Objekte:	sehr gleichmäßig, an den Wänden des Raumes	Variationen der Podeste, Präsentationen auch im Raum

Tabelle 38: Überblick über die Gestaltungsmerkmale der beiden Museumskonzepte (Quelle: Eigene Darstellung)

---

[199] Farbig im Original.

Abbildung 38: Visuelle Vorlage für das Museumskonzept B (Teil 1)

Abbildung 39: Visuelle Vorlage für das Museumskonzept B (Teil 2)

7.4.3.3. Wirkungen der beiden Museumskonzepte

Vergleicht man die beiden Museumskonzepte hinsichtlich ihrer vermutlichen atmosphärischen Wirkungen, so kann man feststellen: Das moderne Museumskonzept B wird aufgrund der Farbgestaltung mit überwiegend roten und blauen Farben sowie durch seine viel abwechslungsreichere Innen- und Präsentationsgestaltung als erregender und lustvoller empfunden als das traditionelle Museumskonzept A, das durch vorherrschend graue, braune und weiße Farben und durch eine gleichmäßige Innen- und Präsentationsgestaltung gekennzeichnet ist. Die überwiegende Verwendung der Farben Grau, Braun und Weiß, deren negative Wirkung ausführlich in Kap. 7.4.3.1.2. dargelegt wurde, und die steril anmutende Raumaufteilung im Museumskonzept A lassen vermuten, daß dieses Museumskonzept bei den potentiellen Besuchern ein deutlicheres Unterwerfungsgefühl auslöst als das Museumskonzept B. Deshalb liegt folgender Zusammenhang nahe (Hypothese[200] K-1):

H_{K-1}: *Das moderne Museumskonzept B wird von den potentiellen Besuchern als erregender und lustvoller als das traditionelle Museumskonzept A empfunden, und sie fühlen sich dort auch dominanter.*

Wie in Kap. 6.2.2. erläutert, erzeugen moderner und erlebnisorientierter gestaltete Museen manchmal den Eindruck eines „Spielzeugladens", was dem Bildungsanspruch der potentiellen Besucher widersprechen dürfte. Im vorliegenden Fall zeichnet sich das Museumskonzept B allerdings durch eine abwechslungsreichere und lebhaftere Gestaltung aus, die den potentiellen Besuchern vermutlich nicht entgegenstehen wird. Es wird lediglich versucht, die Objekte interessanter zu präsentieren, indem sie z.B. gezielt beleuchtet werden oder so plaziert werden, daß der direkte Blick auf sie versperrt wird, um Neugier zu erwecken. Die Besucher erhalten somit das Gefühl, etwas entdecken zu können. Im Vergleich zum Museumskonzept B wirkt Museumskonzept A hingegen steril und monoton. Somit läßt sich vermuten, daß die Gestaltungsmaßnahmen im Museumskonzept B dem Bildungsanspruch der Besucher stärker entgegenkommen als die Maßnahmen im Museumskonzept A. Deshalb soll die folgende Hypothese K-2 geprüft werden:

---

[200] Die Indizierung „K" bedeutet, daß es sich um eine Hypothese zur Wirkung der beiden Museumskonzepte handelt. Die zugehörige Ziffer numeriert die Hypothesen. Die Hypothesen werden in der zweiten empirischen Untersuchung geprüft.

> H_{K-2}: *Das moderne Museumskonzept B trifft den Bildungsanspruch der potentiellen Besucher besser als das traditionelle Museumskonzept A.*

Werden von einer Museumsumwelt positivere emotionale Reaktionen hervorgerufen, und trifft das Museum den Bildungsanspruch der potentiellen Besucher besser, dann sollten sich nach dem in Kap. 7.4.2. aufgestellten Modell des Verhaltens in Ausstellungen und Museen auch positivere Verhaltensreaktionen dem Museum gegenüber ergeben. Deshalb kann vermutet werden (Hypothese K-3).

> H_{K-3}: *Dem Museumskonzept B gegenüber weisen die potentiellen Besucher stärkere allgemeine Annäherungsabsichten auf als gegenüber dem Museumskonzept A, sie empfinden eine höhere Lernattraktivität, und sie fragen mehr Informationen nach.*

7.4.4. Der Einfluß des Lebensstils auf die emotionalen und kognitiven Reaktionen und auf die Verhaltensabsichten

In der Literatur der Umweltpsychologie wird der Orientierung am Lebensstil der Kunden eine wichtige Rolle zugeschrieben. Mehrabian (1978, S.13) betont, daß sich die Menschen bei der Gestaltung der Umwelt zu häufig noch nach tradierten Maßstäben richten, die „jedoch für den gegenwärtigen Lebensstil ... ungeeignet (sind)". Auch Gröppel (1995, Sp.1021) unterstreicht, daß das Ziel der Ladengestaltung im Erlebnishandel die Schaffung einer angenehmen, abwechslungsreichen Ladenatmosphäre sein sollte, die den Besucher oder Kunden in seinem *Lebensstil* anspricht. Eine enge Ausrichtung am Lebensstil der Besucher kann somit dazu beitragen, ein stärkeres Annäherungsverhalten der Besucher zu erzielen.

Eine Umwelt, die den Lebensstil anspricht, wirkt sich in der Regel als positiver oder negativer Verstärker auf ein bereits vorhandenes Verhaltensmuster aus (Ittelson et al., 1977, S.27). Grundlegende Verhaltensänderungen sind durch den Einfluß der physischen Umwelt nur in

Ausnahmefällen zu erwarten[201]. Beispielsweise kann ein lebensstilorientiertes Museum die bereits bei den Besuchern vorhandenen Verhaltensdispositionen positiv verstärken. Wird den Erlebnisorientierten durch die Umwelt die Möglichkeit zum Aktivsein gegeben, so werden vorhandene Verhaltensdispositionen verstärkt. In einem dominant wirkenden Museum werden die Erlebnisorientierten allerdings kaum den Lebensstil zeigen, den sie eigentlich in ihrer Freizeit zeigen möchten.

Obwohl gefordert wird, die Umweltgestaltung am Lebensstil zu orientieren, wird die Variable des Lebensstils im umweltpsychologischen Modell von Mehrabian/Russell nicht berücksichtigt. Statt dessen wird die Persönlichkeit als Einflußvariable verwendet.

Untersucht man die Vorteilhaftigkeit von Lebensstil oder Persönlichkeit als Einflußfaktor im umweltpsychologischen Modell genauer, dann besitzt der Lebensstil gegenüber der Persönlichkeit die folgenden Vorteile:
- Wenn das Ziel der Gestaltung der Umwelt ist, den Kunden in seinem Lebensstil anzusprechen, liefert der Lebensstil als Einflußfaktor genauere Informationen für die Umweltgestaltung als die Persönlichkeit des Individuums. Zeichnet sich beispielsweise der Lebensstil eines Menschen durch Aktivität aus, kann für die Umweltgestaltung unmittelbar gefolgert werden, daß Möglichkeiten zum Aktivsein in der Umwelt angeboten werden sollten.
- Der Lebensstil weist weniger Operationalisierungsprobleme als die Persönlichkeit auf. Da die Persönlichkeit eine komplexe hypothetische Größe ist, ist die Operationalisierung schwierig. Der Lebensstil hingegen kann auch durch beobachtbares Verhalten erhoben werden und läßt sich somit leichter erfassen.
- Die Erhebung der Persönlichkeit im umweltpsychologischen Modell, wie sie bisher vorgenommen wurde, weist Defizite auf. Nach Meinung von Mehrabian (1978, S.26ff.) existieren Persönlichkeitsmerkmale, die sich in Unterschieden in den Dimensionen der emotionalen Reaktion äußern. Demnach gibt es Personen, die in ihrer Persönlichkeitsstruktur stärker lustbetont sind als andere Personen, und es treten Unterschiede im Grad der Dominanz und der Erregung auf, so daß es zu unterschiedlichen Reaktionen auf eine Umwelt kommt. Die nach Meinung von Mehrabian (1978, S.25) bedeutendsten

---

[201] Ittelson et al. (1977, S.27) betonen, daß beispielsweise durch den Besuch einer Kirche ein Atheist kein gläubiger Mensch wird.

Persönlichkeitsunterschiede ergeben sich in der Dimension Erregung. Diese Persönlichkeitsprädisposition in ihrer Extremausprägung unterteilt die Individuen in *Reizabschirmer* und *Nicht-Reizabschirmer*. Nicht-Reizabschirmer nehmen in lustvoll gestalteten Umwelten mehr Reize als Reizabschirmer wahr und lassen sich folglich stärker von einer Umwelt erregen. Die bisherigen Forschungen fokussieren, wenn sie Persönlichkeitsunterschiede berücksichtigen, nur auf der Erregungsdimension. Die Auswirkungen der Persönlichkeitsunterschiede der anderen beiden Dimensionen Lust und Dominanz sind bislang noch nicht untersucht. Dies erscheint um so erstaunlicher, da der Dimension Lust die größte Prädiktorkraft in bezug auf das Verhalten beigemessen wird (Donovan/Rossiter, 1982, S.52). Für die Erklärung unterschiedlicher Reaktionen auf eine Umwelt sind also nicht nur die Persönlichkeitsunterschiede bei der Erregung heranzuziehen. Notwendig ist es, die Persönlichkeit[202] der Individuen umfassender abzubilden. Der bisherigen Praxis der Erhebung der Persönlichkeit mit der Beschränkung auf die Erregungsdimension muß damit kritisch begegnet werden[203].

– Da die Persönlichkeit einen wichtigen Bestimmungsfaktor für den Lebensstil darstellt, werden die Aspekte der Persönlichkeit, die für den Lebensstil und damit auch für das Marketing relevant sind, implizit miterfaßt, wenn der Lebensstil erhoben wird (vgl. ausführlich Kap. 3.2.2.1.).

Insofern erscheint es vorteilhaft, das umweltpsychologische Modell von Mehrabian/Russell derart zu modifizieren, daß statt der Persönlichkeit der Lebensstil als beeinflussende Variable verwendet wird (vgl. Abb. 40).

Für die Untersuchung von Museumsumwelten bietet es sich damit an, den in Kap. 3. ausführlich erläuterten kulturspezifischen Lebensstil, der auf dem durch die Persönlichkeit der Individuen bestimmten kulturspezifischen Selbstkonzept beruht, als Einflußfaktor im Modell zugrunde zu legen.

---

[202] Die Persönlichkeit eines Menschen wird durch individuelle (z.B. biologische oder physiologische Voraussetzungen) und durch umweltbezogene Determinanten (kulturelles und gesellschaftliches Umfeld) geprägt. Sie kann als komplexe Kombinationen aus verschiedenen psychischen Größen wie Motive, Werte, Einstellungen, Reizsensibilität oder der in Kap. 3.3.2. erläuterten Selbst-Bewußtheit aufgefaßt werden (vgl. auch Abb. 18 in Kap. 3.2.2.1.).
[203] Dieses Problem wäre allerdings zu lösen, wenn eine umfassende Operationalisierung der Persönlichkeit gelingen würde, was sich jedoch, wie zuvor erläutert, als sehr schwierig erweisen dürfte.

Das umweltpsychologische Modell, das um die kognitive Variable Bildungsanspruch erweitert und in das anstelle der Persönlichkeit der Lebensstil als beeinflussende Variable aufgenommen wurde, sieht damit zusammenfassend folgendermaßen aus (Abb. 40):

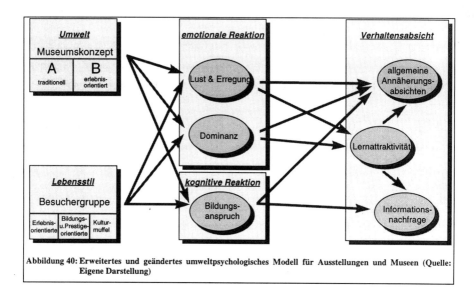

Abbildung 40: Erweitertes und geändertes umweltpsychologisches Modell für Ausstellungen und Museen (Quelle: Eigene Darstellung)

Der rechte Teil des erweiterten und geänderten umweltpsychologischen Modells spezifiziert die Beziehungen zwischen den emotionalen und kognitiven Reaktionen und den Verhaltensabsichten, wenn sich der Besucher im Museum befindet. Diese Teilstruktur des umweltpsychologischen Gesamtmodells wurde deshalb als Modell zum Verhalten *in* Ausstellungen und Museen bezeichnet.

Der linke Teil des umweltpsychologischen Modells beschreibt den Einfluß der Umweltgestaltung und des Lebensstils auf die Variablen des Modells zum Verhalten in Ausstellungen und Museen.

7.4.5. Besuchersegmentspezifische Beurteilungen der Museumskonzepte

Werden im umweltpsychologischen Modell die Besuchergruppen und die verschiedenen Museumsumwelten gemeinsam berücksichtigt, dann liegt der Schluß nahe, daß die Besuchergruppen mit unterschiedlichen Lebensstilen auch verschiedene Umweltgestaltungen präferieren. Das bedeutet, daß die beiden Museumskonzepte A und B unterschiedliche emotionale und kognitive Reaktionen sowie Verhaltensreaktionen bei den lebensstilspezifischen Besuchergruppen hervorrufen dürften.

Untersucht man die beiden Museumskonzepte hinsichtlich ihrer besuchersegmentspezifischen Wirkungen detaillierter, so kann folgendes erwartet werden: Die Erlebnisorientierten präferieren vermutlich das Museumskonzept B, da es sich durch eine insgesamt abwechslungsreichere und lebhaftere Innen- und Präsentationsgestaltung auszeichnet und damit deutliche Elemente erlebnisorientierter Umwelten aufweist, so daß eine Nähe zum eigenen kulturspezifischen Lebensstil erkennbar ist.

Auch wenn hedonistische Kunden die beste Zielgruppe einer erlebnisbetonten Umweltgestaltung sind, werden auch weniger hedonistische Kunden die Vorteile einer erlebnisorientierten Umweltgestaltung genießen (Weinberg, 1992, S.157). Gröppel (1991, S.178) stellte in ihren Untersuchungen fest, daß sich auch weniger hedonistische Kundinnen[204] einer erlebnisorientierteren Ladengestaltung nicht entziehen konnten. Es ergibt sich somit die Vermutung, daß Besucher, die weniger erlebnisorientiert sind, das Museumskonzept A stärker akzeptieren als erlebnisorientierte Besucher, daß jedoch auch sie das erlebnisorientiertere Museumskonzept B bevorzugen.

Die Differenz zwischen den Beurteilungen der beiden unterschiedlichen Museumskonzepte dürfte allerdings in den Besuchergruppen variieren. Während Museumskonzept A bei den Erlebnisorientierten praktisch „durchfällt", da kaum ein Bezug zum eigenen kulturspezifischen Lebensstil hergestellt werden kann, akzeptieren die weniger erlebnisorientierten Besucher, und hier insbesondere die Bildungs- und Prestigeorientierten, das Museumskonzept A vermutlich noch.

Deshalb kann erwartet werden, daß der „Zugewinn" an positiver emotionaler Reaktion, der sich im Museumskonzept B im Vergleich mit Museumskonzept A ergibt, bei den erlebnisorientierten Besuchern höher als bei den weniger erlebnisorientierten ausfällt. Deshalb soll die folgende Hypothese[205] S-K-1 getestet werden:

---

[204] Gröppel (1991, S.170ff.) spricht von „indolenten" Kundinnen.
[205] Die Indizierung „S-K" bedeutet, daß es sich um eine Hypothese zur besuchersegmentspezifischen Wirkung der beiden Museumskonzepte handelt. Die zugehörige Ziffer numeriert die Hypothesen. Sie werden in der zweiten empirischen Untersuchung geprüft.

> H_{S-K-1}: *Vergleicht man Museumskonzept B mit Museumskonzept A, dann weisen die Erlebnisorientierten im Museumskonzept B einen größeren Zugewinn an den emotionalen Reaktionen Lust & Erregung sowie Dominanz auf als die Bildungs- und Prestigeorientierten und als die Kulturmuffel.*

Aufgrund der Nähe des Museumskonzeptes B zum kulturspezifischen Lebensstil der erlebnisorientierten Besucher kann ebenfalls vermutet werden, daß das Museumskonzept B dem Bildungsanspruch dieser Besucher deutlicher entgegenkommt als dem Bildungsanspruch der anderen beiden Besuchergruppen (Hypothese S-K-2).

> H_{S-K-2}: *Vergleicht man, inwieweit das Museumskonzept B den Bildungsanspruch der potentiellen Besucher besser trifft als das Museumskonzept A, dann ist der Zugewinn bei den Erlebnisorientierten größer als bei den Bildungs- und Prestigeorientierten und bei den Kulturmuffeln.*

Nach dem Modell des Verhaltens in Ausstellungen und Museen können weiterhin die folgenden Schlüsse gezogen werden (Hypothese S-K-3):

> H_{S-K-3}: *Vergleicht man Museumskonzept B mit Museumskonzept A, dann weisen die Erlebnisorientierten im Museumskonzept B einen größeren Zugewinn an allgemeinen Annäherungsabsichten auf als die Bildungs- und Prestigeorientierten und als die Kulturmuffel. Des weiteren nehmen sie eine höhere Lernattraktivität wahr und fragen mehr Informationen nach.*

7.5. Zusammenfassung der Erkenntnisse der Umweltpsychologie

Zum Kulturangebot, das eine Kulturinstitution den Besuchern bietet, ist auch die Gestaltung der Museumsumwelt zu zählen. Sie beeinflußt die Reaktionen und das Verhalten der Individuen beim Museumsbesuch. In diesem Kapitel sind Beiträge der Umweltpsychologie für die Gestaltung von Museumsumwelten diskutiert worden. Dabei wurden vor allem die Erkenntnisse der kognitiven und die der emotionalen Umweltpsychologie für die Gestaltung von Museumsumwelten analysiert. Aus der kognitiven Umweltpsychologie ist bekannt, daß ein Museum orientierungsfreundlich gestaltet werden sollte, um Gefühle der Desorientierung beim Besucher zu vermeiden. Es wurden Möglichkeiten aufgezeigt, wie ein orientierungsfreundliches Museum gestaltet werden kann.

Schwerpunktmäßig wurde die emotionale Umweltpsychologie untersucht, nach der das Verhalten innerhalb einer Umwelt durch die emotionalen Reaktionen, die diese Umwelt beim Menschen verursacht, bestimmt wird. Dabei wurde das umweltpsychologische Verhaltensmodell von Mehrabian/Russell erweitert und geändert.

Neben der Ausdehnung der Verhaltensreaktionen des Modells auf die für den Kulturbereich wichtigen bildungsspezifischen Größen der Lernattraktivität und der Informationsnachfrage wurde die kognitive Variable des Bildungsanspruchs in das Modell integriert. Sie übt neben den emotionalen Reaktionen Lust & Erregung sowie Dominanz ebenfalls einen deutlichen Einfluß auf die allgemeinen und bildungsspezifischen Verhaltensabsichten der Besucher gegenüber dem Museum aus.

Die einer Ausstellung oder einem Museum zur Verfügung stehenden Parameter der Außen-, Innen- und Präsentationsgestaltung wurden ausführlich erläutert. Aufbauend auf den gewonnenen Erkenntnissen der Lebensstil-Forschung, der Angebotsgestaltung, der Vermittlung kultureller Bildung sowie der Umweltpsychologie wurden zwei unterschiedliche Museumskonzepte hinsichtlich ihrer Wirkungen auf die potentiellen Besucher analysiert. Ein Museumskonzept stellt ein traditionelles Museum dar (A), das andere Konzept ein erlebnisreicheres Museum, das Gestaltungsempfehlungen der Umweltpsychologie zur Verbesserung der Atmosphäre gezielt einsetzt (B). Aus der Analyse wurden Hypothesen abgeleitet, welche Unterschiede die beiden Museumskonzepte aufgrund ihrer Gestaltung in den Untersuchungsvariablen aufweisen.

Neben der Erweiterung des Modells wurde eine Veränderung des Modells von Mehrabian/Russell vorgenommen: Da sich die Gestaltung einer Umwelt am Lebensstil der Individuen ausrichten soll, erscheint es vorteilhaft, den Lebensstil anstelle der Persönlichkeit als Einflußfaktor im umweltpsychologischen Modell zu berücksichtigen. Er liefert genauere Erkenntnisse für die Umweltgestaltung und läßt sich problemloser erfassen als die Persönlichkeit.

Anschließend wurden die gewonnenen Erkenntnisse zu einem erweiterten und geänderten umweltpsychologischen Modell zusammengefaßt, und es wurden Hypothesen formuliert, inwieweit die beiden Museumskonzepte in Abhängigkeit vom kulturspezifischen Lebensstil der potentiellen Besucher zu unterschiedlichen Reaktionen führen.

8. Empirische Untersuchung zum Verhalten in Ausstellungen und Museen, zu den Wirkungen umweltpsychologischer Maßnahmen und zur Bildungsvermittlung

8.1. Ziele und Erhebungsdesign

Ziele der empirischen Untersuchung im Sommer 1996 waren:

- die Prüfung der strukturellen und zeitlichen Stabilität der in der Untersuchung im Sommer 1995 gefundenen Segmente potentieller Besucher von Kulturinstitutionen,
- die Prüfung des im theoretischen Teil der Arbeit entwickelten erweiterten und geänderten umweltpsychologischen Modells für Ausstellungen und Museen, die in
  - die kausalanalytische Prüfung des Modells zum Verhalten in Ausstellungen und Museen,
  - die Prüfung der beiden erläuterten Museumskonzepte auf Unterschiede in den Ausprägungen der Variablen des Modells und in
  - die Prüfung der segmentspezifischen Unterschiede in der Beurteilung der beiden Museumskonzepte und damit ihrer Eignung für die ermittelten Gruppen potentieller Besucher unterteilt wird, sowie
- die Prüfung ausgewählter Zusatzangebote von Ausstellungen und Museen hinsichtlich ihrer besuchersegmentspezifischen Eignung.

Im Sommer 1996 wurden 301 potentielle Besucher von Kulturinstitutionen mündlich befragt. Befragt wurden nur Personen, die angaben, mindestens einmal jährlich eine Ausstellung oder ein Museum zu besuchen. So sollte - wie in der Studie 1995 - sichergestellt werden, daß die Befragten in der Lage und motiviert waren, alle Fragen zu Ausstellungen und Museen zu beantworten.

Der Fragebogen, der vor den Interviews einem Pretest (n=25) unterzogen wurde, enthielt dieselben Fragen zum Freizeit- und Kulturverhalten zur Erfassung des Lebensstils wie der Fragebogen der Studie im Sommer 1995. Des weiteren wurden den Befragten visuelle Vorlagen der beiden Museumskonzepte, ein traditionelles (A) und ein modernes (B) Konzept, zur Beurteilung vorgelegt. Dabei wurde die Reihenfolge der untersuchten Museumskonzepte variiert: 150 Personen wurde das Museumskonzept A zuerst vorgelegt, anschließend das Museumskonzept B, weiteren 151 Personen zunächst das Museumskonzept B und danach das

Museumskonzept A. Wie varianzanalytische Prüfungen zeigten, übte die Reihenfolge der Befragung keinen systematischen Einfluß auf die Qualität der Antworten aus. Durch das Design der Studie wurde eine dreidimensionale Datenmatrix erzeugt: 301 Befragte beurteilen 2 Museumskonzepte anhand einer Vielzahl verschiedener Variablen. Diese dreidimensionale Datenmatrix mußte zur Weiterverarbeitung mit SPSS in eine zweidimensionale Datenmatrix überführt werden. Dabei wurde ein *personenbezogenes Objektverfahren* verwendet (Backhaus et al., 1996, S.250ff.): Beim personenbezogenen Objektverfahren bildet jede einzelne Beurteilung der Museumskonzepte durch jede Person ein eigenes Objekt. Somit ergeben sich 2 x 301 = 602 Objekte. Die dreidimensionale Datenmatrix wird in eine vergrößerte zweidimensionale Datenmatrix überführt. Durch die Anwendung des personenbezogenen Objektverfahrens konnte sichergestellt werden, daß bei beiden Museumskonzepten nach der Datenverdichtung die gleiche Dimensionierung der Urteilsvariablen zugrunde liegt, so daß eine Vergleichbarkeit der beiden Museumskonzepte gewährleistet ist. Ein solches Vorgehen birgt allerdings das Problem, daß im Falle unterschiedlicher Dimensionen bei den Urteilsvariablen der einzelnen Museumskonzepte eine Homogenisierung durch die Datenverdichtung durchgeführt wird. Da vorrangiges Ziel der vorliegenden Studie der Vergleich der beiden Museumskonzepte ist, wird dieses Problem in Kauf genommen.

Die Variablen des Modells zum Verhalten in Ausstellungen und Museen werden sowohl im Rahmen der Kausalanalyse als auch bei den Vergleichen der beiden Museumskonzepte sowie bei der Prüfung der lebensstilsegmentspezifischen Unterschiede analysiert.

Die Kausalanalyse erzeugt Faktoren für diese Variablen. Da sich diese Faktoren aber nicht in einer Datenmatrix speichern lassen, stehen sie keinen weiteren Anwendungen zur Verfügung. Für die nach der Kausalanalyse durchzuführenden Vergleiche der Museumskonzepte und für die Untersuchung der lebensstilsegmentspezifischen Unterschiede ist es deshalb notwendig, erneut Faktoren zu ermitteln. Dies geschieht durch eine explorative Faktorenanalyse, bei der sich die erzeugten Faktoren speichern lassen.

Als Folge dieser Vorgehensweise stimmen die Faktoren der kausalanalytischen Prüfung und die Faktoren, die durch die explorative Faktorenanalyse ermittelt wurden, nicht vollständig überein. Es liegen zwar die gleichen Indikatoren für die Faktoren zugrunde, jedoch können sich Unterschiede in den Faktorladungen ergeben. Da es keine alternative Vorgehensweise gibt, müssen diese geringen Abweichungen akzeptiert werden. Sie sind allerdings minimal und haben praktisch keinen Einfluß auf die Ergebnisse.

Weiterhin wurden den Befragten visuelle Vorlagen ausgewählter Zusatzangebote von Ausstellungen und Museen zur Beurteilung vorgelegt. Abschließend wurden demographische Daten erhoben[206]. Um die Befragten kognitiv zu entlasten, wurden ihnen wiederum die zur Verfügung stehenden Antwortmöglichkeiten auf gesonderten Unterlagen in die Hand gegeben. Befragt wurde überwiegend in Paderborn und Umgebung, jeweils bei den Befragten zu Hause, so daß die Interviews in einer entspannten Atmosphäre stattfinden konnten. Die Beantwortung der Fragebögen dauerte durchschnittlich 30,5 Minuten.

8.2. Merkmale der Stichprobe

Von den insgesamt befragten 301 Personen waren 162 (53,8%) männlich und 139 (46,2%) weiblich. Das Durchschnittsalter der Stichprobe lag ähnlich der Studie 1995 bei 34,4 Jahren. Zum Vergleich betrug das Durchschnittsalter der bundesdeutschen Bevölkerung 1996 nach Angaben des statistischen Bundesamtes 40,7 Jahre.

8.3. Die Segmentierung der Besucher

8.3.1. Die Replizierung der Segmente potentieller Besucher

Zur Prüfung der Stabilität einer Lebensstil-Segmentierung ist eine Wiederholungsmessung empfehlenswert. Das Vorgehen der Datenerhebung und -verdichtung sowie der Gruppenbildung entspricht dem Vorgehen in der Studie von 1995. Die Faktorisierung der Items[207] zum Freizeitverhalten liefert die in Tab. 39 dargestellten Ergebnisse:

---

[206] Die Befragten wurden auf die Anonymität ihrer Angaben hingewiesen.
[207] Alle Items wurden auf einer 5er Skala mit Ausprägungen von 1 (*trifft gar nicht zu*) bis 5 (*trifft voll zu*) erhoben.

In meiner Freizeit ...	1	2	3	4	5	6	Interpretation des Faktors
verbringe ich möglichst viel Zeit mit Freunden und Bekannten	0,78						*gesellige, aktive Freizeitgestaltung*
unternehme ich oft Dinge, bei denen ich neue Leute kennenlernen kann	0,73						
bin ich eigentlich immer unterwegs	0,56						
treibe ich viel Sport	0,52				0,46	-0,31	
lese ich gern Unterhaltungsliteratur	0,39	0,31					
steht Entspannung an allererster Stelle		0,71					*Luxus und Entspannung*
habe ich am liebsten meine Ruhe		0,69					
lege ich viel Wert auf Komfort und Bequemlichkeit		0,67					
unternehme ich gern etwas Exklusives, z.B. gut und teuer Essen gehen		0,52		0,51			
probiere ich oft etwas Neues aus			0,76				*Neuem gegenüber aufgeschlossen*
unternehme ich gern mal etwas Besonderes, etwas, das nicht jeder macht			0,74				
entdecke ich gern die Umgebung			0,68				
spielen gesellschaftliche Anlässe, wie z.B. ins Theater oder in Konzerte gehen, eine wichtige Rolle				0,82			*prestige- u. bildungsorientierte Freizeitgestaltung*
bilde ich mich gerne weiter				0,55			
achte ich bei allem, was ich tue, auf meine Gesundheit					0,67		*gesundheitsbewußte (und familienorientierte) Freizeitgestaltung*
unternehme ich viel mit meiner Familie[208]					0,59	0,46	
unternehme ich öfter Kurzreisen					0,46		
bummle ich gern einfach mal so durch die Stadt						0,84	*Stadtbummel*
Eigenwert	2,85	2,41	1,59	1,45	1,14	1,04	
Varianzerklärungsanteil	15,8	13,4	8,9	8,1	6,3	5,8	
kum. Varianzerklärungsanteil	15,8	29,2	38,0	46,1	52,4	58,2	

Tabelle 39: Faktorenanalyse des Freizeitstils 1996

---

[208] Strenggenommen darf dieses Item bei der Interpretation des Faktors nicht berücksichtigt werden, da es nicht eindeutig auf die Dimension lädt. Da die Familienorientierung in der Studie 1995 aber ein Charakteristikum der Bildungs- und Prestigeorientierten war, wird sie bei der Interpretation in dieser Studie berücksichtigt.

Die Faktorisierung des Kulturstils ergab die in Tab. 40 dargestellten Dimensionen:

	1	2	3	Interpretation des Faktors
Ich freue mich jedesmal, wenn ich auf eine Kulturveranstaltung aufmerksam gemacht werde.[209]	0,68	0,30		
Bevor ich ein Kulturangebot nutze, informiere ich mich i.d.R. ausführlich.	0,66			*bildungsorientiertes und außenkommunikationswirksames Kulturverhalten*
Ich versuche, so ziemlich alle Kulturangebote zu besuchen, die man gesehen haben sollte.	0,65		0,38	
Ich nutze vor allem solche Kulturangebote, mit denen ich mich weiterbilden kann.	0,54			
Ich besuche kulturelle Veranstaltungen, um Spaß zu haben.		0,77		
Wenn ich Museen, Theater usw. besuche, dann ist das für mich in erster Linie eine Freizeitbeschäftigung.		0,67		*hedonistisches und innenorientiertes Kulturverhalten*
Ich freue mich, wenn ich etwas über eine kulturelle Veranstaltung lese oder höre, die ich schon besucht habe.	0,38	0,51		
Ich unterhalte mich häufig mit Freunden und Bekannten über kulturelle Angebote.	0,46	0,49		
Zu einem Besuch von Ausstellungen, Museen, Musicals usw. gehört auch das Bummeln durch die dazugehörenden Shops, sofern es welche gibt.			0,75	
Bei der Auswahl von Kulturobjekten richte ich mich danach, was gerade so aktuell ist.			0,55	*aktualitätsorientiertes Kulturverhalten*
Wenn ich in ein Museum, Kino, Theater o.ä. gehe, dann verbinde ich das meistens mit anderen Aktivitäten, z.B. nachher noch mit Freunden etwas trinken gehen oder so.	-0,44	0,31	0,50	
Der Besuch einer kulturellen Veranstaltung ist für mich Luxus/etwas ganz Besonderes.			0,47	
Eigenwert	2,66	1,62	1,38	
Varianzerklärungsanteil	22,2	13,5	11,5	
kum. Varianzerklärungsanteil	22,2	35,6	47,1	

Tabelle 40: Faktorenanalyse des Kulturstils 1996

Wie in einer empirischen Untersuchung zu erwarten ist, zeigten sich in der Wiederholungsstudie nicht die exakt gleichen Faktor- und Ladungsstrukturen wie 1995. Die beiden Faktorlösungen, sowohl die des Freizeitstils als auch die des Kulturstils, weisen jedoch sehr starke Übereinstimmungen mit den Faktorlösungen der ersten Studie auf.

Anschließend wurden die ermittelten Faktoren des Freizeit- und des Kulturstils wiederum einer hierarchischen Clusteranalyse nach dem Ward-Algorithmus unterzogen. Die Ergebnisse sind in Tab. 41 dargestellt:

---

[209] Alle Items wurden wiederum auf einer 5er Skala mit Ausprägungen von 1 (*trifft gar nicht zu*) bis 5 (*trifft voll zu*) erhoben.

Bedeutung	Cluster 1 (n=110)	Cluster 2 (n=129)	Cluster 3 (n=62)
gesellige, aktive Freizeitgestaltung	0,26		-0,42
Luxus und Entspannung	-0,16	0,19	-0,11
Neuem gegenüber aufgeschlossen			
prestige- u. bildungsorientierte Freizeitgestaltung	-0,28	0,59	-0,74
gesundheitsbewußte (familienorientierte) Freizeitgestaltung	-0,45	0,35	
Stadtbummel			-0,16
bildungsorientiertes u. außenkommunikationswirksames Kulturverhalten	-0,59	0,71	-0,44
hedonistisches, innenorientiertes Kulturverhalten	0,55		-1,12
aktualitätsorientiertes Kulturverhalten	-0,28	0,30	-0,14
Interpretation	*Erlebnisorientierte*	*Bildungs- u. Prestigeorientierte*	*Kulturmuffel*
durchschnittliches Lebensalter	28,0	38,7	36,5

Tabelle 41: **Clusteranalyse zur Besuchersegmentierung 1996**

Wie Tab. 41 zeigt, liegen deutliche Übereinstimmungen in der Gruppenstruktur der Wiederholungsstudie vor. Die dunkelgrau unterlegten Felder geben an, bei welchen Faktoren sich keine Veränderungen im Vorzeichen der Gruppenmittelwerte ergeben haben[210].

Da es sich um eine Replizierung der Besuchergruppen der Studie von 1995 handelt, kann die Interpretation der Gruppen relativ kurz vorgenommen werden (vgl. ausführlicher Kap. 5.6.2.).

Cluster 1 zeichnet sich durch ein sehr geselliges und aktives Freizeitverhalten aus. Auf Luxus und Entspannung legen diese Befragten unterdurchschnittlichen Wert. Besonders deutlich in diesem Cluster sind das wenig ausgeprägte Gesundheitsbewußtsein und auch die geringe Familienorientierung. In ihrer Freizeit unternehmen diese potentiellen Besucher bevorzugt etwas mit ihren Freunden, Kommunikation ist ihnen wichtig.

In ihrem Kulturverhalten ist diese Gruppe überdurchschnittlich hedonistisch und innenorientiert. Sie besucht Kulturveranstaltungen vor allem, um Spaß zu haben und stellt Freizeitbedürfnisse beim Besuch in den Vordergrund. Bildungsbedürfnisse und der Wunsch, die genossene Bildung auch zu demonstrieren, sind unterdurchschnittlich ausgeprägt. Darauf

---

[210] In der Tabelle sind nur die Werte größer 0,1 bzw. kleiner -0,1 abgedruckt. Die Mittelwertunterschiede der Faktoren *Neuem gegenüber aufgeschlossen* und *Stadtbummel* sind nicht signifikant, alle anderen Mittelwertunterschiede sind hochsignifikant.

deutet auch die geringe Ausprägung der Dimension aktualitätsorientiertes Kulturverhalten hin. Wie in der Studie 1995 wird dieses Besuchersegment erneut als die Erlebnisorientierten bezeichnet.

Cluster 2 faßt die Befragten zusammen, die sich in ihrem Freizeitverhalten, verglichen mit den beiden anderen Gruppen, insbesondere durch ein sehr deutliches prestige- und bildungsorientiertes Verhalten auszeichnen. Sie legen relativ großen Wert auf ihre Gesundheit und sind familienorientiert. Auch Luxus und Entspannung sind für sie von Bedeutung. Verglichen mit den Erlebnisorientierten sind sie weniger gesellig und kommunikativ. Das starke Bildungsinteresse sowie der Wunsch nach Prestige spiegeln sich auch im Kulturverhalten der Gruppe sehr deutlich wider, wie die überdurchschnittliche Ausprägung dieser Dimension des Kulturstils zeigt. Dementsprechend besuchen diese Personen auch gern aktuelle Kulturveranstaltungen, vermutlich vor allem, da sich diese gut kommunizieren lassen. Auch in dieser Studie soll diese Gruppe deshalb als bildungs- und prestigeorientierte Besucher bezeichnet werden. Wie in der Studie 1995 ist diese Besuchergruppe die durchschnittlich älteste der drei Gruppen.

Cluster 3 faßt Besucher zusammen, die sich sowohl in ihrem Freizeit- als auch in ihrem Kulturverhalten insgesamt sehr zurückziehen. Mit einer Ausnahme weisen sie auf allen Dimensionen des Freizeitstils und des Kulturstils unterdurchschnittliche Ausprägungen auf. Im Gegensatz zur Studie 1995 ist diese Gruppe auch wenig gesellig und kommunikativ. Der Grund für diese Abweichung könnte nur durch eine weitergehende Analyse geklärt werden, worauf jedoch verzichtet wird: Ohnehin ist diese Gruppe vermutlich für das Marketing wenig interessant, da sie sich durch ein eher passives und zurückhaltendes Freizeit- und Kulturverhalten auszeichnet. Zusammenfassend kann diese Gruppe potentieller Besucher deshalb wiederum als Kulturmuffel bezeichnet werden.

Wie die Wiederholungsstudie 1996 gezeigt hat, sind die ermittelten Besuchersegmente den Gruppen der Studie von 1995 sehr ähnlich. Man kann deshalb davon ausgehen, daß die ermittelte Lösung strukturell und zeitlich stabil ist.

8.3.2. Validierung der Besuchergruppen

Aufgrund der großen Bedeutung, die der Segmentierung potentieller Besucher für diese Arbeit und für die Umsetzung in die Praxis zukommt, erscheint es notwendig, die Segmentierung erneut einer genauen Güteprüfung zu unterziehen. Die Güteprüfung entspricht dabei dem Vorgehen bei der Studie von 1995.

Die Betrachtung der F-Werte

Zunächst werden wiederum die F-Werte der Cluster untersucht. Ein Cluster ist dann als vollkommen homogen einzuschätzen, wenn alle F-Werte im Cluster kleiner als 1 sind. Die F-Werte sind in Tab. 42 abgedruckt:

Bedeutung	Cluster 1 (n=110)	Cluster 2 (n=129)	Cluster 3 (n=62)
gesellige, aktive Freizeitgestaltung	0,89	1,04	0,96
Luxus und Entspannung	0,94	1,00	1,05
Neuem gegenüber aufgeschlossen	1,08	0,91	1,03
prestige- u. bildungsorientierte Freizeitgestaltung	0,87	0,88	0,72
gesundheitsbewußte, familienorientierte Freizeitgestaltung	0,92	0,89	1,05
Stadtbummel	0,86	1,02	1,16
bildungsorientiertes u. außenkommunikationswirksames Kulturverhalten	0,75	0,85	0,70
hedonistisches, innenorientiertes Kulturverhalten	0,64	0,89	0,82
aktualitätsorientiertes Kulturverhalten	0,88	0,97	1,10

Tabelle 42: F-Werte der Clusteranalyse 1996

Wie die Betrachtung der F-Werte zeigt, kann man von akzeptabel homogenen Gruppen ausgehen, allerdings weisen vor allem die Kulturmuffel einige F-Werte größer als 1 auf.

Überprüfung der Klassifizierung durch eine Diskriminanzanalyse

Eine weitere Überprüfung der Güte der Clusterlösung wird wiederum mittels einer Diskriminanzanalyse vorgenommen. Tab. 43 zeigt die Ergebnisse der Diskriminanzanalyse:

Funktion	Eigen-wert	Varianz-anteil	kumuliert	Kanoni-scher Korr.	After Fcn	Wilk's Lambda	Chi²	df	Signifi-kanz
					0	0,24	414,94	18	0,0000
1	1,39	66,06	66,06	0,76	1	0,58	158,58	8	0,0000
2	0,71	33,94	100,00	0,65					

Tabelle 43: Diskriminanzanalyse zur Prüfung der Clusterlösung 1996

Die Ergebnisse in Tab. 43 zeigen, daß beide Diskriminanzfunktionen hochsignifikant zur Trennung der drei Gruppen beitragen. Die erste Diskriminanzfunktion erklärt etwa 66% der Varianz der Werte der Diskriminanzfunktionen zwischen den Gruppen, die zweite etwa 34%. Beide Diskriminanzfunktionen weisen damit relativ hohe Varianzanteile auf, was eine Drei-Gruppen-Lösung unterstützt. Auch weisen beide Diskriminanzfunktionen mit 0,76 für die erste und 0,65 für die zweite Funktion relativ hohe Werte des kanonischen Korrelationskoeffizienten auf, so daß von einer hohen Güte der Analyse ausgegangen werden kann. Mit Werten von 0,24 und 0,58 weist Wilk's Lambda akzeptable Werte auf. Wie eine Betrachtung der in Tab. 43 wiedergegebenen Chi²-Werte mit den entsprechenden Freiheitsgraden zeigt, tragen beide Diskriminanzfunktionen hochsignifikant zur Trennung der Gruppen bei.

Vergleicht man die tatsächlichen Gruppenzugehörigkeiten der Fälle mit den durch die Diskriminanzanalyse geschätzten Klassifizierungen, zeigt sich, daß durch die Diskriminanzfunktionen 83,39% aller Fälle richtig klassifiziert werden. Bei einer zufälligen Zuordnung wären jedoch nur ca. 33% zu erwarten, so daß auch dieses Maß auf eine hohe Güte der Clusterlösung hindeutet.

Überprüfung durch Fragen zum Kulturverhalten

Zur Überprüfung der inhaltlichen Validität wurden wie 1995 die generellen Fragen zur Auffassung von Kultur gestellt und varianzanalytisch auf Mittelwertunterschiede getestet. Die Befragten wurden wiederum gebeten, das Ausmaß ihrer Zustimmung auf die Aussage: *Kulturelles Leben ist für mich ... zu äußern.*

Variable	Gruppe	n	Mittelwert	Sig.-Niveau Grp 1 u. 2	Sig.-Niveau Grp 1 u. 3	Sig.-Niveau Grp 2 u. 3
Spaß und Vergnügen	1 (EO)	110	3,95	ns	0,000	0,000
	2 (BPO)	127	4,04			
	3 (KM)	62	3,32			
Fortbildung	1 (EO)	110	3,56	0,000	ns	0,000
	2 (BPO)	124	4,00			
	3 (KM)	62	3,45			
Unterhaltung	1 (EO)	110	3,85	ns	0,011	0,000
	2 (BPO)	126	3,99			
	3 (KM)	62	3,52			
auch eine Prestigefrage	1 (EO)	108	2,04	0,000	0,000	ns
	2 (BPO)	125	2,74			
	3 (KM)	61	2,67			
Anstrengung	1 (EO)	109	2,29	ns	0,014	0,001
	2 (BPO)	125	2,16			
	3 (KM)	62	2,69			

Tabelle 44: **Varianzanalyse zum Kulturverhalten zur inhaltlichen Validierung der Besuchergruppen 1996**

Wie die Ergebnisse der Tab. 44 zeigen, bereitet Kultur den Erlebnisorientierten und den Bildungs- und Prestigeorientierten deutlich mehr Spaß und Vergnügen als den Kulturmuffeln, und sie nehmen Kultur auch als viel unterhaltender wahr. Wie bei den Ergebnissen 1995 empfinden die Kulturmuffel Kultur als signifikant anstrengender als die anderen beiden Besuchergruppen. Wie zu erwarten, betrachten die Bildungs- und Prestigeorientierten Kultur signifikant stärker als Bildung als die Erlebnisorientierten und die Kulturmuffel. Im Hinblick auf das Prestige von Kultur weisen die Bildungs- und Prestigeorientierten der Kultur signifikant stärker eine Prestigefunktion zu als die Erlebnisorientierten. Auch für die Kulturmuffel ist Kultur mit Prestige verbunden.

Die Antworten auf die Fragen zum generellen Kulturverständnis der Befragten unterstreichen sehr deutlich die Charakterisierung und Namensgebung der gefundenen Besuchergruppen.

Überprüfung durch Selbsteinschätzung der Befragten auf einer Bilderskala

Auch die Probanden der Studie 1996 wurden aufgefordert, eine Selbsteinschätzung hinsichtlich ihres Lebensstils anhand der in Kap. 5.6.4. abgedruckten visuellen Vorlagen vorzunehmen. In Tab. 45 sind die dominant in den Bildern ausgedrückten Lebensstil-Facetten sowie die Ergebnisse der durchgeführten Varianzanalysen abgedruckt:

Dominant im Bild zum Ausdruck kommende Lebensstil-Facetten	Gruppe	n	Mittelwert	Sig.-Niveau Grp 1 u. 2	Sig.-Niveau Grp 1 u. 3	Sig.-Niveau Grp 2 u. 3
aktiv, lebenslustig, (gesellig) (3 Frauen)	1 (EO)	110	3,85	0,000	0,027	ns
	2 (BPO)	129	3,16			
	3 (KM)	62	3,43			
prestige-, erfolgsorientiert (Flugzeug)	1 (EO)	109	1,91	0,000	ns	0,000
	2 (BPO)	128	2,64			
	3 (KM)	62	1,90			
genußorientiert, exklusiv (2 Europ., Asiate)	1 (EO)	110	2,09	0,000	ns	0,000
	2 (BPO)	128	3,23			
	3 (KM)	62	2,27			
familiär (Familie)	1 (EO)	109	2,60	0,000	0,000	ns
	2 (BPO)	129	3,33			
	3 (KM)	62	3,42			

Tabelle 45: **Varianzanalyse zur Selbsteinschätzung anhand visueller Vorlagen zur inhaltlichen Validierung der Besuchergruppen 1996**

Die Erlebnisorientierten finden sich wie vermutet signifikant stärker im ersten Bild wieder, das vor allem Aktivität und Lebenslust ausdrückt. Die Bildungs- und Prestigeorientierten dagegen identifizieren sich vor allem mit den Bildern, die Prestige- und Erfolgsorientierung (Bild 2) sowie Exklusivität und Genußorientierung (Bild 3) ausdrücken. In Bild 4, das in erster Linie Familienorientierung zum Ausdruck bringt, finden sich die Bildungs- und Prestigeorientierten und auch die Kulturmuffel wieder, während die Erlebnisorientierten erwartungsgemäß signifikant geringere Ausprägungen aufweisen. Die Ergebnisse der Selbsteinschätzung hinsichtlich des Lebensstils unterstützen die Interpretation der Besuchergruppen eindeutig.

Zusammenfassend kann die Validität der gefundenen Besuchersegmente als gut und ihre Interpretation als gelungen bezeichnet werden. Sowohl die Betrachtung der F-Werte und die Ergebnisse der Diskriminanzanalyse als auch die Ergebnisse der Fragen zum Kulturverständnis und die Selbsteinschätzungen der Befragten anhand visueller Vorlagen haben gute Ergebnisse geliefert.

Die gefundene Besuchersegmentierung mit den Gruppen Erlebnisorientierte, Bildungs- und Prestigeorientierte und Kulturmuffel kann als zeitlich und strukturell stabil bezeichnet werden.

8.4. Operationalisierung der Variablen

8.4.1. Exkurs: Validierung der Bildvorlagen mit den Museumskonzepten

In Kap. 7.4.3.2. wurden auf der Basis der Erkenntnisse der Lebensstilforschung und der Umweltpsychologie zwei Museumskonzepte entwickelt, von denen eines als traditionelles (A) und eines als modernes Museum mit erlebnisorientierten Elementen (B) bezeichnet wurde. In zwei Validierungsstudien[211] wird untersucht,

– ob die Befragten das Museumskonzept A auch tatsächlich als traditionelles und das Museumskonzept B als modernes Museum wahrnehmen und

– ob sich die Befragten die beiden durch Bilder dargestellten Museen auch ausreichend vorstellen können.

Zur Prüfung der ersten Fragestellung wurden zunächst mit einem Wort-Assoziations-Test Farbassoziationen zum verbalen Stimulus „Museum" erfragt[212]. Auf die Frage: *Welche Farbvorstellung(en) verbindest Du spontan mit einem Museum?* wurde so geantwortet (Tab. 46):

---

[211] Die Daten wurden im Rahmen einer Diplomarbeit erhoben. Der Dank des Verfassers gilt Herrn Dipl.-Kfm. Ulrich Lohmann.
[212] Befragt wurden n=43 Studierende.

Farben	Anzahl Primärassoziationen	Anzahl Sekundärassoziationen	Anzahl Tertiärassoziationen
Grau	13	7	0
Weiß	9	5	3
Braun	7	4	3
bunte/alle	5	1	0
Grün	2	0	1
Blau	2	0	1
Rot/Rosa	1	1	0
Beige	1	3	2
Gold	0	0	1
keine	3	0	0
Summe:	43	21	11

Tabelle 46: Farbassoziationen zum verbalen Stimulus „Museum"

Aus dem Wortassoziationstest geht hervor, daß ein Museum vor allem mit den Farben Grau, Weiß und Braun assoziiert wird. 13mal wurde ein Museum zuerst mit der Farbe Grau assoziiert, 7mal wurde Grau als zweite Assoziation genannt. Weiß wurde 9mal zuerst genannt und immerhin noch 5mal als zweite Farbe. Die dritte Farbe, die auch noch relativ häufig genannt wurde, war Braun (7 Primär- und 4 Sekundärassoziationen).

Diese drei Farben sind die Farben, die in den visuellen Vorlagen für das Museumskonzept A dominieren, während sich insbesondere Grau praktisch gar nicht in Museumskonzept B befindet. Insgesamt deutet der Wortassoziationstest darauf hin, daß die Bezeichnung traditionelles Museum[213] für das Konzept A gerechtfertigt erscheint.

Zur weiteren Untersuchung der ersten Fragestellung wurden n=79 Personen die visuellen Vorlagen der Museumskonzepte mit einigen Aussagen vorgelegt, zu denen sie auf einer siebenstufigen Ratingskala die Stärke ihrer Zustimmung äußern konnten. Dabei wurden die Befragten gebeten anzugeben, inwieweit sie die Museumskonzepte als *üblich - ungewöhnlich* und als *alltäglich - neuartig* empfinden[214]. Eine Faktorisierung der beiden Itempaare erzeugte einen gemeinsamen Faktor, der als *Modernität* bezeichnet wird (vgl. Tab. 47).

---

[213] „Traditionell" bedeutet hier „gewöhnlich" oder „typisch".
[214] Als Antwortmöglichkeiten standen den Befragten zweipolige Ratingskalen mit Ausprägungen von 1 (*üblich* bzw. *alltäglich*) bis 7 (*unüblich* bzw. *neuartig*) zur Verfügung. Befragt wurden Personen, die angaben, mindestens einmal jährlich eine Ausstellung oder ein Museum zu besuchen.

	1	Interpretation des Faktors
üblich - ungewöhnlich	0,91	*Modernität*
alltäglich - neuartig	0,91	
Eigenwert	1,65	
Varianzerklärungsanteil	82,4	
kum. Varianzerklärungsanteil	82,4	

Tabelle 47:   Faktorenanalyse der Modernität

Vergleicht man die beiden Museumskonzepte hinsichtlich der Ausprägung auf dem Faktor Modernität, erkennt man, daß das Museumskonzept B als deutlich moderner als das Museumskonzept A beurteilt wird (Tab. 48).

	Konzept	n	Mittelwert	Sig.-Niveau
Modernität	A	79	-0,57	0,0000
	B	79	0,57	

Tabelle 48:   Varianzanalyse zur Modernität der Museumskonzepte

Wie die Ergebnisse des Wort-Assoziationstests und der Varianzanalyse der Modernität zeigen, stellt Museumskonzept A tatsächlich ein als *traditionell* und Museumskonzept B ein als *modern* zu bezeichnendes Museum dar.

Wenn den Befragten visuelle Vorlagen von Museen zur Beurteilung vorgelegt werden, muß sichergestellt sein, daß sie sich ein *inneres Bild*[215] der auf den visuellen Vorlagen dargestellten Museen machen können. Unter einem inneren Bild versteht man konkrete visuelle Vorstellungen eines Menschen. Hat man ein inneres Bild, dann sieht man den Sachverhalt oder den Gegenstand vor seinen „inneren Augen" (Kroeber-Riel, 1996, S.40). Können sich die Befragten kein inneres Bild der Museen machen, besteht die Gefahr, daß sie bei der Beantwortung des Fragebogens die Eigenschaften der Bilder bewerten, nicht aber die Eigenschaften des dargestellten Museums.

---

[215] Bei der Betrachtung der visuellen Vorlagen können zwei Arten innerer Bilder entstehen: Durch sinnliche Wahrnehmung der visuellen Vorlage entsteht zunächst ein Wahrnehmungsbild. Werden die aufgenommenen Bilder für längere Zeit im Gedächtnis gespeichert, entstehen dann Gedächtnisbilder, die auch ohne den Gegenstand oder das Vorliegen der Bilder abgerufen werden können (Kroeber-Riel, 1996, S.40).

Damit ist zunächst zu untersuchen, ob aus den beiden visuellen Vorlagen der Museumskonzepte A und B ein inneres Bild entstehen kann. Die wichtigste Dimension[216] innerer Bilder ist nach Ruge (1988, S.105ff.) ihre *Vividness*. Sie wird meist gleichgesetzt mit der Existenz und Stärke innerer Bilder. Bilder, die eine hohe Vividness aufweisen, gelten als gute Erinnerungshilfen (Ruge, 1988, 105). Vividness wird von Ruge (1988, S.105) als „Superdimension" der Imagery-Forschung bezeichnet, die bei der Forschung eindeutig im Vordergrund steht.

Für die Untersuchung ist es damit wünschenswert, daß die beiden Museumskonzepte eine hohe Vividness, aber keine nennenswerten Unterschiede in ihrer Vividness aufweisen. Treten Unterschiede auf, muß damit gerechnet werden, daß die nachfolgenden Aussagen über die Museumskonzepte nicht auf gleichermaßen klaren Vorstellungen beruhen. Aus diesem Grund wird die Vividness der beiden Museumskonzepte untersucht und miteinander verglichen. Die Vividness wird in Anlehnung an Ruge (1988, S.105ff.) für beide Museumskonzepte folgendermaßen ermittelt[217]:

- *Mir ein inneres Bild von diesen Räumen zu machen, fällt mir leicht.*
- *Diese Räume sehe ich klar und lebendig vor mir.*
- *Ich kann mir diese Räume nur vage vorstellen.*

Wie der Tab. 49 zu entnehmen ist, laden die drei Statements auf einem Faktor, der als *Vividness* interpretiert wird.

	1	Interpretation des Faktors
Mir ein inneres Bild von diesen Räumen zu machen, fällt mir leicht.	0,91	
Ich kann mir diese Räume nur vage vorstellen.	-0,91	*Vividness*
Diese Räume sehe ich klar und lebendig vor mir.	0,87	
Eigenwert	2,42	
Varianzerklärungsanteil	80,5	
kum. Varianzerklärungsanteil	80,5	

Tabelle 49: Faktorenanalyse der Vividness

---

[216] Weitere Dimensionen sind Bewertung, Aktivierungspotential mit den Subdimensionen Intensität, Komplexität und Neuartigkeit sowie psychische Distanz (vgl. ausführlich Ruge, 1988, S.105ff.).
[217] Als Antwortmöglichkeit stand den Befragten eine 5stufige Ratingskala von 1 (*trifft gar nicht zu*) bis 5 (*trifft voll zu*) zur Verfügung.

Die Betrachtung der Mittelwerte der beiden Museumskonzepte A und B zeigt, daß die Vividness der beiden Museumskonzepte nicht signifikant unterschiedlich ist (vgl. Tab. 50):

	Konzept	n	Mittelwert	Sig.-Niveau
Vividness	A	79	-0,13	ns
	B	79	0,13	

Tabelle 50: Varianzanalyse zur Vividness der Museumskonzepte

Die Befragten können sich damit die beiden Museumskonzepte etwa in gleicher Weise vorstellen.

Zur Beurteilung, wie gut sich die Probanden die beiden Museumskonzepte vorstellen können, müssen zusätzlich die absoluten Ausprägungen der erhobenen Variablen betrachtet werden. Die drei Items der Vividness weisen einen durchschnittlichen Mittelwert von 3,38 auf einer Skala von 1 (*trifft gar nicht zu*) bis 5 (*trifft voll zu*) auf. Somit kann vermutet werden, daß sich die Befragten ein für die weiteren Fragen der Untersuchung ausreichendes inneres Bild machen konnten, und man kann davon ausgehen, daß sich ihre Antworten auch tatsächlich auf die dargestellten Museen und nicht auf die vorgelegten Bilder beziehen.

8.4.2. Operationalisierung der emotionalen und der kognitiven Reaktion

Der primären emotionalen Reaktion liegen, wie in Kap. 7.4.2. ausführlich dargelegt, die hypothetischen Dimensionen Lust & Erregung sowie Dominanz zugrunde. Zur Erfassung der Dimension Lust & Erregung werden die Items *aufregend, inspirierend* und *Neugier erweckend* verwendet, zur Erfassung der Dimension Dominanz die Items *bedrückend* und *einschüchternd*. Die Befragten wurden gebeten, ihre Zustimmung zu den Items nach der Vorlage des jeweiligen Museumskonzeptes mitzuteilen[218].

Damit wurden umweltbeschreibende Items für die Erfassung der emotionalen Reaktion benutzt (Die Umwelt *wirkt* bedrückend). Bost (1987, S.92f.) kritisiert dieses Vorgehen und fordert, selbstbeschreibende Items (z.B. Ich *fühle* mich bedrückt) zu verwenden, die die emotionalen Reaktionen der Befragten besser ausdrücken würden. Grundsätzlich wird der Kritik von Bost zugestimmt. In der vorliegenden Studie wurden den Befragten jedoch Bilder vorgelegt, bei denen es leichter fallen dürfte, auf umweltbeschreibende Items zu antworten.

---

[218] Als Antwortmöglichkeiten standen den Befragten jeweils Ratingskalen mit Ausprägungen von 1 (*trifft gar nicht zu*) bis 5 (*trifft voll zu*) zur Verfügung.

Beispielsweise ist es sehr unwahrscheinlich, daß Personen äußern, sich durch die Vorlage einer Photoserie „bedrückt" zu fühlen. Es dürfte den Befragten entgegenkommen, auf umweltbeschreibende Formulierungen wie „wirkt bedrückend" antworten zu können. Insofern sind für die vorliegende Studie umweltbeschreibende Items vorteilhafter.

Die Faktorisierung der Items zur Erhebung der primären emotionalen Reaktion lieferte das in Tab. 51 dargestellte Ergebnis.

Das Museum ist ...	1	2	
aufregend	0,88		
inspirierend	0,85		Lust & Erregung
Neugier erweckend	0,83		
nicht-einschüchternd		0,90	
nicht-bedrückend		0,81	Dominanz
Eigenwert	2,59	1,24	
Varianzerklärungsanteil	51,9	24,9	
kum. Varianzerklärungsanteil	51,9	76,8	

Tabelle 51: Faktorenanalyse der emotionalen Reaktion

Die Faktorenanalyse lieferte die erwartete Lösung: Die Items zur Lust & Erregung bilden einen Faktor, der 51,9 % der Varianz der Ausgangsvariablen erklärt. Auf dem zweiten Faktor, der 24,9 % der Ausgangsvarianz erklärt, laden die beiden Dominanz-Items *einschüchternd* und *bedrückend*, die ein Gefühl der Unterwerfung ausdrücken. Um von Dominanz sprechen zu können, wurden die beiden Items umkodiert, so daß *nicht-einschüchternd* und *nicht-bedrückend* als Dominanz interpretiert werden können.

Die Variable *Bildungsanspruch* wurde durch die direkte Frage: *Trifft ein solches Museum ihren ganz persönlichen Bildungsanspruch ?* operationalisiert. Als Antwortmöglichkeiten stand den Befragten eine Rating-Skala von 1 (*kaum*) bis 5 (*voll*) zur Verfügung

8.4.3. Operationalisierung der Verhaltensabsichten

Die Variablen der allgemeinen Annäherungs- oder Meidungsabsichten mit den Indikatoren des Besuchsinteresses, der Verweilbereitschaft und der Preisbereitschaft, die in Kap. 7.4.1. ausführlich erläutert sind, wurden folgendermaßen operationalisiert:

Das Besuchsinteresse wurde durch die Frage: *Hätten Sie Lust, dieses Museum zu besuchen ?* operationalisiert. Als Antwortmöglichkeiten stand den Befragten eine Rating-Skala von 1 (*keine Lust*) bis 5 (*große Lust*) zur Verfügung.

Die Verweilbereitschaft wurde durch die Frage: *Was meinen Sie, wieviel Zeit würden Sie tendenziell in diesem Museum verbringen ?* erfragt. Als Antwortmöglichkeiten stand den Probanden eine Rating-Skala von 1 (*wenig*) bis 5 (*viel*) zur Verfügung. Es erschien nicht ratsam, konkrete Zeitangaben (z.B. in Minuten) zu erfragen, da die Befragten beim Betrachten der Bilder nicht überschauen konnten, wie groß das visuell dargestellte Museum ist. Des weiteren unterscheidet sich die Verweildauer im Museum individuell, es gibt Besucher, die sich typischerweise lange im Museum aufhalten und andere, deren Besuch nur von kurzer Dauer ist. Ein Vergleich konkreter Zeitangaben würde somit zu verfälschten Ergebnissen führen. Durch die verwendete Skala wird es möglich, die Tendenz in der Verweilbereitschaft individuell genau zu erfassen und dennoch eine Vergleichbarkeit zu schaffen.

Die Preisbereitschaft wurde durch die Frage: *Und wieviel Eintritt wäre Ihnen der Besuch eines solchen Museums wert ?* ermittelt. Geantwortet werden konnte auf einer Rating-Skala von 1 (*wenig*) bis 5 (*viel*). In Kap. 7.4.1. wurde auf die Unterscheidung von Preiswürdigkeit und Preisgünstigkeit hingewiesen. In der vorliegenden Untersuchung dürfte vor allem die wahrgenommene Preiswürdigkeit als Basis der Preisbereitschaft zugrunde liegen, da in der Untersuchung nur nach Museen gefragt wurde und keine konkurrierenden (anderen) Freizeitanbieter erwähnt waren. Wiederum wurde darauf verzichtet, konkrete Geldbeträge zu erfragen, um vergleichbare Angaben zu erhalten.

Die Datenverdichtung durch die explorative Faktorenanalyse ergab das folgende Ergebnis (Tab. 52):

Verhaltensabsicht	1	
Verweilbereitschaft	0,93	*allgemeine*
Besuchsinteresse	0,92	*Annäherungsabsicht*
Preisbereitschaft	0,90	

Eigenwert	2,52
Varianzerklärungsanteil	84,1
kum. Varianzerklärungsanteil	84,1

Tabelle 52: **Faktorenanalyse der allgemeinen Annäherungsabsicht**

Zur Operationalisierung der Lernattraktivität der Museumsumwelt wurden Items formuliert, die wiedergeben, welche Lerneigenschaften dem Museum beigemessen werden. Die einzelnen Items können in Tab. 53 nachgelesen werden. Bei der Datenverdichtung zeigte sich, daß alle Aussagen wie erwartet die Dimension *Lernattraktivität* beschreiben.

Man kann in diesem Museum ... etwas lernen.	1	Interpretation des Faktors
unterhaltsam	0,86	
freizeitgerecht	0,85	*Lernattraktivität*
leicht	0,80	

Eigenwert	2,10	
Varianzerklärungsanteil	70,0	
kum. Varianzerklärungsanteil	70,0	

Tabelle 53: Faktorenanalyse der Lernattraktivität

Die Informationsnachfrage wurde durch zwei Fragen operationalisiert. Eine Frage untersuchte das Interesse der Individuen an generellen Informationen über das Museum, die zweite Frage untersuchte das Interesse der Besucher an Informationen über die im Museum oder in der Ausstellung gezeigten Objekte (vgl. Tab. 54). Es erschien ratsam, eine Trennung des Interesses an Informationen zu den Kulturobjekten und zum Museum vorzunehmen: Viele Museen blicken auf eine lange Tradition zurück und sind häufig in Gebäuden lokalisiert, die selbst kulturhistorische Bedeutung haben. Darüber hinaus sind beim Bau verschiedener Museen architektonische Besonderheiten durchgeführt worden, die von Interesse für die Besucher sein können. Als Antwortmöglichkeiten stand den Befragten jeweils eine Rating-Skala mit Ausprägungen von 1 (*wenige*) bis 5 (*viele*) zur Verfügung.

Die Faktorisierung der beiden Fragen zu den Interessen an Informationen zeigte, daß beide Aussagen eine Dimension abbilden, die als *Informationsnachfrage* interpretiert wird (Tab. 54).

	1	Interpretation des Faktors
Hätten Sie gern mehr Informationen zu den Werken, die in einem Museum wie diesem ausgestellt sind?	0,92	*Informationsnachfrage*
Hätten Sie gern weitere Informationen zu diesem Museum?	0,92	

Eigenwert	1,69	
Varianzerklärungsanteil	84,3	
kum. Varianzerklärungsanteil	84,3	

Tabelle 54: Faktorenanalyse der Informationsnachfrage

Bei einer Frage nach Informationen oder nach Bildung muß mit sozial erwünschtem Antwortverhalten gerechnet werden, so daß eventuell eine Informationsnachfrage ermittelt wird, die über der tatsächlichen Nachfrage liegt. Das Problem des sozial erwünschten Antwortverhaltens bei der Informationsnachfrage kann in der vorliegenden Arbeit jedoch durch das Design der Studie relativiert werden: Die Informationsnachfrage wird nie als absolute, sondern immer als relative Größe betrachtet, d.h., in den folgenden Ausführungen wird die Informationsnachfrage der einzelnen Besuchergruppen miteinander verglichen, oder die von den Museumskonzepten ausgelöste Informationsnachfrage wird gegenübergestellt, so daß etwaige Erhöhungen in der absoluten Ausprägung durch sozial erwünschte Anworten bei allen Besuchergruppen und bei beiden Museumskonzepten gleichermaßen auftreten und somit den Vergleich nicht verzerren. Bei der kausalanalytischen Prüfung des Modells liegen Korrelationen zugrunde, die gleichfalls auf relativen Veränderungen beruhen.

8.4.4. Operationalisierung ausgewählter Angebote von Ausstellungen und Museen

In Kap. 6.4. wurden weitere Zusatzangebote in Ausstellungen und Museen erläutert, die u.a. der Bildungsvermittlung dienen. Die Gestaltungsmaßnahmen Inszenierung, Multimedia-Terminals und Aktivitätszonen wurden in der Befragung jeweils durch Bilder und verbale Aussagen operationalisiert. Durch die Kombination von verbalen Aussagen und visuellen Vorlagen sollte es den Befragten erleichtert werden, sich Maßnahmen wie „Inszenierungen" oder „Aktivitätszonen" vorzustellen. Bei den Gestaltungsmaßnahmen wurden sie gebeten, auf einer Skala von 1 (*finde ich nicht gut*) bis 5 (*finde ich sehr gut*) den Grad ihrer Zustimmung zu den aufgeführten Angeboten anzugeben.

Zur Operationalisierung der Gestaltungsmaßnahme Inszenierung wurde den Befragten das Bild (Abb. 41) mit der folgenden verbalen Aussage vorgelegt[219]:

Bild III ist eine Inszenierung - hier im Rahmen eines Burgmuseums -, durch die man in die Zeit der ausgestellten Objekte versetzt wird.

Abbildung 41: Bildvorlage Inszenierung

Die Beurteilung von Multimedia-Terminals in Museen wurde wiederum durch eine Kombination von verbalem und visuellem Stimulus erhoben (Abb. 42). Obwohl der Begriff Multimedia-Terminal mittlerweile relativ bekannt sein dürfte, sollte den Testpersonen, die sich möglicherweise unsicher fühlten, durch die bildhafte Unterstützung die Beantwortung erleichtert werden. Die zugehörige verbale Aussage lautete:

Bild V zeigt ein Multimedia-Terminal, auf dem man Informationen über die ausgestellten Objekte abrufen kann.

Abbildung 42: Bildvorlage Multimedia-Terminal

---

[219] Im Original waren alle Bildvorlagen farbig.

Die nächsten beiden Variablen dienten der Untersuchung von Aktivitätszonen in Ausstellungen und Museen. Eine Aktivitätszone zeigt einen Raum in einem Kunstmuseum, in dem ein Kind malt (Abb. 43). Dazu wurde die folgende Aussage kombiniert:

Bild 1 ist ein Raum, in dem Erwachsene und Kinder selbst aktiv werden können. In einem Kunstmuseum kann man hier zum Beispiel selbst versuchen, ein Künstler zu sein und ein Bild zu malen.

Abbildung 43: Bildvorlage Aktivitätszone (Kunst)

Ein weiteres Bild zeigt eine Aktivitätszone in einem Technikmuseum (Abb. 44). Die zugehörige verbale Aussage lautet:

Bild IV ist in einem Technikmuseum entstanden, in dem man die meisten ausgestellten Objekte anfassen und ausprobieren kann.

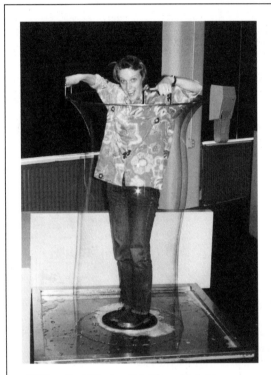

Abbildung 44: Bildvorlage Aktivitätszone (Technik)

Darüber hinaus wurden als weitere Zusatzangebote von Ausstellungen und Museen ein Museumscafé und ein Museumsshop in die Befragung aufgenommen. Wie in Kap. 5.3.3. der ersten empirischen Studie herausgefunden, wurde ein Museumsshop nur relativ wenig von den potentiellen Besuchern gewünscht. Um dieses Ergebnis zu überprüfen, wurde in der Studie 1996 nach der Beurteilung eines Museumsshops gefragt. Dazu wurde ein Bild von einem Museumsshop gezeigt (Abb. 45), das mit der folgenden Aussage verknüpft wurde:

Bild II ist ein Museumsshop, in dem man Kataloge, aber auch andere Mitbringsel ansehen und erwerben kann.

Abbildung 45: Bildvorlage Museumsshop

Des weiteren wurde den Befragten das Bild eines Museumscafés zur Beurteilung vorgelegt (Abb. 46). Die zugehörige verbale Aussage lautete:

Bild VI ist ein Museumscafé.

Abbildung 46: Bildvorlage Museumscafé

Unterzieht man die sechs erhobenen Gestaltungsmaßnahmen einer explorativen Faktorenanalyse, so erhält man das in Tab. 55 dargestellte Ergebnis:

Gestaltungsmaßnahme	1	2	Interpretation des Faktors
Aktivitätszone (Technik)	0,78		
Aktivitätszone (Kunst)	0,70		*bildungsunterstützende*
Multimedia-Terminal	0,50		*Angebote*
Inszenierung	0,48		
Museumsshop		0,81	*Versorgungs-Angebote*
Museumscafé		0,80	
Eigenwert	1,74	1,15	
Varianzerklärungsanteil	29,1	19,1	
kum. Varianzerklärungsanteil	29,1	48,2	

Tabelle 55:   Faktorenanalyse der Gestaltungsmaßnahmen

Wie der Tab. 55 zu entnehmen ist, liegen hinter den sechs Angeboten von Ausstellungen und Museen zwei Dimensionen. Die erste Dimension faßt die Angebote zusammen, die eine bildungsunterstützende Funktion haben, die zweite Dimension die Angebote, die vorwiegend einen „Versorgungscharakter" aufweisen. Die Faktorenanalyse hat zwar erwartungsgemäß zwei Faktoren ermittelt, allerdings ist der kumulierte Varianzerklärungsanteil mit 48,2% nicht allzu hoch. Darüber hinaus weisen die Variablen *Inszenierung* und *Multimedia-Terminal* mit 0,23 bzw. 0,29 Kommunalitäten auf, die als nicht befriedigend angesehen werden müssen. Die Kommunalität bezeichnet den Anteil der Gesamtvarianz einer Variablen, der durch die gemeinsamen Faktoren erklärt wird (Backhaus et al., 1996, S.220), also werden durch die beiden extrahierten Faktoren nur unakzeptable 23% bzw. 29% der Varianz der Variablen *Inszenierung* bzw. *Multimedia-Terminal* erklärt. Aufgrund der schwachen Ergebnisse der Faktorenanalyse wird darauf verzichtet, mit den verdichteten Faktoren weiterzuarbeiten. Für die weiteren Analysen in Kap. 8.6. werden damit jeweils die Ursprungsvariablen herangezogen.

8.5. Prüfung des geänderten und erweiterten umweltpsychologischen Modells für Ausstellungen und Museen

Die Prüfung des geänderten und erweiterten umweltpsychologischen Modells für Ausstellungen und Museen erfolgt in drei Schritten. Zunächst wird das aufgestellte Modell zum Verhalten in Ausstellungen und Museen, das Beziehungen zwischen den emotionalen bzw. kognitiven Reaktionen und den unterschiedlichen Verhaltensabsichten postuliert, kausalanalytisch geprüft. Anschließend werden die beiden Museumskonzepte A und B auf Unterschiede in den Untersuchungsvariablen des Modells geprüft. Zuletzt wird untersucht, welche Unterschiede die einzelnen Besuchergruppen in den beiden Museumskonzepten aufweisen, inwieweit damit die Museumskonzepte für die jeweilige Besuchergruppe geeignet sind.

8.5.1. Kausalanalytische Prüfung des Modells zum Verhalten in Ausstellungen und Museen

Die Kausalanalyse[220] überprüft mit Hilfe eines Datensatzes Beziehungen, die zuvor hypothetisch formuliert und theoretisch abgesichert worden sind. Die in den Kap. 6. und 7. aufgestellten Hypothesen 1.2 bis 8.2, die durch eine Kausalanalyse geprüft werden sollen, lauten folgendermaßen[221]:

- $H_{5.2}$: *Je lustvoller und erregender ein Museum von den Besuchern erlebt wird, desto stärker sind ihre allgemeinen Annäherungsabsichten an das Museum.*
- $H_{6.2}$: *Je lustvoller und erregender ein Museum von den Besuchern erlebt wird, desto höher wird die Lernattraktivität des Museums eingeschätzt.*
- $H_{7.2}$: *Je dominanter sich die potentiellen Besucher in einem Museum fühlen, desto stärker sind ihre allgemeinen Annäherungsabsichten an das Museum.*
- $H_{8.2}$: *Je dominanter sich die potentiellen Besucher in einem Museum fühlen, desto höher wird die Lernattraktivität des Museums eingeschätzt.*

---

[220] Zur Kausalanalyse vgl. z.B. Hildebrandt/Homburg (1998).
[221] Wie im theoretischen Teil ausführlich erläutert, handelt es sich immer um potentielle Besucher.

- $H_{1.2}$: *Je größer die wahrgenommene Lernattraktivität einer musealen Umwelt, desto höher ist die Informationsnachfrage der Besucher.*
- $H_{2.2}$: *Je größer die wahrgenommene Lernattraktivität einer musealen Umwelt, desto stärker sind die allgemeinen Annäherungsabsichten der Besucher.*
- $H_{3.2}$: *Je stärker Besucher der Meinung sind, daß ein Museum ihren persönlichen Bildungsanspruch trifft, desto höher ist die Informationsnachfrage der Besucher.*
- $H_{4.2}$: *Je stärker Besucher der Meinung sind, daß ein Museum ihren persönlichen Bildungsanspruch trifft, desto stärker sind die allgemeinen Annäherungsabsichten der Besucher.*

Die Kausalanalyse ermöglicht es, alle aufgestellten Hypothesen simultan zu prüfen und kann so Interdependenzeffekte zwischen verschiedenen Variablen und Beziehungen, die sich in der Realität praktisch immer ergeben, explizit berücksichtigen. Insofern lassen sich mit der Kausalanalyse deutlich komplexere Sachverhalte prüfen als mit anderen Analysemethoden. Die Kausalanalyse unterscheidet in ein Strukturmodell und in ein Meßmodell (Homburg/Baumgartner, 1995, S.163). Im Strukturmodell werden die Beziehungen zwischen latenten, d.h. nicht beobachtbaren Variablen abgebildet. Im Meßmodell werden den latenten Variablen des Strukturmodells dann Indikatoren, d.h. direkt meßbare Größen, zugeordnet. Damit unterscheidet die Kausalanalyse explizit in Konstrukt- und Operationalisierungsebene (Büschken, 1994, S.142f.).

Das sich aus den Hypothesen und den in Kap. 8.4. zuvor erläuterten Operationalisierungen der latenten Variablen ergebende Kausalmodell ist in Abb. 47 dargestellt.

Empirische Untersuchung zum Verhalten in Ausstellungen und Museen 241

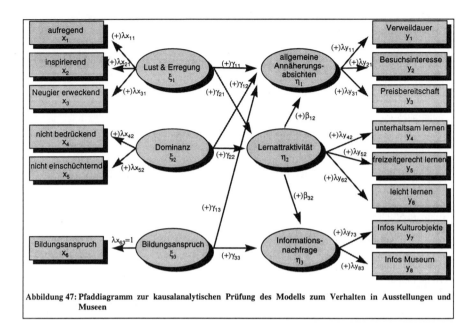

Abbildung 47: Pfaddiagramm zur kausalanalytischen Prüfung des Modells zum Verhalten in Ausstellungen und Museen

Die Kausalanalyse wurde mit Hilfe des Programmes AMOS 3.6 durchgeführt. Zur Schätzung der Parameter des Modells wurde die Maximum-Likelihood-Methode (ML-Methode) verwendet.

Bevor die Hypothesen auf der Basis der Parameterschätzungen beurteilt werden, muß die Güte des Kausalmodells überprüft werden, d.h., es stellt sich die Frage, inwieweit das spezifizierte Modell geeignet ist, die den Daten zugrundeliegenden beobachteten Beziehungen wiederzugeben.

Zunächst ist festzustellen, daß das aufgestellte Kausalmodell durchweg plausible Schätzwerte aufwies, alle Matrizen waren positiv definit, und es gab keine Hinweise auf Fehlspezifikationen im Modell (vgl. zu den Plausibilitätsbetrachtungen der Schätzungen eines Kausalmodells ausführlicher z.B. Backhaus et al., 1996, S. 395).

Des weiteren können verschiedene Anpassungsmaße zur Beurteilung von Kausalmodellen herangezogen werden. Grundsätzlich ist zwischen globalen und lokalen Anpassungsmaßen zu unterscheiden (Homburg/Baumgartner, 1995, S.165ff.). Die globalen Anpassungsmaße beurteilen die Güte des gesamten Modells, die lokalen Maße erlauben Aussagen über die Qualität einzelner Modellteile.

Zunächst werden die einzelnen Teilstrukturen des Modells beurteilt. Untersucht werden sollten nach Homburg/Giering (1996, S.10f.):

- die Indikatorreliabilität,
- die Faktorreliabilität und
- die durchschnittlich erfaßte Varianz eines Faktors.

Tab. 56 zeigt die Anforderungen an die oben genannten Kennzahlen und die errechneten Werte des verwendeten Meßmodells[222] (zur Berechnungsvorschrift der Indikatorreliabilität, der Faktorreliabilität und der durchschnittlich erfaßten Varianz eines Faktors vgl. z.B. Homburg/Giering, 1996, S.10f.).

Latente Variablen (Faktoren) mit Indikatoren	standardisierte Parameterschätzungen[223]		Reliabilitäten der Indikatoren	Faktor-reliabilitäten	Durchschnittlich erfaßte Varianz
	Faktorladungen	Meßfehler-varianzen	Anforderung: $\geq 0{,}4$	Anforderung: $\geq 0{,}6$	Anforderung: $\geq 0{,}5$
Lust & Erregung ξ_1				0,77	0,53
x_1	$\lambda x_{11} = 0{,}84$	0,29	0,62		
x_2	$\lambda x_{21} = 0{,}80$	0,36	0,55		
x_3	$\lambda x_{31} = 0{,}73$	0,47	0,43		
Dominanz ξ_2				0,74	0,60
x_4	$\lambda x_{42} = 0{,}91$	0,17	0,85		
x_5	$\lambda x_{52} = 0{,}58$	0,67	0,35		
Bildungsanspruch[224] ξ_3					
x_6	$\lambda x_{63} = 1$	--	--	--	--
Allgemeine Annäherungsabsicht η_1				0,90	0,75
y_1	$\lambda y_{11} = 0{,}88$	0,23	0,76		
y_2	$\lambda y_{21} = 0{,}82$	0,33	0,66		
y_3	$\lambda y_{31} = 0{,}92$	0,16	0,84		
Lernattraktivität der Umwelt η_2				0,81	0,58
y_4	$\lambda y_{42} = 0{,}85$	0,27	0,74		
y_5	$\lambda y_{52} = 0{,}75$	0,43	0,58		
y_6	$\lambda y_{62} = 0{,}64$	0,59	0,42		
Informationsnachfrage η_3				0,87	0,77
y_7	$\lambda y_{73} = 0{,}93$	0,14	0,90		
y_8	$\lambda y_{83} = 0{,}74$	0,45	0,63		

Tabelle 56: Lokale Anpassungsmaße des Kausalmodells

---

[222] Die Werte wurden durch eine konfirmatorische Faktorenanalyse ermittelt.
[223] Alle Parameterschätzungen sind signifikant.
[224] Die Ermittlung lokaler Anpassungsmaße setzt mindestens zwei Indikatoren für eine latente Variable voraus.

Wie die Werte der Tab. 56 zeigen, weisen mit nur einer Ausnahme (Variable x_5) alle Indikatoren eine ausreichende Indikatorreliabilität von über 0,4 auf. Alle latenten Variablen haben eine Faktorreliabilität von mindesten 0,6, und auch die durchschnittlich erfaßten Varianzen liegen immer über dem geforderten Wert von 0,5. Die etwas zu geringe Indikatorreliabilität der Variable x_5 erscheint wenig problematisch: Homburg/Baumgartner (1995, S.170ff.) weisen darauf hin, daß es nicht notwendig ist, alle Anforderungen an ein Kausalmodell zu erfüllen. Insbesondere erscheint eine zu geringe Reliabilität einzelner Indikatoren dann wenig bedenklich, wenn der zugehörige Faktor eine ausreichende Faktorreliabilität und eine ausreichende durchschnittlich erfaßte Varianz aufweist (S.170). Beides ist im vorliegenden Modell der Fall, so daß die Variable x_5 im Modell verbleiben kann.

Insgesamt deuten die lokalen Anpassungsmaße damit auf eine hohe Anpassungsgüte des Meßmodells hin.

Zu den gebräuchlichsten globalen Anpassungsmaßen eines Kausalmodells zählen der GFI (Goodness-of-Fit Index), der AGFI (Adjusted Goodness-of-Fit Index), der CFI (Comparative Fit Index), der NFI (Normed Fit Index), der IFI (modifizierter Normed Fit Index) und der RMR (Root Mean Residual) sowie der RMSEA (Root Mean Squared Error of Approximation)[225]. Eine ausführliche Erläuterung und Diskussion der einzelnen Anpassungsmaße und der an sie zu stellenden Anforderungen liefern z.B. Homburg/Baumgartner (1995) oder Homburg/Giering (1996).

Tab. 57 zeigt die verschiedenen globalen Gütemaße mit den Anforderungen, wie sie von Homburg/Baumgartner (1995, S.167ff.) aufgestellt werden, und die Werte des vorliegenden Kausalmodells.

---

[225] Ein weiteres globales Gütemaß ist der Chi²-Wert. Der Chi²-Test für Kausalmodelle ist allerdings mit vielen Problemen behaftet (Hildebrandt, 1984, S.51; Homburg/Dobratz, 1991, S.213ff.; Bagozzi/Baumgartner, 1994, S.386ff.). Er ist nur dann aussagekräftig, wenn die Parameterschätzungen im Kausalmodell auf einer Kovarianzmatrix basieren, was im vorliegenden Modell nicht der Fall ist, da eine Korrelationsmatrix zugrunde liegt. Meist wird als Kennwert der Quotient aus Chi²-Wert und den Freiheitsgraden des Modells ermittelt, der 2,5 (Homburg/Baumgartner, 1995, S.168) bzw. 3 (Homburg/Giering, 1996, S.13) nicht überschreiten sollte. Im spezifizierten Kausalmodell liegt der Quotient aus Chi²-Wert und Freiheitsgraden bei 4,01. Da das Modell auf der Eingabe einer Korrelationsmatrix basiert, kann diese Modellverletzung vernachlässigt werden. Ohnehin liegt dem Chi²-Test von Kausalmodellen eine „wenig sinnvolle Fragestellung zugrunde" (Homburg/Baumgartner, 1995, S.166): Er testet nämlich, ob ein Modell die Realität „richtig" wiedergibt, was ein Modell natürlich niemals leisten kann, sondern es kann immer nur eine möglichst gute Approximation an die Wirklichkeit anstreben.

Gütemaß	Anforderung	Wert des Kausalmodells
GFI	$\geq 0{,}9$	0,94
AGFI	$\geq 0{,}9$	0,91
CFI	$\geq 0{,}9$	0,96
NFI	$\geq 0{,}9$	0,95
IFI	$\geq 0{,}9$	0,96
RMR	$\leq 0{,}5$	0,050
RMSEA	$\leq 0{,}8$	0,07

Tabelle 57: Globale Anpassungsmaße des Kausalmodells

Wie die Ergebnisse der Tab. 57 zeigen, weisen sämtliche globalen Gütemaße eine gute Anpassung des Kausalmodells an die empirischen Daten auf. Keine der an ein Kausalmodell zu stellenden Anforderungen wird verletzt.

Zusammenfassend weisen somit sowohl die lokalen als auch die globalen Anpassungsmaße auf eine hohe Güte des spezifizierten Kausalmodells und auf eine zuverlässige Schätzung der Modellparameter hin, so daß im folgenden die Beurteilung der Hypothesen vorgenommen werden kann.

Die geschätzten Pfadkoeffizienten, die den Hypothesen entsprechen, weisen die in der Tab. 58 abgedruckten Größen auf:

Pfad	Hypothese	Pfadkoeffizient
γ_{11}	5.2	0,67
γ_{12}	7.2	0,11
γ_{13}	4.2	0,30
γ_{21}	6.2	0,85
γ_{22}	8.2	0,11
γ_{33}	3.2	0,53
β_{12}	2.2	0,03 (ns)
β_{32}	1.2	0,35

Tabelle 58: Ergebnisse der Parameterschätzungen für die spezifizierten Pfadkoeffizienten zwischen den latenten Variablen

Wie die in Tab. 58 dargestellten Schätzergebnisse zeigen, weisen die Pfadkoeffizienten mit einer Ausnahme Werte auf, wie sie erwartet wurden. Nur der Pfadkoeffizient β_{12} zwischen der Lernattraktivität einer Umgebung und der allgemeinen Annäherungsabsicht ist nicht signifikant.

Theoriekonform übt die in einer Umwelt empfundene Lust & Erregung einen starken Einfluß auf die allgemeinen Annäherungsabsichten (Besuchsinteresse, Verweilbereitschaft und Preisbereitschaft) aus ($\gamma_{11} = 0{,}67$). Wenn man sich in einer Umwelt wohlfühlt und aktiviert ist, ist man bereit, sich stärker mit dieser Umwelt auseinanderzusetzen. Die Ergebnisse der Kausalanalyse bestätigen auch die im theoretischen Teil der Arbeit gemachten Überlegungen zum Einfluß der Dominanz in Ausstellungen und Museen: Auch die Dominanz übt einen signifikanten Einfluß auf die allgemeinen Annäherungsabsichten aus ($\gamma_{12} = 0{,}11$). Dieses Ergebnis zeigt, daß auf die Erhebung der Dominanz in Kulturinstitutionen keinesfalls verzichtet werden kann. Auch die dritte exogene Variable Bildungsanspruch, die angibt, inwieweit ein Besucher der Meinung ist, daß ein Museum seinen ganz persönlichen Bildungsanspruch trifft, beeinflußt die allgemeinen Annäherungsabsichten an Ausstellungen und Museen sehr deutlich ($\gamma_{13} = 0{,}30$).

Die beiden Dimensionen der primären emotionalen Reaktion Lust & Erregung und Dominanz üben auch einen deutlichen Einfluß auf die Lernattraktivität, die einer Museumsumwelt beigemessen wird, aus. Dabei ist der Einfluß der Lust & Erregung sehr stark ($\gamma_{21} = 0{,}85$), und auch die Dominanz beeinflußt die Lernattraktivität signifikant ($\gamma_{22} = 0{,}11$).

Die im Hinblick auf die Vermittlung kultureller Bildung für Kulturinstitutionen interessante Größe der Informationsnachfrage wird, wie vermutet, sowohl vom Bildungsanspruch als auch von der Lernattraktivität der Umwelt beeinflußt. Wenn potentielle Besucher der Meinung sind, ein Museum trifft ihren Bildungsanspruch, dann determiniert das ihre Informationsnachfrage sehr deutlich ($\gamma_{33} = 0{,}53$). Empfinden die Besucher eine Museumsumwelt als lernattraktiv, fragen sie ebenfalls mehr Informationen nach ($\beta_{32} = 0{,}35$).

Das Ergebnis, daß die in einer Umwelt empfundene Lernattraktivität keinen signifikanten Einfluß auf die allgemeinen Annäherungsabsichten ausübt ($\beta_{12} = 0{,}03$), bedeutet folgendes: Die empfundene Lernattraktivität einer Umwelt scheint eine sehr „bildungsbezogene" Größe zu sein, die eine signifikante Auswirkung auf die Informationsnachfrage hat, aber keinen Einfluß auf die allgemeinen Verhaltensabsichten ausüben kann. Erst wenn sich die Besucher im Museum befinden, läßt sich durch eine attraktiv gestaltete Lernumwelt die Informationsnachfrage steigern, so daß eine verstärkte Vermittlung kultureller Bildung möglich erscheint. Die Lernattraktivität der Museumsumwelt beeinflußt damit nicht das generelle Verhalten der Kulturinstitution gegenüber, aber sie beeinflußt das bildungsspezifische Verhalten.

Eine Begründung für den nicht signifikanten Einfluß der Lernattraktivität auf die allgemeinen Annäherungsabsichten, insbesondere die Verweilbereitschaft, kann auch darin gesehen werden, daß in einer Umgebung, in der man leicht etwas lernen kann, kein langer Aufenthalt notwendig ist, weil die Verarbeitung der angebotenen Informationen nicht viel Zeit in Anspruch nimmt[226]. Des weiteren wirkt sich die Lernattraktivität auch dann nicht auf die allgemeinen Annäherungsabsichten aus, wenn dem Bildungswunsch nur eine geringe Bedeutung für den Besuch zukommt.

Wie die kausalanalytischen Prüfungen gezeigt haben, sind die emotionalen Variablen Lust & Erregung und Dominanz sowie die kognitive Variable Bildungsanspruch geeignet, Aussagen über die allgemeinen Annäherungsabsichten, Lernattraktivität und Informationsnachfrage zu treffen. Eine hohe Lernattraktivität steigert darüber hinaus die Informationsnachfrage. Zusammenfassend läßt sich somit folgern, daß die im theoretischen Teil der Arbeit abgeleiteten Hypothesen 1.2 sowie 3.2 bis 8.2 durch das vorliegende Datenmaterial bestätigt werden können. Die Hypothese 2.2 muß allerdings auf der Basis der vorliegenden Daten verworfen werden.

8.5.2. Prüfung der beiden Museumskonzepte A bzw. B auf Unterschiede in den Variablen des Modells zum Verhalten in Ausstellungen und Museen

In Kap. 7.4.3.3. wurde hypothetisch unterstellt, daß das moderne, erlebnisorientiertere Museumskonzept B positivere emotionale Reaktionen als das traditionelle Museumskonzept A hervorruft. Des weiteren wurde vermutet, daß das Museumskonzept B dem Bildungsanspruch der Besucher besser entgegenkommt. Die zu prüfenden Hypothesen K-1 und K-2 lauten:

- *H_{K-1}: Das moderne Museumskonzept B wird von den potentiellen Besuchern als erregender und lustvoller als das traditionelle Museumskonzept A empfunden, und sie fühlen sich dort auch dominanter.*

---

[226] Greift man das Beispiel aus dem Kap. 6.2.2. auf, dann kann man sagen, daß für das Lesen des lernattraktiv gestalteten FOCUS auch nicht viel Zeit benötigt wird.

- H_{K-2}: *Das moderne Museumskonzept B trifft den Bildungsanspruch der potentiellen Besucher besser als das traditionelle Museumskonzept A.*

Zur Überprüfung dieser Hypothesen wurden einfaktorielle Varianzanalysen gerechnet, in die die Museumskonzepte als unabhängige Variablen und die Dimensionen der primären emotionalen Reaktion bzw. der Bildungsanspruch als abhängige Variablen einflossen. Die Varianzanalysen ergaben die in Tab. 59 dargestellten Ergebnisse:

	Konzept	n	Mittelwert	Sig.-Niveau
Lust & Erregung	A	301	-0,54	0,0000
	B	301	0,54	
Dominanz	A	301	-0,15	0,0000
	B	301	0,15	
Bildungsanspruch[227]	A	301	-0,31	0,0000
	B	301	0,31	

Tabelle 59: **Varianzanalyse der emotionalen Reaktion und des Bildungsanspruchs in den Museumskonzepten**

Wie vermutet, löst das Museumskonzept B bei den Befragten ein signifikant stärkeres Gefühl der Lust & Erregung sowie der Dominanz aus, wobei die Unterschiede der Lust & Erregung deutlicher ausfallen als die der Dominanz. Ebenso kommt das Museumskonzept B mit seiner abwechslungsreicheren und interessanteren Gestaltung dem Bildungsanspruch der Besucher stärker entgegen als das Museumskonzept A. Die Hypothesen K-1 und K-2 können damit als bestätigt beibehalten werden.

Des weiteren wurde vermutet, daß das Museumskonzept B bei den Befragten ein stärkeres Annäherungsverhalten als das Museumskonzept A auslöst. Dazu wurde die folgende Hypothese K-3 formuliert:

---

[227] Vor der Varianzanalyse wurde die Variable z-standardisiert.

> H_{K-3}: *Dem Museumskonzept B gegenüber weisen die potentiellen Besucher stärkere allgemeine Annäherungsabsichten auf als gegenüber dem Museumskonzept A, sie empfinden eine höhere Lernattraktivität, und sie fragen mehr Informationen nach.*

Zur Prüfung der Hypothese K-3 wurden wiederum Varianzanalysen gerechnet, in die als unabhängige Variable jeweils das Museumskonzept und als abhängige Variablen die allgemeinen Verhaltensabsichten sowie die Lernattraktivität und die Informationsnachfrage eingingen.

Die Varianzanalysen ergaben die in Tab. 60 dargestellten Ergebnisse:

	Konzept	n	Mittelwert	Sig.-Niveau
Allgemeine Annäherungsabsichten	A	301	-0,36	0,0000
	B	301	0,36	
Lernattraktivität	A	301	-0,44	0,0000
	B	301	0,44	
Informationsnachfrage	A	301	-0,28	0,0000
	B	301	0,28	

Tabelle 60: **Varianzanalyse der allgemeinen Annäherungsabsichten, der Lernattraktivität und der Informationsnachfrage in den Museumskonzepten**

Es zeigt sich, daß das Museumskonzept B bei den Besuchern durchweg hochsignifikant höhere Werte als das Museumskonzept A aufweist. Besonders deutlich fällt der Unterschied bei der Lernattraktivität der beiden Museumskonzepte aus. Auch die Hypothese K-3 kann durch die vorliegenden Daten bestätigt werden.

8.5.3. Besuchersegmentspezifische Beurteilungen der Museumskonzepte

Wie gerade gezeigt, ist das moderne Museumskonzept B dem traditionellen Museumskonzept A im Hinblick auf die dem Modell zum Verhalten in Ausstellungen und Museen zugrundeliegenden Variablen überlegen. Im folgenden sollen die vermuteten besuchersegmentspezifischen Wirkungen der beiden Museumskonzepte geprüft werden. Die zu den besuchergruppenspezifischen emotionalen Reaktionen auf die beiden Museumskonzepte aufgestellte Hypothese S-K-1 und die Hypothese S-K-2 zum Bildungsanspruch lauten wie folgt:

- H_{S-K-1}: *Vergleicht man Museumskonzept B mit Museumskonzept A, dann weisen die Erlebnisorientierten im Museumskonzept B einen größeren Zugewinn an den emotionalen Reaktionen Lust & Erregung sowie Dominanz auf als die Bildungs- und Prestigeorientierten und als die Kulturmuffel.*

- H_{S-K-2}: *Vergleicht man, inwieweit das Museumskonzept B den Bildungsanspruch der potentiellen Besucher besser trifft als das Museumskonzept A, dann ist der Zugewinn bei den Erlebnisorientierten größer als bei den Bildungs- und Prestigeorientierten und bei den Kulturmuffeln.*

Zur Überprüfung der Hypothesen H_{S-K-1} bis H_{S-K-3} wird der *Zugewinn*, den die verschiedenen Besuchergruppen in Museumskonzept B, verglichen mit Museumskonzept A, realisieren können, für die verschiedenen betrachteten Variablen benötigt. Er errechnet sich jeweils als Differenz der Ausprägungen einer Variablen im Museumskonzept B, verglichen mit der Ausprägung der Variablen im Museumskonzept A, jeweils für die einzelnen Besuchergruppen getrennt betrachtet. Des weiteren werden die Variablen Besuchergruppe und Art des Museumskonzeptes benötigt.

Zunächst muß geprüft werden, ob überhaupt ein gemeinsamer Einfluß der Museumskonzepte und der Gruppenzugehörigkeit auf die untersuchten Variablen besteht. Ein dazu geeignetes Verfahren ist die mehrfaktorielle Varianzanalyse (vgl. ausführlicher Backhaus et al., 1996, S.66ff.).

Eine mehrfaktorielle Varianzanalyse, in die als unabhängige Variablen das Museumskonzept und die Gruppen potentieller Besucher eingeflossen sind, ergab das folgende Ergebnis für die abhängige Variable *Lust & Erregung* (Tab. 61):

Lust & Erregung	F- Wert	Sig. F
Haupteffekte:		
Museumskonzept	257,97	0,000
Gruppenzugehörigkeit	6,75	0,001
Interaktionseffekt:	11,51	0,000

Lust & Erregung	Besuchergruppe					
Mittelwerte der einzelnen Kombinationen:	Erlebnis- orientierte (n=110)	Bildungs- u. Prestige- orientierte (n=129)	Kulturmuffel (n=62)	Sig. Grp. 1 u. 2	Sig. Grp. 1 u. 3	Sig. Grp. 2 u. 3
Museumskonzept A: traditionell	-0,81	-0,24	-0,66	0,000	0,001	ns
B: modern	0,67	0,52	0,34	ns	ns	0,016
Zugewinn:	1,48	0,76	1,00	0,000	0,008	ns
Sig.-Niveau	0,000	0,000	0,000			

Tabelle 61:   Mehrfaktorielle Varianzanalyse der Lust & Erregung in Abhängigkeit der Museumskonzepte und der Besuchergruppen

Wie aus dem oberen Teil der Tab. 61 zu entnehmen ist, üben die beiden Faktoren Museumskonzept und Gruppenzugehörigkeit sowohl isoliert als auch gemeinsam einen hochsignifikanten Einfluß auf die wahrgenommene Lust & Erregung aus. Dabei ist der Einfluß des Museumskonzeptes deutlich stärker als der der Gruppenzugehörigkeit. Der untere Teil der Tab. 61 zeigt die mittleren Ausprägungen der empfundenen Lust & Erregung in den Museumskonzepten, aufgeschlüsselt nach Besuchergruppen. Positive Werte in der Tabelle bedeuten eine überdurchschnittliche, negative eine unterdurchschnittliche Ausprägung der abhängigen Variablen.

Zur Prüfung der Hypothese werden die in Tab. 61 abgedruckten Zugewinne herangezogen. Wie ein varianzanalytischer Vergleich zeigt, realisieren die Erlebnisorientierten einen hochsignifikant größeren Zugewinn (1,48) als die übrigen Besucher (0,76 bzw. 1,00), sie empfinden das moderne Museumskonzept B als deutlich lustvoller und erregender als das Museumskonzept A.

Im Hinblick auf das Dominanzempfinden übt die Art des Museumskonzeptes einen signifikanten Einfluß aus, während die Gruppenzugehörigkeit keinen signifikanten Einfluß hat. Auch der gemeinsame Einfluß ist nicht signifikant (Tab. 62):

Dominanz	F-Wert	Sig. F
Haupteffekte:		
Museumskonzept	14,29	0,000
Gruppenzugehörigkeit	0,69	0,502
Interaktionseffekt:	0,97	0,38

Dominanz		Besuchergruppe				
Mittelwerte der einzelnen Kombinationen:	Erlebnisorientierte (n=110)	Bildungs- u. Prestigeorientierte (n=129)	Kulturmuffel (n=62)	Sig. Grp. 1u. 2	Sig. Grp. 1u. 3	Sig. Grp. 2u. 3
Museumskonzept A: traditionell	-0,25	-0,10	-0,07	ns	ns	ns
B: modern	0,18	0,08	0,26	ns	ns	ns
Zugewinn:	0,43	0,18	0,33	ns	ns	ns
Sig.-Niveau	0,001	ns	ns			

Tabelle 62: Mehrfaktorielle Varianzanalyse der Dominanz in Abhängigkeit der Museumskonzepte und der Besuchergruppen

Das in Kap. 8.5.2. festgestellte Ergebnis, daß Museumskonzept B ein höheres Dominanzgefühl als das Museumskonzept A ausübt, kann hier weiter präzisiert werden: Die Erlebnisorientierten sind die Besuchergruppe, die sich im Museumskonzept B hochsignifikant dominanter fühlt als im Museumskonzept A. Bei den Bildungs- und Prestigeorientierten und den Kulturmuffeln zeigen sich zwar auch Mittelwertunterschiede, die jedoch nicht signifikant sind. Die Gruppen untereinander weisen weder im Museumskonzept A noch im Museumskonzept B signifikante Unterschiede in ihrem Dominanzempfinden auf (Tab. 62).

Die Hypothese S-K-1 kann somit nur für die Dimension Lust & Erregung der emotionalen Reaktion bestätigt werden, für die Dimension Dominanz muß sie auf der Basis des vorliegenden Datenmaterials abgelehnt werden.

Die mehrfaktorielle Varianzanalyse für die Variable Bildungsanspruch ergab das folgende Ergebnis (Tab. 63):

Bildungsanspruch	F- Wert	Sig. F
Haupteffekte:		
Museumskonzept	58,14	0,000
Gruppenzugehörigkeit	8,72	0,007
Interaktionseffekt:	13,78	0,000

Bildungsanspruch	Besuchergruppe					
Mittelwerte der einzelnen Kombinationen:	Erlebnis- orientierte (n=110)	Bildungs- u. Prestige- orientierte (n=129)	Kulturmuffel (n=62)	Sig. Grp. 1u. 2	Sig. Grp. 1u. 3	Sig. Grp. 2u. 3
Museumskonzept A: traditionell	-0,58	-0,01	-0,48	0,000	ns	0,002
B: modern	0,39	0,28	0,23	ns	ns	ns
Zugewinn:	0,97	0,29	0,71	0,000	ns	ns
Sig.-Niveau	0,000	0,014	0,000			

Tabelle 63: Mehrfaktorielle Varianzanalyse des Bildungsanspruchs in Abhängigkeit der Museumskonzepte und der Besuchergruppen

Die Ergebnisse der mehrfaktoriellen Varianzanalyse belegen, daß der Zugewinn, wie theoretisch vermutet, bei den Erlebnisorientierten am deutlichsten ausgeprägt ist. Allerdings ist die Differenz zu den Kulturmuffeln nicht signifikant. Die Hypothese S-K-2 kann damit nur für die beiden Besuchergruppen der Erlebnisorientierten und der Bildungs- und Prestigeorientierten bestätigt werden.

Als nächstes wird die Hypothese S-K-3, die den Einfluß von Gruppenzugehörigkeit und Museumskonzept auf die allgemeinen Annäherungsabsichten, auf die Lernattraktivität und auf die Informationsnachfrage postuliert, geprüft:

H_{S-K-3}: Vergleicht man Museumskonzept B mit Museumskonzept A, dann weisen die Erlebnisorientierten im Museumskonzept B einen größeren Zugewinn an allgemeinen Annäherungsabsichten auf als die Bildungs- und Prestigeorientierten und als die Kulturmuffel. Des weiteren nehmen sie eine höhere Lernattraktivität wahr und fragen mehr Informationen nach.

Die mehrfaktorielle Varianzanalyse zeigt, daß bei den allgemeinen Annäherungsabsichten die Art des Museumskonzeptes und die Zugehörigkeit zur Gruppe sowohl isoliert als auch kombiniert einen Einfluß ausüben (Tab. 64):

allgemeine Annäherungsabsichten	F- Wert	Sig. F
Haupteffekte:		
Museumskonzept	96,49	0,000
Gruppenzugehörigkeit	10,14	0,000
Interaktionseffekt:	6,78	0,001

allgemeine Annäherungsabsichten	Besuchergruppe					
Mittelwerte der einzelnen Kombinationen:	Erlebnisorientierte (n=110)	Bildungs- u. Prestigeorientierte (n=129)	Kulturmuffel (n=62)	Sig. Grp. 1u. 2	Sig. Grp. 1u. 3	Sig. Grp. 2u. 3
Museumskonzept A: traditionell	-0,65	-0,03	-0,56	0,000	ns	0,000
B: modern	0,40	0,41	0,21	ns	ns	ns
Zugewinn:	1,05	0,44	0,77	0,001	ns	ns
Sig.-Niveau	0,000	0,000	0,000			

Tabelle 64: Mehrfaktorielle Varianzanalyse der allgemeinen Annäherungsabsicht in Abhängigkeit der Museumskonzepte und der Besuchergruppen

Nach den Ergebnissen der Tab. 64 können die Erlebnisorientierten wiederum einen hochsignifikant größeren Zugewinn an allgemeinen Annäherungsabsichten im Museumskonzept B realisieren als die Bildungs- und Prestigeorientierten, der Unterschied zu den Kulturmuffeln ist allerdings erneut nicht signifikant.

Im Hinblick auf die bildungsspezifischen Größen Lernattraktivität und Informationsnachfrage ergeben sich ähnlich gelagerte Ergebnisse wie bei den allgemeinen Annäherungsabsichten, so daß hier eine kurze Erläuterung der Ergebnisse ausreichend erscheint. Die Art des Museumskonzeptes und die Gruppenzugehörigkeit üben auch hier sowohl isoliert als auch kombiniert einen signifikanten Einfluß auf die Lernattraktivität und die Informationsnachfrage aus. Tab. 65 dokumentiert die Ergebnisse für die abhängige Variable Lernattraktivität:

Lernattraktivität	F- Wert	Sig. F
Haupteffekte:		
Museumskonzept	151,51	0,000
Gruppenzugehörigkeit	10,07	0,000
Interaktionseffekt:	6,74	0,001

Lernattraktivität	Besuchergruppe					
Mittelwerte der einzelnen Kombinationen:	Erlebnis-orientierte (n=110)	Bildungs- u. Prestige-orientierte (n=129)	Kulturmuffel (n=62)	Sig. Grp. 1u. 2	Sig. Grp. 1u. 3	Sig. Grp. 2u. 3
Museumskonzept A: traditionell	-0,74	-0,12	-0,57	0,000	ns	0,001
B: modern	0,46	0,49	0,29	ns	ns	ns
Zugewinn:	1,20	0,61	0,86	0,000	0,038	ns
Sig.-Niveau	0,000	0,000	0,000			

Tabelle 65: Mehrfaktorielle Varianzanalyse der Lernattraktivität in Abhängigkeit der Museumskonzepte und der Besuchergruppen

Erneut ist der Zugewinn bei den Erlebnisorientierten am deutlichsten ausgeprägt, er ist hochsignifikant größer als bei den Bildungs- und Prestigeorientierten und signifikant größer als bei den Kulturmuffeln.

In Tab. 66 sind die Ergebnisse für die Variable Informationsnachfrage abgedruckt:

Informationsnachfrage	F- Wert	Sig. F
Haupteffekte:		
Museumskonzept	51,57	0,000
Gruppenzugehörigkeit	11,20	0,000
Interaktionseffekt:	4,32	0,014

Informationsnachfrage	Besuchergruppe					
Mittelwerte der einzelnen Kombinationen:	Erlebnis-orientierte (n=110)	Bildungs- u. Prestige-orientierte (n=129)	Kulturmuffel (n=62)	Sig. Grp. 1u. 2	Sig. Grp. 1u. 3	Sig. Grp. 2u. 3
Museumskonzept A: traditionell	-0,41	0,00	-0,61	0,001	ns	0,000
B: modern	0,41	0,32	-0,04	ns	0,002	0,010
Zugewinn:	0,82	0,32	0,57	0,002	ns	ns
Sig.-Niveau	0,000	0,007	0,000			

Tabelle 66: Mehrfaktorielle Varianzanalyse der Informationsnachfrage in Abhängigkeit der Museumskonzepte und der Besuchergruppen

Wie die Ergebnisse für die Variable der Informationsnachfrage zeigen, realisieren die Erlebnisorientierten einen hochsignifikant größeren Zugewinn als die Bildungs- und Prestigeorientierten, die Differenz zu den Kulturmuffeln ist jedoch nicht signifikant. Bemerkenswert ist das geringe Informationsinteresse der Kulturmuffel, das sogar im Museumskonzept B insgesamt unterdurchschnittlich ausgeprägt ist. Dieses Ergebnis zeigt, wie schwer es ist, dieser Besuchergruppe kulturelle Bildung zu vermitteln.

Die Hypothese S-K-3 kann somit für die beiden Besuchergruppen der Erlebnisorientierten und der Bildungs- und Prestigeorientierten bestätigt werden, für die Kulturmuffel muß sie auf Basis des vorliegenden Datenmaterials zurückgewiesen werden.

Zusammenfassend kann man feststellen, daß bei den betrachteten Variablen des Modells zum Verhalten in Ausstellungen und Museen der Zugewinn, der sich durch das Museumskonzept B, verglichen mit dem Museumskonzept A, ergibt, bei den Erlebnisorientierten am deutlichsten ausgeprägt ist. Auch die Bildungs- und Prestigeorientierten können einen Zugewinn erzielen, der jedoch von allen Gruppen am geringsten ist. Die Kulturmuffel nehmen eine Mittelposition ein: Sie beurteilen wie die Erlebnisorientierten das Museumskonzept A insgesamt sehr schwach und das Museumskonzept B durchweg besser, ihre Zugewinne sind allerdings geringer als die der Erlebnisorientierten, aber höher als die der Bildungs- und Prestigeorientierten. Mit Ausnahme der emotionalen Reaktion der Dominanz ist der Zugewinn bei den Erlebnisorientierten immer hochsignifikant größer als bei den Bildungs- und Prestigeorientierten, so daß die vermuteten Zusammenhänge für die für das Marketing vorrangig interessanten Besuchergruppen mit der einen Ausnahme bestätigt werden können.

Die Ergebnisse zeigen, daß alle Gruppen potentieller Besucher das Museumskonzept B dem Museumskonzept A vorziehen. Die Bildungs- und Prestigeorientierten würden das Museumskonzept A noch am ehesten akzeptieren, ihre Verhaltensabsichten gegenüber Museumskonzept A sind noch weitgehend durchschnittlich ausgeprägt. Für die Erlebnisorientierten und auch für die Kulturmuffel dagegen erscheint Museumskonzept A unakzeptabel und ungeeignet.

8.6. Beurteilung ausgewählter Angebote von Ausstellungen und Museen

Untersucht man zunächst die absoluten Beurteilungen der sechs Gestaltungsmaßnahmen von Ausstellungen und Museen, so erkennt man, daß das Angebot aller Maßnahmen als sehr positiv befunden wird (Abb. 48).

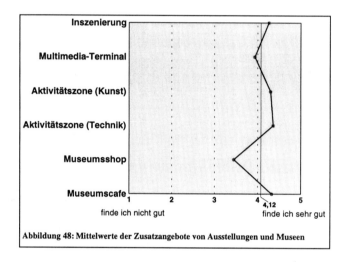

Abbildung 48: Mittelwerte der Zusatzangebote von Ausstellungen und Museen

Obwohl auch das Angebot eines Museumsshops insgesamt gut beurteilt wird, ist der Mittelwert unterdurchschnittlich ausgeprägt[228]. Das Ergebnis, daß ein Museumsshop vielen Befragten nicht so wichtig zu sein scheint, kann damit zumindest zum Teil bestätigt werden: Sein Vorhandensein wird zwar von den Befragten als gut beurteilt, aber es scheint ihnen weniger bedeutsam als die Existenz anderer Angebote.

---

[228] Der Mittelwert über alle Angebote beträgt 4,12.

In Kap. 6.4. zu den ausgewählten Instrumenten der Bildungsvermittlung wurden die drei folgenden Hypothesen S-1 bis S-3 über die Beurteilung der Zusatzangebote von Ausstellungen und Museen generiert:

- H_{S-1}: *Die Erlebnisorientierten beurteilen Multimedia-Terminals in Ausstellungen und Museen positiver als die Bildungs- und Prestigeorientierten und als die Kulturmuffel.*
- H_{S-2}: *Die Erlebnisorientierten beurteilen Inszenierungen durch darstellende Kunst in Ausstellungen und Museen positiver als die Bildungs- und Prestigeorientierten und als die Kulturmuffel.*
- H_{S-3}: *Die Erlebnisorientierten beurteilen Angebote, bei denen sie selbst aktiv werden können, positiver als die Bildungs- und Prestigeorientierten und als die Kulturmuffel.*

Tab. 67 zeigt das Ergebnis der Varianzanalyse zur Hypothesenprüfung für die Variable Multimedia-Terminal:

	Gruppe	n	Mittelwert	Sig.-Niveau Grp 1 u. 2	Sig.-Niveau Grp 1 u. 3	Sig.-Niveau Grp 2 u. 3
Multimedia-Terminal	1 (EO)	110	4,04			
	2 (BPO)	129	3,97	ns	0,040	ns
	3 (KM)	62	3,69			

Tabelle 67: **Varianzanalyse zur Beurteilung von Multimedia-Terminals in Abhängigkeit von der Besuchergruppe**

Die Ergebnisse der Hypothesenprüfung zeigen, daß die Erlebnisorientierten Multimedia-Terminals zwar signifikant besser beurteilen als die Kulturmuffel, ein signifikanter Unterschied zu den Bildungs- und Prestigeorientierten ist jedoch nicht feststellbar. Multimedia-Terminals kommen offensichtlich auch dem Informationsbedürfnis der Bildungs- und Prestigeorientierten entgegen, vermutlich da sie die Möglichkeit bieten, sich noch umfassender zu informieren. Die Hypothese S-1 wird auf der Basis des vorliegenden Datenmaterials abgelehnt.

Tab. 68 zeigt die Ergebnisse der Varianzanalyse zur Prüfung der Hypothese S-2 zur Inszenierung durch darstellende Kunst:

	Gruppe	n	Mittelwert	Sig.-Niveau Grp 1 u. 2	Sig.-Niveau Grp 1 u. 3	Sig.-Niveau Grp 2 u. 3
Inszenierungen	1 (EO)	110	4,52			
durch darstellende	2 (BPO)	129	4,21	0,010	0,000	0,043
Kunst	3 (KM)	62	4,00			

Tabelle 68: Varianzanalyse zur Beurteilung von Inszenierungen in Abhängigkeit von der Besuchergruppe

Wie erwartet, beurteilen die Erlebnisorientierten das Angebot von Inszenierungen durch darstellende Kunst signifikant besser als die anderen Gruppen. Inszenierungen kommen den Erlebnisorientierten offensichtlich besonders entgegen. Die Hypothese S-2 kann deshalb als bestätigt beibehalten werden.

Die Ergebnisse der Prüfung der Hypothese S-3 in der Tab. 69 dokumentieren, daß die Erlebnisorientierten Aktivitätszonen deutlich besser beurteilen als die anderen Gruppen. Verglichen mit den Bildungs- und Prestigeorientierten sind die Mittelwertunterschiede hochsignifikant, verglichen mit den Kulturmuffeln ist der Unterschied nur bei der Aktivitätszone Technik signifikant (Tab. 69). Reduziert man die Hypothese auf die beiden aus Marketing-Sicht wichtigsten Besuchergruppen der erlebnisorientierten und der bildungs- und prestigeorientierten Personen, kann die Hypothese S-3 auch als bestätigt beibehalten werden.

	Gruppe	n	Mittelwert	Sig.-Niveau Grp 1 u. 2	Sig.-Niveau Grp 1 u. 3	Sig.-Niveau Grp 2 u. 3
Aktivitätszone	1 (EO)	110	4,60			
(Kunst)	2 (BPO)	129	4,02	0,000	ns	0,022
	3 (KM)	62	4,37			

	Gruppe	n	Mittelwert	Sig.-Niveau Grp 1 u. 2	Sig.-Niveau Grp 1 u. 3	Sig.-Niveau Grp 2 u. 3
Aktivitätszone	1 (EO)	110	4,66			
(Technik)	2 (BPO)	129	4,17	0,000	0,001	ns
	3 (KM)	62	4,21			

Tabelle 69: Varianzanalyse zur Beurteilung von Aktivitätszonen in Abhängigkeit von der Besuchergruppe

Bei den anderen beiden betrachteten Gestaltungsmaßnahmen, dem Museumsshop und dem Museumscafé, ergab sich nur ein signifikanter Unterschied zwischen den Kulturmuffeln und den Bildungs- und Prestigeorientierten bei der Beurteilung des Museumsshops[229]. Zwischen allen anderen Beurteilungen lagen - wie zu erwarten war - keine nennenswerten Unterschiede vor, so daß auf eine detailliertere Darstellung der Ergebnisse verzichtet wird.

8.7. Güte der Daten

Wie in der Studie 1995 werden zur Beurteilung der Güte der gefundenen Lösung wiederum die Praktikabilität des Vorgehens sowie die Reliabilität und Validität der Messungen untersucht.

8.7.1. Praktikabilität

Für den vorliegenden Untersuchungsgegenstand waren wiederum mündliche Interviews die praktikabelste Form der Datenerhebung. Bei einer schriftlichen Befragung mußte aufgrund der Länge des Fragebogens und der zahlreichen visuellen Vorlagen mit einer Überforderung der Befragten und mit einer hohen Abbruchquote gerechnet werden. Des weiteren konnten die Interviewer bei einer mündlichen Befragung den Testpersonen bei möglicherweise auftretenden Fragen behilflich sein. Nur durch die Verwendung von visuellen Vorlagen zur Darstellung der beiden Museumskonzepte und der ausgewählten Angebote von Ausstellungen und Museen wurde es möglich, Besucher gleichzeitig hinsichtlich der Gestaltung verschiedener Ausstellungen und Museen zu befragen und atmosphärische Wirkungen zu erfassen. Des weiteren war es dadurch auch möglich, potentielle Besucher zu befragen (vgl. ausführlicher Kap. 7.4.3.2.).

8.7.2. Reliabilität

Zur Überprüfung der Reliabilität wurde zunächst varianzanalytisch getestet, ob ein Einfluß der Interviewer oder des Erhebungsdatums auf die Variablen der Untersuchung vorliegt. Dies war nicht der Fall.

Zur weiteren Reliabilitätsprüfung wurden die Variablen des Freizeitstils und die des Kulturstils, die durch mehrere Items erhoben wurden, mittels Cronbach´s α auf ihre interne Konsistenz getestet. Die Indikator- und Faktorreliabilitäten der Variablen, die im

---

[229] Die Bildungs- und Prestigeorientierten weisen einen Mittelwert von 3,60, die Kulturmuffel einen von 3,21 auf (α=0,032).

Kausalmodell Verwendung fanden, sind in Tab. 56 in Kap. 8.5.1. abgedruckt. Auf eine erneute Darstellung wird an dieser Stelle verzichtet. Die folgende Tab. 70 gibt die Werte für Cronbach´s α des Freizeitstils und des Kulturstils wieder:

Erhobene Variable[230]	Cronbach´s α
Freizeitstil	0,57
Kulturstil	0,61

Tabelle 70: Interne Konsistenz der verwendeten Skalen (Cronbach´s α) 1996

Wie die Werte von Cronbach´s α in Tab. 70 belegen, weisen alle Messungen eine ausreichende interne Konsistenz auf. Insgesamt können die Messungen damit als reliabel bezeichnet werden.

8.7.3. Validität

In der empirischen Untersuchung haben die Ergebnisse gezeigt, daß das Museumskonzept B als wesentlich vorteilhafter hinsichtlich der primären emotionalen Reaktion und den Annäherungsabsichten als das Museumskonzept A von den befragten Personen eingestuft wurde. Deshalb soll noch geprüft werden, ob das Museumskonzept B dem Museumskonzept A auch deutlich vorgezogen wird. Dazu wurden die Befragten gebeten, ihre Präferenz für eines der Museen zu äußern: *Bitte sagen Sie uns, welches Museum Sie bevorzugen würden, wenn Sie eines der beiden Museen besuchen wollten.* Die Befragten konnten dann Museum A oder Museum B als Präferenz äußern.

215 der befragten Personen bevorzugen das Museumskonzept B, nur 84 das Museumskonzept A[231], so daß die gefundenen Ergebnisse nochmals deutlich unterstützt werden.

Des weiteren haben die Ergebnisse gezeigt, daß die Erlebnisorientierten den größten Zugewinn im Museumskonzept B, verglichen mit Museumskonzept A, realisieren können. Folglich müßten die Erlebnisorientierten das Museumskonzept B dem Museumskonzept A

---

[230] Variablen, die im Fragebogen negativ formuliert waren, wurden vor der Reliabilitätsprüfung umkodiert. Die Reliabilitäten der einzelnen Faktoren des Freizeitstils, des Kulturstils und der primären emotionalen Reaktion können im Anhang D nachgesehen werden.
[231] Bei 2 Befragten fehlen die Angaben.

deutlicher als die Bildungs- und Prestigeorientierten vorziehen, die das Museumskonzept A immerhin noch akzeptieren würden. Untersucht man diesen Zusammenhang durch eine Kreuztabellierung der Gruppenzugehörigkeit und der Bevorzugung der Museumskonzepte, so erhält man das folgende Ergebnis (Tab. 71 und 72):

gesamt: n=301	Erlebnisorientierte (n=110)	Bildungs- und Prestigeorientierte (n=127)	Kulturmuffel (n=62)
Museumskonzept A (traditionell, n=84)	empirisch: 18 erwartet: 30,9	empirisch: 50 erwartet: 35,7	empirisch: 16 erwartet: 17,4
Museumskonzept B (modern, n=215)	empirisch: 92 erwartet: 79,1	empirisch: 77 erwartet: 91,3	empirisch: 46 erwartet: 44,6

Tabelle 71: Kreuztabellierung der Präferenz für die Museumskonzepte und der Besuchergruppen

Prüfgröße:	Wert	Signifikanzniveau
Pearson	15,65 (df =2)	0,0004
Kontingenz-Koeffizient C	0,23	0,0004
Cramer´s V	0,23	0,0004

Tabelle 72: Prüfgrößen der Kreuztabellierung der Präferenz für die Museumskonzepte und der Besuchergruppen

Die ermittelten Werte zeigen, daß die Erlebnisorientierten das Museumskonzept B tatsächlich deutlicher bevorzugen, als zu erwarten war. Die Bildungs- und Prestigeorientierten hingegen - die das Museumskonzept A noch akzeptieren - bringen dem Museumskonzept A mehr Interesse entgegen, als rechnerisch zu erwarten war. Die Beziehung zwischen den beiden Variablen ist, wie die Prüfgrößen zeigen, hochsignifikant. Demnach deuten auch diese Ergebnisse auf Validität der Erhebung hin.

8.8. Zusammenfassung und kritische Würdigung der Ergebnisse zum Verhalten in Ausstellungen und Museen, zu den Wirkungen der umweltpsychologischen Maßnahmen und zur Bildungsvermittlung

In der Untersuchung 1996 konnten die ein Jahr zuvor auf der Basis des kulturspezifischen Lebensstils ermittelten Segmente potentieller Besucher von Ausstellungen und Museen erneut identifiziert werden, so daß von einer zeitlich stabilen Segmentstruktur auszugehen ist. Deutlich ließen sich die beiden für das Kulturmarketing besonders interessanten Segmente der erlebnisorientierten und der bildungs- und prestigeorientierten Besucher replizieren, die Gruppe der Kulturmuffel hat sich in der Wiederholungsstudie erneut als muffelig und diesmal auch als weniger gesellig und aktiv in ihrer Freizeit erwiesen. Die Validierung der gefundenen Besuchersegmente wurde wie in der Studie 1995 sehr ausführlich vorgenommen. Alle durchgeführten Prüfungen deuten auf eine hohe Validität der gefundenen Clusterlösung und ihrer Interpretation hin.

Das im theoretischen Teil der Arbeit entwickelte geänderte und erweiterte umweltpsychologische Modell für Ausstellungen und Museen hat sich im empirischen Teil weitgehend bewährt.

Die kausalanalytisch geprüften Beziehungen des Modells wurden mit einer Ausnahme bestätigt. Der emotionalen Reaktion Lust & Erregung kommt eine große Bedeutung für die allgemeinen Annäherungsabsichten an eine Ausstellung oder an ein Museum und für die Lernattraktivität der Museumsumwelt zu. Je lustvoller und erregender die potentiellen Besucher ein Museum einschätzen, desto stärker sind sie bereit, die Kulturinstitution zu besuchen, in ihr zu verweilen, und desto eher sind sie bereit, einen höheren Eintrittspreis zu entrichten. Des weiteren empfinden sie eine lustvoll und erregend gestaltete Umwelt als lernattraktiver.

Darüber hinaus hat auch die Dimension Dominanz einen sehr deutlichen Einfluß auf die allgemeinen Annäherungsabsichten und die empfundene Lernattraktivität gezeigt, was ihre Bedeutung im Museumsbereich, wie ausführlich in Kap. 7.4.2. diskutiert, unterstreicht. Die Dimension der Dominanz sollte im Kulturbereich auf jeden Fall berücksichtigt werden.

Eine als attraktiv empfundene Lernumwelt, die sich durch lustvolle und aktivierende sowie Dominanz auslösende Gestaltungsmaßnahmen realisieren läßt, veranlaßt die Besucher, mehr kulturbezogene Informationen nachzufragen, erhöht jedoch nicht die allgemeinen Annäherungsabsichten.

Neben den emotionalen Reaktionen Lust & Erregung sowie Dominanz spielt auch die stärker kognitiv geprägte Variable des Bildungsanspruchs eine große Rolle für die Annäherungsabsichten und die Informationsnachfrage im Museum: Je stärker die potentiellen Besucher das Gefühl haben, daß ein Museum ihren ganz persönlichen Bildungsanspruch trifft, desto eher sind sie bereit, sich dem Museum zu nähern, und desto offener sind sie für die Vermittlung kultureller Informationen.

Wie der Vergleich der beiden Museumskonzepte gezeigt hat, ziehen alle Besuchergruppen das modern und erlebnisorientiert gestaltete Museumskonzept B dem traditionellen Konzept A vor. Im Museumskonzept B empfinden die Besucher mehr Lust & Erregung und äußern stärkere allgemeine Annäherungsabsichten, sie nehmen dort eine höhere Lernattraktivität wahr und fragen mehr Informationen nach[232]. Die empirischen Ergebnisse belegen die Überlegenheit des Museumskonzeptes B gegenüber dem althergebrachten Museumskonzept A bei allen Besuchergruppen.

Vergleicht man die in den beiden Museumskonzepten gezeigten Reaktionen der Besuchergruppen, können die Erlebnisorientierten durch das modern und erlebnisorientiert gestaltete Museum den größten Zugewinn bei den untersuchten Variablen realisieren. Es zeigte sich, daß das traditionelle Museumskonzept A nur von den Bildungs- und Prestigeorientierten noch akzeptiert wird, bei den Erlebnisorientierten und auch den Kulturmuffeln fällt es praktisch durch.

Wie die Ergebnisse der lebensstilsegmentspezifischen Beurteilung der unterschiedlichen Museumskonzepte belegen, hat der Lebensstil einen deutlichen Einfluß auf die Variablen des Modells zum Verhalten in Ausstellungen und Museen gezeigt. Insofern hat sich die Hinzunahme des Lebensstils als beeinflussende Variable in das umweltpsychologische Modell anstelle der Persönlichkeit bewährt.

Vergleicht man den Einfluß der Museumsgestaltung auf die Variablen des Modells mit dem Einfluß, der sich durch den Lebensstil ergibt, so ist der Einfluß der Museumsgestaltung als wesentlich stärker einzuschätzen. Alle Besuchergruppen weisen bei der erlebnisreicheren Umweltgestaltung positivere Reaktionen auf. Als Folgerung daraus dürften sich durch eine

---

[232] Die Erlebnisorientierten empfinden im Museumskonzept B auch deutlich mehr Dominanz als im Museumskonzept A.

Entscheidung, eine Museumsumwelt erlebnisreicher zu gestalten, keine Nachteile für eine Kulturinstitution ergeben.

Sämtliche diskutierten bildungsunterstützenden Angebote (Inszenierungen, Aktivitätszonen, Multimedia-Terminals) werden von den Befragten begrüßt. Dabei konnte festgestellt werden, daß Inszenierungen und Aktivitätszonen von den Erlebnisorientierten besonders präferiert werden, das Angebot von Multimedia-Terminals ist für die Erlebnisorientierten und die Bildungs- und Prestigeorientierten gleichermaßen geeignet.

9. Handlungsempfehlungen für Kulturinstitutionen

9.1. Strategische Ausrichtung

Für ein erfolgreiches Kulturmarketing ist es notwendig, daß eine eindeutige Positionierung der Kulturinstitution erfolgt, die sich an der Zielgruppe (also den gefundenen und zur Bearbeitung ausgewählten Segmenten), den eigenen Fähigkeiten und an der Konkurrenz orientiert[233]. Eine eindeutige Positionierung bedeutet, daß das Kulturangebot (in Anlehnung an Kroeber-Riel, 1993, S.45)

– in den Augen der Zielgruppe so attraktiv ist und
– gegenüber konkurrierenden Angeboten so abgegrenzt wird,

daß es den konkurrierenden Angeboten vorgezogen wird.

Für Kulturinstitutionen ist der Rahmen für die Positionierung durch den kulturpolitischen Auftrag vorgegeben: Kulturinstitutionen haben eine Vermittlungsaufgabe, so daß sie sich als Anbieter kultureller Bildung verstehen sollten. Diese zunächst einschränkende Vorgabe können die Kulturinstitutionen als Chance begreifen: Durch die Fokussierung auf die Vermittlung kultureller Bildung wird den Kulturinstitutionen die Abgrenzung zu einer Vielzahl anderer Freizeitanbieter ermöglicht, die ihren Schwerpunkt auf Freizeitwerte wie Erholung, sportliche Aktivität, Unterhaltung o.ä. legen. Wie die Ergebnisse der empirischen Erhebung der Wahrnehmung verschiedener Freizeitaktivitäten, die ausführlicher in Kap. 4.2. dargestellt sind, gezeigt haben, gibt es neben Kulturinstitutionen kaum andere Freizeitaktivitäten, die Bildung vermitteln. Im Hinblick auf kulturelle Bildung weisen vermutlich nur Aktivitäten wie Lesen oder Reisen sowie noch Volkshochschulen eine Affinität zu Kulturinstitutionen auf, so daß die Bedingungen für eine Positionierung als Bildungsanbieter günstig sind.

Die Ausrichtung als Bildungsanbieter reicht jedoch nicht aus: Da Kulturanbieter auf dem Freizeitmarkt tätig sind, müssen neben der Bildung auch Freizeitwerte in die Positionierung der Kulturinstitution einfließen (Terlutter, 1998b, S.84ff.). Es reicht nicht aus, ein „Kulturobjektaussteller" zu sein, vielmehr muß sich die Kulturinstitution als ein „Dienstleistungsanbieter für Kulturbesucher" begreifen, der neben der Kulturvermittlung

---

[233] Einen Überblick über die Grundbegriffe des strategischen Marketing liefert Zentes (1996a).

typische Freizeitbedürfnisse befriedigen kann. Somit sollten Kulturinstitutionen versuchen, sich als Anbieter von *kultureller Freizeitbildung* zu positionieren. Wie ausführlich in Kap. 2.2.2.2.3. über die Rahmenbedingungen für Kulturinstitutionen erläutert, zeichnet sich Freizeitbildung gerade durch eine Verknüpfung von typischen Freizeitmotiven wie Unterhaltung, Entspannung oder Geselligkeit und typischen Bildungsmotiven wie Erweiterung des eigenen Wissens und des eigenen Horizontes sowie Anerkennung aus. Die bereits angesprochene empirische Erhebung der Wahrnehmung der verschiedenen Freizeitaktivitäten hat gezeigt, daß Kulturinstitutionen in den Aspekten der Freizeitgestaltung Defizite aufweisen, die jedoch, wie in Kap. 2.2.2. ausführlich dargelegt, von zentraler Bedeutung für die Nachfrager sind. Diese Defizite seitens der Kulturinstitutionen müssen abgebaut werden.

Innerhalb der Positionierung als Freizeitbildungsinstitution werden zwei grundlegende strategische Stoßrichtungen durch die Ergebnisse der Besuchersegmentierung nahegelegt[234],
– eine Prestigestrategie und
– eine Erlebnisstrategie.

Die Prestigestrategie ist nur realisierbar und empfehlenswert, wenn das Haus oder die ausgestellten Werke einen guten Ruf genießen. Wird eine Prestigestrategie verfolgt, muß neben den präsentierten Werken auch das weitere Kulturangebot, also die Supporting- und Facilitating Services, an Exklusivität und Hochwertigkeit orientiert sein. Freizeitwerte wie Spaß, (physische) Aktivität oder Geselligkeit dürfen natürlich nicht vernachlässigt werden, spielen für diese Strategie aber eine untergeordnete Rolle. Im Hinblick auf die Besuchergruppen spricht die Strategie natürlich vor allem die Bildungs- und Prestigeorientierten an. Dabei besteht die Gefahr, daß vor allem die Erlebnisorientierten und auch die Kulturmuffel schlecht erreicht werden, da zu wenige Übereinstimmungen mit dem eigenen kulturspezifischen Lebensstil empfunden werden.

---

[234] Die hier empfohlene schwerpunktmäßige Verfolgung einer Erlebnis- bzw. Prestigestrategie bedeutet nicht, daß nicht auch andere Aspekte die Positionierung und strategische Ausrichtung der Kulturinstitution mitbestimmen können. So ist denkbar, daß sich eine Kulturinstitution als „ständig um Aktualität bemüht" positioniert und versucht, jeweils aktuell in der Bevölkerung diskutierte Themen aufzugreifen und in eine Ausstellung umzusetzen. Dennoch sollte auch diese Kultureinrichtung versuchen, sich als primär erlebnis- oder als primär prestigeorientiert zu positionieren, um dem dominanten Merkmal zumindest einer der Besuchergruppen im Kulturbereich entgegenzukommen.

Die Verfolgung einer Erlebnisstrategie erfordert, daß das Kulturangebot einen hohen Freizeit- und Unterhaltungswert aufweist. Dazu muß die Kulturinstitution eine Begegnungsstätte werden, die sich durch Möglichkeiten psychischer und physischer Aktivität und durch Abwechslungsreichtum auszeichnet. Kulturelle Informationen müssen in die Freizeitangebote integriert werden, so daß eine freizeitgerechte kulturelle Bildung ermöglicht wird.

Im Hinblick auf die Vermittlung kultureller Bildung sollte einem vermittlungstheoretischen Ansatz gefolgt werden, der sich dem fachwissenschaftlichen Ansatz eindeutig überlegen gezeigt hat. Dazu muß ein ausgereiftes und flexibel einsetzbares Informationssystem generiert werden, das sich den individuellen Bedürfnissen der Besucher anpassen kann. Besucher mit geringer Vorbildung oder einem geringen Informationsinteresse während des Besuchs müssen genauso den Eindruck einer individuellen Bereicherung erhalten wie gut vorgebildete oder interessierte Besucher.

Die Positionierung als ein Dienstleister für Freizeitbildung stellt für viele Kulturinstitutionen zur Zeit noch einen erheblichen Eingriff in die eigene „Unternehmenskultur" dar. Für eine erfolgreiche Umsetzung ist es deshalb notwendig, daß die neue strategische Ausrichtung in der gesamten Kulturinstitution akzeptiert und umgesetzt wird. Wird dies nicht erreicht, ist die Positionierung zum Scheitern verurteilt (Wiedmann/Kreutzer, 1989, S.76f.). Zur Veränderung der strategischen Stoßrichtung eines Unternehmens ist es notwendig, die Denkhaltung bei allen Mitarbeitern der Kulturinstitution zu verändern, vom Gestalter der Ausstellung über das Personal im Eingangsbereich bis hin zum Personal der angegliederten Restauration (vgl. zum Personalmanagement allgemein ausführlich Scholz, 1994; auch Scholz, 1998, S.527f.).

Wie die operative Umsetzung der Positionierung als Freizeitbildungsinstitution mit den strategischen Ausrichtungen der Prestige- bzw. Erlebnisorientierung aussehen könnte, wird im folgenden - exemplarisch für andere Kulturinstitutionen - für Ausstellungen und Museen aufgezeigt.

9.2. Operative Umsetzung

Die Umsetzung der strategischen Ausrichtung muß sich in allen Marketing-Maßnahmen niederschlagen. Schwerpunktmäßig werden - entsprechend der Ausrichtung dieser Arbeit - Maßnahmen der Produktgestaltung in den Vordergrund gerückt. Des weiteren werden ausgewählte Aspekte der Kommunikations-, der Distributions- und der Preispolitik behandelt. Neben der Produktpolitik kommt insbesondere der Kommunikationspolitik die Aufgabe zu, den potentiellen Besuchern die strategische Ausrichtung der Kulturinstitution zu vermitteln[235] (vgl. ausführlich zur Kommunikationspolitik vor allem Kroeber-Riel, 1993; 1996).

Die Handlungsempfehlungen für Ausstellungen und Museen können in nicht-besuchersegmentspezifische und besuchersegmentspezifische Empfehlungen unterteilt werden.

9.2.1. Nicht-besuchersegmentspezifische Handlungsempfehlungen

Im Hinblick auf die Vermittlung kultureller Bildung sollte - wie bei den Empfehlungen zur Positionierung und strategischen Ausrichtung erläutert - ein vermittlungstheoretischer Ansatz verfolgt werden. Kunstobjekte sind derart zu präsentieren, daß den Besuchern Maßnahmen angeboten werden, die ihnen helfen, einen Zugang zu den Kunstwerken zu finden. Das kann z.B. durch die Einordnung des Kulturobjektes in seinen historischen Kontext geschehen oder dadurch, daß der Besucher Replikate des Objektes in die Hand nehmen und untersuchen kann.

Von größter Bedeutung für die Bildungsvermittlung ist die bereits angesprochene hohe Flexibilität der Informationsdarbietung. Ziel sollte es sein, daß ein Besucher unabhängig von seinem individuellen Vorwissen und seinem aktuellen Bildungsinteresse die Menge und Art an Informationen erhalten kann, die er wünscht.

Die Art der zu vermittelnden Informationen kann sich an der von Rohmeder (1977) vorgeschlagenen und in dieser Arbeit in Kap. 6.1.3. erläuterten Struktur orientieren:
1. Informationen über das Museum oder das Ausstellungshaus (Entstehung, Architektur, Philosophie u.ä.),
2. Informationen, die für einen Teil des Museums relevant sind (z.B. einzelne Stilrichtungen) und
3. Detailinformationen zu jedem Kunstobjekt.

Die Darbietung von Informationen in der oben aufgestellten Struktur mit den unterschiedlichen Allgemeinheitsgraden entspricht dem in Schemata angelegten Wissen der Besucher (vgl. Kap. 6.3.2.): Schemata sind hierarchisch aufgebaut, so daß Detailinformationen (z.B. zu einem Bild) sinnvoller und leichter eingefügt werden können, wenn die „höhere" Ebene (z.B. Stilrichtung des Bildes) angelegt und gefestigt ist. Aus lernpsychologischer Sicht erscheint es daher sinnvoll, die Informationsdarbietung am

---

[235] Vgl. für ein Beispiel der Gestaltung des kommunikativen Auftritts eines Kulturradiosenders Terlutter (1999).

schematischen Wissensaufbau der Besucher zu orientieren. Allgemein formuliert bedeutet das, die kulturbezogenen Informationen hierarchisch zu vermitteln, sie vom Allgemeinen zum Spezifischen zu strukturieren und in der Reihenfolge ihrer Bedeutung darzubieten: Die wichtigsten Informationen zuerst, dann die zweitwichtigsten usw. (vgl. zur hierarchischen Informationsdarbietung ausführlich Kroeber-Riel, 1993, S.174ff.).

Zur Optimierung der Vermittlung der kulturbezogenen Informationen ist es notwendig, die vorhandenen Schemata der Besucher noch besser zu erforschen und abzubilden, um die Darbietung der Informationen an die gefundenen Wissensstrukturen anlehnen zu können. In dieser Arbeit wurden die Wissensstrukturen der potentiellen Besucher theoretisch analysiert (vgl. Kap. 6.3.2.). Mit welchen konkreten Inhalten sie gefüllt sind, erfordert eine umfassende empirische Analyse. Hier besteht deutlicher Forschungsbedarf.

In vielen Ausstellungen und Museen liegt der Schwerpunkt der angebotenen Informationen noch zu sehr auf den speziellen Kunstobjekten (siehe Punkt 3 auf der Seite zuvor).

Um die Lernleistung zu optimieren, sollte versucht werden, Informationen multimodal zu vermitteln, damit beim Besucher möglichst viele Verknüpfungen im Gedächtnis entstehen können. Des weiteren trägt eine multimodale Vermittlung zum Abwechslungsreichtum des Besuches bei.

Zur Realisierung einer individuellen Informationsvermittlung muß neben einem umfassenden Angebot verschiedener persönlicher Führungen ein mediales Informationssystem zur Verfügung stehen.

Persönliche Führungen:
Eine Ausstellung oder ein Museum sollte ein differenziertes und den Besucherbedürfnissen angepaßtes Angebot an *verschiedenen Führungen* anbieten. Beispielsweise könnte eine Führung detaillierte Informationen liefern, eine Führung gibt nur einen schnellen, groben Überblick, eine weitere macht den Besucher völlig unabhängig von anderen Besuchern und dem Führer und liefert eine auditive Führung mittels Kopfhörer, bei der die Informationstiefe und die Geschwindigkeit der Informationsdarbietung individuell variierbar sind. Denkbar sind auch Führungen für Eltern mit ihren Kindern, die auf die Bedürfnisse beider Altersklassen eingehen. Dabei sind gemeinsame und getrennte Führungen möglich.

Es können auch *thematisch* verschiedene Führungen angeboten werden. In einem Kunstmuseum könnten sich Führungen z.B. speziell mit den Künstlern, den verwendeten

Techniken oder den Kunstwerken vor dem historischen Hintergrund beschäftigen. Dabei könnten auch plakative Titel für die Führungen vergeben werden, wie z.b. „Liebe und Leid der alten Meister" oder „Intrigen am Hof zu Lebzeiten Ludwig XIV". In einem Museum, das z.b. Relikte der Römerzeit ausstellt, könnten Führungen wie „Lebensbedingungen des einfachen Volkes", „Caesar und Cleopatra" oder „Was die Römer mit uns gemeinsam hatten"[236] angeboten werden. Im Verlauf der Führung kann dann die übliche Menge an kulturbezogenen Informationen - nur interessanter „verpackt" - angeboten werden.

Begrüßenswert ist die Idee von Christoph Vitali vom Münchener Haus der Kunst, den Besuchern junge Kunsthistoriker als Cicerone[237] für Erklärungen zur Seite zu stellen (Stäbler, 1998, S.44). Durch eine solche Maßnahme ließe sich eine große Individualität der persönlichen Führung erzielen. Kritisch zu sehen ist allerdings, daß Vitali gleichzeitig einen Verzicht auf weitere Vermittlungshilfen fordert. Dadurch werden Besucher abgeschreckt, die den persönlichen Kontakt mit dem Cicerone nicht wünschen oder ihn sogar scheuen, da sie z.b. fürchten, sich vor dem Cicerone wegen ihrer kulturellen Unwissenheit eine Blöße zu geben. Des weiteren müssen die Ciceroni gut ausgebildet sein und in ausreichender Zahl zur Verfügung stehen. Beides ist mit hohem finanziellen Aufwand verbunden.

Eine Strukturierung der Führungen mit unterschiedlichen thematischen Schwerpunkten könnte auch dazu anhalten, ein Museum häufiger zu besuchen.

Mediales Informationssystem:

Ein mediales Informationssystem kann eine sehr flexible Informationsdarbietung ermöglichen. Für Multimedia-Terminals wurde die besuchergruppenübergreifende Eignung zur Informationsvermittlung in Kap. 8.6. empirisch aufgezeigt.

Im Hinblick auf die technische Realisierung sind aus bildungstheoretischer Sicht interaktive den rezeptiven Medien vorzuziehen, da sie aufgrund ihrer Adaptivität an die individuellen Bedürfnisse der Nutzer Vorteile aufweisen. Darüber hinaus erfordern interaktive Medien das Aktivwerden des Nutzers, was eine gute Voraussetzung für einen Lernerfolg ist (vgl. Kap. 6.3.3.). Dabei ist auf eine aktivierende und benutzerfreundliche Informationsdarbietung zu achten. Durch einfachen Tastendruck, Mausklick oder durch Betätigen eines Touchscreens

---

[236] Ein solcher Titel stellt den Bezug zu den eigenen Lebensbedingungen explizit heraus.
[237] Als Cicerone wird ein Führer durch Kunstsammlungen und Kunststätten bezeichnet (Lexikon der Kunst, 1991, S.848)

muß der Besucher durch das Informationssystem navigieren und Informationen abrufen können, wie er dies wünscht. Zusätzlich sollten einige rezeptive Medien wie Dias, Video- oder Kinofilme zum Standard einer jeden Ausstellung gehören.

Zur Verbesserung der Besucherorientierung bei der Bildungsvermittlung ist es empfehlenswert, potentielle Besucher von Beginn an in die Ausstellungskonzeptionierung und -planung einzubeziehen, so daß getroffene Maßnahmen bereits in ihrer Entstehung aus Besuchersicht bewertet und verbessert werden können. Die Auswahl und Zusammenstellung der Kunstwerke verbleibt bei der Ausstellungsorganisation, aber bei der Gestaltung der Präsentation, der Gestaltung des Ausstellungsumfeldes oder der Konzeptionierung der Vermittlungshilfen können Besucher ihre Meinungen und Präferenzen einbringen, und bildungsspezifische Maßnahmen können bereits während ihrer Entstehung geprüft werden. Das erfordert, mit der Prüfung getroffener Gestaltungsmaßnahmen bereits Wochen vor der Ausstellungseröffnung zu beginnen. Konkret bedeutet das z.B., potentielle Besucher zu befragen, wie die mediale Informationsvermittlung an Multimedia-Terminals verstanden wird und gefällt. Die Evaluierung einer Ausstellung wird damit auf den Entstehungsprozeß ausgedehnt und so einer mangelnden Besucherorientierung von Beginn an begegnet.

Neben den besuchergruppenübergreifenden Hinweisen zur Bildungsvermittlung werden im folgenden weitere Empfehlungen zur Gestaltung der Supporting- und Facilitating Services des Kulturangebotes gegeben.

Ein Ausstellungs- und Museumsbesuch muß für Besucher *einfach realisierbar* sein. Eine bessere Realisierbarkeit kann vor allem durch flexiblere und großzügigere Öffnungszeiten eines Museums erreicht werden[238], die den Freizeitbedürfnissen der Besucher entgegenkommen, so daß ein Besuch auch ein abendfüllendes Programm werden kann. Wie die empirische Untersuchung 1995 gezeigt hat, waren veränderte Öffnungszeiten der am stärksten geäußerte Wunsch der Befragten. Des weiteren muß eine gute Verkehrsanbindung der Kulturinstitution gewährleistet sein, z.B. durch öffentliche Verkehrsmittel oder durch ein ausreichendes Parkraumangebot. Sinnvoll erscheint, die Eintrittskarte eines Museums derart zu gestalten, daß sie zur Nutzung öffentlicher Verkehrsmittel berechtigt. Diese Empfehlungen

---

[238] Bei der Durchsetzung längerer oder in die Abendstunden verschobener Öffnungszeiten ist natürlich mit dem Widerstand des Museumspersonals zu rechnen (Ames, 1989, S.6).

zur Erleichterung des Besuches von Ausstellungen und Museen und von Kulturinstitutionen generell kommen dem Trend der Gesellschaft nach mehr „Convenience" (Zentes, 1996b, S.15) entgegen (vgl. auch Kap. 2.2.2.1.).

Ein Museum muß eine gute Infrastruktur besitzen, zu der neben dem bereits erläuterten ausgereiften Informationsangebot (persönliche Führungen und mediale Informationen) auch Maßnahmen für einen streßfreien Besuch gehören, beispielsweise ein Kinderhort oder ein unkomplizierter Kassen- und Garderobenbereich.

Weiterhin sollte ein Ausstellungs- oder Museumscafé fester Bestandteil des Angebotes sein. Empfehlenswert ist es, den Besuch des Cafés unabhängig vom Besuch der Kulturinstitution zu ermöglichen, denn auch das Verweilen im Museumscafé ohne Besuch der Ausstellung trägt zur Bindung der Kunden an die Kulturinstitution bei. Durch die Gestaltung des Cafés sollte versucht werden, die Gäste zum Besuch der Ausstellung zu animieren. Dazu sollte die Gestaltung des Cafés auf die aktuelle Ausstellung abgestimmt sein (z.B. durch die Verwendung von Plakaten oder Replikaten zur Dekoration).

Obwohl sich der Museumsshop in beiden empirischen Studien dieser Arbeit als etwas weniger beliebt als andere Angebote erwiesen hat, sollte auf keinen Fall auf ihn verzichtet werden. Möglicherweise wird sein Vorhandensein schon als Selbstverständlichkeit hingenommen, so daß er nicht übermäßig positiv beurteilt wird, aber sein Fehlen würde negativ auffallen.

Eintrittsberechtigungen, die auf einen mehrmaligen Besuch abzielen (Museumscard, Abonnement, Bonuscard o.ä.), haben sich in einer Studie von Bauer et al. (1996, S.322) als wenig beliebt erwiesen. Möglicherweise steigt die Akzeptanz solcher Karten aber mit noch deutlicheren Vorteilen für die Karteninhaber: Es müssen größere Preisreduktionen angeboten werden, und das Angebot muß flexibler gestaltet sein. Häufig wird eine Museumscard nur für alle Museen einer Stadt angeboten und liegt dadurch entsprechend hoch im Preis. Sinnvoll erscheint es, auch solche Cards anzubieten, die beispielsweise zum Besuch von zwei oder drei Museen der eigenen Wahl berechtigen. Ziel sollte auch hier eine möglichst hohe Flexibilität des Angebotes sein. Kann kein flexibles Kartenangebot mit deutlichen Preisvorteilen gewährleistet werden, sollte auf Karten wie die Museumscard verzichtet werden.

Des weiteren kann eine Vielzahl innenarchitektonischer Hinweise für die Gestaltung der Museumsumwelt ausgesprochen werden: Wie in Kap. 7.4.2. des theoretischen und in Kap. 8.5.1. des empirischen Teils der Arbeit ausführlich dargestellt, ist dafür Sorge zu tragen, daß Besucher während des Aufenthalts ein Gefühl der Lust & Erregung sowie der Dominanz empfinden. Wenn Ausstellungen oder Museen positive Gefühle der Lust & Erregung sowie der Dominanz auslösen, sind die Besucher stärker bereit, sich diesen Kultureinrichtungen zu nähern. Sie sind eher bereit, die Kulturinstitution zu besuchen, würden länger in ihr verweilen und würden vermutlich auch ein höheres Eintrittsgeld bezahlen. Darüber hinaus wirkt sich eine lustvoll und anregend gestaltete und Dominanz auslösende Umwelt auf die wahrgenommene Lernattraktivität des Museums aus, die dann wiederum zu einer verstärkten Nachfrage nach kulturbezogenen Informationen führt, so daß sich die Wahrscheinlichkeit einer erfolgreichen Vermittlung kultureller Bildung erhöht.

Zur Erzielung von Lust & Erregung ist die Verwendung kräftiger Farben für Wände, Vitrinen, Podeste u.ä. zu empfehlen. Neben farblich anregenden Zonen ist es notwendig, auch Zonen zur Entspannung der Besucher zu gestalten. Soll eine Ausstellungszone die Besucher aktivieren, sind Rottöne zu empfehlen, soll eine Zone entspannender wirken, sind Blau- oder Grüntöne vorzuziehen. In diesen Ruhezonen sollten gemütliche Sitzgruppen plaziert werden und - soweit konservatorisch möglich - sollte die entspannende Atmosphäre durch die Dekoration von Pflanzen unterstützt werden.

Die Gestaltung der Räume und die Präsentation der Kunstwerke sollte nicht steril anmuten, sondern lebhaft und abwechslungsreich sein. Das kann z.B. dadurch erreicht werden, daß in jedem Raum eine andere Farbe verwendet wird. Eine solche Farbgebung der Räume trägt zudem zur Erhöhung der Orientierungsfreundlichkeit bei. Auch durch die Gestaltung der Präsentation der Kunstwerke kann versucht werden, den Gang durch eine Ausstellung interessanter zu machen. Beispielsweise können vereinzelt Gestaltungselemente im Raum plaziert werden (Vitrinen, Gardinen als Raumteiler, wie das im untersuchten Museumskonzept B der Fall war), so daß sie den unmittelbaren Blick versperren. Eine solche Anordnung kann Neugier bei den Besuchern erwecken und so „zum Entdecken" einladen. In Kunstmuseen sollte die Hängung der Werke nicht auf einer Höhe erfolgen, sondern variieren. Empfehlenswert ist auch der gezielte Einsatz der Beleuchtung zur Hervorhebung einzelner Objekte oder zur Schaffung von unterschiedlichen Bereichen innerhalb eines Ausstellungsraumes. Eine ausführliche Beschreibung der Gestaltungsmaßnahmen findet sich in Kap. 7.4.3.1.

Zur Erzielung von Dominanz (und damit zur Vermeidung von Unterwerfungsgefühlen) lassen sich aus der vorgenommenen Analyse einige Hinweise ableiten. Besondere Beachtung sollte die Farbwahl der Ausstellungsräume finden: Auf jeden Fall sollte auf Farben wie Grau, Schwarz und möglichst auch Braun an den Wänden verzichtet werden. Diese Farbtöne lassen eine Umwelt bedrückend wirken und erzeugen Unterwerfungsgefühle. Vermutlich positiv wirkt sich eine musikalische Untermalung aus, die die häufig als beklemmend empfundene Stille in den Ausstellungsräumen aufheben könnte. Zur Steigerung der Dominanz sollte versucht werden, die häufig empfundene Distanz zu den Kunstobjekten abzubauen. So kann die „überzeitlich und unberührbar" empfundene Kunst, „die oft in Ehrfurcht fordernder Weise den Betrachter in eine niedere Position zwingt", zu der man „aufschauen" muß (Müller, 1998, S.58), dem Besucher nähergebracht werden, wenn er beispielsweise Replikate oder verwendete Materialien berühren kann. Als Folge wird sich auch das Gefühl der Unterwerfung reduzieren. Es kann vermutet werden, daß einige Gestaltungsmaßnahmen zur Erhöhung der Lust & Erregung auch geeignet sind, mehr Dominanz zu schaffen.

Dominanz hat - wie ausführlich in Kap. 7.4.2. diskutiert - eine deutlich kognitive Komponente. Deshalb ist es wichtig, daß die Museumsbesucher während der gesamten Verweildauer den Eindruck haben, die Situation unter Kontrolle zu haben. Dazu tragen vor allem die in Kap. 7.3. im Rahmen der kognitiven Umweltpsychologie beschriebenen Maßnahmen zur Schaffung einer orientierungsfreundlichen Umwelt bei (z.B. ein klares System von Wegen und Beschilderungen, Etikettierung von Räumen u.ä.). Neben den umweltgestalterischen Maßnahmen zur Verbesserung der Orientierungsfreundlichkeit sind aber auch Informationen (z.B. in Form von Faltbroschüren) empfehlenswert, die die Orientierung und damit Kontrolle innerhalb der Ausstellung fördern: Von Beginn an sollte der Besucher im Überblick wissen, was ihn in der Ausstellung erwartet, wieviel Zeit er für einen Rundgang in etwa benötigt, wo welche Zonen (z.B. Ausstellungs-, Ruhe- oder Gastronomiebereiche) zu finden sind, wie das Informationssystem innerhalb der Ausstellung organisiert ist. Haben die Besucher das Gefühl, eine Situation (den Besuch) nicht unter Kontrolle zu haben, kommt es zu einem Verlust von Dominanz und damit zu einem Unterwerfungsgefühl, das bei den Besuchern eine Meidungstendenz auslöst.

Neben den beiden emotionalen Reaktionen Lust & Erregung und Dominanz hat sich noch die kognitiv geprägte Variable des Bildungsanspruchs als einflußreich auf die allgemeinen Annäherungsabsichten und die Informationsnachfrage erwiesen. Je stärker Besucher der Meinung sind, ein Museum treffe ihren Bildungsanspruch, desto stärker nähern sie sich der Kulturinstitution und desto mehr kulturbezogene Informationen fragen sie nach.

In der theoretischen und empirischen Analyse hat sich das modern und erlebnisorientiert gestaltete Museumskonzept B als vielversprechende Möglichkeit erwiesen, ein hohes Maß an Lust & Erregung und Dominanz bei den potentiellen Besuchern auszulösen. Des weiteren konnte nachgewiesen werden, daß durch die abwechslungsreichere und interessantere Innen- und Präsentationsgestaltung der Bildungsanspruch der potentiellen Besucher besser getroffen werden konnte, als das bei dem steril und monoton anmutenden traditionellen Museumskonzept A der Fall war. Als Folge hat sich Museumskonzept B sowohl bei den allgemeinen Annäherungsabsichten als auch bei der Lernattraktivität und der Informationsnachfrage als dem Museumskonzept A deutlich überlegen erwiesen (zu den Gestaltungsunterschieden der beiden Museumskonzepte vgl. vor allem Tab. 38 in Kap. 7.4.3.2.).

9.2.2. Besuchersegmentspezifische Handlungsempfehlungen

Die in Kap. 9.2.1. ausgesprochenen Handlungsempfehlungen stellen Verbesserungen im Angebot von Kulturinstitutionen dar, die von allen drei Besuchergruppen begrüßt werden dürften. Im folgenden soll auf diejenigen Angebotskomponenten eingegangen werden, die einzelnen Besuchersegmenten ganz besonders entgegenkommen. Dabei sind die Maßnahmen, die für die Erlebnisorientierten empfehlenswert sind, Umsetzungen der Erlebnisstrategie. Die Maßnahmen, die besonders für die Bildungs- und Prestigeorientierten geeignet erscheinen, sind Realisierungen der Prestigestrategie.

Erlebnisorientierte:

Für die Erlebnisorientierten ist die Schaffung von Aktivzonen wichtig. Beispielsweise könnten in einem Museum, das die Werke verstorbener Künstler ausstellt, zeitgenössische Räume eingerichtet werden, in denen der Besucher selbst Pinsel und Farbe zur Hand nehmen kann[239]. Denkbar ist auch ein Blick oder sogar eine exemplarische Mitarbeit in einer angegliederten Restaurationswerkstatt (vgl. auch Schmeer-Sturm, 1994, S.53). In Kap. 8.6. des empirischen Teils dieser Arbeit konnte die Eignung von Aktivzonen insbesondere für Erlebnisorientierte nachgewiesen werden.

Weiterhin haben die Erlebnisorientierten Inszenierungen durch darstellende Kunst positiver beurteilt als die anderen Besuchergruppen. Demnach dürften sie es begrüßen, wenn ihnen

---

[239] Beispielsweise hat die Münchener Volkshochschule eine „Museumswerkstatt" angeboten, in der Teilnehmer sich intensiv mit verschiedenen Kunstformen auseinandersetzen können. U.a. werden Maltechniken verschiedener Künstler nachgeahmt, oder die Teilnehmer erhalten die Gelegenheit, die von Künstlern verwendeten Farben auszuprobieren (v. Gemmingen, 1994, S.341ff.).

kulturelle Inhalte in unterhaltsamen und abwechslungsreichen Live-Darbietungen unterbreitet werden.

Darüber hinaus sollte der erlebnisorientierte Besucher multisensual angesprochen werden. Denkbar ist neben der visuellen und auditiven Ansprache auch eine haptische und olfaktorische Ansprache. Beispielsweise könnte den Besuchern ermöglicht werden, in Originalen verwendete Materialien an Duplikaten anzufassen (Ölfarbe, Leinwand, Malpapier oder Bronze, Stein usw.). Das Anbieten von Gerüchen könnte dem erlebnisorientierten Besucher die Möglichkeit geben, sich noch besser mit den Werken und verwendeten Materialien auseinanderzusetzen.

Für die Erlebnisorientierten ist es wesentlich, daß genügend Kommunikationszonen vorhanden sind, in denen ein zwischenmenschlicher Austausch möglich wird. Das sollte über ein Café im Museum hinausgehen. Zu empfehlen ist, gemütliche (dezent plazierte) Kommunikationszonen in die Ausstellung zu integrieren, beispielsweise in Form von Café-Bars im oder am Rande des Ausstellungsraumes[240], aber auch in Form von Sitzgruppen, wo Ausstellungskataloge oder Bücher ausgelegt werden können, oder wo der Besucher verweilen und reden kann. Insgesamt sollte die Quantität der Kommunikations- und Ruhezonen erhöht werden. Das Auslegen von Ausstellungskatalogen im Ausstellungsraum kommt auch den Besuchern entgegen, die sich für den Katalog interessieren, ihn jedoch aus preislichen Gründen nicht erwerben (können)[241].

Vor allem die Erlebnisorientierten lassen sich durch eine erlebnisreichere Umfeldgestaltung ansprechen, wie sie in Kap. 7.4.3.1. ausführlicher erläutert wurde.

Eine weitere, vielversprechende Möglichkeit, um die Erlebnisorientierten gezielt anzusprechen, stellt die Inszenierung von Themen dar. Wie in Kap. 4.3.3. ausführlicher erläutert, kann eine Ausstellung italienischer Maler thematisch mehrfach in Szene gesetzt werden, jeweils unterstützt durch umfassende Supporting- und Facilitating Services, die sich gleichfalls am gewählten Thema orientieren.

Eine Möglichkeit, dem derzeitigen und in Kap. 2.2.2. ausführlich beschriebenen Trend zum Erlebniskonsum zu entsprechen, stellt auch die Durchführung von Kulturevents dar. Für den

---

[240] Natürlich müssen hier auch Aspekte der Konservierung der Kunstobjekte beachtet werden.
[241] Allerdings besteht die Möglichkeit, daß Besucher, die den Katalog ursprünglich erwerben wollten, auf einen Kauf verzichten.

vorliegenden Untersuchungszusammenhang erscheint eine Definition in Anlehnung an Bruhn (1997b, S.777) geeignet[242], so daß unter einem Kulturevent eine besondere Veranstaltung oder ein spezielles Ereignis zu verstehen ist, das multisensitiv vor Ort von den Rezipienten erlebt und als Plattform zur Vermittlung von kultureller Bildung von der Kulturinstitution genutzt wird[243].

Die Durchführung von Kulturevents zielt sowohl auf eine emotionale Bindung des Besuchers an die Kulturinstitution[244] (affektiv-orientierte Kommunikationsziele) als auch auf die Vermittlung kultureller Bindung ab (kognitiv-orientierte Kommunikationsziele[245]). Die während des Events von der Kulturinstitution vermittelten positiven Emotionen beeinflussen die Bereitschaft zur Informationsverarbeitung der Besucher, ein positiv gestimmter Besucher ist eher bereit, sich mit den angebotenen Informationen auseinanderzusetzen (in Anlehnung an Weinberg/Nickel, 1998, S.62ff.). Ein Beispiel für ein Kulturevent, das nicht von einer einzigen Kulturinstitution, sondern durch eine Kooperation mehrerer Institutionen durchgeführt wurde, stellt die in Kap. 4.3.3. erwähnte „lange Nacht der Museen" in Berlin dar. Weitere Beispiele für Events könnten ein Burgfest im Rahmen eines Burgmuseums oder eine Konzertveranstaltung in einem Museum sein.

Nach Meinung von Opaschowski (1997, S.157) werden Kulturevents in Zukunft eine große Bedeutung erhalten.

Entschließen sich Kulturinstitutionen, Kulturevents auszurichten, ist anzustreben, sie als Attraktion und etwas „Einmaliges" zu kommunizieren (Opaschowski, 1997, S.157). Insofern stellen Kulturevents auch für die Bildungs- und Prestigeorientierten einen guten Rahmen zur Befriedigung ihrer Bedürfnisse nach Exklusivität und Kommunikationswirksamkeit dar sowie für die Kulturmuffel, die - wenn sie überhaupt zum Kulturbesuch zu bewegen sind - unterhaltsame und aktuelle Veranstaltungen bevorzugen.

---

[242] Zum Eventmarketing vgl. auch Nickel (1998).
[243] Im Kulturbereich erscheint es ratsam, Kulturevents von Sonderausstellungen abzugrenzen. In Sonderausstellungen werden meist nicht in der Dauerausstellung gezeigte Objekte präsentiert. Die Durchführung von Events kann unabhängig von den Objekten durchgeführt werden, d.h., Events können im Rahmen der Dauerausstellung oder im Rahmen der Sonderausstellung durchgeführt werden. Des weiteren haben Events einen kurzfristigen Charakter. Weiterhin kommt dem Kommunikationsziel der emotionalen Bindung an die Kulturinstitution eine große Bedeutung bei, was bei Sonderausstellungen weniger der Fall ist.
[244] Vgl. zur verhaltenswissenschaftlichen Fundierung der Kundenbindung ausführlich Weinberg (1997, S.268ff.; 1998a, S.41ff.).
[245] Zur Unterscheidung in affektiv-orientierte und in kognitiv-orientierte Kommunikationsziele des Eventmarketing vgl. Bruhn (1997b, S.792f.).

In diesem Zusammenhang muß auch auf die steigende Bedeutung des Agenda Setting[246] hingewiesen werden. Nur Kulturinstitutionen, denen es gelingt, die Medien für ihre Tätigkeiten zu interessieren, bringen sich ins Gespräch und ziehen dadurch Besucher an. Vor allem für die Erlebnisorientierten ist die eigene Aktivität - im physischen oder im psychischen Sinne - Voraussetzung für die Realisation eines Erlebnisses. Die Kulturinstitution muß dafür die geeigneten Rahmenbedingungen schaffen.

Bildungs- und Prestigeorientierte:

Auf die Bedeutung eines flexiblen Informationsangebotes in Ausstellungen und Museen wurde bereits ausführlich eingegangen. Ein differenziertes und umfangreiches Informationsangebot ist insbesondere für die Bildungs- und Prestigeorientierten von Bedeutung. Ihnen sollten Informationsblätter am Eingang ausgehändigt werden. Ihr Bedürfnis nach Bildung könnte auch durch eine Zusammenfassung der wesentlichen Erkenntnisse aus der Ausstellung am Ausgang befriedigt werden (z.b. auf einer Wandtafel oder in Form einer Broschüre zum Mitnehmen). Für die Bildungs- und Prestigeorientierten ist auch ein Angebot von Informationsabenden und Vorträgen geeignet.

Zur Befriedigung ihres Bedürfnisses nach Exklusivität erscheint ein gehobenes Gastronomieangebot und ein exklusiveres Ambiente sinnvoll. Ein exklusives Ambiente kann durch Veranstaltungen erreicht werden, bei denen der Museumsbesuch mit einem anschließenden Empfang verbunden wird, was - unterstützt durch ein gehobenes Gastronomieangebot - Exklusivität vermittelt, beispielsweise sind hier Vernissagen zu nennen oder Abende, an denen auch Künstler in der Kulturinstitution anwesend sind. Für solche Anlässe könnten auch höhere Eintrittspreise verlangt werden. Ein dem Museum angegliedertes exklusives Restaurant mit einem höheren Preisniveau und längeren Öffnungszeiten könnte den bildungs- und prestigeorientierten Besuchern entgegenkommen, aber auch allen anderen, die nach dem Kulturbesuch noch etwas unternehmen möchten.

Wesentlich für die Bildungs- und Prestigeorientierten ist es, daß die Kommunizierbarkeit des Besuches gewährleistet ist. Für die Bildungs- und Prestigeorientierten müssen also Symbole geschaffen werden, die zur Kommunikation geeignet sind. Dieses kann z.B. durch ein umfassendes Angebot an hochwertigen Merchandising-Artikeln erfolgen (Kataloge, Drucke, Plakate, Uhren, Schals, Tücher usw.). Die Kommunizierbarkeit könnte auch, wie oben

---

[246] Unter Agenda Setting versteht man Thematisierungen durch Medien. Die Medien bestimmen weitgehend, mit welchen Themen sich das Publikum beschäftigt (Kroeber-Riel/Weinberg, 1996, S.572ff.).

angedeutet, durch Exklusivität vermittelnde Informationsabende mit höheren Eintrittspreisen erreicht werden.

Kulturmuffel:

Im Hinblick auf die Gruppe der Kulturmuffel müssen Ausstellungen und Museen anstreben, ein insgesamt ungezwungeneres Image zu erreichen. Die Wahrnehmung von Kultur als anstrengend und der starke Wunsch der Kulturmuffel nach einem unterhaltsameren Museum stehen den Besuchen dieser potentiellen Besuchergruppe entgegen. Vermutet werden kann, daß viele der Handlungsanweisungen für die Erlebnisorientierten auch für die Kulturmuffel relevant sind, so beispielsweise die Schaffung einer zwangloseren Atmosphäre durch eine abwechslungsreiche Umweltgestaltung. Darüber hinaus könnte man versuchen, die Kulturmuffel durch aktuelle Sonderausstellungen[247] oder durch die bereits beschriebenen Kulturevents zum Besuch zu bewegen. Wie der Lebensstil der Kulturmuffel gezeigt hat, ist ihnen die Aktualität einer Kulturveranstaltung sehr wichtig.

Die Kulturmuffel konnten einen deutlichen Zuwachs an positiver emotionaler Reaktion und an Annäherungsabsichten im erlebnisorientierten Museum realisieren. Die Informationsnachfrage war allerdings auch im erlebnisorientierten Museum nur schwach ausgeprägt, so daß es generell schwierig sein wird, den Kulturmuffeln Informationen und kulturelle Bildung zu vermitteln. Vermutlich könnte den Kulturmuffeln nur im Rahmen einer unterhaltsamen und entspannenden Kulturveranstaltung kulturelle Bildung „untergeschoben" werden. Aktives Bildungsinteresse sollte von ihnen nicht erwartet werden.

Insgesamt muß man damit rechnen, daß sich die Kulturmuffel nur sehr schwer zu einem Ausstellungs- und Museumsbesuch bzw. genereller zum Besuch von Kulturinstitutionen bewegen lassen.

Die für die Erlebnisorientierten und die Bildungs- und Prestigeorientierten vorgeschlagenen Handlungsempfehlungen müssen sich nicht widersprechen. So kann beispielsweise der Einblick in die Restaurationswerkstatt eines Museums das Bedürfnis nach Aktivität und Spaß der Erlebnisorientierten und gleichzeitig das Informationsbedürfnis der Bildungs- und

---

[247] Nach Meinung von Hoffrichter (1996, S.228) darf die Anziehungskraft von Sonderausstellungen auf neue Besucher nicht überinterpretiert werden. Themen- oder künstlerzentrierte Sonderausstellungen erfordern meist ein stärker strukturiertes Kulturinteresse als ein Besuch der ständigen Sammlungen, die i.d.R. ein breiteres kunsthistorisches Spektrum abdecken.

Prestigeorientierten befriedigen. Vermutlich würden auch die Kulturmuffel ein solches Angebot befürworten.

Der Museumsshop mit einem großen Angebot an Artikeln kann ein Bedürfnis der Erlebnisorientierten nach Bummeln, Herumstöbern und Kommunikation genauso stillen wie den Wunsch der Bildungs- und Prestigeorientierten nach Kommunizierbarkeit des Besuches durch den Kauf von Waren. Wichtig für beide Besuchergruppen ist, daß das Niveau der verkauften Waren hoch ist, „Kitsch" wird in den Museumsshops kaum gesucht.

Sitzgruppen, die die Erlebnisorientierten zu Gesprächen einladen, können die Bildungs- und Prestigeorientierten dazu nutzen, sich im Ausstellungskatalog zu informieren oder diesen oder vergangene Kulturbesuche prestigewirksam zu kommunizieren.

Durch die Verwendung des relativ allgemeinen Freizeit- und Kulturstils ist es möglich, segmentspezifische Hinweise für verschiedene Arten von Kulturinstitutionen abzuleiten. Auch einige der Ergebnisse aus der Ermittlung der Erwartungen an einen Ausstellungs- und Museumsbesuch können verallgemeinert werden.

Kulturinstitutionen müssen gewährleisten, daß sie sowohl der Besuchergruppe der Erlebnisorientierten als auch der der Bildungs- und Prestigeorientierten Komponenten im Angebot liefern, die die speziellen Bedürfnisse der Gruppen befriedigen. Wie die Umsetzung in konkrete Maßnahmen aussieht, muß vor dem Hintergrund der Art der Kulturinstitution entschieden werden. So könnten beispielsweise Schauspielhäuser dem Kommunikationsbedürfnis der Erlebnisorientierten durch verlängerte Pausen oder durch die Einführung einer zusätzlichen Pause entgegenkommen. Des weiteren könnten Schauspielhäuser auch - ähnlich wie Museen - ein Café oder Bistro anbieten, in dem die Besucher nach dem Besuch verweilen können.

Dem Informationsbedürfnis der Bildungs- und Prestigeorientierten könnten die Schauspielhäuser z.B. dadurch entgegenkommen, daß sie Hintergrundinformationen während der Pausenzeiten anbieten (auf Stellwänden im Pausenraum, an denen man vorbeischlendern kann, oder in Form eines Multimedia-Terminals). Interessante Angebote für beide Besuchergruppen wären ein Blick hinter die Bühne, der informativ und erlebnisreich ist, oder sich an die Aufführung anschließende Gespräche mit den Darstellern. Für die Bildungs- und Prestigeorientierten muß die Kommunikationswirksamkeit des Besuches gewährleistet sein. Nützlich sind auch hier Merchandising-Artikel. Analog wie für Ausstellungen und Museen gilt für alle Kulturinstitutionen, daß ein Besuch problemlos realisierbar sein muß (gute Erreichbarkeit, z.B. durch öffentliche Verkehrsmittel, gute Parkmöglichkeiten, problemloser

Eintrittskartenerwerb). Insgesamt ist eine gute Infrastruktur notwendig. Beispielsweise müssen in einem Schauspielhaus Warteschlangen an der Garderobe und Gedränge beim Kauf von Erfrischungen in der ohnehin häufig zu kurzen Pause vermieden werden.

Eine abschließende Überlegung betrifft die Flexibilisierung des Ortes, an dem die kulturelle Dienstleistung erbracht wird. Kulturinstitutionen wie Ausstellungen und Museen sollten die Chance nutzen, ihre Dienstleistung auch dort anzubieten, wo viele Menschen zusammenkommen: Beispielhaft können hier Shopping-Center genannt werden, die sich durch eine starke Verschmelzung von Einkaufen und Freizeit bzw. Unterhaltung auszeichnen und dadurch der heutigen „Freizeit-/Entertainment-/Action-Orientierung" der Verbraucher besonders entgegenkommen (Zentes/Swoboda, 1999, S.111). An solchen Orten sollten auch Museen präsent sein, da sie hier auf eine große Zahl von potentiellen Besuchern treffen können. Können Museen nicht mit einer eigenen Filiale vor Ort sein, sollten sie zumindest Symbiosen mit anderen Mietern im Shopping-Center eingehen, indem beispielsweise Replikate der Ausstellung in Cafés oder Einzelhandelsgeschäften plaziert werden, so daß auf aktuelle Ausstellungen und auf das Museum generell aufmerksam gemacht werden kann. Wichtig ist dabei, daß die Museen im Falle einer eigenen Filiale im Einkaufscenter neben der Vermittlung kultureller Bildung auch ein adäquates Freizeitangebot liefern (z.B. Museumscafé, Museumsshop, Gepäckaufbewahrung u.ä.), denn die Konkurrenz anderer Freizeitanbieter ist unmittelbar vor Ort. Wichtig ist gerade an diesen Orten, den Eingangsbereich des Museums oder der Ausstellung so offen und einladend wie möglich zu gestalten, um den potentiellen Besuchern die häufig vorhandenen Schwellenängste zu nehmen.

Denkbar ist auch eine Ausdehnung der Museumsorte auf Plätze, von denen spontan keine Museumspräsenz erwartet wird. Zukünftig werden beispielsweise viele Bahnhöfe und Flughäfen viel stärker als heute für Konsumzwecke erschlossen[248] (Zentes/Swoboda, 1998a, S.49), woran auch Ausstellungen und Museen partizipieren könnten. Des weiteren könnten Museen auch mit „Aktionszelten"[249] am Strand oder im Freibad oder z.B. auf Volksfesten vertreten sein, um ihre Bekanntheit zu erhöhen und Besuchsinteresse zu erwecken. An den

---

[248] Als Beispiel können hier der Umbau des Leipziger Bahnhofs und der Neubau des Münchener Flughafens angeführt werden (vgl. ausführlicher Zentes/Swoboda, 1998a, S.49ff.).
[249] In solchen Aktionszelten könnten einige Replikate ausgestellt sein, dem Besucher könnte die Gelegenheit geboten werden, selbst künstlerisch tätig zu werden, oder es könnten Events durchgeführt werden, z.B. eine Verlosung von Eintrittskarten oder Plakaten einer Ausstellung.

hier beschriebenen Orten haben Individuen viel Zeit (bis hin zur Langeweile), so daß sie einem Besuch der Kulturinstitution vermutlich offen gegenüberstehen. Weiterhin sind verstärkte Museumsaktivitäten in Schulen und Universitäten ratsam, insbesondere vor dem Hintergrund, daß das Kulturinteresse eines Erwachsenen in seiner Kindheit und Jugend entscheidend geprägt wird (vgl. Kap. 3.2.2.2.1. und 5.5.).

Zusammenfassend bedeutet eine engere Besucherorientierung demnach nicht nur eine verbesserte Gestaltung des Angebots *in* der Ausstellung oder *im* Museum. Eine engere Besucherorientierung kann ebenfalls bedeuten, den potentiellen Besuchern das Museum nicht nur psychisch, sondern auch physisch näherzubringen.

Die vorliegende Arbeit analysierte potentielle Besucher von Kulturinstitutionen aus verhaltenswissenschaftlicher Sicht. Sie hat am Beispiel von Ausstellungen und Museen aufgezeigt, wie Kulturinstitutionen durch eine engere Orientierung am kulturspezifischen Lebensstil der potentiellen Besucher, an den Erkenntnissen der Umweltpsychologie und der Lernpsychologie eine verbesserte Besucherorientierung und eine verbesserte Erfüllung ihrer Kernaufgabe, der Vermittlung kultureller Werte, erreichen können. Eine konsequente Besucherorientierung dürfte der wichtigste Erfolgsfaktor für die Existenzsicherung und Behauptung von Kulturinstitutionen auf dem durch starke Konkurrenz gekennzeichneten Freizeitmarkt in der Zukunft sein.

Literaturverzeichnis

A

Acking, C.A.; Küller, R.: The Perception of an Interior as a Function of its Colour, in: Ergonomics, Vol. 15, Nr. 6, 1972, S. 645-654.

Adlwarth, W.: Formen und Bestimmungsgründe prestigegeleiteten Konsumverhaltens, (Florentz) München 1983.

Ames, P.J.: Marketing in Museums: Means or Master of the Mission, in: Curator, American Museum of Natural History, 32/1, 1989, S. 5-15.

Andreasen, A.R.; Belk, R.W.: Predictors of Attendance at the Performing Arts, in: Journal of Consumer Research, Vol. 7, Sept. 1980, S. 112-120.

Arnim, H.H. von: Rechtsfragen der Privatisierung - Grenzen staatlicher Wirtschaftstätigkeit und Privatisierungsgebote, hrsg. vom Karl-Bräuer-Institut des Bundes der Steuerzahler e.V., (Meunier-Druck Mainz) Wiesbaden 1995.

Assael, H.: Marketing, Principles and Strategies, 2. Auflage, (The Dryden Press) Fort Worth u.a. 1993.

Assael, H.: Consumer Behavior and Marketing Action, 5. Auflage, (South Western College Publishing) Cincinnati 1995.

Atkinson, R.L.; Atkinson, R.C.; Smith, E.E.; Bem, D.J.; Nolen-Hoeksema, S.: Introduction to Psychology, 11. Auflage, (Harcourt) Fort Worth u.a. 1993.

B

Bacher, J.: Clusteranalyse, (Oldenbourg) München u.a. 1994.

Backhaus, K.; Erichson, B.; Plinke, W.; Weiber, R.: Multivariate Analysemethoden, 8. Auflage, (Springer) Berlin u.a. 1996.

Badelt, C.: Ausblick: Entwicklungsperspektiven des Nonprofit Sektors, in: Badelt, C. (Hrsg.): Handbuch der Nonprofit Organisation, (Schäffer-Poeschel) Stuttgart 1997, S. 413-442.

Bagozzi, R.; Baumgartner, H.: The Evaluation of Structural Equation Models and Hypothesis Testing, in: Bagozzi, R. (Hrsg.): Principles of Marketing Research, (Blackwell Publishers) Cambridge 1994, S.386-422.

Banning, T.E.: Lebensstilorientierte Marketing-Theorie, (Physica) Heidelberg 1987.

Bauer, H.H.; Herrmann, A.; Huber, F.: Nutzenorientierte Produktgestaltung von Non-Profit-Unternehmen - Das Beispiel eines öffentlichen Theaterbetriebes, in: ZögU, Band 19, Heft 3, 1996, S. 313-323.

Becker, J.: Marketing-Konzeption, 6. Auflage, (Vahlen) München 1998.

Bee, A.: Man sieht nur, was man weiß - Zwischen Kunst und Betrachter, in: Zimmer, A. (Hrsg.): Das Museum als Nonprofit-Organisation: Management und Marketing, (Campus) Frankfurt/M. u.a. 1996, S. 277-288.

Behrens, G.: Lerntheorien, in: Tietz, B.; Köhler, R.; Zentes, J.: Handwörterbuch des Marketing, 2. Auflage, (Schäffer-Poeschel) Stuttgart 1995, Sp. 1405-1415.

Bekmeier, S.: Nonverbale Kommunikation in der Fernsehwerbung, (Physica) Heidelberg 1989.

Bekmeier-Feuerhahn, S.: Marktorientierte Markenbewertung: eine konsumenten- und unternehmensbezogene Betrachtung, (Gabler) Wiesbaden 1998.

Bell, P.A.; Green, T.C.; Fisher, J.D.; Baum, A.: Environmental Psychology, 4. Auflage, (Hartcourt Brace College Publishers) Fort Worth u.a. 1996.

Bellizzi, J.A.; Crowley, A.E.; Hasty, R.W.: The Effects of Color in Store Design, in: Journal of Retailing, Vol. 59, Nr. 1, Spring 1983, S. 21-45.

Bendixen, P.: Grundfragen des Managements kultureller Einrichtungen, in: Fuchs, M. (Hrsg.): Zur Theorie des Kulturmanagements, (Rolland) Remscheid 1993, S. 73-88.

Bendixen, P.: Kulturmanagement oder Kommerzialisierung der Kultur?, in: Rauhe, H; Demmer, C. (Hrsg.): Kulturmanagement, (Walter de Gruyter) Berlin u.a. 1994, S. 45-55.

Benkert, W.; Lenders, B.; Vermeulen, P. (Hrsg.): Kulturmarketing, (Raabe) Stuttgart u.a. 1995.

Benninghaus, H.: Ergebnisse und Perspektiven der Einstellungs-Verhaltensforschung, (Anton Hain) Meisenheim am Glan 1976.

Berekoven, L.: Der Dienstleistungsmarkt in der Bundesrepublik Deutschland, Band I, (Vandenhoeck&Ruprecht) Göttingen 1983.

Berlyne, D.E.: Konflikt, Erregung, Neugier. Zur Psychologie der kognitiven Motivation, (Klett) Stuttgart 1974.

Berlyne, D.E.: Curiosity and Learning, in: Motivation and Emotion, Vol. 2, Nr. 2, 1978, S. 97-175.

Berman, R.; Evans, J. R.: Retail Management: A Strategic Approach, (Macmillan Publishing) New York 1979.

Bernhardt, S.: Finanzierungsmanagement von NPOs, in: Badelt, C. (Hrsg.): Handbuch der Nonprofit Organisation, (Schäffer-Poeschel) Stuttgart 1997, S. 247-273.

Bierhoff-Alfermann, D.; Bierhoff, H.W.: Sozialpsychologische Aspekte der Umweltpsychologie, in: Kaminski, G. (Hrsg.): Umweltpsychologie: Perspektiven - Probleme - Praxis, (Klett) Stuttgart 1976, S. 40-58.

Birbaumer, N.; Schmidt, R. F.: Biologische Psychologie, 3. Auflage, (Springer) Berlin u.a. 1996.

Bitgood, S.: Visitor Orientation and Circulation: Some General Principles, in: Durbin, G. (Hrsg.): Developing Museum Exhibitions for Lifelong Learning, (The Stationary Office) London 1996, S. 149-151.

Boberg, J.: Thesen zur Kulturpädagogik im Museum, in: Spickernagel, E.; Walbe, B. (Hrsg.): Das Museum. Lernort contra Musentempel, 3. Auflage, (Anabas-Verlag) Gießen 1979, S. 76-81.

Böhler, H.: Der Beitrag von Konsumententypologie zur Marktsegmentierung, in: Die Betriebswirtschaft, 37. Jg. Nr. 3, 1977, 447-463.

Bollenbeck, G.: Bildung und Kultur, (Insel) Frankfurt/Main u.a. 1994.

Bortz, J.: Statistik, 4. Auflage, (Springer) Berlin u.a. 1993.

Bost, E.: Ladenatmosphäre und Konsumentenverhalten, (Physica) Heidelberg 1987.

Bracht, U.; Fichtner, B.; Mies, T.; Rückriem, G.: Erziehung und Bildung, in: Sandkühler, H.J. (Hrsg.): Europäische Enzyklopädie zu Philosophie und Wissenschaften, Bd. 1, (Felix Meiner Verlag) Hamburg 1990, S. 918-939.

Brockhaus Enzyklopädie, in vierundzwanzig Bänden: 12. Band, 19. Auflage, (Brockhaus) Mannheim 1990.

Brosius, G.; Brosius, F.: SPSS. Base System und Professional Statistics, (Thomson Publishing) Bonn u.a. 1995.

Brown, R.: Beziehungen zwischen Gruppen, in: Stroebe, W.; Hewstone, M.; Codol, J.-P.; Stephenson, G.M. (Hrsg.): Sozialpsychologie, 2. Auflage, (Springer) Berlin u.a. 1992, S. 400-429.

Bruhn, M.: Qualitätssicherung im Dienstleistungsmarketing - eine Einführung in die theoretischen und praktischen Probleme, in: Bruhn, M.; Stauss, B. (Hrsg.): Dienstleistungsqualität: Konzepte, Methoden, Erfahrungen, 2. Auflage (Gabler) Wiesbaden 1995, S. 19-46.

Bruhn, M.: Qualitätsmanagement für Dienstleistungen, (Springer) Berlin u.a. 1997a.

Bruhn, M.: Kommunikationspolitik, (Vahlen) München 1997b.

Bruhn, M.: Sponsoring, 3. Auflage, (Gabler) Wiesbaden 1998.

Bundesanzeiger: Empfehlung zum Bildungsauftrag der Museen - Beschluß der Kultusministerkonferenz vom 3. Juli 1969, Nr. 140, 1969, S. 2.

Büschken, J.: Multipersonale Kaufentscheidungen, (Gabler) Wiesbaden 1994.

C

Carmen, J.M.: Consumer Perceptions of Service Quality: An Assessment of the SERVQUAL Dimensions, in: Journal of Retailing, Vol. 66, No. 1, Spring 1990, S. 33-55.

Cassidy, T.: Environmental Psychology, (Psychology Press) Hove, East Sussex, UK 1997.

Clemens, H.-H.; Wolters, C.: Sammeln, Erforschen, Bewahren und Vermitteln, Mitteilungen und Berichte aus dem Institut für Museumskunde, Nr. 6, Berlin, Juni 1996.

Clynes, M.; Kohn, M.: Recognition of Visual Stimuli from the Electric Response of the Brain, in: Kline, N.S.; Laska, E. (Hrsg.): Computers and Electronic Devices in Psychiatry, (Grunde & Stratton) New York 1968, S. 206-237.

Cohen, G.: Schemata, in: Eysenck, M.W. (Hrsg.): The Blackwell Dictionary of Cognitive Psychology, (Blackwell) Oxford u.a. 1994, S. 316-317.

Conrady, R.: Die Motivation zur Selbstdarstellung und ihre Relevanz für das Konsumentenverhalten, (Peter Lang) Frankfurt/M. u.a. 1990.

Corsten, H.: Zur Diskussion der Dienstleistungsbesonderheiten und ihre ökonomischen Auswirkungen, in: GfK (Hrsg.): Jahrbuch der Absatz- und Verbrauchsforschung, 32. Jg., (Duncker&Humblot) Berlin 1986, S. 16-41.

D

Dauskardt, M.: Kulturvermittlung durch Museen, (ohne Verlag) Göttingen 1988.

Dawson, A.; Bloch, P.H.; Ridgway, N.M.: Shopping Motives, Emotional States, and Retail Outcomes, in: Journal of Retailing, Vol. 66, Nr. 4, Winter 1990, S.408-427.

Der Große Brockhaus, in zwölf Bänden, (Brockhaus) Mannheim 1979.

Deutsche Gesellschaft für Freizeit: Freizeit in Deutschland 1996, Aktuelle Zahlen und Grundinformation, DGF-Jahrbuch, (Digital Print) Erkrath 1996.

Diehl, S.: Erlebnisbetonte Gestaltung von Ständen bei Gewerbe- und Leistungsschauen, in: SaarWirtschaft, 7, 1998, S. 25.

Diller, H.; Beba, W.: Erlebnisorientierte Ladengestaltung im Bekleidungseinzelhandel - Eine empirische Studie, Arbeitspapier Nr. 21 des Instituts für Marketing, Universität der Bundeswehr, Hamburg 1988.

Diller, H.; Kusterer, M.: Die Erfolgsträchtigkeit der erlebnisbetonten Ladengestaltung im Einzelhandel - Eine empirische Studie, Arbeitspapier Nr. 14 des Instituts für Marketing, Universität der Bundeswehr, Hamburg 1986.

Diller, H.; Kusterer, M.; Schröder, A.: Der Einfluß des Ladenlayout auf den Absatzerfolg im Lebensmitteleinzelhandel - Eine empirische Studie, Arbeitspapier Nr. 18 des Instituts für Marketing, Universität der Bundeswehr, Hamburg 1987.

Dittrich, K.: Licht aus?, in: DIE ZEIT, Nr.3, 12.1.1996, S.47.

Doll, J.: Die Analyse der Struktur von Einstellungen und die Relationen von Einstellungen und Verhaltensweisen im Rahmen des Komponentenmodells, (Peter Lang) Frankfurt/M u.a. 1987.

Donovan, R.J.; Rossiter, J.R.: Store Atmosphere: An Environmental Psychology Approach, in: Journal of Retailing, Vol. 58, Nr. 1, 1982, S. 34-57.

Drieseberg, T.J.: Lebensstil-Forschung, (Physica) Heidelberg 1995.

Duffy, E.: Activation, in: Greenfield, N.S.; Sternbach, R.A. (Hrsg.): Handbook of Psychophysiology, (Holt, Rinehart, Winston) New York u.a. 1972, S. 577-622.

Duval, S.; Wicklund, R.A.: A Theory of Objective Self Awareness, (Academic Press) New York u.a. 1972.

E

Eckert, R.; Drieseberg, T.; Willems, H.: Jugend zwischen Märkten und Verbänden, in: Deutsche Jugend, 39. Jg., Oktober 1991, S. 435-442.

Edelmann, W.: Lernpsychologie, 5. Auflage, (Beltz) Weinheim 1996.

Eisenbeis, M.: Museum und Publikum, in: Museumskunde, 45, H. 1, 1980, S. 16-26.

Engel, J.F.; Blackwell, R.D.; Miniard, P.W.: Consumer Behavior, 8. Auflage, (The Dryden Press) Forth Worth u.a. 1995.

F

Falk, J.H.: Assessing the Impact of Exhibit Arrangement on Visitor Behaviour and Learning, in: Durbin, G. (Hrsg.): Developing Museum Exhibitions for Lifelong Learning, (The Stationary Office) London 1996, S. 117-122.

Feemers, M.: Der demonstrativ aufwendige Konsum, (Peter Lang) Frankfurt/M. u.a. 1992.

Fenigstein, A.; Scheier, M.A.; Buss, A.H.: Public and Private Self-Consciousness: Assessment and Theory, in: Maher, B.A. (Hrsg.): Journal of Consulting and Clinical Psychology, Vol. 43, No. 4, 1975, S. 522-527.

Fenigstein, A.: Self-Consciousness, Self-Attention, and Social Interaction, in: Journal of Personality and Social Psychology, Vol. 37, H. 1, 1979, S. 75-86.

Festinger, L.: A Theory of Cognitive Dissonance, (Row, Peterson and Company) Evanston, 1957.

Fischer, G.-N.: Individuals and Environment, (deGruyter) Berlin u.a. 1997.

Flagge, I.: Zwischen Moloch Stadt und Stadt als Heimat, in: Hauff, V.: Stadt und Lebensstil, (Beltz) Weinheim u.a. 1988, S. 171-195.

Fortmüller, R.: Lernpsychologie, (Manz) Wien 1991.

Fortmüller, R.: Wissen und Problemlösen, (Manz) Wien 1997.

Foxall, G.R.; Goldsmith, R.E.: Consumer Psychology for Marketing, (Routledge) London u.a. 1994.

Frank, B.; Maletzke, G.; Müller-Sachse, K.-H.: Kultur und Medien, (Nomos) Baden-Baden 1991.

French, J.R.P. jr.; Raven, B.: The Bases of Social Power, in: Cartwright, D. (Hrsg.): Studies in Social Power, (University of Michigan) Ann Arbor 1959, S. 150-167.

Freter, H.: Marktsegmentierung, (Kohlhammer) Stuttgart u.a. 1983.

Freter, H.: Marktsegmentierung, in: Tietz, B.; Köhler, R.; Zentes, J.: Handwörterbuch des Marketing, 2. Auflage, (Schäffer-Poeschel) Stuttgart 1995, Sp. 1802-1814.

Freudenfeld, B.: Die Freizeitindustrie im Wandel, in: Freudenfeld, B. (Hrsg.); Wertewandel, Technik und Freizeit, (Deutscher Instituts-Verlag) Köln 1988, S. 27-38.

Frey, D.; Benning, E.: Das Selbstwertgefühl, in: Mandl, H.; Huber, G.L. (Hrsg.): Emotion und Kognition, (Urban&Schwarzenberg) München 1983, S. 148-182.

Frieling, H.: Das Gesetz der Farbe, (Musterschmidt-Verlag) Zürich u.a. 1968.

Friestad, M.; Thorson, E.: Emotion-Eliciting Advertising: Effects on Long Term Memory and Judgement, in: Lutz, R.J. (Hrsg.): Advances in Consumer Research, Vol. XIII, 1986, Provo, UT, S. 111-116.

Frye, R.W.; Klein, G.D.: Psychographics and Industrial Design, in: Wells, W.D.: Life-Style and Psychographics, (American Marketing Assn) Chicago 1974.

G

Gabriel, O.W.: Politische Kultur. Postmaterialismus und Materialismus in der Bundesrepublik Deutschland, (Westdeutscher) Opladen 1986.

Gajek, E.; Petschek-Sommer, B.; Schwarz, U.: Von Sinnen: sehen, hören, tasten, schmecken, riechen im Museum. Ein Ausstellungsprojekt in den Museen der Stadt Deggendorf, in: Museum heute, hrsg. von der Landesstelle für die nichtstaatlichen Museen beim Bayerischen Landesamt für Denkmalpflege, Nr. 14, 1997, S. 42-44.

Gemmingen, U. von: Museumswerkstatt, in: Vieregg, H.; Schmeer-Sturm, M.-L.; Thinesse-Demel, J.; Ulbricht, K. (Hrsg.): Museumspädagogik in neuer Sicht - Erwachsenenbildung im Museum, Band II, (Schneider Verlag Hohengehren) Balltmannsweiler 1994, S. 341-346.

Gerard, R.M.: Differential Effects of Colored Lights on Psychophysiological Functions, Unveröffentlichte Dissertation, University of California, Los Angeles, 1957; zitiert in: Bellizzi, J.A.; Crowley, A.E.; Hasty, R.W.: The Effects of Color in Store Design, in: Journal of Retailing, Vol. 59, Nr. 1, Spring 1983, S. 21-45.

Giegler, H.: Dimensionen und Determinanten der Freizeit, (Westdeutscher Verlag) Opladen 1982.

Giessler, U.: Künstler und Galeristen auf schwierigem Gelände, in: Saarbrücker Zeitung, Nr. 269, 19.11.1996, Beilage Kunst & Kultur, o.S.

Göschel, A.: Die Ungleichzeitigkeit in der Kultur, (Kohlhammer) Stuttgart u.a. 1991.

Gottmann, G.: Zum Bildungsauftrag eines technikgeschichtlichen Museums - Bericht aus dem Deutschen Museum, in: Bauer, I.; Gockerell, N. (Hrsg.): Museumsdidaktik und Dokumentationspraxis, (Böhler KG) München 1976, S. 227-237.

Gottmann, G.: Zum Bildungsauftrag eines technikgeschichtlichen Museums, in: Spickernagel, E.; Walbe, B. (Hrsg.): Das Museum. Lernort contra Musentempel, 3. Auflage, (Anabas-Verlag) Gießen 1979, S. 32-35.

Graesser, A.C.; Nakamura, G.V.: The Impact of a Schema on Comprehension and Memory, in: Bower, G. (Hrsg.): The Psychology of Learning and Motivation, Vol. 16, (Academic Press) New York 1982, S. 59-109.

Graf, B.; Treinen, H.: Besucher im Technischen Museum. Zum Besucherverhalten im Deutschen Museum München, (Gebr. Mann Verlag) Berlin 1983.

Graf, H.: Erlebnisbetonte Kunstbetrachtung, in: Dokumentation der Fachtagung Museum der Sinne - Bedeutung und Didaktik des originalen Objekts im Museum, 22.-25.11.1989 in Hannover, Hannover 1990, S. 133-135.

Graumann, C.F.; Schneider, G.: Theorien und Methoden der Umweltpsychologie, in: Report Psychologie, Oktober 1988, S. 16-21.

Graumann, J.: Die Dienstleistungsmarke. Charakterisierung und Bewertung eines neuen Markentypus aus absatzwirtschaftlicher Sicht, (V. Florentz) München 1983.

Grönroos, C.: Service Management and Marketing, (Lexington Books) Lexington, Mass./Toronto, 1990.

Gröppel, A.: Erlebnisstrategien im Einzelhandel, (Physika) Heidelberg 1991.

Gröppel, A.: In-Store-Marketing, in: Tietz, B.; Köhler, R.; Zentes, J.: Handwörterbuch des Marketing, 2. Auflage, (Schäffer-Poeschel) Stuttgart 1995, Sp. 1020-1030.

Gröppel-Klein, A.: Wettbewerbsstrategien im Einzelhandel: Chancen und Risiken von Preisführerschaft und Differenzierung, (Gabler) Wiesbaden 1998.

Grubb, E.L.; Grathwohl, H.L.: Consumer Self-Concept, Symbolism and Market Behavior: A Theoretical Approach, in: Journal of Marketing, Vol. 31, Oct. 1967, S. 22-27.

Günter, B.: Mit Marketing aus der Theaterkrise, in: Absatzwirtschaft, Sondernummer Oktober, 1993, S. 56-63.

Günter, B.: Museum und Publikum: Wieviel und welche Form der Besucherorientierung benötigen Museen heute?, in: Landschaftsverband Rheinland-Pfalz, Rheinisches Archiv- und Museumsamt (Hrsg.): Das besucherorientierte Museum, Köln 1997a, S. 11-18.

Günter, B.: Besucherorientierung und -bindung, in: inform, Museen im Rheinland, Heft 2, 1997b, S.8-9.

Gutbrod, J.: Management von Kunstmuseen in Deutschland. Von der objektbezogenen Verwaltung zum besucherorientierten Museum, (Difo-Druck) Bamberg 1994.

H

Haider, M.: Elektrophysiologische Indikatoren der Aktiviertheit, in: Schönpflug, W. (Hrsg.): Methoden der Aktivierungsforschung, (Huber) Stuttgart u.a. 1969, S. 125-156.

Haller, S.: Methoden zur Beurteilung der Dienstleistungsqualität, in: ZfbF, 45, 1, 1993, S. 19-40.

Hammann, P.; Erichson, B.: Marktforschung, 3. Auflage, (UTB) Stuttgart u.a. 1994.

Hartung, W.; Wegner, R.: Kultur in neuer Rechtsform: Problemlösung oder Abwicklung ?, (Friedrich-Ebert-Stiftung) Bonn 1996.

Haseloff, O.W.; Jorswieck, E.: Psychologie des Lernens, (deGruyter) Berlin 1970.

Hasitschka, W.; Hruschka, H.: Nonprofit-Marketing, (Vahlen) München 1982.

Hawkins, D.I.; Best, R.J.; Coney, K.A.: Consumer Behavior, 3. Auflage, (Plano) Texas 1986.

Heckmair, B.; Michel, W.: Erleben und Lernen, 2. Aufl., (Luchterhand) Neuwied u.a. 1993.

Heider, F.: Attitudes and cognitive organizations, in: Journal of Psychology, 21, 1946, S. 107-112.

Heller, E.: Wie Farben wirken, (Rowohlt) Reinbek 1989.

Helm, S.; Klar, S.: Besucherforschung und Museumspraxis, (Müller-Straten) München 1997.

Hense, H.: Das Museum als gesellschaftlicher Lernort, (Brandes&Apsel) Frankfurt/M. 1990.

Hentschel, B.: Multiattributive Messung von Dienstleistungsqualität, in: Bruhn, M.; Stauss, B. (Hrsg.): Dienstleistungsqualität: Konzepte, Methoden, Erfahrungen, 2. Auflage (Gabler) Wiesbaden 1995, S. 347-378.

Hepp, G.: Wertewandel, (Oldenbourg) München 1994.

Herbert, W.: Wertstrukturen 1979 und 1987: Ein Vergleich ihrer politischen Implikationen, in: Klages, H.; Hippler, H.-J.; Herbert, W.: Werte und Wandel, (Campus) Frankfurt/M. u.a. 1992, S. 69-99.

Herdt, U.: Die `vierte Säule` des Bildungswesens, in: Zimmermann, H. (Hrsg.): Kulturen des Lernens, Bildung im Wertewandel, (Talheimer) Mössingen-Talheim 1995, S. 64-71.

Heumann Gurian, E.: Noodling Around with Exhibition Opportunities, in: Durbin, G. (Hrsg.): Developing Museum Exhibitions for Lifelong Learning, (The Stationary Office) London 1996, S. 3-9.

Higie, R.A.; Feick, L.F.: Enduring Involvement: Conceptual and Measurement Issues, in: Srull, T.K. (Hrsg.) Advances in Consumer Research, Vol. XVI, (Association for Consumer Research) Provo UT, 1989, S. 690-696.

Hildebrandt, L.: Kausalanalytische Validierung in der Marketingforschung, in: Marketing-ZFP, Heft 1, Februar 1984, S. 41-51.

Hildebrandt, L.; Homburg, C. (Hrsg.): Die Kausalanalyse, (Schäffer Poeschel) Stuttgart 1998.

Hilke, W.: Grundprobleme und Entwicklungstendenzen des Dienstleistungs-Marketing, in: Jacob, H.; Adam, D.; Hansmann, K.-W.; Hilke, W.; Müller, W.; Preßmar, D.B.; Scheer, A.-W.: Schriften zur Unternehmensführung, Band 35, (Gabler) Wiesbaden 1989, S. 5-44.

Hoffmann, D.: „Laßt Objekte sprechen!" - Bemerkungen zu einem verhängnisvollen Irrtum, in: Spickernagel, E.; Walbe, B. (Hrsg.): Das Museum - Lernort contra Musentempel, 2. Auflage, (Anabas-Verlag) Gießen 1976, S. 101-120.

Hoffrichter. H.: Ein Museumsmarketing für neue Besucherschichten, in: Kunstforum, Bd. 110, November/Dezember, 1990 S. 124-129.

Hoffrichter, H.: Marketingorientierte Besucherstrukturanalysen für Museen und Ausstellungen, in: Zimmer, A. (Hrsg.): Das Museum als Nonprofit-Organisation: Management und Marketing, (Campus) Frankfurt/M. u.a. 1996, S. 217-248.

Holch, J.: Dienstleistungsorientiertes Kulturmarketing, in: Benkert, W.; Lenders, B.; Vermeulen, P. (Hrsg.): Kulturmarketing, (Raabe) Stuttgart u.a. 1995, S. 27-54.

Hollenstein, E.: Konsum und Kultur: Ein gesellschaftliches Spannungsfeld, in: Sozialwissenschaftliche Informationen, Heft 3, 17, 1988, S. 152-157.

Holman, R.H.: A Values and Lifestyles Perspective on Human Behavior, in: Pitts, R.E. Jr.; Woodside, A.G.: Personal Values and Consumer Psychology, (Lexington Books) Toronto 1984, S. 35-54.

Homburg, C.; Baumgartner, H.: Beurteilung von Kausalmodellen, in Marketing ZFP, H. 3, 1995, S.162-176.

Homburg, C.; Dobratz, A.: Iterative Modellselektion in der Kausalanalyse, in: Zeitschrift für betriebswirtschaftliche Forschung, 43. Jg., Nr. 3, 1991, S.213-237.

Homburg, C.; Giering, A.: Konzeptualisierung und Operationalisierung komplexer Konstrukte, in: Marketing ZFP, H. 1, 1996, S. 5-24.

Horton, R.L.: Buyer Behavior: A Decision-Making Approach, (Bell&Howell) Columbus u.a. 1984.

Hummel, M.; Becker, L.; Saul, C.; Graf, B.; Hagedorn-Saupe, M.: Eintrittspreise von Museen und Ausgabeverhalten der Museumsbesucher, Heft 46 der Materialien des Instituts für Museumskunde Berlin, Staatliche Museen Preußischer Kulturbesitz, Berlin 1996.

Hupp, O.: Das Involvement als Erklärungsvariable für das Entscheidungs- und Informationsverhalten von Konsumenten, Arbeitspapier Nr. 22 der Forschungsgruppe Konsum und Verhalten, Saarbrücken, April 1998.

Hüttner, M.: Grundzüge der Marktforschung, 5. Auflage, (Oldenbourg) München u.a. 1997.

I

ICOM (Deutsches Nationalkomitee des Internationalen Museumsrates): Museologie, (Deutsche UNESCO-Kommission) Köln u.a. 1973.

Iden, P.: Wie nah kommt die Kunst ihrem Publikum?, in: Frankfurter Rundschau, Nr. 253, Freitag, 31.10.1997, S. 8.

Inglehart, R.: Lebensqualität: Eine Generationenfrage, in: Psychologie heute, Sept. 1979, S. 24-29.

Inglehart, R.: Kultureller Umbruch. Wertwandel in der westlichen Welt, (Campus) Frankfurt/M. u.a. 1989.

Institut für Museumskunde Berlin: Verschiedene Titel, Hefte 4, 6, 8, 14, 16, 18, 23, 28, 31, 34, 36, 38, 40, 43, 45, 48, 50 Berlin 1982 - 1998.

Irle, M.: Lehrbuch der Sozialpsychologie, (Hogrefe) Göttingen u.a. 1975.

Issing, L.J.; Strzebkowski, R.: Multimedia und Bildung, in: Erdmann, J.W.; Rückriem, G.; Wolf, E. (Hrsg.): Kunst, Kultur und Bildung im Computerzeitalter, (Hochschule der Künste Berlin) Berlin 1996, S.121-135.

Ittelson, W.H.: Environment Perception and Contemporary Perceptual Theory, in: Ittelson, W.H. (Hrsg.): Environment and Cognition, (Seminar Press) New York 1973, S. 1-19.

Ittelson, W.H.; Proshansky, H.M.; Rivlin, L.G.; Winkel, G.H.: Einführung in die Umweltpsychologie, (Klett-Cotta) Stuttgart 1977.

J

Janke, W.; Debus, G.: Die Eigenschaftswörterliste EWL. Eine mehrdimensionale Methode zur Beschreibung von Aspekten des Befindens, (Hogrefe) Göttingen u.a. 1978.

Jung, H.: Grundlagen zur Messung von Kundenzufriedenheit, in: Simon, H.; Homburg, C. (Hrsg.): Kundenzufriedenheit: Konzepte - Methoden - Erfahrungen, 2. Auflage, (Gabler) Wiesbaden 1997, S. 141-161.

K

Kadt, E.J. de: Conflict and Power in Society, in: International Social Science Journal, 17, 1965, S. 454-471.

Kentley, E.; Negus, D.: Writing Label Copy, in: Durbin, G. (Hrsg.): Developing Museum Exhibitions for Lifelong Learning, (The Stationary Office) London 1996, S. 200-203.

Kerschensteiner, G.: Die Bildungsaufgabe des Deutschen Museums, in: Matschoß, C. (Hrsg.): Das Deutsche Museum - Geschichte, Aufgaben, Ziele, München 1933, S. 37-44.

Klages, H.: Wertorientierungen im Wandel. Rückblick, Gegenwartsanalyse, Prognosen, 2. Auflage, (Campus) Frankfurt/M. u.a. 1985.

Klages, H.: Wertedynamik. Über die Wandelbarkeit des Selbstverständlichen, (Edition Interfrom) Zürich 1988.

Klages, H.: Der Wertewandel in der Bundesrepublik Deutschland. Eine problemorientierte Hinführung zu Fakten und Deutungen, in: Janssen, E.; Deutsches Institut für Japanstudien der Philipp-Franz-von-Siebold-Stiftung (Hrsg.): Gesellschaften im Umbruch? Aspekte des Wertewandels in Deutschland, Japan und Osteuropa, (Iudicium) München 1996, S. 65-87.

Klages, H.; Herbert, W.: Wertorientierungen und Staatsbezug, (Campus) Frankfurt/M. u.a. 1983.

Klausewitz, W.: Widersprüchliche Prognosen: Musealer Höhenflug oder finanzielle Talfahrt?, in: Museumskunde, Nr. 57 (2/3), 1992, S. 75-76.

Klausewitz, W.: Prinzipielle Aspekte der Museumspädagogik, in: Museumskunde, 59, (2/3), 1994, S. 128-138.

Klein, H.-J.: Analyse von Besucherstrukturen an ausgewählten Museen in der Bundesrepublik Deutschland und in Berlin (West), Heft 9 der Materialien des Instituts für Museumskunde Berlin, Staatliche Museen Preußischer Kulturbesitz, Berlin 1984.

Klein, H.-J.: Schauspielszenen in Ausstellungen - lebendige Präsentation von Kontexten, in: Auer, H.: Museologie: Neue Wege - neue Ziele, (K.G. Saur) München u.a. 1989a, S. 261-272.

Klein, H.-J.: Der gläserne Besucher: Publikumsstrukturen einer Museumslandschaft, (Gebr. Mann) Berlin 1990.

Klein, R.: Besucherverhalten in Museen und Galerien, in: Groppe, H.H.; Jürgensen, F. (Hrsg.): Gegenstände der Fremdheit, (Jonas) Marburg 1989b, S. 117-121.

Kluckhohn, C.: Values and Value-Orientations in the Theory of Action: An Exploration in Definition and Classification, in Parsons, T.; Shils, E.A (Hrsg.): Toward a General Theory of Action, (Harvard University Press) Cambridge 1951, S. 388-433.

Knierim, A.: documenta 8: Eine Kunstausstellung kommuniziert mit ihrer Zielgruppe, in: Braun, G.; Töpfer, A. (Hrsg.): Marketing im kommunalen Bereich, (Bonn aktuell) Bonn 1989, S. 261-285.

Kommunale Gemeinschaftsstelle für Verwaltungsvereinfachung (KGSt): Die Museen - Besucherorientierung und Wirtschaftlichkeit, (KGSt) Köln 1989.

Konert, F.-J.: Vermittlung emotionaler Erlebniswerte, (Physica) Heidelberg 1986.

Korte, W.: Neue Medien und Kommunikationsformen - Auswirkungen auf Kunst und Kultur, (K.G. Saur) München 1985.

Kotler, P.: A Generic Concept of Marketing, in: Journal of Marketing, Vol. 36, (April) 1972.

Kotler, P.: Atmospherics as a Marketing Tool, in: Journal of Retailing, Vol. 49, Nr. 4, Winter 1973/74, S. 48-64.

Kotler, P.; Bliemel, F.: Marketing-Management, 9. Auflage, (Schaeffer-Poeschel) Stuttgart 1999.

Kotler, P.; Scheff, J.: Standing Room Only - Strategies for Marketing the Performing Arts, (Harvard Business School Press) Boston, Massachusetts 1997.

Kriss-Rettenbeck, L.: Zur Typologie von Auf- und Ausstellungen in kulturhistorischen Museen, in: Bauer, I.; Gockerell, N. (Hrsg.): Museumsdidaktik und Dokumentationspraxis, München 1976, S. 11-55.

Kroeber-Riel, W.: Activation Research: Psychobiological Approaches in Consumer Research, in: Journal of Consumer Research, Vol. 5, March 1979, S. 240-250.

Kroeber-Riel, W.: Analyse des nicht-kognitiven Konsumentenverhaltens, in: Forschungsgruppe Konsum und Verhalten (Hrsg.): Innovative Marktforschung, (Physica) Würzburg u.a. 1983, S. 13-44.

Kroeber-Riel, W.: Strategie und Technik der Werbung, 4. Auflage, (Kohlhammer) Stuttgart u.a. 1993.

Kroeber-Riel, W.: Bildkommunikation, (Vahlen) München 1996.

Kroeber-Riel, W.; Weinberg, P.: Konsumentenverhalten, 6. Auflage, (Vahlen) München 1996.

Küller, R.: Licht, Farbe und menschliches Verhalten, in: Kruse, L.; Graumann, C.-F.; Lantermann, E.-D.: Ökologische Psychologie, (Psychologie Verlags Union) München 1990, S. 614-619.

Küppers, H.: Harmonielehre der Farben: Theoretische Grundlagen der Farbgestaltung, (DuMont Buchverlag) Köln 1989.

Kuwan, H.; Gnahs, D.; Kretschmer, I.; Seidel, S.: Berichtssystem Weiterbildung VI, Integrierter Gesamtbericht zur Weiterbildungssituation in Deutschland, hrsg. vom Bundesministerium für Bildung, Wissenschaft, Forschung und Technologie, Bonn 1996.

L

Lastovicka, J.L.: On the Validation of Lifestyle Traits: A Review and Illustration, in: Journal of Marketing Research, Vol. XIX, February 1982, S. 126-138.

Lawton, M.P.: Ecology and Aging, in: Pastalan, L.A.; Carson, D.H. (Hrsg.): Spatial Behavior of Older People, Ann Arbor, Michigan 1970, S. 40-67.

Lazer, W.: Life Style Concepts and Marketing, in: Greyser, S. (Hrsg.): Toward Scientific Marketing, (American Marketing Assn.) Chicago 1964, S. 130-139.

Lenders, B.: Kultur des Managements im Kulturmanagement, (DUV) Wiesbaden 1995a.

Lenders, B.: Auf dem Weg vom Marketing zum Kulturmarketing, Marketing als eigenständiges Marketingkonzept für Kultureinrichtungen, in: Benkert, W.; Lenders, B.; Vermeulen, P. (Hrsg.): KulturMarketing, (Raabe) Stuttgart u.a. 1995b, S. 17-26.

Lewin, K.: Field Theory in Social Science, (Harper) New York 1951.

Lexikon der Kunst: Band I, (E.A. Seemann) Leipzig 1991.

Lexikon der Kunst: Band III, (E.A. Seemann) Leipzig 1991.

Lindenbauer, T.: Kunstmarketing, (Reinhardt Becker) Velten 1996.

Lindsley, D.B.: The Reticular Activating System and Perceptual Integration, in: Sheer, D.E. (Hrsg.): Electrical Stimulation of the Brain, Austin, Texas 1961, S. 331-349.

Lohmann, M.: Interaktionen per Bildschirm, in: Hagedorn, F. (Hrsg.): Anders arbeiten in Bildung und Kultur, (Beltz) Weinheim u.a. 1994, S. 163-176.

Loudon, D.L.; Dell Bitta, A.J.: Consumer Behavior, 4. Auflage, (McGraw Hill) New York u.a. 1993.

Lückerath, V.: Angebotsgestaltung bei Kunstmuseen im Spannungsfeld zwischen Bildungsauftrag und Markterfolg, (Difo-Druck) Bamberg 1993.

Lüdtke, H.: Kulturelle und soziale Dimensionen des modernen Lebensstils, in: Vetter, H.-R. (Hrsg.): Muster moderner Lebensführung, (Verlag Deutsches Jugendinstitut) München 1991, S. 131-151.

Lüdtke, H.: Vier Dimensionen von Lebensstilen. Zur Anwendung der Cluster- und Korrespondenzanalyse, in: Angewandte Sozialforschung, Jg. 19, Heft 1, 1995, S. 77-92.

Lutz, R.J.; Kakkar, P.: The Psychological Situation as a Determinant of Consumer Behavior, in: Schlinger, M.J. (Hrsg.): Advances in Consumer Research, Vol. 2, Association for Consumer Research, Chicago 1975. S. 439-453.

Lynch, K.: The Image of the City, (MIT Press) Cambridge, Massachusetts u.a. 1960.

M

Maas, J.: Visuelle Schemata in der Werbung, (Shaker) Aachen 1996.

Maleri, R.: Grundzüge der Dienstleistungsproduktion, 2. Aufl., (Springer) Berlin u.a. 1991.

Mandler, J.M.: Stories, Scripts, and Scenes: Aspects of Schema Theory, (Lawrence Erlbaum Associates) Hillsdale, New Jersey u.a. 1984.

Markus, H.; Zajonc, R.B.: The Cognitive Perspective in Social Psychology, in: Lindzey, G.; Aronson, E. (Hrsg.): Handbook of Social Psychology, Vol. 1, (Lawrence Erlbaum Associates) Hillsdale, New Jersey 1985, 137-214.

Maslow, A.: Motivation and Personality, (Harper and Row) New York 1954.

Matiaske, W.: Statistische Datenanalyse mit Mikrocomputern: Einführung in P-STAT und SPSS, PC, (Oldenbourg) München 1990.

Mattern, S.: Pädagogische Perspektiven einer Theorie des Museums, (Peter Lang) Frankfurt/M. 1988.

Matul, C.; Scharitzer, D.: Qualität der Leistungen in NPOs, in: Badelt, C. (Hrsg.): Handbuch der Nonprofit Organisation, (Schäffer-Poeschel) Stuttgart 1997, S. 387-412.

McLean, F.: Marketing the Museum, (Routledge) London u.a. 1997.

McManus, P.: Museum Visitor Research: A Critical Overview, in: Journal of Education in Museums, 1991, S. 4-8.

Mehrabian, A.: Räume des Alltags oder wie die Umwelt unser Verhalten bestimmt, (Campus) Frankfurt/M. u.a. 1978.

Mehrabian, A.: Räume des Alltags: Wie die Umwelt unser Verhalten bestimmt, verkürzte Fassung, (Campus) Frankfurt/M. u.a. 1987.

Mehrabian, A.; Russell, J.A.: An Approach to Environmental Psychology, (MIT Press) Cambridge, Massachusetts u.a. 1974.

Meinefeld, W.: Einstellung und soziales Handeln, (Rowohlt) Reinbek bei Hamburg 1977.

Meyer, A.: Dienstleistungs-Marketing - Theorie-Defizite abbauen und neue Erkenntnisse für die Praxis gewinnen, in: GfK (Hrsg.): Jahrbuch der Absatz- und Verbrauchsforschung, 30. Jg., (Duncker&Humblot) Berlin 1984, S. 115-141.

Meyer, A.; Mattmüller, R.: Marketing, in: Corsten, H.; Reiss, M. (Hrsg.): Betriebswirtschaftslehre, 2. Aufl., (Oldenbourg) München 1996, S. 837-931.

Meyer, J.A.; Even, R.: Marketing für bildende Künstler, Diskussionspapier Nr. 17 der wirtschaftswissenschaftlichen Dokumentation der Technischen Universität Berlin, 1997.

Meyer-Hentschel, G.: Aktivierungswirkung von Anzeigen, (Physica) Würzburg u.a. 1983.

Meyer-Hentschel, H.: Produkt- und Ladengestaltung im Seniorenmarkt - Ein verhaltenswissenschaftlicher Ansatz, 1990.

Michaelis, R.: Mut zur Kultur!, in: DIE ZEIT, Nr. 16; 14.4.1995, S.51.

Miller, J.: Study Links Drops in Supports to Elitist Attitude in the Arts, in: The New York Times, Vol. CXLVII, Nr. 50, 944, Monday, 13.10.1997, S. A1 & B7.

Miller, L.C.; Cox, C.L.: For Appearances' Sake: Public Self-Consciousness and Makeup Use, in: Personality and Social Psychology Bulletin, Vol. 8, Nr. 4, 1982, S.748-751.

Mitchell, A.: The Nine American Lifestyles, (MacMillan Publishing) New York 1983.

Müller, R.: „Eventuell passiert gleich was", in: Museumskunde, 63, H. 2, 1998, S. 57-61.

Müller-Hagedorn, L.: Kulturmanagement - Kulturmarketing, (Fern-Universität-Gesamthochschule) Hagen 1993.

Mummendey, H.-D.: Methoden und Probleme der Messung von Selbstkonzepten, in: Filipp, S.-H. (Hrsg.): Selbstkonzept-Forschung, (Klett) Stuttgart 1979, S.171-189.

Mummendey, H.-D.; Riemann, R.; Schiebel, B.: Entwicklung eines mehrdimensionalen Verfahrens zur Selbsteinschätzung, Bielefelder Arbeiten zur Sozialpsychologie, Nr. 88, Bielefeld 1982.

Mummendey, H.-D.; Bolten, H.-G.: Die Impression-Management-Theorie, in: Frey, D.; Irle, M.: Theorien der Sozialpsychologie, (Huber) Bern u.a. 1985, S. 57-77.

Mummendey, H.-D.: Selbstkonzept, in: Frey, D.; Greif, S. (Hrsg.): Sozialpsychologie. Ein Handbuch in Schlüsselbegriffen, 4. Auflage, (Beltz Psychologie Verlags Union) Weinheim, 1997, S.281-285.

N

Nahrstedt, W.: Leben in freier Zeit. Grundlagen und Aufgaben der Freizeitpädagogik, (Wissenschaftliche Buchgesellschaft) Darmstadt 1990.

Nahrstedt, W.: Bildung und Freizeit, (Brinkjost) Bielefeld 1994.

Nahrstedt, W.; Brinkmann, D.; Fromme, J.; Stehr, I.; Steinecke, A.; Thevis, W.: Bildung und Freizeit: Konzepte freizeitorientierter Weiterbildung, Institut für Freizeitwissenschaft und Kulturarbeit e.V., Bielefeld 1994.

Naisbitt, J.; Aburdene, P.: Megatrends 2000, deutsch von Tillmann Gärtner, (econ) Düsseldorf u.a. 1990.

Nickel, O. (Hrsg.): Eventmarketing, (Vahlen) München 1998.

Nieschlag, R.; Dichtl, E.; Hörschgen, H.: Marketing, 17. Auflage, (Duncker & Humblot) Berlin 1994.

Niopek, W.: Innovationsverhalten öffentlicher Unternehmen: Determinanten, Typen und Funktionen, (Nomos Verlagsgesellschaft) Baden-Baden 1986.

Noelle-Neumann, E.: Veränderungen der Lebensverhältnisse und ihr Einfluß auf Wertvorstellungen in der Bevölkerung, in: Freudenfeld, B. (Hrsg.); Wertewandel, Technik und Freizeit, (Deutscher Instituts-Verlag) Köln 1988, S. 41-48.

Nuissl, E.; Paatsch, U.; Schulze, C.: Bildung im Museum: Zur Realisierung des Bildungsauftrages in Museen und Kunstvereinen, (AfeB-Taschenbücher Weiterbildung) Heidelberg 1987.

O

Ohnesorg, F.-X.: Kulturbetriebe, in: Wittmann, W.; Kern, W.; Köhler, R.; Küpper, H.-U.; Wysocki, K.v. (Hrsg.): Handwörterbuch der Betriebswirtschaft, Teilband 2, 5. Auflage, (Schäffer-Poeschel) Stuttgart 1993, Sp. 2466-2476.

Opaschowski, H.W.: Die Entwicklung des Freizeitverhaltens. Lebensstile der Zukunft, Arbeitsunterlage für die Herbst-Arbeitstage '81, BDW Deutscher Kommunikationsverband am 9./10. Oktober 1981 in Frankfurt, Hamburg u.a. 1981.

Opaschowski, H.W.: Das Jahrzehnt des Erlebniskonsumenten, in: Museumskunde, 57 (2/3), 1992, S. 81-87.

Opaschowski, H.W.: Einführung in die Freizeitwissenschaft, 2. Auflage, (Leske+Budrich) Opladen 1994.

Opaschowski, H.W.: Freizeitökonomie: Marketing von Erlebniswelten, 2. Auflage, (Leske+Budrich) Opladen 1995a.

Opaschwoski, H.W.: Freizeitmarketing, in: Tietz, B.; Köhler, R.; Zentes, J. (Hrsg.): Handwörterbuch des Marketing, 2. Auflage, (Schäffer-Poeschel) Stuttgart 1995b, Sp. 711-719.

Opaschowski, H.W.: Deutschland 2010, (British-American Tobacco) Hamburg 1997.

Opaschowski, H.W.: Vom Versorgungs- zum Erlebniskonsum: Die Folgen des Wertewandels, in: Nickel, O. (Hrsg.): Eventmarketing, (Vahlen) München 1998, S. 25-38.

Osgood, C.E.; Suci, G.J.; Tannenbaum, P.H.: The Measurement of Meaning, (University of Illinois Press) Urbana 1957.

Osgood, C.E.; Tannenbaum, P.H.: The Principle of Congruity in the Prediction of Attitude Change, in: Psychological Review, Vol. 62, Nr. 1, 1955, S. 42-55.

P

Parasuraman, A.; Zeithaml, V.A.; Berry, L.L.: SERVQUAL: A Multiple-Item Scale for Measuring Customer Perceptions of Service Quality, in: Journal of Retailing, Vol. 64, Spring 1988, S. 12-40.

Parasuraman, A.; Zeithaml, V.A.; Berry, L.L.: Alternative Scales for Measuring Service Quality: A Comparative Assessment Based on Psychometric and Diagnostic Criteria, in: Journal of Retailing, Vol. 70, No. 3, 1994, S. 201-230.

Peters, M.: Besonderheiten des Dienstleistungsmarketing - Planung und Durchsetzung der Qualitätspolitik im Markt, in: Bruhn, M.; Stauss, B. (Hrsg.): Dienstleistungsqualität: Konzepte, Methoden, Erfahrungen, 2. Auflage, (Gabler) Wiesbaden 1995, S. 47-63.

Pinquart, M.: Das Selbstkonzept im Seniorenalter, (Psychologie Verlags Union) Weinheim 1998.

Pöggeler, F.: Unterhaltung und Bildung, in: Neifeind, H.; Strey, G.: (Hrsg.): Unterhaltung im Spannungsfeld zwischen Pädagogik und Kommerz. Dokumentation des 2.Göttinger Symposions, (Maier Verlag) Ravensburg 1991, S. 38-50.

Pommerehne, W.W.; Frey, B.S.: Musen und Märkte, (Vahlen) München 1993.

Prahl, H.W.: Freizeitsoziologie. Entwicklungen, Konzepte, Perspektiven, (Kösel) München 1977.

Prakash, V.: Personal Values and Product Expectations, in: Pitts, R.E. Jr.; Woodside, A.G.: Personal Values and Consumer Psychology, (Lexington Books) Lexington u.a. 1984, 145-154.

Prince, D.R.; Schadla-Hall, R.T.: The Image of the Museum: A Case-Study of Kingston upon Hull, in: Museums Journal, 85, No. 1, 1985, S. 39-45.

Pröhl, M. (Hrsg.): Wirkungsvolle Strukturen im Kulturbereich, Zwischenbericht, (Verlag Bertelsmann Stiftung) Gütersloh 1995.

R

Raffée, H.; Fritz, W.; Wiedmann, K.-P.: Marketing für öffentliche Betriebe, (Kohlhammer) Stuttgart u.a. 1994.

Raffée, H.; Wiedmann, K.-P.: Der Wertewandel als Herausforderung für Marketingforschung und Marketingpraxis, in: Marketing ZFP, Heft 3, 1988, S. 198-210.

Raffée, H.; Wiedmann, K.-P.: Werteorientiertes Innovationsmanagement: Empirische und normative Perspektiven, in: Forschungsgruppe Konsum und Verhalten (Hrsg.): Konsumentenforschung, (Vahlen) München, 1994, S. 423-444.

Rapoport, A.: Human Aspects of Urban Form, (Pergamon Press) Oxford u.a. 1977.

Rauhe, H.; Demmer, C. (Hrsg.): Kulturmanagement, (Walter de Gruyter) Berlin u.a. 1994.

Reuter, H.: Neue Kommunikationsmedien in Museen - Bereicherung oder Verarmung?, in: Auer, H.: Museologie: Neue Wege - neue Ziele, (K.G. Saur) München u.a. 1989, S. 228-238.

Richartz, C.: Museum, Musentempel und die neuen Medien, in: Fast, K. (Hrsg.): Handbuch museumspädagogischer Ansätze, (Leske+Budrich) Opladen 1995, S. 329-334.

Richter, R.: Stilwandel und Stilkonflikte, in: Mörth, I.; Fröhlich, G. (Hrsg.): Das symbolische Kapital der Lebensstile: Zur Kultursoziologie der Moderne nach Pierre Bourdieu, (Campus) Frankfurt/M. u.a. 1994, S. 167-180.

Riesman, D.: Die einsame Masse, (Rowohlt) Hamburg 1958.

Rodekamp, V.: Schaumuseum contra Lernausstellung, in: Dokumentation der Fachtagung: Museum der Sinne - Bedeutung und Didaktik des originalen Objekts im Museum, 22.-25.11.1989 in Hannover, Hannover 1990, S. 54-57.

Rogers, C.R.: On Becoming a Person, (Constable) London 1967.

Rogers, C.R.: Lernen in Freiheit. Zur Bildungsreform in Schule und Universität, (Kösel) München 1974.

Rogers, C.R.: Carl Rogers on Personal Power, (Delacorte Press) New York 1977.

Rogers, T.B.; Kuiper, N.A.; Kirker, W.S.: Self-reference and the Encoding of Personal Information, in: Journal of Personality and Social Psychology, Vol. 35, 1977, S. 677-688.

Rohmeder, J.: Methoden und Medien der Museumsarbeit- Pädagogische Betreuung der Einzelbesucher im Museum, (DuMont) Köln 1977.

Rolff, G.: Weiterbildung als 4.Säule - Anspruch und Wirklichkeit, in: Landesinstitut für Schule und Weiterbildung (Hrsg.): Weiterbildung: Gesellschaftliche Aufgabe und öffentliche Verantwortung, (Soester Verlagskontor) Soest 1988, S. 21-54.

Rosenberg, M.J.: An Analysis of Affective-Cognitive Consistency, in: Rosenberg, M.J.; Hovland, C.I.; McGuire, W.J.; Abelson, R.P.; Brehm, J.W. (Hrsg.): Attitude Organization and Change, (Yale University Press) New Haven u.a. 1960, S. 15-64.

Rosenberg, M.J.: Conceiving the Self, (Basic Books) New York 1979.

Rosenberg, M.J.; Hovland, C.I.: Cognitive, Affective, and Behavioral Components of Attitudes, in: Hovland, C.I.; Rosenberg, M.J. (Hrsg.): Attitude Organisation and Change, 4. Auflage, New Haven u.a. 1969, S. 1-14.

Rosenfeld, L.B.; Plax, T.G.: Clothing as Communication, in: Journal of Communication, Spring 1977, S. 24-31.

Rüden, Peter von: Unterhaltungselemente nutzen, Kultur- und Bildungsinhalte vermitteln, in: Neifeind, H.; Strey, G.: (Hrsg.): Unterhaltung im Spannungsfeld zwischen Pädagogik und Kommerz. Dokumentation des 2.Göttinger Symposions, (Maier Verlag) Ravensburg 1991, S. 76-78.

Ruge, H.D.: Die Messung bildhafter Konsumerlebnisse: Entwicklung und Test einer neuen Meßmethode, (Physica) Heidelberg 1988.

Russell, J.A.; Pratt, G.: A Description of the Affective Quality Attributed to Environments, in: Journal of Personality and Social Psychology, Vol. 38, Nr. 2, 1980, S. 311-322.

S

Scharfe, M.: Die Tübinger Lernausstellung und ihr Publikum, in: Bauer, I.; Gockerell, N. (Hrsg.): Museumsdidaktik und Dokumentationspraxis, (Böhler KG) München 1976, S. 56-126.

Scharnbacher, K.; Kiefer, G.: Kundenzufriedenheit, (Oldenbourg) München u.a. 1996.

Scheff, J.; Kotler, P.: Crisis in the Art: The Marketing Response, in: California Management Review, Vol. 39, Nr. 1, Fall 1996, S. 28-52.

Scheier, M.F.; Carver, C.S.: The Two Sides of the Self: One for You and One for Me, in: Psychological Perspectives of the Self, Vol. 2, Hillsdale 1983, S. 123-157.

Scherhorn, G.: Die Notwendigkeit der Selbstbestimmung, in: Politische Ökologie, Special, Sept./Okt. 1993, S. 24-29.

Scheuch, F.: Marketing für NPOs, in: Badelt, C. (Hrsg.): Handbuch der Nonprofit Organisation, (Schäffer-Poeschel) Stuttgart 1997, S. 211-226.

Schlenker, B.R.: Impression Management. The Self Concept, Social Identity, and Interpersonal Relations, (Brooks/Cole Publishing) Monterey 1980.

Schlenker, B.R.: Introduction: Foundations of the Self in Social Life, in: Schlenker, B.R. (Hrsg.): The Self and Social Life, (McGraw-Hill) New York u.a. 1985a, S. 1-28.

Schlenker, B.R. (Hrsg.): The Self and Social Life, (McGraw-Hill) New York u.a. 1985b.

Schlöder, B.: Soziale Werte und Werthaltungen, (Leske+Budrich) Opladen 1993.

Schmeer-Sturm, M.-L.: Sinnenorientierte Museumspädagogik, in: Vieregg, H.; Schmeer-Sturm, M.-L.; Thinesse-Demel, J.; Ulbricht, K. (Hrsg.): Museumspädagogik in neuer Sicht - Erwachsenenbildung im Museum, Band I, (Schneider Verlag Hohengehren) Balltmannsweiler 1994, S. 49-59.

Schneider, D.J.: Tactical Self-Presentations: Toward a Broader Conception, in: Tedeshi, J.T. (Hrsg.): Impression Management Theory and Social Psychological Research, (Academic Press) New York u.a. 1981, S. 23-41.

Scholz, C.: Personalmanagement, 4. Auflage, (Vahlen) München 1994.

Scholz, C.: Personalmanagement internationaler Handelsunternehmen, in: Zentes, J.; Swoboda, B. (Hrsg.): Globales Handelsmanagement, (Deutscher Fachverlag) Frankfurt/M. 1998, S. 523-550.

Schorpp, D.: Wertewandel bei Jugendlichen, (Hartung Gorre Verlag) Konstanz 1989.

Schröter, R.; Waschek, J.: Welt der Angeber, in: Werben & Verkaufen, Nr. 31, 1998, S. 68-69.

Schuck-Wersig, P.; Wersig, G.: Museen und Marketing in Europa, Großstädtische Museen zwischen Administration und Markt, Heft 37 der Materialien des Instituts für Museumskunde Berlin, Staatliche Museen Preußischer Kulturbesitz, Berlin 1992.

Schulze, C.: Besucherinteressen und Besucherverhalten im Museum, in: Vieregg, H.; Schmeer-Sturm, M.-L.; Thinesse-Demel, J.; Ulbricht, K. (Hrsg.): Museumspädagogik in neuer Sicht - Erwachsenenbildung im Museum, Band I, (Schneider Verlag Hohengehren) Balltmannsweiler 1994, S. 108-114.

Schulze, G.: Die Erlebnisgesellschaft, 6. Auflage, (Campus) Frankfurt/M. u.a. 1996.

Schulze, G.: Die Zukunft der Erlebnisgesellschaft, in: Nickel, O. (Hrsg.): Eventmarketing, (Vahlen) München 1998, S. 303-316.

Schütze, R.: Kundenzufriedenheit, (Gabler) Wiesbaden 1992.

Schweiger, G.: Visuelle Imagemessung - angewandt auf Länder, in: Werbeforschung und Praxis, Heft 6, 1985, S. 248-254.

Serrell, B.; Raphling, B.: Computers on the Exhibit Floor, in: Durbin, G. (Hrsg.): Developing Museum Exhibitions for Lifelong Learning, (The Stationary Office) London 1996, S. 136-141.

Sharpe, D.T.: The Psychology of Color and Design, (Nelson-Hall) Chicago 1974.

Sharpless, S,; Jasper, H.: Habituation of the Arousal Reaction, in: Brain, Vol. LXXIX, 1956, S. 655-680.

Siebenhaar, K.; Pröhl, M.; Pawlowsky-Flodell, C. (Hrsg.): Kulturmanagement: Wirkungsvolle Strukturen im kommunalen Kulturbereich, (Verlag Bertelsmann Stiftung) Gütersloh 1993.

Silberer, G.: Werteforschung und Werteorientierung im Unternehmen, (Poeschel) Stuttgart 1991.

Simon, H.: Preismanagement, 2. Auflage, (Gabler) Wiesbaden 1992.

Sirgy, M.J.: Self-Concept in Consumer Behavior: A Critical Review, in: Journal of Consumer Research, Vol. 9, Dec. 1982a, S. 287-300.

Sirgy, M.J.: Self-Image/Product-Image Congruity and Advertising Strategy, in: Kothari, V. (Hrsg.) Developments in Marketing Science, Vol. 5, (Academy of Marketing Science) Marquette, MI 1982b, S. 129-133.

Sirgy, M.J.: Marketing as Social Behavior, (Praeger) New Ycrk u.a. 1984.

Snyder, M.: Self-Monitoring of Expressive Behavior, in: Journal of Personality and Social Psychology, Vol. 30, H. 4, 1974, S. 526-537.

Snyder, M.: Self-Monitoring Processes, in: Berkowitz, L. (Hrsg.): Advances in Experimaental Social Psychology, Vol. 12, New York u.a. 1979, S. 85-128.

Solomon, M.R.: Consumer Behavior, 3. Auflage, (Prentice Hall) New Jersey u.a. 1996.

Solomon, M.R.; Schopler, J.: Self-Consciousness and Clothing, in: Personality and Social Psychology Bulletin, Vol. 8, Nr. 3, 1982, S. 508-514.

Stäbler, W.: Erlebnis Museum - Erlebnismuseum, Jahrestagung des DMB in Saarbrücken, 11.-13.5.1998, in: Landesstelle für die nichtstaatlichen Museen beim Bayerischen Landesamt für Denkmalpflege: Museum heute, Nr. 15, München 1998, S. 43-44.

Stahlberg, D.; Frey, D.: Einstellungen I: Struktur, Messung und Funktionen, in: Stroebe, W.; Hewstone, M.; Codol, J.-P.; Stephenson, G.M. (Hrsg.): Sozialpsychologie, 2. Auflage, (Springer) Berlin u.a. 1992, S. 144-170.

Stahlberg, D.; Osnabrügge, G.; Frey, D.: Die Theorie des Selbstwertschutzes und der Selbstwerterhöhung, in: Frey, D.; Irle, M. (Hrsg.): Theorien der Sozialpsychologie, Band 3: Motivations- und Informationsverarbeitungstheorien, (Hans Huber) Bern 1985, S. 79-124.

Stauss, B.: Ein bedarfswirtschaftliches Marketingkonzept für öffentliche Unternehmen, (Nomos) Baden-Baden 1987.

Stegmüller, B.: Internationale Marktsegmentierung als Grundlage für internationale Marketing-Konzeptionen, (Josef Eul) Bergisch Gladbach u.a. 1995.

Stöhr, A.: Air-Design als Erfolgsfaktor im Handel, (Gabler) Wiesbaden 1998.

Stokols, D.: Directions of Environmental Psychology in the Twenty-First Century, in: Wapner, S.; Demick, J.; Yamamoto, T.; Takahashi, T.: Handbook of Japan-United States Environment-Behavior Research: Toward a Transactional Approach, (Plenum Press) New York 1997, S. 333-353.

Swann, W.B. Jr.: The Self as Architect of Social Reality, in: Schlenker, B.R. (Hrsg.): The Self and Social Life, (McGraw-Hill) New York u.a. 1985, S. 100-125.

Swoboda, B.: Interaktive Medien am Point of Sale, (Deutscher Universitäts-Verlag) Wiesbaden 1996.

Szallies, R.: Auf dem Weg in die Postmoderne? Zwischen Individualismus und Irrationalität: Die neuen Wertstrukturen der Konsumenten, in: Die neuen Bausteine des Konsums - das Chancenpotential der 90er Jahre, Bericht der GfK-Tagung vom 24. Juni 1988 in der Meistersingerhalle Nürnberg, Nürnberg 1988, 33-51.

T

Tedeshi, J.T.; Lindskold, S.; Rosenfeld, P.: Introduction to Social Psychology (West Publishing) St. Paul u.a. 1985.

Tedeshi, J.T.; Norman, N.: Social Power, Self-Presentation, and the Self, in: Schlenker, B.R. (Hrsg.): The Self and Social Life, (McGraw-Hill) New York u.a. 1985, S. 293-322.

Terlutter, R.: Besucherforschung und Angebotsgestaltung in Kulturinstitutionen, Arbeitspapier Nr. 21 der Forschungsgruppe Konsum und Verhalten, Saarbrücken, Februar 1998a.

Terlutter, R.: Bildungsvermittlung ist nicht alles, in: Zeitrisse, 2. Jg., H. 3, 1998b, S. 84-87.

Terlutter, R.: Die Wirksamkeit historischer Bildmotive in der Werbung, in: Reiss-Museum (Hrsg.): Dino, Zeus und Asterix - archäologische Motive in Werbung und Alltag am Ende des 20. Jahrhunderts, Mannheim 1999, im Druck.

Tetlock, P.E.; Manstead, A.S.R.: Impression Management versus Intrapsychic Explanations in Social Psychology: A Useful Dichotomy?, in: Psychological Review, Vol. 92, No. 1, 1985, S. 59-77.

Thiess, M.: Marktsegmentierung als Basisstrategie des Marketing, in: Wirtschaftswissenschaftliches Studium, Heft 12, 1986, S. 635-638.

Toepler, S.: Marketing-Management für Museen, in: Zimmer, A. (Hrsg.): Das Museum als Nonprofit-Organisation: Management und Marketing, (Campus) Frankfurt/M. u.a. 1996, S. 155-175.

Treinen, H.; Kromrey, H.: Trendanalyse von Besuchszahlen-Entwicklungen in den Museen der (vormaligen) Bundesrepublik Deutschland, in: Andreß, H.-J. et al. (Hrsg.): Theorie, Daten, Methoden, München 1992, S. 367-381.

Triandis, H.C.: Einstellungen und Einstellungsänderungen, (Beltz) Weinheim u.a. 1975.

Tripps, M.: Museumspädagogik - Definition und Sinn, in: Vieregg, H.; Schmeer-Sturm, M.-L.; Thinesse-Demel, J.; Ulbricht, K. (Hrsg.): Museumspädagogik in neuer Sicht - Erwachsenenbildung im Museum, Band I, (Schneider Verlag Hohengehren) Balltmannsweiler 1994, S. 38-41.

Trommsdorff, V.: Die Messung von Produktimages für das Marketing - Grundlagen und Operationalisierung, (Carl Heymanns) Köln u.a. 1975.

Trommsdorff, V.: Konsumentenverhalten, 3. Auflage, (Kohlhammer) Stuttgart u.a. 1998.

Trommsdorff, V.; Schuster, H.: Die Einstellungsforschung für die Werbung, in: Tietz, B. (Hrsg.): Die Werbung: Handbuch der Kommunikations- und Werbewirtschaft, (Verlag Moderne Industrie) Landsberg am Lech 1981, S. 717-765.

U

Überla, K: Faktorenanalyse, 2. Aufl., (Springer) Berlin u.a. 1977.

Umbach, K.: Knüppel auf den Frack, in: Der Spiegel, Nr. 16, vom 14.4.1997, S. 210-213.

Urselmann, M.: Erfolgsfaktoren im Fundraising von Nonprofit-Organisationen, (Gabler) Wiesbaden 1998.

V

Veitch, R.; Arkkelin, D.: Environmental Psychology, (Prentice Hall) Englewood Cliffs, New Jersey 1995.

Vieregg, H.; Schmeer-Sturm, M.-L.; Thinesse-Demel, J.; Ulbricht, K.: Was ist ein Museum?, in: Vieregg, H.; Schmeer-Sturm, M.-L.; Thinesse-Demel, J.; Ulbricht, K. (Hrsg.): Museumspädagogik in neuer Sicht - Erwachsenenbildung im Museum, Band I, (Schneider Verlag Hohengehren) Balltmannsweiler 1994, S. 3-5.

Vincze, J.W.: Is Marketing the Answer to the Crisis in Performing Arts? Another Viewpoint and Model, in: Development in Marketing Science, Vol. V, 1982, S. 362-365.

Völmicke, C.: Privatisierung öffentlicher Leistungen in Deutschland: Potential, Umsetzung, Auswirkungen, (Peter Lang) Frankfurt/M. u.a. 1996.

W

Waidacher, F.: Vom redlichen Umgang mit Dingen - Sammlungsmanagement im System musealer Aufgaben und Ziele, Mitteilungen und Berichte aus dem Institut für Museumskunde, Nr. 8, Berlin, Januar 1997.

Waidelich, J.-D.: Marketing für Theater - Erfahrungen und Beobachtungen, in: Braun, G.; Töpfer, A. (Hrsg.): Marketing im kommunalen Bereich, Bonn 1989, S. 245-259.

Waldemer, G.: Tagung „Museen und ihre Besucher - Herausforderungen in der Zukunft", Bonn 22.-24.11.1994, abgedruckt in: Museum heute, Nr. 11, 1996, S. 43-44.

Weber, A.B.: Die Theorie der kognitiven Dissonanz in ihrer Relevanz für Kaufentscheidungen von Konsumenten und für die Gestaltung der Marketing-Kommunikation, (Harri Deutsch) Zürich u.a. 1978.

Weinberg, P.: Das Entscheidungsverhalten der Konsumenten, (Schöningh) Paderborn u.a. 1981.

Weinberg, P.: Erlebnisorientierte Einkaufsgestaltung im Einzelhandel, in: Marketing ZFP, Heft 2, Mai 1986, S. 97-102.

Weinberg, P.: Erlebnismarketing, (Vahlen) München 1992.

Weinberg, P.: Emotionale Aspekte des Entscheidungsverhaltens. Ein Vergleich von Erklärungskonzepten, in: Forschungsgruppe Konsum und Verhalten (Hrsg.): Konsumentenforschung, (Vahlen) München 1994, S.171-181.

Weinberg, P.: Behavioral Aspects of Customer Commitment, in: Englis, B.G.; Olofsson, A. (Hrsg.): European Advances in Consumer Research, Vol. 3, 1997, S. 268-272.

Weinberg, P.: Verhaltenswissensschaftliche Aspekte der Kundenbindung, in: Bruhn, M.; Homburg, C. (Hrsg.): Handbuch Kundenbindungsmanagement, (Gabler) Wiesbaden 1998a, S. 40-53.

Weinberg, P.: Globalisierungschancen im Handel aus Konsumentensicht, in: Zentes, J.; Swoboda, B. (Hrsg.): Globales Handelsmanagement, (Deutscher Fachverlag) Frankfurt/M. 1998b, S. 129-142.

Weinberg, P.; Diehl, S.: Standortwahl in Shopping-Centern, in: Absatzwirtschaft, 5, 1998a, S. 78-82.

Weinberg, P.; Diehl, S.: Standortwahl in Shopping-Centern nach verhaltenswissenschaftlichen Gesichtspunkten, in: Magazin Forschung, Universität des Saarlandes, Nr. 1, 1998b, S. 60-65.

Weinberg, P.; Diehl, S.: Erlebniswelten für Marken, in: Esch, F.-R. (Hrsg.): Moderne Markenführung, (Gabler) Wiesbaden 1999, S. 185-207.

Weinberg, P.; Nickel, O.: Grundlagen für die Erlebniswirkungen von Marketingevents, in: Nickel, O. (Hrsg.): Eventmarketing, (Vahlen) München 1998, S. 61-75.

Weinberg, P.; Terlutter, R.: Kulturinstitutionen: Mit Marketing in die Zukunft - Besucherorientierung als Leitmaxime, in: Schmengler, H.J.; Fleischer, F.A. (Hrsg.): Jahrbuch Marketing Praxis (Handelsblatt Fachverlag) Düsseldorf 1999, 126-131.

Weinert, F.E.: Selbstgesteuertes Lernen als Voraussetzung, Methode und Ziel des Unterrichts, in: Unterrichtswissenschaft, 10. Jg., Heft Nr. 2, 1982, S. 99-110.

Weinstein, A.: Market Segmentation, (Probus Publishing) Chicago, Il. 1987.

Weisner, U.: <Der Künstler ist der Gesetzgeber.> Fragen und Antworten zum Kulturmanagement in Museen, in: Siebenhaar, K.; Pröhl, M.; Pawlowsky-Flodell, C. (Hrsg.): Kulturmanagement: Wirkungsvolle Strukturen im kommunalen Kulturbereich, (Verlag Bertelsmann Stiftung) Gütersloh 1993, S. 119-153.

Wells, W.D.; Tigert, D.J.: Activities, Interests and Opinions, in: Journal of Advertising Research, Vol. 11, No.4 (Aug.) 1971, S. 27-35.

Weschenfelder, K.; Zacharias, W.: Handbuch Museumspädagogik, 3. Auflage, (Schwann) Düsseldorf 1992.

Wiedmann, K.-P.; Kreutzer, R.: Strategische Marketingplanung - Ein Überblick, in: Raffée, H.; Wiedmann, K.-P. (Hrsg.): Strategisches Marketing, (Poeschel) Stuttgart 1989, S. 61-141.

Wilson, G.D.: Arousal Properties of Red versus Green, in: Perceptual and Motor Skills, 23, 1966, S. 947-949.

Wiswede, G.: Konsumstratifikation - Über einige Beziehungen zwischen Sozialstatus, Prestige und Konsumverhalten, in: Jahrbuch der Absatz- und Verbrauchsforschung, 3, 1968, S. 308-318.

Wiswede, G.: Umrisse einer integrativen Lerntheorie sozialen Verhaltens, in: Zeitschrift für Sozialpsychologie,19, 1988, S. 17-30.

Wiswede, G.: Der „neue Konsument" im Lichte des Wertewandels, in: Szallies, R.; Wiswede, G. (Hrsg.): Wertewandel und Konsum, 2. Auflage, (Verlag Moderne Industrie) Landsberg/Lech 1991, S. 11-40.

Wollin, D.D.; Montagne, M.: College Classroom Environment: Effect of Sterility versus Amiability on Student and Teacher Performance, in: Environment and Behavior, Vol. 13, Nr. 6, 1981, S. 707-716.

Z

Zentes, J.: Grundbegriffe des Marketing, 4. Auflage, (Schäffer Poeschel) Stuttgart 1996a.

Zentes, J.: TopTrends im Handel, in: Zentes, J. (Hrsg.): Convenience Shopping, 3. CPC Trend Forum, (SFV Verlag) Mainz 1996b, S. 13-16.

Zentes, J.; Swoboda, B.: Grundbegriffe des Internationalen Managements, (Schäffer Poeschel) Stuttgart 1997.

Zentes, J.; Swoboda, B.: HandelsMonitor I/98, Trends & Visionen: Wo wird im Jahre 2005 Handel 'gemacht'?, Frankfurt/M. 1998a.

Zentes, J.; Swoboda, B.: Convenience - Bedeutung eines neuen Konsumtrends, in: Magazin Forschung, Nr. 2, 1998b, S. 7-10.

Zentes, J.; Swoboda, B.: Standort und Ladengestaltung, in: Dichtl, E.; Lingenfelder, M. (Hrsg.): Meilensteine im deutschen Handel, (Deutscher Fachverlag) Frankfurt/M. 1999, S. 89-121.

Zimbardo, P.G.: Psychologie, 6. Auflage, (Springer) Berlin u.a. 1995.

Zimmer, A.; Hagedorn-Saupe, M.: Das Museumswesen in der Bundesrepublik, in: Zimmer, A. (Hrsg.): Das Museum als Nonprofit-Organisation: Management und Marketing, (Campus) Frankfurt/M. u.a. 1996, S. 69-107.

Zimmermann, H.: Das Konzept `Bildung 2000`, in: Zimmermann, H. (Hrsg.): Kulturen des Lernens, Bildung im Wertewandel, (Talheimer) Mössingen-Talheim 1995, S. 44-63.

Anhang

Anhang A: Merkmale der Stichproben

Anhang B: Mittelwerte der Variablen des kulturspezifischen Lebensstils

Anhang C: Die Auswahl geeigneter Bilder zur Darstellung von Facetten des Lebensstils

Anhang D: Reliabilitäten der einzelnen Faktoren ausgewählter verwendeter Variablen

Anhang E: Items zur Erhebung der Erwartungen an einen Ausstellungs- und Museumsbesuch

Anhang A: Merkmale der Stichproben

Untersuchung Sommer 1995

Die Frage nach dem Beruf wurde wie folgt beantwortet: 27,4% Angestellte/r, 5,1% Arbeiter/in, 5,5% Selbstständige/r, 5,9% Beamter/in, 40,9% Student/in, 5,1% Auszubildende und 9,3% Hausfrau/Hausmann. Bei 0,1% fehlt die Angabe des Berufes. Aufgrund von Rundungen addieren sich die Werte nicht zu 100%.

Damit sind Angestellte und Studenten im Vergleich zu den übrigen Berufsgruppen überrepräsentiert, was für Untersuchungen im Kulturbereich allerdings typisch ist: So stellte Klein (1990, S.188) in seiner bereits erwähnten Untersuchung von über 50.000 Museumsbesuchern fest, daß „Akademiker ... hoch überrepräsentiert" beim Museumsbesuch sind, beispielsweise weist das junge Publikum von Kunstmuseen zu mehr als 85% Hochschulreife oder -abschluß auf. Helm/Klar (1997, S.48) stellten bei ihrer Untersuchung einen Anteil von 34,6% Angestellten an den Museumsbesuchern fest. Die Zusammensetzung der Stichprobe hinsichtlich des Berufes ähnelt damit insgesamt der aktuell bestehenden Struktur von Museumsbesuchern in Deutschland.

Untersuchung Sommer 1996

Von den 301 Befragten gaben 28,6% an, angestellt zu sein, 5% Arbeiter/innen, 6% Selbständige, 5,6% Beamte, 29,2% gingen einem Studium nach, 2,7% befanden sich in einer beruflichen Ausbildung und 6,3% gaben an, Hausmann bzw. Hausfrau zu sein. Bei 16,6% fehlt die Angabe des Berufes.

Wie in der Studie 1995 sind Angestellte und Studierende als Berufsgruppe in der Untersuchung im Vergleich zum Bundesdurchschnitt überrepräsentiert.

Anhang B: Mittelwerte der Variablen des kulturspezifischen Lebensstils

Untersuchung Sommer 1995

Freizeitstil:

In meiner Freizeit ...	Mittelwert der Variablen	Mittelwert des Faktors	Interpretation des Faktors
verbringe ich möglichst viel Zeit mit Freunden und Bekannten	3,88		
unternehme ich oft Dinge, bei denen ich neue Leute kennenlernen kann	3,35	3,37	*gesellige, aktive Freizeitgestaltung (nicht mit der Familie)*
bin ich eigentlich immer unterwegs	3,12		
habe ich am liebsten meine Ruhe	2,72		
unternehme ich viel mit meiner Familie	2,80		
entdecke ich gern die Umgebung	3,39		*Umgebung entdecken u. gesundheits- bewußte Freizeitgestaltung*
achte ich bei allem, was ich tue, auf meine Gesundheit	2,61	3,09	
probiere ich oft etwas Neues aus	3,27		
unternehme ich gern etwas Exklusives, z.B. gut und teuer Essen gehen	2,80		
lege ich viel Wert auf Komfort und Bequemlichkeit	2,93	2,87	*luxusorientierte Freizeitgestaltung*
unternehme ich öfter Kurzreisen	3,03		
unternehme ich gern mal etwas Besonderes, etwas, das nicht jeder macht	3,16		
spielen gesellschaftliche Anlässe, wie z.B. ins Theater oder in Konzerte gehen, eine wichtige Rolle	2,81	3,02	*prestige- u. bildungsorientierte Freizeitgestaltung*
bilde ich mich gerne weiter	3,18		
treibe ich viel Sport	2,92		
bummle ich gern einfach mal so durch die Stadt	3,17		*unterhaltungsorientierte Freizeitgestaltung*
lese ich gern Unterhaltungsliteratur	3,30	3,24	
steht Entspannung an allererster Stelle	3,32		
Gesamtmittelwert		3,12	

Tabelle 73: Mittelwerte der Variablen und Faktoren des Freizeitstils 1995

Bemerkung: Die angegebenen Mittelwerte errechnen sich in dieser und den folgenden Tabellen als arithmetisches Mittel der Items mit Ladungen größer 0,5. Bei Items mit negativen Ladungen wurde der Mittelwert auf der Basis der umkodierten Variablen berechnet.

Anhang 317

Untersuchung Sommer 1995

Kulturstil:

	Mittelwert der Variablen	Mittelwert des Faktors	Interpretation des Faktors
Ich unterhalte mich häufig mit Freunden und Bekannten über kulturelle Angebote.	2,82		
Bevor ich ein Kulturangebot nutze, informiere ich mich i.d.R. ausführlich.	2,92		*bildungsorientiertes u. außenkommunikationswirksames Kulturverhalten*
Ich freue mich jedesmal, wenn ich auf eine Kulturveranstaltung aufmerksam gemacht werde.	3,30	2,83	
Ich nutze vor allem solche Kulturangebote, mit denen ich mich weiterbilden kann.	2,95		
Ich versuche, so ziemlich alle Kulturangebote zu besuchen, die man gesehen haben sollte.	2,16		
Ich besuche kulturelle Veranstaltungen, um Spaß zu haben.	3,93		
Wenn ich Museen, Theater usw. besuche, dann ist das für mich in erster Linie eine Freizeitbeschäftigung.	3,98	3,95	*hedonistisches Kulturverhalten*
Wenn ich in ein Museum, Kino, Theater o.ä. gehe, dann verbinde ich das meistens mit anderen Aktivitäten, z.B. nachher noch mit Freunden etwas trinken gehen oder so.	3,92		
Zu einem Besuch von Ausstellungen, Museen, Musicals usw. gehört auch das Bummeln durch die dazugehörenden Shops, sofern es welche gibt.	2,70	2,73	*aktualitätsorientiertes Kulturverhalten*
Bei der Auswahl von Kulturobjekten richte ich mich danach, was gerade so aktuell ist.	2,76		
Der Besuch einer kulturellen Veranstaltung ist für mich Luxus/etwas ganz Besonderes.	2,63		*innenorientiertes Kulturverhalten*
Ich freue mich, wenn ich etwas über eine kulturelle Veranstaltung lese oder höre, die ich schon besucht habe.	3,73	3,18	
Gesamtmittelwert		3,17	

Tabelle 74: Mittelwerte der Variablen und Faktoren des Kulturstils 1995

Untersuchung Sommer 1996

Freizeitstil:

In meiner Freizeit ...	Mittelwert der Variablen	Mittelwert des Faktors	Interpretation des Faktors
verbringe ich möglichst viel Zeit mit Freunden und Bekannten	3,90		
unternehme ich oft Dinge, bei denen ich neue Leute kennenlernen kann	3,47	3,37	*gesellige, aktive Freizeitgestaltung*
bin ich eigentlich immer unterwegs	3,16		
treibe ich viel Sport	2,95		
lese ich gern Unterhaltungsliteratur	3,51		
steht Entspannung an allererster Stelle	3,18		
habe ich am liebsten meine Ruhe	2,72		
lege ich viel Wert auf Komfort und Bequemlichkeit	3,24	3,00	*Luxus und Entspannung*
unternehme ich gern etwas Exklusives, z.B. gut und teuer Essen gehen	2,84		
probiere ich oft etwas Neues aus	3,29		
unternehme ich gern mal etwas Besonderes, etwas, das nicht jeder macht	3,09	3,28	*Neuem gegenüber aufgeschlossen*
entdecke ich gern die Umgebung	3,46		
spielen gesellschaftliche Anlässe, wie z.B. ins Theater oder in Konzerte gehen, eine wichtige Rolle	3,05	3,22	*prestige- u. bildungsorientierte Freizeitgestaltung*
bilde ich mich gerne weiter	3,38		
achte ich bei allem, was ich tue, auf meine Gesundheit	2,83		*gesundheitsbewußte (und familienorientierte) Freizeitgestaltung*
unternehme ich viel mit meiner Familie	3,02	2,93	
unternehme ich öfter Kurzreisen	3,14		
bummle ich gern einfach mal so durch die Stadt	3,22	3,22	*Stadtbummel*
Gesamtmittelwert		3,17	

Tabelle 75: Mittelwerte der Variablen und Faktoren des Freizeitstils 1996

Untersuchung Sommer 1996

Kulturstil:

	Mittelwert der Variablen	Mittelwert des Faktors	Interpretation des Faktors
Ich freue mich jedesmal, wenn ich auf eine Kulturveranstaltung aufmerksam gemacht werde.	3,43	3,01	*bildungsorientiertes und außenkommunikationswirksames Kulturverhalten*
Bevor ich ein Kulturangebot nutze, informiere ich mich i.d.R. ausführlich.	3,02		
Ich versuche, so ziemlich alle Kulturangebote zu besuchen, die man gesehen haben sollte.	2,39		
Ich nutze vor allem solche Kulturangebote, mit denen ich mich weiterbilden kann.	3,21		
Ich besuche kulturelle Veranstaltungen, um Spaß zu haben.	3,85	3,95	*hedonistisches und innenorientiertes Kulturverhalten*
Wenn ich Museen, Theater usw. besuche, dann ist das für mich in erster Linie eine Freizeitbeschäftigung.	4,06		
Ich freue mich, wenn ich etwas über eine kulturelle Veranstaltung lese oder höre, die ich schon besucht habe.	3,93		
Ich unterhalte mich häufig mit Freunden und Bekannten über kulturelle Angebote.	2,98		
Zu einem Besuch von Ausstellungen, Museen, Musicals usw. gehört auch das Bummeln durch die dazugehörenden Shops, sofern es welche gibt.	2,78	3,20	*aktualitätsorientiertes Kulturverhalten*
Bei der Auswahl von Kulturobjekten richte ich mich danach, was gerade so aktuell ist.	3,08		
Wenn ich in ein Museum, Kino, Theater o.ä. gehe, dann verbinde ich das meistens mit anderen Aktivitäten, z.B. nachher noch mit Freunden etwas trinken gehen oder so.	3,74		
Der Besuch einer kulturellen Veranstaltung ist für mich Luxus/etwas ganz Besonderes.	2,69		
Gesamtmittelwert		3,39	

Tabelle 76: Mittelwerte der Variablen und Faktoren des Kulturstils 1996

Anhang C: Die Auswahl geeigneter Bilder zur Darstellung von Facetten des Lebensstiles

Zur Validierung des Lebensstiles wurden den Befragten in beiden Hauptstudien u.a. Bilder zur Selbsteinschätzung vorgelegt. Diese Bilder wurden im Sommer 1995 im Rahmen eines empirischen Praktikums an der Universität Paderborn ausgewählt und hinsichtlich der dominant in ihnen ausgedrückten Lebensstil-Facetten in einer Vorstudie getestet.

In der Vorstudie wurde folgendes Vorgehen gewählt:
Die Teilnehmer des empirischen Praktikums an der Universität sammelten zunächst Bilder, die Personen in den verschiedensten Lebenssituationen zeigten (ca. 170 Bilder). Als Grundlage dienten Anzeigenbilder, Bilderkataloge, Bilder aus Photobänden und Illustrierten (verschiedene Verfahren zum Sammeln der Bilder werden von Konert (1986, S.131) genannt). Aus diesem Pool von Bildern wurden zunächst doppelte Bilder herausgenommen und solche, bei denen ein Produkt abgebildet war, um nicht in die Gefahr zu kommen, Produktassoziationen abzufragen.

In einem nächsten Schritt wurde versucht, nach Plausibilitätsgesichtspunkten ein möglichst breites Spektrum an Lebensstil-Facetten abzubilden. Nach Diskussionen im empirischen Praktikum wurden hierzu insgesamt 24 Bilder ausgewählt, die den Befragten in einer Vorstudie vorgelegt werden sollten.

Wie ein Pretest (n=3) zeigte, schienen 8 Bilder je Befragten akzeptabel, ohne ihn kognitiv und zeitlich zu überlasten. Da insgesamt jedoch 24 Bilder bewertet werden sollten, wurde ein reduziertes Design verwendet.

Bei diesem reduzierten Design bewerteten drei Gruppen mit je 20 Personen jeweils acht Bilder, d.h., insgesamt wurden 60 Personen befragt.

Die Aufteilung der 24 Bilder auf die drei Gruppen wurde zufällig vorgenommen.

Die Beurteilung der Bilder sollte folgendermaßen von den Befragten vorgenommen werden:
Zur Erleichterung der späteren Interpretation der Bilder wurden die Befragten zunächst aufgefordert, frei zu artikulieren, welchen Lebensstil die ihnen vorliegenden Bilder ihrer Meinung nach ausdrücken.

Anschließend sollten die Befragten die Bilder anhand vorgegebener Items bewerten. Die Itemauswahl wurde wiederum vom empirischen Praktikum vorgenommen. Zunächst wurde in einem intensiven Brainstorming überlegt, mit welchen Adjektiven sich ein Lebensstil umschreiben läßt. Anschließend wurden die Adjektive nach Plausibilitätsgesichtspunkten auf die folgenden 14 Adjektive verdichtet:

konservativ, prestigeorientiert, flexibel, extravagant/außergewöhnlich, natürlich, aktiv, genußorientiert, elegant, familiär, gesundheitsbewußt, abenteuerlustig, gesellig, erfolgsorientiert, naturverbunden.

Bei jedem Bild wurden die Befragten aufgefordert, es hinsichtlich dieser Adjektive zu bewerten. Als Antwortmöglichkeit wurde den Probanden eine fünfstufige Ratingskala mit den Ausprägungen von „trifft vollkommen zu" bis „trifft gar nicht zu" vorgelegt.

Es ergab sich somit ein dreidimensionaler Datenkubus, der reduziert wurde auf eine zweidimensionale Datenmatrix, indem die Mittelwerte der Variablen über die 20 Befragten gebildet wurden.

Neben der inhaltlichen Beurteilung der Bilder hinsichtlich der abgebildeten Lebensstil-Facetten sollte auch eine Auswahl der Bilder auf eine überschaubarere Anzahl vorgenommen werden. Es schien plausibel, daß einige der Bilder ähnliche Facetten des Lebensstils abbildeten, so daß eine Gruppierung der Bilder sinnvoll erschien. Ein geeignetes Verfahren zur Gruppierung ist die Clusteranalyse.

Vor der Durchführung der Gruppierung mußte entschieden werden, ob in die Clusteranalyse die Beurteilungen der 14 Adjektive als Merkmalsvariablen eingehen sollten, oder ob es sinnvoller erschien, die Variablen zunächst auf unabhängige Dimensionen mittels Faktorenanalyse zu verdichten.
Da die Korrelationsmatrix der 14 Variablen vermuten ließ, daß sich die Variablen auf eine geringere Zahl dahinterliegender Faktoren verdichten lassen könnten, wurde eine Faktorenanalyse über die Variablen gerechnet. Dieses ist auch das von Backhaus et al. (1996, S.313) empfohlene Vorgehen, da Dimensionen durch korrelierte Variablen überbewertet zur Gruppenbildung beitragen. Die Faktorenanalyse wurde nach der Hauptkomponenten-Methode durchgeführt, die Faktorenzahl nach dem Kaiser-Kriterium bestimmt. Zur verbesserten Interpretation der gefundenen Faktoren wurde die Lösung varimax-rotiert.

Es wurden vier Faktoren extrahiert, die zusammen einen sehr hohen Varianzerklärungsanteil von 87,7 % aufwiesen.

Tab. 77 zeigt die rotierte Faktormatrix:

Variablenbezeichnung	1	2	3	4	Interpretation
erfolgsorientiert	,93				
prestigeorientiert	,87				*prestige- u.*
naturverbunden	-,84				*erfolgsorientiert*
elegant	,79				*wenig*
natürlich	-,72				*naturbewußt*
flexibel		,93			
konservativ		-,89			*aktiv und flexibel*
aktiv		,86			*nicht konservativ*
abenteuerlustig		-.42	,81		
genußorientiert			,92		
extravagant (außergewöhnlich)	,45		,75		*genußorientiert*
gesundheitsorientiert	-,49		-,55		*und extravagant*
gesellig				,90	*gesellig und*
familienorientiert				,81	*familienorientiert*
Eigenwert	6,54	2,90	1,84	1,00	
Varianzerklärungsanteil	46,7	20,7	13,1	7,2	
kum. Varianzerklärungsanteil	46,7	67,4	80,5	87,7	

Tabelle 77: Dimensionen der Beurteilung der Bilder in der Vorstudie

Auf Basis der vier extrahierten Faktoren wurde eine hierarchische Clusteranalyse über die Bilder gerechnet. Als Gruppierungsverfahren wurde das Ward-Kriterium verwendet.

Das Elbow-Kriterium legte eine Fünf-Clusterlösung nahe (vgl. Abb. 49).

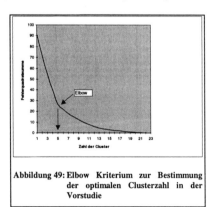

Abbildung 49: Elbow Kriterium zur Bestimmung der optimalen Clusterzahl in der Vorstudie

Eine nach der hierarchischen Clusteranalyse durchgeführte K-Means-Clusteranalyse bestätigte die Fünf-Clusterlösung, kein Bild veränderte seine durch das hierarchische Verfahren ermittelte Clusterzugehörigkeit. Die K-Means-Analyse wurde durchgeführt, da sie die Distanzen der Gruppenmitglieder zum jeweiligen Gruppenzentroiden errechnet, die bei der Auswahl des „repräsentativsten" Bildes eines Clusters herangezogen werden können.

Die Beurteilung der Güte der gefundenen Clusterlösung:

Zur Prüfung der Güte der Clusterlösung wurden einfaktorielle Varianzanalysen gerechnet. Als unabhängige Variable ging die Clusterzugehörigkeit in die Analyse ein, abhängige Variablen waren jeweils die einzelnen Faktoren. Es ergaben sich für alle Faktoren signifikante Mittelwertunterschiede, so daß man von einer trennscharfen Lösung ausgehen konnte.

Weiterhin lassen sich zur Beurteilung der Güte der Clusterlösung die F-Werte verwenden. Der F-Wert ist ein Kriterium zur Beurteilung der Homogenität der Cluster. Er setzt die Varianz einer Variablen j innerhalb eines Clusters k ins Verhältnis zur Varianz dieser Variablen in der Objektgesamtheit (Backhaus et al., 1996, S.310). Wünschenswert sind Werte unter 1, da das entsprechende Cluster in bezug auf die untersuchte Variable als homogener angesehen werden kann als die gesamte Datei.

Die F-Werte sind in der folgenden Tab.78 dargestellt:

	Cluster 1	Cluster 2	Cluster 3	Cluster 4	Cluster 5
Faktor 1	0,594	0,302	**1,003**	0,127	0,146
Faktor 2	0,281	0,349	0,201	0,265	0,474
Faktor 3	0,599	0,044	0,000	0,518	0,286
Faktor 4	0,449	0,021	**1,423**	0,244	0,512

Tabelle 78: F-Werte der Cluster-Lösung der Vorstudie zur Auswahl der Bilder in der Vorstudie

Nur im dritten Cluster werden zwei F-Werte größer 1 ausgewiesen. Insgesamt sind die Cluster als sehr homogen anzusehen, da alle anderen Werte kleiner als 0,6 sind.

Des weiteren wurde die Validität der Clusteranalyse mittels einer Diskriminanzanalyse überprüft.

Funktion	Eigenwert	Varianzanteil	kumuliert	Kanonischer Korr.	After Fcn	Wilk's Lambda	Chi²	df	Signifikanz
					0	0,00	102,24	16	0,0000
1	8,87	58,79	58,79	0,95	1	0,04	59,88	9	0,0000
2	3,38	22,41	81,20	0,88	2	0,17	32,55	4	0,0000
3	1,61	10,69	91,88	0,79	3	0,45	14,79	1	0,0001
4	1,22	8,12	100,00	0,74					

Tabelle 79: Ergebnisse der Diskriminanzanalyse zur Prüfung der Cluster-Lösung der Vorstudie

Wie die Ergebnisse der Analyse zeigen, tragen alle vier Diskriminanz-Funktionen signifikant zur Trennung der Gruppen bei, so daß auch hier die Fünf-Cluster-Lösung unterstützt wird (vgl. Tab. 79).

Die Interpretation der Cluster-Lösung:

Zur Interpretation der Cluster können insbesondere die T-Werte der Cluster dienen. Der T-Wert ist definiert als der Quotient der Differenz des Mittelwertes der Variablen j in einem Cluster k und dem Mittelwert derselben Variablen in der Objektgesamtheit mit der Standardabweichung der Variablen j in der Objektgesamtheit (Backhaus et al., 1996, S.310f.). Negative T-Werte bedeuten eine Unterrepräsentation einer Variablen im betrachteten Cluster, während positive T-Werte eine Überrepräsentation anzeigen. Fließen Faktoren in die Clusteranalyse ein, so sind T-Werte und Cluster-Zentren identisch.

	Bezeichnung	Cluster 1	Cluster 2	Cluster 3	Cluster 4	Cluster 5
Faktor 1	*prestige- u. erfolgsorientiert, wenig naturbewußt*	1,005	-1,037	-1,329	-0,280	0,754
Faktor 2	*aktiv und flexibel, nicht konservativ*	0,530	0,502	-1,555	0,446	-1,410
Faktor 3	*genußorientiert, extravagant*	-0,945	0,257	-1,474	0,472	0,953
Faktor 4	*gesellig und familienorientiert*	-0,471	-1,147	0,794	0,957	-0,457
	Interpretation der Cluster	prestige- u. erfolgsorientiert, konservativ	aktiv u. flexibel, nicht gesellig, nicht familienorientiert	gesellig u. familienorientiert	gesellig u. familienorientiert, aktiv, genußorientiert	genußorientiert u. extravagant; prestige- u. erfolgsorientiert
	Assoziationen aus der Bildvorlage (Anteil der spontanen Nennungen)	prestige- u. erfolgsorientiert (75%)	sportlich, aktiv, abenteuerlustig (56%)	familiär, geborgen (90%)	lebenslustig, aktiv, dynamisch (95%)	geschäftsorientiert, genußorientiert, exklusiv (83%)
	ausgewähltes Bild:	*Mann und Frau vor Flugzeug*	*Alter Mann auf Motorrad*	*Familie im Bahnhof*	*3 Frauen*	*2 Europäer u. Asiate*
	Dominant im Bild ausgedrückter Lebensstil	prestige- und erfolgsorientiert	sportlich, aktiv	familiär	aktiv, lebenslustig, (gesellig)	genußorientiert, exklusiv

Tabelle 80: Auswahl der Bilder der Vorstudie

Zur Interpretation der Cluster werden die in der Tab. 80 dargestellten T-Werte und die freien Äußerungen der befragten Personen verwendet. So kann sichergestellt werden, daß auch bei der Generierung der Itemliste vergessene, aber relevante Dimensionen der Bilder mit in die Beschreibung der Bilder einfließen.

Wie aus Tab. 80 zu entnehmen ist, wurden den Bildern zumeist mehr als ein Adjektiv bei der Interpretation zugeordnet. Dieses Vorgehen erschien notwendig, da die Bilder mehr als eine Facette eines Lebensstils darstellen, wodurch auch unterschiedliche Interpretationen vorgenommen werden können (Banning, 1987, S.198). Deshalb kann nur versucht werden, eine möglichst eindeutige Umsetzung zu schaffen, die jedoch auch mehrdimensional sein kann (Banning, 1987, S.198).

Aus jedem der Cluster wurde das Bild ausgewählt, das dieses Cluster am besten repräsentiert. Als Auswahlkriterium dient die Distanz des jeweiligen Bildes zum jeweiligen Clusterzentroiden, da die Bilder mit der geringsten Distanz das Cluster am besten repräsentieren.

Kritisch erscheinen die Ergebnisse in Cluster 2. Die spontanen Assoziationen stimmen nur zu ca. 56 % mit den aus den vorgegebenen Adjektiven gewonnenen Beurteilungen des Bildes überein. Dieser Wert erscheint zu gering. Aus diesem Grunde wurde auf dieses Bild in der Hauptstudie verzichtet.

Anhang D: Reliabilitäten der einzelnen Faktoren ausgewählter verwendeter Variablen

Untersuchung Sommer 1995

Freizeitstil:

Bedeutung	Cronbachs´α
gesellige, aktive Freizeitgestaltung (nicht mit der Familie)	0,72
Umgebung entdecken u. gesundheitsbewußte Freizeitgestaltung	0,57
luxusorientierte Freizeitgestaltung	0,51
prestige- u. bildungsorientierte Freizeitgestaltung	0,33
unterhaltungsorientierte Freizeitgestaltung	0,41

Tabelle 81: Reliabilitäten der Faktoren des Freizeitstils 1995

Kulturstil:

Bedeutung	Cronbachs´α
bildungsorientiertes u. kommunikationswirksames Kulturverhalten	0,69
hedonistisches Kulturverhalten	0,46
aktualitätsorientiertes Kulturverhalten	0,43
innenorientiertes Kulturverhalten	0,45

Tabelle 82: Reliabilitäten der Faktoren des Kulturstils 1995

Erwartungen an einen Ausstellungs- und Museumsbesuch:

Bedeutung	Cronbachs´α
ungezwungenes, unterhaltendes Museum	0,72
aktives, multisensuales Museum	0,69
informatives Museum	0,62
symbolträchtiges Museum	0,63
Infrastruktur	0,63
gehobenes Angebot	0,56
Shoppingmöglichkeiten	0,66
physische Nähe, Detailinformation	0,51
Realisierbarkeit	0,30
Qualität statt Quantität	0,33
Konzentration auf die Objekte	0,28
spezifisches Objektinteresse	–

Tabelle 83: Reliabilitäten der Faktoren der Erwartungen an einen Ausstellungs- und Museumsbesuch

Untersuchung Sommer 1996

Freizeitstil:

Bedeutung	
gesellige, aktive Freizeitgestaltung	0,60
Luxus und Entspannung	0,64
Neuem gegenüber aufgeschlossen	0,62
prestige- u. bildungsorientiertes Freizeitverhalten	0,40
gesundheitsbewußtes (familienorientiertes) F.verh.	0,42
Stadtbummel	--

Tabelle 84: Reliabilitäten der Faktoren des Freizeitstils 1996

Kulturstil:

Bedeutung	
bildungsorientiertes u. kommunikationswirksames Kulturverhalten	0,64
hedonistisches, innenorientiertes Kulturverhalten	0,57
aktualitätsorientiertes Kulturverhalten	0,37

Tabelle 85: Reliabilitäten der Faktoren des Kulturstils 1996

Anhang E:	Items zur Erhebung der Erwartungen an einen Ausstellungs- und Museumsbesuch

1.	In einem Museum sollte man selbst aktiver werden können.
2.	Ich fände es gut, wenn man in einem Museum so richtig integriert würde, z.b. bei einer Ausstellung aus dem Mittelalter würde ich gern mal das Gefühl haben, in die Zeit zurückversetzt zu sein.
3.	Für einen Museumsbesuch ist es wichtig, daß das Haus oder der Künstler einen guten Ruf hat und bekannt ist.
4.	Ich gehe auch in ein Museum, damit ich - wenn man mal unter Freunden oder Kollegen darauf zu sprechen kommt - mitreden kann.
5.	Ich fände es gut, wenn ein Museum mich über viele Sinne ansprechen würde.
6.	Ich fände es gut, wenn ein Museum Live-Darbietungen zum Ausstellungsthema bieten würde, wenn man z.b. einem Maler beim Entstehen eines Bildes zusehen könnte.
7.	Man sollte Souvenirs kaufen können, die für das Museum charakteristisch sind, wie z.b. ein T-Shirt mit einem Aufdruck des Museums oder eine schöne Uhr usw.
8.	Ich würde ein Museum eher besuchen, wenn schon viele meiner Bekannten dort waren.
9.	Ein Museumsbesuch ist für mich auch ein gesellschaftliches Ereignis, weil ich dort kulturinteressierte Leute treffe.
10.	Bei einem Museumsbesuch ist es wichtig, daß ich mich von der ersten bis zur letzten Minute gut versorgt fühle.
11.	Zu einem guten Museum gehört meiner Meinung nach ein gehobenes Gastronomieangebot.
12.	Bei einem Museumsbesuch interessieren nur die ausgestellten Werke, das ganze „Drumherum" ist egal.
13.	Ich finde die Idee gut, eine eigene Kinderabteilung in Museen einzurichten, wo sich Kinder austoben können.
14.	Wenn es hin und wieder nette Sitzgruppen in einer Ausstellung geben würde, wo man sich erholen oder einfach nur die Leute anschauen kann, würde ich sie nutzen.
15.	Man sollte in einem Museum Einkaufsgelegenheiten haben, z.B. einen Museumsshop, vielleicht eine angrenzende Buchhandlung.
16.	Museen sollten meiner Meinung nach entspannender sein und mehr der Unterhaltung dienen.
17.	Ich finde, die meisten Museen sollten versuchen, ihre Ausstellungsobjekte origineller zu präsentieren.
18.	In einem Museum will ich nur das sehen, was mich speziell interessiert, und nach diesen Dingen will ich nicht lange suchen müssen.
19.	Ich fände es angenehm, wenn in einem Museum eine ungezwungenere Atmosphäre herrschen würde.
20.	Ich finde es gut, wenn eine Ausstellung viele Objekte zeigt, auch wenn diese vielleicht von geringerer Qualität sind.
21.	Ich finde es besonders interessant, wenn Museen durch ihre Ausstellungen gewagt und provozierend auftreten.
22.	Ich fände es gut, wenn es in Museen nicht immer so still sein würde. Ich fände z.B. musikalische Untermalung gut.
23.	In manchen Museen wäre es meiner Meinung nach vorteilhafter, weniger Werke auszustellen, damit man sich die ausgestellten Stücke in Ruhe anschauen kann und man nicht ständig das Gefühl hat, man habe noch nicht alles gesehen.
24.	Museen und Ausstellungen sollen aktuelle Themen aufgreifen und dazu Vorträge, Workshops u.ä. anbieten.
25.	Ich finde, der Eintrittspreis muß dem angemessen sein, was ich im Museum geboten bekomme. Für einen wirklich interessanten Museumsbesuch wäre ich auch bereit, mehr Geld auszugeben.

26. Ein Museum muß ohne Mühe erreichbar sein.
27. Ganz wichtig finde ich, daß ein Museum großzügige Öffnungszeiten hat, so daß es auch abends besucht werden kann und nicht nur am Wochenende.
28. Museen oder Ausstellungen müssen in einem Umfeld liegen, das auch andere Freizeitangebote bietet, z.B. nette Kneipen oder Restaurants.
29. Ein Besuch muß meine Allgemeinbildung verbessern.
30. Ich fände es gut, wenn man in einem Museum selbst bestimmen könnte, wie genau man sich über die einzelnen Ausstellungsstücke informiert.
31. Wenn in einem Museum Hintergrundinformationen angeboten werden, z.b. ein einführender Film oder eine Diaschau, dann nutze ich sie bzw. würde ich sie nutzen.
32. Ich fände es interessant, wenn ich manche Ausstellungsstücke mal so ganz genau unter die Lupe nehmen könnte, z.b. mal zu sehen, wie denn so ein Ölgemälde aufgebaut ist.
33. Ein Museum sollte - jeweils zum Thema passend - auch Vorträge, Lesungen, Diskussionsrunden usw. anbieten.
34. Für mich ist es wichtig, vor dem Besuch eines Museums oder einer Ausstellung gut informiert zu sein.
35. Ein Museum sollte verschiedene Arten von Führungen anbieten, z.b. eine für Kinder, eine, die sehr viele Informationen bietet und z.b. eine Führung, die eher einen groben Überblick verschafft.
36. Ein Museum könnte noch interessanter werden, wenn sich alles an dem Ausstellungsthema ausrichten würde (z.B. Ausstellung italienische Kunst -> italienische Speisen im Café oder Restaurant,...).
37. Ein Museumsbesuch muß meine Phantasie anregen und mich inspirieren, so daß ich meinen Gedanken freien Lauf lassen kann.